国家社科基金
后期资助项目

康德批判哲学发生学研究

Phylogenetics Study of Kant's Critical Philosophy

李伟 著

中国社会科学出版社

图书在版编目（CIP）数据

康德批判哲学发生学研究 / 李伟著. -- 北京：中国社会科学出版社，2024.4
ISBN 978-7-5227-3426-2

Ⅰ.①康… Ⅱ.①李… Ⅲ.①康德（Kant，Immanuel 1724-1804）—批判—哲学思想—研究 Ⅳ.①B516.31

中国国家版本馆 CIP 数据核字（2024）第 073763 号

出 版 人	赵剑英
责任编辑	朱华彬
责任校对	谢 静
责任印制	李寡寡

出　　版	中国社会科学出版社
社　　址	北京鼓楼西大街甲158号
邮　　编	100720
网　　址	http://www.csspw.cn
发 行 部	010-84083685
门 市 部	010-84029450
经　　销	新华书店及其他书店
印　　刷	北京君升印刷有限公司
装　　订	廊坊市广阳区广增装订厂
版　　次	2024年4月第1版
印　　次	2024年4月第1次印刷
开　　本	710×1000 1/16
印　　张	19.5
插　　页	2
字　　数	355千字
定　　价	98.00元

凡购买中国社会科学出版社图书，如有质量问题请与本社营销中心联系调换
电话：010-84083683
版权所有　侵权必究

国家社科基金后期资助项目
出版说明

后期资助项目是国家社科基金设立的一类重要项目，旨在鼓励广大社科研究者潜心治学，支持基础研究多出优秀成果。它是经过严格评审，从接近完成的科研成果中遴选立项的。为扩大后期资助项目的影响，更好地推动学术发展，促进成果转化，全国哲学社会科学工作办公室按照"统一设计、统一标识、统一版式、形成系列"的总体要求，组织出版国家社科基金后期资助项目成果。

全国哲学社会科学工作办公室

序　言

在西学东渐的过程中，康德哲学算得上是显学。按照有的学者的研究，它是新文化运动时期西方哲学传入的热点之一。据不完全的统计，仅在1916年至1926年之间，国内发表的阐述康德哲学的专文就有59篇之多。在20世纪30～40年代，已有一些研究专著出版，如范寿康的《康德》（1933）、南庶熙的《康德》（1934）以及郑昕的《康德学述》（1946）等。

"文革"之前，由于德国古典哲学被视为马克思主义的来源之一，因此在那个封闭的时代例外地并不被禁。虽然程度上不及黑格尔哲学，但康德哲学也有一些译本问世，其中最有影响的当属蓝公武所译的《纯粹理性批判》。改革开放之后，随着李泽厚的"要康德，不要黑格尔"的呼吁，康德哲学的主体性概念风靡思想界，成为改革开放初期的一个时代强音，为思想启蒙起到了推波助澜的作用。与此同时，在学术研究领域里，康德哲学同样受到青睐，以之为对象的研究专著持续涌现。

从着眼点来说，已有的这些研究主要集中于康德哲学本身，至于这一哲学的发生学方面则可说是鲜有问津。就此而言，面前这部李伟教授的著作，就展现出它特有的学术价值。从宏观上说，它对康德以三大批判为代表的哲学体系进行了发生学的考察，其中的一个成果体现是对康德哲学的分期提出了自己的见解，认为它不应当如通常理解的那样分为二期，而应当分为三期，即（1）1747～1762年的自然哲学时期，（2）1763～1769年的过渡期，（3）1770～1804年的先验哲学时期；从微观上说，它探究了康德在建立批判哲学过程中的一些思考，尤其是对一些关键问题在思想上的变化，这直接有助于我们理解康德思想形成过程中所经历的一些困惑、难处和思路上的变化，以及了解这些变化的根由何在，从而能够加深对康德哲学的理解。

品读起来，我觉得李伟这部著作中比较出彩的有如下几个方面。

一是倡导"思想发生学"的研究，并以之为目标，在康德哲学的研究上予以践行。他提到自己这方面的一个思想渊源，是已故俞吾金先生曾经倡导过的一种设想，即"把所有哲学家和哲学流派的思想无例外地作为发生过程来研究"，以建立一门学科。（参见本书第7页以下）此外，作者之所以有这样的研究指向，针对的是国内康德哲学研究上的一个薄弱环节，即从发生学的角度所进行的研究不仅在数量上不足，而且在深度上也不够。因此，该书第一章的主要目的，就是"旨在展示和描述先验哲学在发生学意义上的生成历程和学理突破上的艰难曲折，借以揭示思想和经典本身的实际孕育历程"。

二是重视研究方法，并对此有着自己的思考。需要说明的是，李伟这里所说的方法并非一般意义上的分析、综合之类的方法，而指的是一些研究上的观念与做法。他自己给出的说明是，他对"方法"概念的界定是建立在自己对西方思想家，尤其是哲学家的理论所具有的三个重要思维特点的体会之上的，也就是"以'问题'为轴心，以逻辑为进路，通过重置'绝对预设'来完成哲学创造"。具体而言，作者提出在读西方思想的经典作品时，必须采取如下的观念与做法。

首先，是我们通常所说的"问题意识"。由于伟大思想家的著述都是"有为而发"的，因此我们必须准确析出思想家著述所要回答的"基本议题"。其次，这个人类性的"基本议题"是如何被思想家认取的，或者说，是什么机缘或经历使得思想家接受了这一难题，并立志"终身事之"的。这就需要研究者对思想家所在的时代，尤其是思想境况，有切实而准确的理解与判断。再次，在做出这样的理解与判断时，必须有内在文本依据。最后，把握思想家的"内在理路"，由此用逻辑的方式，推演出他们所有重要的思想创见。给有关思想家的思想以一个内在的逻辑"秩序"。作者的这些广义上的方法主张，言之成理，确实是一些在从事研究工作时需要遵守的准则。

三是能够抓住康德哲学在一些关键概念的规定性上的变化加以论究，这也显示出该书的功力。以"客观性"概念为例。在原本的意义上，客观性指的是认识与行动的事实性或真实性。但康德为了确立先验的思维方式，使认识或道德的对象分别成为符合我们的知识或法则的活动，他所遇到的一个直接困难就是知识或行动的客观性问题，尤其是出于建立知识、道德与审美这三种不同类型的判断的统一性的需要，这一奠基性概念就构成了他的先验哲学在论证上的最大挑战之一。从认识的角度说，这样的问题在符合论那里并不存在，但对于先验论而言，如何能够使"对象依照我们的知识"的命题成立，同时又不乏其客观性，这确实是使康德费尽心机的事情。

李伟这部著作的一个吸睛之处，就体现在对康德"客观性"思想的把握上。它把"普遍有效性的证成"视为"批判哲学之枢机"，这一提法颇见其心得。它强调康德的客观性概念的关键在于它是一种必然的普遍性，这使得"客观性"从传统意义上的主客符合论转换为主体间非归纳意义上的、可传达的普遍有效性。在这一方面，虽然道德和审美领域无须考虑是否切中对象的问题，但对于知识领域而言，这一问题却是至为关键的。在作者看来，"正是借此非归纳意义上的主体间的普遍可传达性，知识、审美和德性才得以被贯通"，并由此完成了从知识经由审美而通达德性的体系性任务。就此而言，康德进行了客观性的"内涵重构"的工作，这使得康德的客观是主体间建构的客观，是具有主体间普遍赞同的客观。简言之，康德把传统意义上的"客观有效性"与他自己界定的"必然的普遍有效性"等同了起来，客观性就是必然的普遍性，其中"必然"意指"凡人皆不能外也"。

在这方面的论述上，作者用力颇深。他不仅广泛地援引康德的论述来作为论据，而且还能够把握问题的要害所在，即康德通过主体间的"一致"性来得出自己对客观性的特殊内涵的规定，具体说来是，由于客观性意味着对每一个人来说都是有效的（可言传），因此，它就"被与某种对每一个人来说都有效的东西，和主体相互区别的东西，也就是说，被与一个客体联系起来了"。这表明，康德是通过主体间的普遍一致性来推证主客间的符合性，即客观性的。需要强调的是，这里也不排除这么一种可能性，即大家普遍同意的看法可能是错误的。因此，康德才需要在将客观性解释为一种在普遍同意的同时，还需要引入一种与客体的联系。作者的这些阐释点明了康德哲学的"枢机"，用他的话来说是，"用主体间的普遍可传达性'推证'主客间的符合性。"

与客观性密切相关的是真理问题。康德一方面既要持守传统的符合论，同时又要创立自己的先验论，这就给自己造成了一种两难的局面。即使在进入批判时期之后，康德在《纯粹理性批判》中还使用真理符合论的概念。但这里的冲突之处在于，对于真理而言，符合论与建构论恰好是对立的两极，"符合"是认识对既有对象的符合，而建构是认识建构起本来并不存在的对象。

李伟在他的这部著作中论究了康德的这一难题，特别是康德的符合论真理观的含义。这一符合论的含义是什么，它与"对象依照我们的知识"的提法是一种什么样的关系？就此，作者认为，虽然康德在真理观上依然坚持传统的"符合论"，即谓词同被规定主词的一致，然而，"康德（的）

转换之处在于,'主词'之内涵大异于前人"。康德之前的思想家大多以主词为现实之物,而在第一批判之后的康德则认为,主词只能是与本体相对的表象。由此作者提出,"康德哲学哥白尼式的革命之实质,就在于主词的颠倒,即由前人以为可以认识的本体转变为前人以为虚妄不实的现象。"这是他对康德的"符合论"的一个识见。

此外,作者还提出"内在符合"与"外在符合"的概念来解释康德"符合"概念。所谓的"内在符合",作者指的是"知识的自我符合",而"外在符合"则包含的是我们通常使用的含义。对于前者,他认为在康德哲学那里是不成什么问题的,并援引了一些康德的论述来对"内在符合"说予以支持,如"既然判断时的真理就在于谓词与给定主词的一致,而主词的概念如果是现象的话,就只有通过与感性认识能力的关系被给予,并根据这种关系,可以感性感知的谓词也被给予,那么,很清楚,主词和谓词的表象是按照共同的规律发生的,从而为极为真实的认识提供了理由",等等。在作者看来,对于康德哲学而言,"内在符合"并不是什么无法解决的理论难题,"真正无法解决的是'外在符合'",并且这已经被康德否定了,因为他不再按照传统的"我们的认识依照对象"的方式来对待符合论问题。

不过,在我看来,对于康德在真理观上面临的难题,似乎并非依靠做出"内在符合"与"外在符合"的概念区分就能解决的。况且对于康德而言,"对象依照我们的知识"其实并不是什么"内在符合",或者说是"知识的自我符合",即使是从作者所援引的康德的论述来说,也看不出有这样的含义,而是指对象与思维规则(即康德的那些经验的综合判断的原则)的符合。假如说"内在符合"指的是对象与思维规则的符合,其中的"内在"指的是经验综合的原则的"内在性",那么李伟的"内在符合"的提法还是可以接受的。但如果把"内在符合"界定为"知识的自我符合",那就难以被认同了,因为显然在康德那里,"对象"并不等于知识,而是要经过感知与判断之后才得以成为知识,这其中需要经过一个复杂的过程。不过即便如此,作者提出了康德的符合论真理观这一难题,并给出了自己的解释,还是具有启发意义的。

以上所述的康德的客观性、真理问题,之所以要作为该书的亮点来说明,并非是由于他人没能把握这些问题,而是因为该书在这方面所下的功夫不一般。这不仅体现在作者对康德丰富的文献宝库的开掘上,而且还体现在对它们的解读,借用作者的话来说,是使它们呈现出一种内在的逻辑"秩序"。这也可视为作者对自己的方法主张的一种践行。

前面说到，在我国的外国哲学研究中，康德哲学是一门显学。从20世纪开始，到现在至少已经有了百多年的历史。我本人的博士学位论文从事的也是康德哲学的研究，后来它以《建构与范导——康德哲学的方法论》为名，初版于1992年，迄今忽忽也已有三十一载。感慨时光荏苒的同时，也欣喜于新秀的辈出。李伟在康德哲学研究领域里硕果迭出，几年前出版过《确然性的寻求及其效应：近代西欧知识界思想气候与康德哲学及美学之研究》一书，我也曾为之写过小序。此次再遵他之嘱写下这些文字，既是有感于他在康德研究上的持之以恒，同时也是对他的研究的一种推重。是为序。

陈嘉明
2023年7月27日
暑假于厦门会展路寓所

目　录

凡　例 …………………………………………………………（1）

引　言 …………………………………………………………（1）

上编　批判哲学的发生历程

第一章　思想领域"发生学"研究的必要性 ………………（3）
　第一节　康德哲学研究中亟待补正的两大特点 ……………（3）
　第二节　发生学方法的适时引入 ……………………………（7）
　第三节　发生学研究的基本策略 ……………………………（12）
　第四节　发生学研究的思想前提 ……………………………（17）
　第五节　康德哲学"发生学"研究的开端及展望 ……………（21）

**第二章　作为思想事件的"应征作品"与康德哲学主题的
　　　　内在转换** ……………………………………………（27）
　第一节　重启康德自认受启于休谟之影响的问题 …………（27）
　第二节　"应征作品"堪称康德哲学发生中的"思想事件" ……（31）
　第三节　数学认识与哲学认识的本性差异 …………………（35）
　第四节　分析解剖和综合重建是重建形而上学的唯一方法 …（38）
　第五节　形而上学确然性独特内涵的确立及其理论后效 ……（46）

**第三章　作为思想契机的《视灵者的梦》与普遍有效性内涵的
　　　　主题化** ……………………………………………（50）
　第一节　主题的由来及进一步讨论的基础 …………………（50）
　第二节　佛陀式精进：从"知性的平衡"到"理性的统一" ……（53）

第三节　费边的荣光：获致"理性统一"的方式 …………………… (58)
　　第四节　由内而外的"普遍有效性"之主题化 …………………… (63)

**第四章　康德对客观性内涵的重构及对诸判断之普遍
　　　　　有效性的证成** ……………………………………………… (67)
　　第一节　普遍有效性的证成乃批判哲学之枢机 ………………… (67)
　　第二节　客观性内涵的分殊：切中对象与族类共识 …………… (69)
　　第三节　鉴赏判断的客观性趋向于主体情感的普遍赞同 ……… (74)
　　第四节　普遍性的体系性功能：知识何以通向德性 …………… (78)

第五章　重勘《纯粹理性批判》形成的"12年" ……………………… (85)
　　第一节　从康德1770年前后的书信看批判哲学的形成历程 …… (86)
　　第二节　批判哲学"绊脚石"的凸显 …………………………… (90)
　　第三节　从思想史传统看批判哲学的"绊脚石" ……………… (95)
　　第四节　第一批判形成的"12年"：1765～1777年 …………… (99)
　　第五节　综括康德思想发展的整体进程 ………………………… (105)

第六章　聚焦《实践理性批判》的文本发生 ……………………… (107)
　　第一节　为何聚焦于《实践理性批判》的文本发生 ………… (107)
　　第二节　截至1786年11月还只有"一大批判" ……………… (112)
　　第三节　"实践理性批判"定名于第一批判修订后期 ………… (120)
　　第四节　三部道德哲学著作之间的学理关联 ………………… (125)

第七章　试揭《判断力批判》的发生之谜 ………………………… (133)
　　第一节　第三批判的发生至今仍是个谜 ……………………… (133)
　　第二节　重启"鉴赏力批判"的时间节点 …………………… (136)
　　第三节　展开"鉴赏力批判"的直接动因 …………………… (139)
　　第四节　"目的论判断力批判"凸显的时间节点 …………… (142)
　　第五节　"目的论判断力批判"凸显的思想契机 …………… (149)

第八章　批判哲学的二向度思维与先验美学的二重结构 ……… (155)
　　第一节　先验哲学二向度思维的致思根源 …………………… (156)
　　第二节　先验美学二重结构的文本分析 ……………………… (160)
　　第三节　"先验"概念的开示意义 …………………………… (166)

第四节　反观康德批判哲学的整体格局……………………（169）

下编　康德1770年前著述的发生学考察

康德的学术宣言《活力的真正测算》(1746)………………（175）

被埋没了的科学洞见《地球绕轴自转问题研究》(1754)………（181）

意在消除自然研究之迷思的《地球是否已经衰老》(1754)………（183）

奠定物理学家身份的《一般自然史与天体理论》(1754)………（185）

并不起眼的硕士学位论文《论火》(1755)……………………（204）

博得大学讲演资格的《形而上学认识各首要原则的新
　　说明》(1755)……………………………………………（206）

尽了科学家本分的关于里斯本大地震的三篇论文《地震的原因》
　　《地震中诸多值得注意的事件》《地震的继续考察》(1756)……（208）

为首次申请成为教授而作的《物理单子论》(1756)…………（211）

作为系列演讲预告的邀请文 (1756～1762)…………………（212）

亦是为了解惑的《丰克先生的夭亡》(1760)…………………（217）

披着神学外衣的自然哲学之作《证明上帝存在唯一可能的
　　证据》(1762)……………………………………………（218）

作为"应征作品"之补充的《将负值概念引入哲学的尝试》
　　(1763)……………………………………………………（227）

"新体裁之尝试"《关于美感与崇高感的考察》(1763)………（232）

显然受到卢梭影响的《试论大脑的疾病》(1764) 和《莫斯卡蒂〈论动物与人之间身体上的本质区别〉》(1771) ………… (236)

作为"康德教学法"的《1765—1766 年冬季学期课程安排的通告》(1765) ……………………………………………… (239)

作为思想契机的《视灵者的梦》(1765) …………………… (243)

作为"就职论文"之"先导"的《论空间中方位区分的最初根据》(1768) ……………………………………………… (257)

承前启后的"就职论文"《论可感世界与理知世界的形式及其原则》(1770) ……………………………………………… (258)

参考文献……………………………………………………… (269)

后　记………………………………………………………… (285)

凡　　例

康德著作简称

Ak = *Kants gesammelte Schriften*，Akademie-Ausgabe，Berlin，1900ff.（亦可简称为 AA 或 KGS；共 29 卷，具体篇目见下面的"科学院版'康德全集'细目"）

A =《纯粹理性批判》1781 年第 1 版，B =《纯粹理性批判》1787 年第 2 版

《纯批》或第一批判 =《纯粹理性批判》
《实批》或第二批判 =《实践理性批判》
《判批》或第三批判 =《判断力批判》
《奠基》=《道德形而上学奠基》
"应征作品" =《关于自然神学与道德的原则之明晰性的研究》
"就职论文" =《论可感世界与理知世界的形式及其原则》
《导论》=《任何一种能够作为科学出现的未来形而上学导论》
《梦》或《视灵者的梦》=《以形而上学的梦来阐释一位视灵者的梦》
《证据》=《证明上帝存在唯一可能的证据》
《考察》=《关于美感和崇高感的考察》
《百封》= 李秋零编译：《康德书信百封》，上海人民出版社，2006 年
《文集》=《康德美学文集》，曹俊峰译，北京师范大学出版社，2003 年

本书注引例释

本书注引康德著述，依国际通行惯例，除第一批判标注 A/B 版页码外，余皆随文夹注，式如（Akx：y），其中"x"为其所在 Ak 之卷数，"y"即其在该卷对应之原版页码。Ak 用"康德全集网络版（第 1～23 卷）"（https://korpora.zim.uni-duisburg-essen.de/Kant/），并参酌

"剑桥版康德全集"（*The Cambridge Edition of the Works of Immanuel Kant*，1992~2005）。

所涉"康德全集"汉译，前九卷主要采自李秋零主译《康德著作全集（注释本）》（中国人民大学出版社，2019年），同时参酌其他汉译本，尤其是邓晓芒译的《康德三大批判合集》（人民出版社，2009年，2017年印刷）；康德书信部分（Ak10~13），用李秋零编译《康德书信百封》（上海人民出版社，2006年），以"（《百封》页码）"方式随文夹注，余则来自李秋零《康德往来书信全集》汉译的未刊稿，引用时注明Ak版原版卷数和页码。引用曹俊峰编译《康德美学文集》处，以"（《文集》页码）"方式随文夹注。

此一注引方式，渴望得到汉语康德学界同人的认同并加以使用。本书征引文献之具体信息，可于文末"参考文献"中查覆。

科学院版"康德全集"细目（共29卷）

第一部分 著作（共9卷）
  第1卷 前批判时期论著Ⅰ：1747~1756年
  第2卷 前批判时期论著Ⅱ：1757~1777年
  第3卷 纯粹理性批判（第2版，1787）
  第4卷 纯粹理性批判（第1版，1781）
    未来形而上学导论（1783）
    道德形而上学奠基（1785）
    自然科学的形而上学初始基础（1786）
  第5卷 实践理性批判（1788）
    判断力批判（1790）
  第6卷 纯然理性界限内的宗教（1794）
    道德形而上学（1797）
  第7卷 学科之争（1798）
    实用人类学（1798）
  第8卷 1781年之后的论文（共29篇）
  第9卷 逻辑学（1800）
    自然地理学（1802）
    教育学（1803）
第二部分 书信（共4卷）
  第10卷 书信Ⅰ：1747~1788年（第2版）

第 11 卷 书信Ⅱ：1789～1794 年（第 2 版）
　　第 12 卷 书信Ⅲ：1795～1803 年，附录（第 2 版）
　　第 13 卷 注释与索引
第三部分 遗稿（共 10 卷）
　　第 14 卷 数学、物理学与化学、自然地理学
　　第 15 卷 人类学
　　第 16 卷 逻辑学
　　第 17 卷 形而上学Ⅰ
　　第 18 卷 形而上学Ⅱ
　　第 19 卷 道德哲学、法权哲学与宗教哲学
　　第 20 卷 对《观察》的评注
　　　　　　罗斯托克康德遗稿（内含第三批判"第一导论"）
　　　　　　论形而上学之进步的获奖论文
　　第 21 卷 遗著Ⅰ
　　第 22 卷 遗著Ⅱ
　　第 23 卷 习作与增补
第四部分 讲座（学生笔记，共 6 卷）
　　第 24 卷 逻辑学
　　第 25 卷 人类学
　　第 26 卷 自然地理学
　　第 27 卷 道德哲学
　　第 28 卷 形而上学与理性神学
　　第 29 卷 小型讲座与补遗

　　注：关于 Ak 曲折的编辑过程，可参阅陈晰撰写的《记〈康德全集〉的编辑与出版》，载于上海世纪出版股份有限公司主办的《文景》2009 年 1、2 月合刊（总第 52 期），第 70～79 页。此文系中国代表团于 2008 年 1 月 24 日在德国柏林-勃兰登堡科学院李文潮教授陪同下，深度访问该院康德工作室后的总结成果。

引　言

> 对康德哲学的研究不仅需要耐心，而且要有方法论意识。①
> ——H. F. 克勒梅

18 世纪初，意大利还在西班牙帝国的统治之下，有一位西班牙贵族波西亚伯爵（Count Porcia）和一些贵妇人，为表示要振兴意大利的教育和学术，提出了一份"请意大利学者们写自传的建议"，借此"改良学校课程和教学方法，来提高学生们"。具体要求中，有"叙述一切关于他的研究的真实细节"、就自己的本行"说明他所追随的或讨厌的是哪些作家，理由何在；他自己已出版过或正在准备写哪些作品，受到怎样的批评，他自己现在怎样进行辩护，在哪些论点上准备承认错误"等。这个建议，得到当时很多名流的拥护，比如莱布尼茨在 1714 年写给法国哲学家路易·布尔盖（Louis Bourguet）的信中，对上述建议作了如下申述：

> 研究旁人创造发明的方式，如果能使我们见出那些创造发明的来源，使那些创造发明仿佛成为我们自己的，这毕竟是件好事。所以，我希望作家们肯告诉我们，他们创造发明的历史，告诉我们他们是如何一步一步地达到了那些创造发明。如果他们没有上心这样原原本本

---

① 〔德〕H. F. 克勒梅：《康德的实践哲学：作为理性存在者的自我保存》，钱康等译，东方出版中心，2022 年，"前言"第 6 页。克勒梅系当今国际康德学界最重要的学者之一，著名刊物《康德研究》的主编，德国哈勒大学讲席教授，德国康德学会的核心成员之一。另外，在汉语学界，研究康德有明确方法论意识的，要数执鞭港台的劳思光先生早年所著《康德知识论要义》（香港，友联出版社，1957 年）一书，此著以"基源问题研究法"疏通康德的知识论要义。"基源问题研究法"是作者在常用的"历史研究"和"问题研究"之外寻得的第三种方法（参见劳思光《康德知识论要义新编》，新界，香港中文大学出版社，2001 年，第 310 页）。

地说出来，我们就必须把那些步骤探求出来，这样才能使别人从他们的作品中得到更多的益处。批评家们在评介书籍中，如果能替我们这样做，他们就会对大众做了一件大有益处的事。①

眼下这部著作想要实现的，实际上就是用莱布尼茨这位先贤所希望和宣扬的方式来研究他的伟大后辈康德的哲学。"研究旁人创造发明的方式"实质上就是思想发生学的方法，在莱布尼茨看来，它有三种路径：或者由"作家们……告诉我们他们是如何一步一步地达到了那些创造发明"，或者"我们就必须把那些步骤探求出来"，或者"批评家们在评介书籍中……能替我们这样做"。思想家康德虽然并没有告诉我们他"是如何一步一步地达到了那些创造发明"的，但还是留下了不少历史信息（大量的书信和讲稿），此后的"批评家们"在评介时对此工作也多少有所涉及，因此"把那些步骤探求出来"的工作就显得既必要又可行。

其实，本书所用之方法论不过是"以其人之道还治其人之身"而已，为何这么说呢？康德1755年出版了使他能跻身世界物理学家之列的《自然通史和天体理论》，恩格斯对这部著作所展示出来的自然观大为赞赏，并给了广为人知的极高评价：

  在这种僵化的自然观上打开第一个突破口的，不是一位自然科学家，而是一位哲学家。1755年，康德的《自然通史和天体论》出版。关于第一推动的问题被排除了；地球和整个太阳系表现为某种在时间的进程中生成的东西。如果大多数自然科学家对于思维并不像牛顿在"物理学，当心形而上学呵！"这个警告中那样表现出厌恶，那么他们一定会从康德的这个天才发现中得出结论，从而避免无穷无尽的弯路，省去在错误方向上浪费的无法估算的时间和劳动，因为在康德的发现中包含着一切继续进步的起点。如果地球是某种生成的东西，那么它现在的地质的、地理的和气候的状况，它的植物和动物，也一定是某种生成的东西，它不仅在空间中必然有彼此并列的历史，而且在时间上也必然有前后相继的历史。②

---

① 参见朱光潜为《维柯自传》所写"缘起（中译者扼要说明）"，载〔意〕维柯《新科学》（下册），朱光潜译，商务印书馆，1989年，第640~641页。
② 〔德〕恩格斯：《自然辩证法》，人民出版社，2018年，第14~15页。

恩格斯以"地球和整个太阳系表现为某种在时间的进程中逐渐生成的东西"来概括康德此著的杰出思想，实在是慧眼。就本书主题来看，我们会发现，只要把康德论证的对象"地球和整个太阳系"换成"哲学家的思想"，康德的创见立马就成为本书的方法论："哲学家的思想表现为某种在时间的进程中逐渐生成的东西。"故而，本书的方法论不过就是把康德自己拈出的方法从天上拉回他自己而已。

本书拟以此"思想发生学"（Phylogenetics，以此方法所得之研究结果就是"过程化"的展开）① 的研究方法和策略，对康德批判哲学的生成过程进行回溯式探查，依据的主要是康德在相关书信②中的实时供述、各种传记材料的记载分析以及我们对康德自己发表的尤其是1770年前的著作所含哲学思想之学理关系的研判，旨在尽可能客观如实地展示或"重演"（柯林武德）批判哲学实际生成的历史过程和思想理路，重在思想发生，也适当关注文本发生。因此，本书的研究重心就既不在对批判哲学体系本身的系统探研，也不在对后世哲学家如阿伦特那样就康德思想所做的创造性解读甚至误读③——这是学界此前主要关注且成果颇丰的——而重在对批判哲学体系凝成创生之前的实际发生过程的研究，尤其是对这当中于整个进程有转换意义的关键点及与之对应文献的深入剖析。本书希望能在这方面有所斩获，并借此弥补今日学界尤其汉语学界对康德哲学之历时维度关注不足的缺憾。

---

① 康德在1755年发表的《形而上学认识各首要原则的新说明》中，谈及关于"神性存在者"之证明时，提到一种在这方面我们不能提供的"发生学的证明"（genetică）（Ak1：395）。在"就职论文"和《未来形而上学导论》中亦谈到这一概念（genetischen）（Ak2：387，Ak4：290）。

② 当然困难也在于这些书信多是1770年之后的。参见〔德〕奥特弗里德·赫费《康德：生平、著作与影响》，郑伊倩译，人民出版社，2007年，第10页。

③ 在《康德政治哲学讲稿》（1982）中，阿伦特把康德第三批判，尤其是上半部"感性判断力批判"借助其中的"想象力"和"鉴赏共通感"创造性地解读为康德"未写出的政治哲学"，后者的核心正是康德的"判断力"理论，并由此发展了自己的"政治美学"，判断力——"它也许是一种作为政治存在的根本能力"——因此成为消除人类心智生活中工具理性与道德理性之间的鸿沟并因此防止人的异化从而实现物质与精神双重幸福生活的政治路径。参见〔美〕汉娜·阿伦特《康德政治哲学讲稿》，曹明、苏婉儿译，上海人民出版社，2013年，尤其是第11~13讲；《过去与未来之间》，王寅丽、张立立译，译林出版社，2011年。国内相关研究成果可参阅王寅丽的《汉娜·阿伦特：在哲学与政治之间》（上海人民出版社，2008年）、乐小军的《"未写出的政治哲学"——汉娜·阿伦特与〈判断力批判〉重构》（《哲学动态》2019年第10期）和李岩的《政治判断与审美判断的相融共通——阿伦特〈康德政治哲学讲稿〉的当代阐析》（《北京第二外国语学院学报》2020年第3期）。

发生学的研究策略，旨在将思想家思想形成的内在理路与外缘影响综合起来考察，在思想发生与文本发生之间寻得相应的动态关联，因此也就更关注于思想家思想进程中对整个理论脉络起过转换作用的关节点以及造成这些节点的那些标志性的文献，它们可称作思想家思想发生过程中的"思想事件"。必须说明的是，发生学的考察自然关注由思想事件带来的瞬间涌现①，但也要追溯这种"涌现"的后续直到体系的基本创生。此研究策略，从实际操练来看，确实可以作为研究人文思想家思想世界之形成的方法论指引。

关于批判哲学的学术史有两种，即它的生前史和身后史，关键是这"生前史"也有两个方面，即承前史和生成史。中西学界关注最多的是前者，即承前史，包括批判哲学的范畴、方法、观念、命题与此前的诸种关联，而本书要关注的则是后者，即生成史，也就是康德是如何成为康德的（实质是批判哲学是如何炼成的）。就此，可以把和康德相关的研究区分为如下四个层面：承前史（康德受到前人的哪些影响）、发生史（康德是如何造就自己的）、解释史（批判哲学本身是怎样的）、启后史（此后的思想世界如何吸收和发展批判哲学）。② 当我们讨论、叙述康德哲学的发生时，我们必须自问的是，"事后诸葛亮"的我们当然知道康德后来创立了批判哲学，那康德自己知道或者他在什么时候意识到他将要创立这样一种哲学的？最起码，1770年之前的康德，肯定是不知道的，三大批判整体格局的浮现，最早也要到第二批判完稿之时的1787年至1788年。这就是我们今天讨论此议题的事实前提。然而，在"形而上学反思录"第5037条，康德写下了"69年给了我伟大的光明"（Ak18：69）——这似乎表明，也许批判哲学的创生同奥古斯丁、笛卡尔或者帕斯卡的哲学相似，应该归因于一种"顿悟"；然而，这种"顿悟"或"光明"并不关乎整个批判哲学的格局，顶多是对诸如"时空的观念性"这类关键问题的突然领悟，从而

---

① 参见〔法〕雅克·德里达《胡塞尔哲学中的发生问题》，于奇智译，商务印书馆，2019年，第10页。参见李云飞《胡塞尔发生现象学引论》，北京师范大学出版社，2019年，第162~163页。
② 贝尔纳在为阿伦特编纂的《康德政治哲学讲稿》一书的汉译所作的长篇"前言"中，曾用"纵、横、深"的描述方式（此著汉译者概括）来展现他对阿伦特原创思想的复杂面目的理解。"横"即通常所谓的"历时"的史学定位，比如说康德是西方哲学的"蓄水池"；"纵"指思想家与同时代其他思想家就相关议题的研究相比较所显现出来的特点；"深"就是指思想家自身的思想脉络或其发生过程与不断推进。参见〔美〕汉娜·阿伦特《康德政治哲学讲稿》，曹明、苏婉儿译，上海人民出版社，2013年，第1~17、234页。

给 1770 年的"就职论文"带来了根本性的完形作用。①

对"思想发生学"这一研究策略和方法论之来源、内涵、具体策略及意义的交代,自然成为本书第一章即"思想领域'发生学'研究的必要性"要做的。本章从目前康德哲学研究存在的两大亟待克服的倾向即"孤立化"和"知识化"出发,引出补救它们的方法论即"发生学"或"过程化"的研究策略;在对此方法论较为详切的历史描述后,综述了中西学界关于康德哲学的发生学研究现状,从而提出本书着重关注的目标方向是展示和描述先验哲学在发生学意义上的生成历程和学理突破上的艰难曲折,借以揭示思想和经典本身的实际孕育历程及其一般规律。

接着,是对康德哲学的阶段性特征("主题转换")作出的勾勒,从中可以见出康德哲学的阶段性,亦能体现其思想的连续性,此为第二章即"作为思想事件的'应征作品'与康德哲学主题的内在转换"的论证内容:1762 年前后,康德哲学的思考主题有一个明显的"反转",即从追求确然性的"知识"到潜心知识的"确然性",康德哲学的内在理路也在这一"反转"中得以显现;1762 年之前,康德主要是一位理论物理学家,1762 年之后的康德则主要是一位形而上学家;造成这一反转的初始动因,就是那篇于康德哲学进程堪称"思想事件"的"应征作品",即 1762 年 12 月完稿的《关于自然神学与道德的原则之明晰性的研究》(*Untersuchung über die Deutlichkeit der Grundsätze der natürlichen Theologie und der Moral*),休谟之于康德的开示意义,须以此为前提方能予以恰当的厘定。在这篇"应征作品"中,康德通过对比数学知识与哲学知识之间的本性差异,探得"在形而上学中达到最大可能的确然性的唯一方法"(Ak2: 284)即牛顿物理学式的"分析解剖和综合重建"法,终于明确了形而上学确然性的独特内涵及根据。这在康德哲学思想的进程中,有着根本性的关键意义,颇有"苏格拉底式转向"的意味。

1762 年"应征作品"之后的康德,主要思考"确然性"即笛卡尔以来所谓的真理的客观性的内涵究竟为何的问题。从这个线索看,1765 年底完成的《视灵者的梦》就因此有了非常关键的意义,这就是第三章的主旨即"作为思想契机的《视灵者的梦》与普遍有效性内涵的主题化"。对于 1762 年之后的康德而言,重构知识确然性的内涵,则是批判哲学得以铸就的关键所在。这一工作,康德是在《视灵者的梦》中大体完成的,即

---

① 参见〔德〕奥特弗里德·赫费《康德:生平、著作与影响》,郑伊倩译,人民出版社,2007 年,第 9 页。

由真理观的传统主客"符合论"转变为主体间的"普遍有效性",确然性或客观性的内涵就由"无可置疑性"转变为"普遍有效性"或"普遍可传达性"。这样,康德就用"普遍可传达性"来作为"客观有效性"的"认识根据",而把后者作为前者的"存在根据"。从"确然性寻求"中转出的"普遍有效性"给康德哲学带来了一个极深阔的思想世界,康德由此开始广泛思考认识判断、道德判断和鉴赏判断的普遍性及其先天原则问题,并最终得出"形而上学是一门关于人类理性界限的科学"(Ak2:368、369、370)的关键性结论及二分对象为现象和物自体的全新哲学格局。可把康德哲学的这一层推进称为"佛陀式的精进"和"费边的荣光"。

可以看出,康德解决"思维的主观条件何以会具有客观有效性"(A89/B122)这一难题的关键,就在于对"客观有效性"给出他的个性化解读,将其厘定为"普遍有效性"(Ak4:298),客观性便从传统意义上的主客符合论转换为主体间可传达的普遍有效性,这也是他发动所谓"哥白尼式革命"的必然结果;正是借此非归纳意义上的主体间的普遍可传达性,知识、鉴赏和德性才得以被贯通,并由此完成了从知识经由审美而通达德性的体系性任务,"美是德性—善的象征"也因此更应当被理解成一个关乎美育之根本的基础性命题。此为第四章即"康德对客观性内涵的重构及对诸判断之普遍有效性的证成"的主要内容。

接下来的三章分别对三大批判进行发生学研究,其中第五章是从思想发生的角度,聚焦于第一批判形成过程中的"绊脚石",对康德1770年前后的书信进行了细致勘察,重新厘定了康德自谓的第一批判形成的"12年"。从文本发生看,后世作为既定事实接受的"三大批判"这个架构,是康德在完成第二批判的1788年至1789年才形成的;从1786年11月的原拟作为第一批判修订版之"附加"而后成长为完稿于1787年6月的"第二批判",机缘主要在于康德严格区分德性与幸福后定言命令如何可能以及善的意志之证成这两大难题。独立出版的第二批判被命名为"实践理性批判"而非"纯粹实践理性批判",则发生在第一批判第二版修订完成(1787年4月)前后的两三个月期间,这就造成了《实践理性批判》的书名与其章节标题多为"纯粹实践理性"的不对称现状,这是第六章的主要内容。第七章通过爬梳康德1790年前的往来书信,大体重构了《判断力批判》的发生史:第三批判的发生有两个阶段,开启第一阶段即《鉴赏力批判》撰写的是康德以"理性建筑术"观照人类心意三机能的结果;"第一导论"的撰写催生了"目的论判断力批判"并进而逼出了"反思判断力"的概念。因此,"第一导论"才是《判断力批判》得以蒇事的关键所在。

第八章则从整体上对批判哲学的总体格局和内在关联进行描述和概括：所谓康德哲学的"哥白尼式的革命"是作为哲学思维范式的变革而出现的，这一变革带来了一个重大的哲学致思方式上的转向，即由"知识依照对象"至"对象依照知识"。这样我们就必然要"从两个不同的方面来看待世界"，即"以两种眼光看世界"。康德二分"对象"为"现象"与"物自体"也是这一转向的必然结果。笔者将"两种眼光看世界"称为"二向度思维"，它是康德先验美学总体特征的致思根源。正是康德哲学的"二向度思维"的致思方式带给了康德美学"二重结构"的总体特征，这一特征又表现为诸多的"二元命题"。

至此，对康德批判哲学的发生学考察，已大体完工。然而，对中西康德学界都倍加关注的 1770 年 8 月发表的那篇著名的"就职论文"即《论可感世界与理知世界的形式及其原则》，本书并未进行单独探讨。弥补这一缺陷的方式，是通过下编来实现的：康德 1770 年前揭载的上文未能系统触及的所有著述，本书都将给出笔者的研读笔记，以便相关研究者能迅速地把握和利用这部分文字中对其研究或许有价值的部分，并对一些非常重要的，尤其与批判时期存在明显承继关系的理论命题或范畴，尽量给出康德其他著述中的相关之处，并加上笔者的评论和理解。这些研读笔记，采用了互见法，通常都是把这两卷甚至是批判时期的文字，聚焦于同一个主题之下，以见出康德前后观点的承继和发展，来彰显其发生学意义。这部分内容，暂时尚未形成严格的学术论文，之所以奉上，也是想引起同人们的关注，并就这些话题一同撰文讨论，使得汉语学界的康德研究更加多元、全面而深厚。

上 编

批判哲学的发生历程

第一章　思想领域"发生学"研究的必要性

第一节　康德哲学研究中亟待补正的两大特点

20世纪初至今这一个多世纪的汉语康德哲学和美学研究，依范围和路向论，大体可分为四类：概述、专论、比较和细读。这个顺序固然可能不是历史发生的顺序，但实际上也相去不远。对康德哲学和美学，概述式的文字必然出现最早，从20世纪初叶梁启超《近世第一大哲康德之学说》（《新民丛刊》25、26、28、46～48期，1903）、余文伟《康德哲学的批评》（《民铎》6卷4期，1925年4月）、姚璋《康德哲学浅说》（《光华大学半月刊》2卷4～5期，1933）、蔡元培《康德美学述》（1916）①、虞山《康德审美哲学概说》（《学艺》6卷5期，1924年4月）、吕澂《康德之美学思想》（《民铎》6卷4期，1925年4月）和周辅成《康德的审美哲学》（《大陆杂志》1卷6期，1932年12月）②，到李泽厚《批判哲学的批判：康德述评》（1979）、邓晓芒《冥河的摆渡者——康德的〈判断力批判〉》（1982）、朱志荣《康德美学思想研究》（1994）和劳承万《康德美学研究》（2000）。专论性的研究，多以论文的方式呈现，举凡"第三批判"所及的重要美学命题，如"审美的非功利性""自由感""共通感""美是德性的象征""判断在先""崇高论"等，深入些的，形同洛夫乔伊那样的"观念

---

① 此文为蔡氏1916年在法国编写《欧洲美学丛述》时所撰，未见刊行，前半部分后收于高叔平编《蔡元培全集》第2卷（中华书局，1984年），后半部分佚失。
② 汉语学界1949年之前的康德研究论文，大部分收于中国科学院哲学研究所资料室编《资产阶级学术思想批判参考资料》（第八集），共38篇，商务印书馆，1960年。

史"研究，会追溯某一命题的思想史线索及其在后世艺术界和思想界的接受影响。"比较"有时也会在这种"专论"中出现，但视野更为开阔的比较，则并不局限于西方思想史内部，而是主要拿康德与中国古典美学的比较，比如与孔孟老庄、荀子、刘勰、司空图、朱熹、严羽、王阳明、石涛、梁启超、王国维等。此种比较，有时因研究者对中西哲学，尤其是对康德的哲学没有通盘的把握而难免生搬硬套或简单比附之嫌。这方面成就比较突出的是杨平的博士学位论文《康德与中国现代美学思想》(2003)。"细读"的工作本来是最基础的，然偏偏起始最晚，严格意义上的细读，要到邓晓芒先生 2008 年于生活·读书·新知三联书店出版的《康德〈判断力批判〉释义》①，此前勉强可再追溯至曹俊峰先生 1999 年于天津教育出版社出版的《康德美学引论》。逻辑地看，还应该有一个层次，那就是"对话"。可惜，至今还未出现足以当之的研究者，也拿不出足以当之的著述。而且，与蔚为大观的康德汉译比，研究也相形见绌，无法同日而语。

就康德哲学而言有三个方面。一是存在非常明显的"知识化"甚至"矿物化"倾向②，把康德哲学视为既成品——当然是人类思维最卓绝的成果，剖析其结构，展示其精致，证明其伟大，基本无视康德批判哲学成书上非常确定的"组合型"特点——比如"第一批判"就是康德"大约在 4~5 个月的时间内，把至少 12 年期间的思索成果撰写成书"的（《百封》93）。二是既有的康德研究"难见其二"的现象比较普遍，据笔者统计，20 世纪以来，出版过康德研究专著的研究者，不算太多，之后能再出版一部研究专著者，则极少。郑昕、齐良骥等人，不能有第二部，原因主要是时代问题，在李泽厚那里，可能主要是自家学术追求问题，但在 20 世

---

① 《康德〈判断力批判〉释义》实质上就是此前此后的"句读"。邓先生这一系列的"句读"，后来被王路教授斥为"读后感"，并引来了邓氏的反批评及王氏的再批评。参阅王路《研究还是读后感》（《河北学刊》2017 年第 6 期）、《为什么要区别真与真理——回应邓晓芒教授的批评》（《河北学刊》2018 年第 2 期）和邓晓芒的《读后无感还是读前有感——关于王路〈研究还是读后感〉的几点回应》（《河北学刊》2018 年第 1 期）。对此，笔者的基本判断是：人文著述有普及和学术两种类型，分型依据的是著述的"隐含读者"即学术爱好者和学者之别；前者的主要职责，是引起兴趣和解说脉络，后者则需要提供"新见"；邓氏的一系列"句读"的"隐含读者"是哲学爱好者，目的是"思想启蒙"，不是写给像王路教授那样早已卓然成家的学者的，现在，王教授以"学术型"的标准来苛求于"普及型"的"句读"，可谓批非所批。
② 造成现代学术普遍存在的这种"知识化"倾向的根源，就在于现代学术中的"学"，其典型是以理论物理学为代表的数理科学，自然追求"客观化"，要把讨论对象客观化，取自然科学式的"研究"态度，这就使得知识和思想被"矿物化"或"知识化"。参见王汎森《执拗的低音：一些历史思考方式的反思》，生活·读书·新知三联书店，2014 年，第 10~12 页。

纪八九十年代，诸如陈元晖（《康德的时空观》1982）、郑涌（《批判哲学与解释哲学》1984）、谢遐龄（《康德对"本体论"的扬弃》1987）、韩水法（《康德物自身学说研究》1990〔台湾商务印书馆〕）、陈嘉明（《建构与范导——康德哲学的方法论》1992）、张俊芳（《康德道德哲学研究》1993）、张志伟（《康德的道德世界观》1995）、范建荣（《康德文化哲学》1996）等学者，大都未能"再接再厉"出版第二本严格意义上的康德研究专著，原因很复杂。可以预料，未来的汉语康德研究界，真正感谢于这一百多年者，可能多半还是何兆武、杨祖陶、李明辉、邓晓芒、李秋零和韩水法诸贤的杰出翻译。三是我们的康德研究，在国际康德研究界的识别度并不高，特色也不明显，原因可能还和前一点相关，但根本还在于我们至今没有提供一种国际认可的康德研究的范式；因为"所有算得上是有成就的学问，必定是从一个思想范式（paradigm）冒出来的"，当然，"这可见一个足以传世的思想范式的出现是多么困难的事"。①

总体而言，虽然汉语界的康德哲学研究，在数量上极其庞大，但重复、应景、浮泛甚至比附的问题依然严重，以"未成气候"四字概之，并非耸人听闻。比如就康德美学而论，既有成果也还存在两大亟待克服的消极倾向。一是在很长时段内，只关注第三批判，甚至主要集中于它的上半部"感性判断力批判"，甚少顾及下半部"目的论判断力批判"，更鲜能切实从康德整个哲学体系的内在理路出发去剖析和贯通它；且就这上半部而言，也大都依康德在"序言"和"导言"中的论析断定，康德美学是其哲学体系的逻辑"逼出"。真实的情况好像是：康德完成前两大批判后，突然发现在自然与自由之间有一空缺，形如鲍姆嘉通当年在他老师的体系中发现人性心理结构在"知"和"意"间缺少专门研究"情"的学问而创立美学。二是，无论西方美学史著述、单篇康德美学论文，抑或康德美学专著，描述下来的印象清一色都是：康德太伟大了，这个为"三大批判"而生的小个子。打个比方，这些著述就像橱窗，康德的理论和思想被"成品化"后展览于其中。这无意中忘却了先验哲学创生历程中，时间上的漫长和学理上的艰难，不要说第一批判艰难诞生的"12年"，即使是第二批判即《实践理性批判》，"这样一个批判的名称和概念在《纯粹理性批判》的第一版中完全不为人知"②。这种把哲学和美学当作"成品"，摆出来，然后向后来者

---

① 张五常：《科学与文化——论融会中西的大学制度》，中信出版社，2015年，第71页。
② 〔德〕保罗·纳托尔普："科学院版编者导言"，载〔德〕康德《实践理性批判》（注释本），李秋零译注，中国人民大学出版社，2011年，第7页。

解说它的精美和卓越的做法，无疑会神化康德，并因之极有可能浇灭后来者继续探讨的信心和热情。这两大消极倾向，互为因果，后者则更为根本，它体现了我们对待人文学术不应有的一种纯粹的"知识型"姿态，相对忽视了由人文学本性而来的"历史性"和"思想性"，从而把人文学做成了静态性的而非更恰当的动态性和发生学的。这在人文学的诸分科即文学、史学和哲学教育中也普遍存在：大学中文系的文学教育成了文学史教育，见"史"不见"文"，哲学系的哲学教育成了哲学史的天下，见"史"不见"哲"。人文学，应当是人、文、学三者的统一，可如今的研究多是"学"有余而"人"和"文"均有不足。①

就康德哲学和先验美学而言，一如牟宗三先生半个多世纪前为友人劳思光《康德知识论要义》作"序"时所云："康德达到这批判哲学的确定形态，并不是一时的聪明与灵感所能至的，乃是一个长期的酝酿与磨炼……平常讲康德哲学的人多忽略这一个发展，故对于康德的了解常显突兀，因而不能见其发展的痕迹，而自己亦无渐渍洽浃之感。"② 这倒不是说，中文学界没有关于康德前批判哲学和美学的研究，比如劳氏此著就单列一章③，对康德1770年之前的重要著述，如《形而上学最高原则之新阐释》《上帝存有证明之仅有基础》《试将负量观念引入哲学》《论自然神学原理及道德原理之明确性》《视灵者的梦》等，作了深入的剖析。美学领域有朱志荣《康德美学思想研究》（1997）和曹俊峰《康德美学引论》（1999），哲学领域有王兵《康德前批判期哲学研究》（2006）。只是，上述著述，大多只是涉及，既未深究之，亦未前后勾连以寻出其间的内在理路，这可以非常直观地从其篇幅和目录上见出。④

也就是说，在国内的康德哲学美学研究中，尚缺少那种"发生学"意义上的精深而细致的探讨，笔者把这种当有而鲜见的探讨策略命名为"过程化"研究。此一研究策略，既重视了被研究对象的历史性，亦关注了其

---

① 参见陈平原关于"文学史"的系列思考：《作为学科的文学史》（北京大学出版社，2011年）和《假如没有"文学史"……》（生活・读书・新知三联书店，2011年）。
② 劳思光：《康德知识论要义新编》，新界，香港中文大学出版社，2001年，第 xvi 页。劳氏此著1957年由香港友联出版社出版，牟宗三先生为之作序。后经关子尹整理，收入"思光学术论著新编"第九卷。
③ 即此著第二章"批判前期重要著作中的哲学思想"，参见《康德知识论要义新编》，新界，香港中文大学出版社，2001年，第11～33页。劳思光此著是以"基源问题研究法"探讨了康德1770年前的几部著作，诠释的依据就是劳氏以此法析出的康德哲学的"基源问题"，即"对本体的知识是否可能"。
④ 各书比例统计如下：劳著1/10，曹著1/5，朱著1/8。

内在性，希望借此展现它那既曲折又令人兴奋的辉煌"诞生史"，进而体会经典著述在研究的过程、观念的凸显、材料的聚敛、写作的迂回和方法的借镜等方面的甘苦，从中见出学科的整合、方法的妙用、材料的照明和思想的催生。既有研究所表现出来的"孤立化"和"知识化"，就恰恰忽视了对象的历史性和鲜活性，并进而无意于思想的内在理路而缺乏应有的逻辑性。面对任何学术经典，无论是自然科学、社会科学或是人文学科的，我们都很想知道，作为一种学术范式和研究典范，它是怎样"长成"的。我们确信，在人文领域，这是一个普遍的问题，很多人把这归结为史家的"史见""洞见"或"眼光"，而笔者则提倡：必须把对象"过程化"。这不仅是思想和经典本身的实际成长历程，更是激励和启发后来者尾随而上再创经典的最好范例。这虽然有可能减弱经典的"神圣性"，但可使经典更"接地气"，更具"人情味"，因而也更可能发挥当有的持久意义和启发作用。

第二节　发生学方法的适时引入

发生学作为一种方法论，最早出现在自然科学领域。"发生"（Genesis，也就是《圣经》里的"创世记"）这个术语长期以来一直用来描述世界终成现状所经历的过程，与那种试图界定自然界一切变化似乎都复归于之的反复重现的形态或类型以便把某种秩序带进对象之中的形态学（Morphologie/Morphology）不同，发生学试图回答如下问题：事物如何成了现在的样子、它在时间上的历史又如何。此外，发生学还要处理从一种形态到另一种形态的历史转变，关注其中的运动、过程和功能，寻找其中可能的规律或规则性。西方近代伟大哲学家中，最早按现代科学精神探讨自然对象发生问题的是莱布尼茨（Gottfried Wilhelm Leibniz，1646~1716），随后，在林奈（Carl von Linné，1707~1778）对植物分类原则的尝试达到极致，在其著作中，有关植物和动物的自然秩序和人为秩序之差异的讨论，便已经开始了。正如林奈所言："自然秩序教给我们植物的本性，人为秩序使我们能够认识植物。"他终生为"发现自然秩序"而奋斗，这也是进化论孜孜以求的目标。① 牛顿物理学风行的18世纪，关于宇宙

---

① 参见〔英〕约翰·西奥多·梅尔茨《十九世纪欧洲思想史》（第二卷），周昌忠译，商务印书馆，2016年，第168~169页。本节关于"发生学"的阐述，多借重于梅氏此著，特此说明。

的形成,"康德-拉普拉斯星云说"包括后来黑格尔的《自然哲学》,基本就是"发生论"范畴的,康德为此提供的就是1755年出版的《自然通史和天体理论》,而数学家兰贝特(J. H. Lambert,1728~1777)所主张的也是"形态学"范畴的。

真正奠基科学胚胎学、动植物机体发生研究的,要数沃尔夫(Caspar F. Wolff,1733~1794),他以博士学位论文《发生论》(*Theoria Generationis*,1759)闻名于世。此著的目的即在拒斥"进化论"和"预成论"(Preformation),而用更成熟的"渐成论"(Epigenesis)取代它们,并在其研究中,引入了发育的原理。名著《宇宙之谜》的作者恩斯特·海克尔(Ernst Haeckel,1834~1919)曾在与"种系发生"相区别的意义上提出"个体发生史"(Ontogenesis),并借由他命名的、德国解剖学家梅克尔(Johann Friedrich Meckel,1724~1774)首倡的"重演论"(生物发生律)即"个体发育是系统发育的简短而迅速的重演"厘定了两者之间的生物学关联。①

其实,发生学的自然观并不复杂,无非就是认为现有的自然形态和现象皆是从我们可以相当精确地加以描述的比较简单的形态或胚芽渐次发展而来的。就纯科学而言,达尔文《物种起源》牢牢确立了发生论观点的理论地位,使之取代了各种形态学观念。在发生学的自然观形成的历程中,康德和他的前辈莱布尼茨处于早期,达尔文进化论是其全面的胜利:自然界那明摆着的发展变化,被"提升到有科学意义的高度,提示着那些隐蔽的和神秘的使然力量,它们改变或保持自然形态,助长或抑制自然过程",从而"把自然界看作为冲突和无休止发展的舞台",这像极了思想的世界。② 这样,关于自然的观念,就有了三种形态:形态学、目的论和发生论,而发生论的研究方兴未艾。正如史家所言:"自从我们熟知了不同动植物种的起源和蜕变的观念以来,我们就习惯于把发生论观点不仅用于自然界生物个体的生长和发育,而且用于其他万事万物。"③ 这"万事万物"自然也包含我们的思想领域。

---

① 参见〔德〕恩斯特·海克尔《宇宙之谜》,郑开琪等译,上海译文出版社,2002年,第69、123页;〔德〕卡西尔《符号·神话·文化》,李小兵译,东方出版社,1988年,第70~71页。

② 〔英〕约翰·西奥多·梅尔茨:《十九世纪欧洲思想史》(第二卷),周昌忠译,商务印书馆,2016年,第250、256、258、263、268页。

③ 〔英〕约翰·西奥多·梅尔茨:《十九世纪欧洲思想史》(第二卷),周昌忠译,商务印书馆,2016年,第239页。

思想领域的发生学研究，本书更看重的是个体思想的发生，个体思想的发生一定会有一个过程，这根源于人的生命事实，正如康德所言"几乎没有一个终有一死的人可以迈着坚定的步伐，沿着真理的笔直大道前进，而不会在这里或者那时误入歧途"（Ak1：475）；而关于群体、时代或民族思想的发生，正是通常所谓思想史关注的主题，比如维柯的名作《新科学》所要解决的重大议题①，自不在本书考察的范围之内。就重要甚至伟大思想家个体思想发生而言，必须注意的是，要同时关注思想家思想的连续性与阶段性，既不让连续性淹没阶段性，更不能让阶段性失去内在的连续性或统一性。因此，肯定需要历史的因素（文本或素材）、猜想的因素，当然也离不开思辨。历史的素材自然是主要根基和依据，猜想是为了合理地填补当我们想把诸多实际历史材料串起来构成统一而可理解的系统整体时，发现在它们之中存在的诸多缺位，思辨则是为探究思想发生进展背后的合逻辑性或一般原理。就方法论而言，汉语学界关于发生学方法论的研究，可以举哲学领域俞吾金关于"哲学发生学"的相关成果和文学领域夏中义关于"文献发生学"的例子予以补证。

知名文史专家夏中义教授多年来倡导并力行一种如今被命名为"文献—发生学"的学术方法，主张在文献层面发现各种学术"症候"，再沉潜到价值层面去探寻其赖以发生的心理根源，并据此展现学术贡献与学人灵魂之间的深层关系。夏中义等所谓"文献—发生学"研究，是要探寻学者著述中的学术或思想的根，即他们如此书写的内在缘由，其中，文献学关注"纸面文章"，发生学则是要读出"纸背文章"，后者是前者的根。② 此种方法论确实可以言之有据地被称为"中国式的症候式分析"③。这种方法的理论基础显然是弗洛伊德精神分析学，更重要的是，这种方法是截面式的深掘，是由表及里的策略，并不具有本书所主张的那种历史性的、过程性的和动态性的观照，故而还不是本书要真正关注的。

---

① 维柯说："本科学所描绘的是每个民族在出生、进展、成熟、衰微和灭亡过程中的历史。"参见〔意〕维柯《新科学》（上册），朱光潜译，商务印书馆，1989年，第164页。就汉语学界最新成果而言，程志敏的《西方哲学批判——哲学本质的反思》（中国人民大学出版社，2016年）也属于发生学意义上的西方哲学史重构。
② 参见夏中义、周兴华《"文献—发生学"源流回眸》，《学习与探索》2016年第1期；夏中义《"百年学案"：学风、方法与气度》，《文艺研究》2006年第8期。
③ 刘锋杰：《从阿尔都塞到夏中义——〈朱光潜美学十辨〉的"症候阅读"法》，《清华大学学报》（哲学社会科学版）2016年第4期。

受皮亚杰"发生认识论"的启发，俞吾金先生在 1982～1987 年对"哲学发生学"进行了比较系统的思考，连续发表相关成果 9 篇，其中，以 1986 年所撰《论哲学发生学》最为系统和重要。① 在这篇重要论文中，他从当时中国哲学史界既有研究成果存在的两大空白即"对哲学的史前史（发生史或形成史）缺乏研究""对具体哲学家或哲学流派的思想形成和发生史缺乏研究"入手，指出既有研究所用的方法，即把各个哲学家或哲学流派的思想作为一个结果、一种状态、一个抽象的点来研究，而不是作为一个过程、一种发展、一条线索来研究，导致我们常常重视哲学家的晚期著作，忽视其早期思考。他提倡"把所有哲学家和哲学流派的思想无例外地作为发生过程来研究"，以建立一门学科；这门哲学发生学学科包含宏观和微观两大分支，前者旨在通过对原始文化，尤其是原始思维的研究来揭示哲学史前内容的特征，后者则主要通过对哲学史上有影响的哲学家和哲学流派思想的发生、形成的研究来揭示一般哲学家或哲学流派学说发生的普遍规律。② 和本书主题密切相关的，是后者即微观哲学发生学，其理念是：

> 哲学史把每个哲学家或哲学流派看作一个点，微观哲学发生学的任务则是把每个点重新恢复成线。它主要研究不同哲学家和哲学流派的理论发生、发展的整个过程。这一根本宗旨决定了它的研究对象除哲学家和哲学流派的成熟著作或代表作外，还研究哲学家的早期著作、手稿、日记、书信、自传、生活轶事、气质性格等，研究有关哲学流派形成的一切文献，以便从中找出普遍的带规律性的东西来。③

很显然，俞先生提倡的哲学发生学，尤其是其中的微观层面，和本书所倡导和实践的"体系发生学"方法有着极大的契合性，只有一点，那就是此种方法的皮亚杰味道过浓，带有明显的自然科学追求，这尤其体现在

---

① 这 9 篇文献，除下文重点评介的《论哲学发生学》外，其余分别为：《发生认识论的启示》，《书林》1982 年第 4 期；《发生认识论初探》，《复旦学报》（社会科学版）1982 年第 5 期；《〈发生认识论〉简评》，《社会科学》1982 年第 6 期；《要重视对"发生认识论"的研究》，《复旦学报》（社会科学版）1983 年第 1 期；《皮亚杰的主客体观及其认识论意义》，《江海学刊》1984 年第 5 期；《开创哲学发生学研究》，《学术月刊》1985 年第 4 期；《重视对哲学发生学的研究》，《光明日报》1986 年 5 月 12 日；《皮亚杰的发生认识论》，《现代西方哲学学说》，复旦大学出版社，1986 年。
② 参见俞吾金《论哲学发生学》，《复旦学报》（社会科学版）1986 年第 1 期。
③ 俞吾金：《论哲学发生学》，《复旦学报》（社会科学版）1986 年第 1 期。

它在曲终奏雅时对"普遍的带规律性的东西来"的偏爱。我们主张的体系发生学真正的要旨并不特别渴求这种普遍规律，而主要是要对伟大思想家所创造的理论体系究竟是如何被创造出来的感兴趣，这其中，我们承认偶然，尊重天才的不可复制性。可以说，如果夏中义"文献—发生学"的理论根基是精神分析学，俞吾金"哲学发生学"的理论根基是发生认识论，那么，本书提倡的"体系发生学"的理论根基则更偏向于现象学的描述方法，如果这种描述是动态生成式的；同时，某种程度上，是怀特海的"过程哲学"为之提供了哲学基础。按怀特海，成为现实就是成为过程，过程承继的是过去，立足的是现在，指向的是未来；过程是根本性的，是外在的客观机缘（occasion）与内在的主观领受（enjoyment）的统一，它体现为"转变"（transition）和"共生"（concrescence）。据此可见，"过程"是一切存在物的真实状态，是本体上的断定，因此，过程化展现作为发生学方法的呈现结果，是对事物实际状态的历史描述，而一旦其结果呈现为一系列著述，过程就会被掩盖，对其研读必须要以对它的重新过程化为前提，阅读是重启过程化。思想家的理论体系，常常不是他们最初想成为的和想得到的，因此，这中间常有一种内在的转换，而促成这一转换的机缘，往往是外在的客观因素，且在突转中思想家有了重大发现，因而开辟出一片思想的新天地。同时可以看到，在这一转变的前后又渗透一种统一性和连续性，此前的一切都不是无意义的。因此，体系作为过程的结果，是转换和连续的统一，是阶段性和有机性的统一。应该说，作为发生学探查之结果的过程化展现，一方面是事物本身的存在形态，另一方面也是接近事物本身的一种研究方法，同时还是一种关于事物本身的讲述策略。[①]当然，怀特海的过程哲学关注的主要是"宇宙论"，但确实可以借此来揭示精神世界的过程性、动态性和有机性。

必须进一步指出的是，发生学的理念不是目的论的，因为康德并不能预知后面的结果，因此，在发生学的考察中，允许并尊重偶然性，比如康德的"有奖征文"并不是预想中的，因为征文的具体内容不是他能控制的，也不是非参加不可——他也是在最后期限才交稿给科学院的。这就是偶然的，但是，一旦康德选择了这个偶然的道路，后面的发展就有了某种思想上的必然性和理路上的内在性。故而，发生学的研究特别重视被我们命名

---

① 怀特海对其"过程"思想方法的集中阐述，并不在其1929年发表的名著《过程与实在》（李步楼译，商务印书馆，2011年）中，而是在1938年出版的《思维方式》（刘放桐译，商务印书馆，2010年，第83～97页）中。

为"思想事件"的重要因素（思想契机）。此外，任何思想都有一个或长或短的发生过程，这当然是一个客观的事实，对思想进行发生学考察，理论上顺理成章，但实际操作上，可能会因客观条件的阙如而无法展开。

第三节　发生学研究的基本策略

笔者 2013 年提交的博士学位论文，并于同年获教育部人文社会科学研究青年基金项目立项，今已出版的《确然性的寻求及其效应》（中国社会科学出版社，2017 年），正是对"发生学方法"或"过程化策略"的不自觉的初步实践，故而，想抛砖引玉，略作概括和引申，以明此种研究的基本策略，并试图为思想史领域经典作家和经典著述的研究提供方法上的借鉴和展示。

上书主要通过对 17 至 19 世纪初西欧社会"思想气候"——随自然科学之巨大成功而来的普遍效法自然科学的社会心理趋向和文化氛围，实质是对"确然性"的寻求——的宏观把握和学理分析，展示德国古典哲学和美学在承接和试解时代难题、在借鉴先进和固守本位间，微妙而复杂的理论处境和学理抉择，厘清德国古典美学的心路历程及历史演进，凸显康德哲学美学的奠基之功，揭橥席勒《论美书简》于西方近代美学史上的中介意义，提供理解谢林—黑格尔美学及 20 世纪西方艺术哲学的一条内在线索和理路，以期为中国当代美学理论建设和人文原创提供必要的学理参照和方法论启示。采取的研究策略是，内在理路与外缘影响相结合的方式，或者更准确地说，是从外缘影响步步深入，最终融入内在理路。外缘的影响与内在理路的展开二者之间，尚有思想家个人的因素起着关键的中介作用，它可以解释何以同样思想处境下会成长出截然各异的人来。

撰写上书，笔者后来在方法论上得到的最大收获就是："外缘影响"通过思想家所各自形成的"理论动机"最终推动着思想世界的发展而形成独特的"内在理路"，即外缘影响→理论动机→内在理路。关于"内在理路"（inner logic）的研究方法①，可在著名史学家余英时那里得到一个研

---

① 关于"内在理路"的相关论述，笔者是后来才得见于余英时先生的相关著述中。笔者写作自己的第一篇学术论文《试论康德美学的"判断在先"原则》[《安徽师范大学学报》（人文社会科学版）2003 年第 4 期]时，基本观念就是如此，该文就是要在揭示康德美学内在理路的进程中判明"评判（判断）在先"原则在康德美学中的关键位置。

究的范例。余先生在研究明清之际至清代的学统变迁是如何从明代的理学转变为清代的考证（由"尊德性"至"道问学"、由"道德思辨"转向"知识实证"）时发现，这中间就有一条思想史内部的理路，即"取证于经书"①。许多观念的产生并不是非得有外来的东西影响到你，而是思想内部有一套逻辑、一条线索、一种思路，它逼着思想家提出某些新问题、创造某些新范式、走进某些新轨道上来。著名思想史家伯林在总结"康德与浪漫民族主义兴起间的关系"时亦说："思想的确有自己发展出活力和力量，而且就像弗兰肯斯坦的怪物，以其制造者完全料想不到的方式行动，并且有可能违逆他们的意愿，有时甚至会反对乃至毁灭他们。"② 西方思想家尤其是哲学家的理论，都有三个重要的思维特点：以"问题"为轴心，以逻辑为进路，通过重置"绝对预设"来完成哲学创造。因此，在读西方思想的经典作品时，一定要具备如下诸观念。

第一，必须准确析出思想家著述所要回答的"基本议题"，因为伟大思想家的著述都是"有为而发"的，这就是所谓的"问题意识"，也是学术的命脉所在。

第二，这个人类性的"根本议题"，是如何被思想家认取的，亦即，是什么机缘或经历使得思想家接受了这一难题，并立志"终身事之"的。这就需要研究者对思想家所在的时代，尤其是思想境况，有切实而准确的理解，从而判断出这个时代的思想气候，并进而识别出思想家终身事之的那个"人类性"的"根本性难题"。

第三，就此难题，此前的思想家曾经做过怎样的思考并取得了哪些思想成果，然后从中找出那些曾经影响过该思想家的部分，以此从思想的内在方面，厘定该思想家在此问题上所能走上的各种路向，由此诠解该思想家为何会走进现有的思想世界。在这方面需要尤为注意的是，不能以时间在先作为"影响"的标准，而必须有内在文本依据。

第四，在前三者的基础上，从"内在理路"角度，用逻辑的方式，重演出思想家所有重要的思想创见。也就是用研究者自己的方式，合乎逻辑地给该思想家的思想一个"秩序"，以此提供理解该思想家的一个角度或观测点。

---

① 参见余英时《论戴震与章学诚：清代中期学术思想史研究》，生活·读书·新知三联书店，2012年，第332～335页。

② 〔英〕以赛亚·伯林：《现实感：观念及其历史研究》，潘荣荣、林茂译，译林出版社，2011年，第271页。

这种研究策略，可以说是余英时先生潜心于之的"内在理路"与杨祖陶先生擅长的"逻辑进程"的有机整合，充分考虑到了"内在理路"所未及的"外缘影响"部分，并且沟通了"内在理路"与"外缘影响"，从后者合乎逻辑地进入了前者。此种策略，不是思想家著述"事后诸葛亮式"的"叙事策略"，而是思想发生的实际进程与思想的内在理路的有机统一。结合上述俞吾金先生的理论设想以及胡塞尔的发生现象学和怀特海的过程哲学，可以把体系发生学研究的基本步骤或策略作如下简要概述：思想家在某个特定学科领域有较好的素养累积甚至是理论创造→所处时代"思想气候"的浸润→特定机缘的出现→对时代提出的重大哲学议题的认取→对历史文献的调取加上自己的苦心思索→艰难探索中蹚出自己的路→基本框架和主要观念的渐次浮现与正位→体系的创生→体系的延展、深化和完善。①

这个研究策略和进路，具有一定的普适性和可操作性，这里拿康德哲学美学为例，以个人研究所得，略作展示。

首先，析出康德批判哲学所要回答的基本议题是什么。众所周知，那就是"先天综合判断何以可能"。康德之所以接过并担负这个亘古未有的大难题，是因为他想要完成两大拯救，即拯救科学与拯救道德，为自然科学的理论大厦奠基，为人类的道德行为立法。为前者，他写了第一批判，为后者，他写了第二批判。到后来又有了拯救鉴赏的诉求。问题是，自然科学大厦的地基和人类道德行为的原则，是怎么被解构的呢？这几个大家也都清楚，前者是休谟的巨大哲学成就，即对"因果律"之"普遍必然性"的解构，后者则是当时英国经验（幸福）主义伦理学及时人的无德行为——康德有云"有德者未必有福，享福者实多恶徒"。但更深一层的问题是，康德是如何知晓并主动担起这几个大任的呢？

这就需要从两个层面深入研究：一个是外缘影响，即整个知识界的问题，可参考怀特海教授在《科学与近代世界》所称"思想气候"；一个是个人选择，即思想家的自觉意识问题。前者，一般教科书均有涉及，那就是当时的学科生态和学者心态问题：当时的学科生态——因自然科学理论（注意：并非技术）的迅猛进展打破了原有的以"形而上学"为"万科之王"、其余各科相安无事的学科生态情势，以理论物理学，尤其是牛顿力学为代表的数理科学异军突起，成为历来一切科学的样板和榜样，其余的学科，包括史学、哲学、心理学和社会学在内的一切人文社会科学，都曾

---

① 参见俞吾金《论哲学发生学》，《复旦学报》（社会科学版）1986年第1期。

积极主动地效法数理科学这个"先进",追求"先进"所具有的那种"无可置疑的确然性",后者也理所当然地有了"训教"其他一切科学的底气和资本;这一学科生态,极其直接而明显地影响了当时几乎所有的思想者和学者的学术心态,既然技不如人,既然家门不幸,那就唯有效法先进以求迎头赶上。这两方面,即既有的学科生态及因之而来的学者心态,对当时的哲学和作为哲学家的康德,都是顺理成章自然而然的。

即便如此,我们还是必须进一步追问,康德怎么就接过了这个难题,是什么机缘使得他认取了这一难题——至于康德如何能够做出如今众所周知的哲学成就,那倒可以先不过问。而且,这一追问还将涉及一个康德学界无人不晓的常识,即康德的思想,分为前批判与批判两个时期,可研究者极少追问,是什么因素或机缘使得康德的思想世界发生了这一转向或转折。康德从前期一个以牛顿力学为旨归且成就卓著的理论物理学家,转变为一个"纯粹"的思辨性的哲学家,研究者不对其间的根由深加追究,那是怎么也说不过去。休谟的影响自然非常大①,可他那本对作为自然科学大厦的"因果律"何以具有"普遍必然性"的"解构性怀疑"的《人类理解研究》的德文版,1755年9月就已出版,且可以确定康德当时就曾研读过它。② 因此可以断定,康德起先对休谟的研读,并未给他带来根本性的转变,《未来形而上学导论》那句"正是大卫·休谟之提醒在多年前首度打断了我独断的瞌睡,并且为我在思辨哲学的领域中的探讨提供了一个完全不同的方向"中的"首度",只能是1755年此后的某个时间,要确定这个时间,就必须弄清楚,是什么因素或经历使得对休谟思想早已熟悉的康德被"惊醒"并因而为他"在思辨哲学的领域中的探讨提供了一个完全不同的方向"的。也就是说,一定有某个机缘给了康德一种"问题意识"或"独特眼光",借由这种"眼光"而突然领会了休谟思想的重大哲学意义。那这个重要的"机缘"是什么?对此,至今康德学界未能给出合适的解释,也因此无法解释康德思想前后期的连续性和整体性,同时也在"外

---

① 参见〔德〕康德《一切能作为学问而出现的未来形上学之序论》,李明辉译注,台北,联经出版事业公司,2008年,第8页。
② 比如从1755年就跟随康德听课的博罗夫斯基(I. E. Borowski,1740~1832),就曾如此回忆老师这一时段的授课内容:"在我追随他的那几年里,哈钦森与休谟是他最推崇的思想家,前者因其伦理学的贡献,后者因其深入的哲学探索。他从休谟那里得到了新的思考动力。他建议我们仔细阅读这两人的作品。"(〔美〕曼弗雷德·库恩:《康德传》,黄添盛译,上海人民出版社,2008年,第40、138页;参见〔日〕桑木严翼《康德与现代哲学》,余又荪译,台北,台湾商务印书馆,1991年,第22页。)

缘影响"与"个人选择"之间留下了不该留下的"解释空隙"。

对此，笔者的研究结果如下：1755年的康德尚未虑及"休谟问题"，但在此后一定有一个"思想事件"① 使得康德突然意识到知识的"根基"问题即以"因果律"为代表的"休谟问题"的重大哲学意义的。这个"思想事件"就是康德1762年年底完成的有奖征文②——《关于自然神学与道德的原则之明晰性的研究》，它出版于1764年——笔者认为此文是康德对自己学术使命，即为哲学和形而上学寻求确然性根据的哲学自觉的标志性文献。以此文为界，康德此前此后学术思考之命意可概括为：从"寻求确然性的知识"到"寻求知识的确然性"。1762之前的康德，主要是一位理论物理学家，理论思考的核心对象是"自然""天体"或"宇宙"，方法是逻辑学和几何学的，目的是推演并普及牛顿的力学原理，旨在解释生活中的疑惑，其哲学的基本命意是寻求确然性的"知识"；1762年之后的康德，则把思考的重心由"灿烂星空"移于"知识背后"，哲学思考的基本议题变成了知识的"确然性"，关注的焦点是根基、逻辑、上帝、灵魂。这倒不是说，1762年之前的康德没有思考过形而上学议题，或者此后的康德不再虑及理论物理学问题，而只是从哲学家致思的主导意图立论的。

对康德思想世界里的这个"思想事件"的揭示，同时也使得一般教科书对欧洲近代知识界之思想气候的特征的揭示，有了文献上的直接表征，那就是在科学至上和理性万能信念下激起的在一切学科中持续进行的"确然性的寻求"。这样，我们就把思想发生的"外缘影响"和"个人选择"贯通了起来，并可以顺理成章地揭示出进入康德思想世界中的那个能为他所选择了的"人类性难题"作过思想上贡献的前辈思想家有哪些，并因此理解他本人理论工作中思想进展的独创性、艰难性和重要意义。

在这些条件之下，再去梳理康德批判哲学的"内在理路"，并呈现康德思想世界的复杂性，就显得师出有名且有理有据了。而不是像一般教科书那样，只是照例摆出康德批判哲学的几个观点或理论命题，只告诉读者

---

① 这里所谓的"思想事件"，大致相当于伽达默尔所谓的"问题视域"（Fragehorizont），即"我们只有通过取得问题视域才能理解文本的意义"。参见〔德〕汉斯-格奥尔格·伽达默尔《诠释学Ⅰ、Ⅱ 真理与方法（修订译本）》，洪汉鼎译，商务印书馆，2010年，第522页。

② 1761年6月4日，普鲁士皇家学院（柏林科学院）向欧洲学术界发布了1761~1763年度有奖征文事宜，主体内容如下："形而上学的真理，特别是自然神学与道德的第一原理，是否能像几何学的真理那般清晰明证，若不能，那其确然性（Gewissheit/certainty）的本质是什么，确然性程度如何，在该程度上其可靠性是否完全可信。"（Kant, *Theoretical Philosophy 1755~1770*, Cambridge: Cambridge University Press, 1992, p. lxii.）

康德说了什么，而不顾及康德为什么这么说以及又是如何说的这些对理解康德更为重要和根本的理论难题，也就失去了思想和哲学研究的真正要义。

第四节　发生学研究的思想前提

之所以倡议"发生学"研究，源于如下的思想认识，这也正是"过程化"研究得以可能的思想前提和逻辑基础，即必须把思想实际的发生过程与思想家对其思想的文本叙述区分开来。这也是康德自己明确认识到的一个重要问题，即"论述"中综合与分析的问题①；同时也是"第三批判"之被歌德引以为知音的关键所在，即主张对自然进行内在目的论式的解释，而摒弃了以"通俗哲学"之名盛行于18世纪的"神学目的论"和"外在目的论"。在歌德看来，生物学领域，他与康德是一方，另一方则是林奈；后者以种、属、科为框架的"属类学观念"（generic view），只是展示了生物的"成果"，但不是生命的过程，后者被歌德称为"起源学的观念"（genetic view）。②

转而言之，必须把主要依据体系本身和接受者特点而确定的"叙述"与哲学家本人思想"发生"的实际历程严加区分。对重要如康德这样的思想家，绝不能用"叙述"或"展示"替代和衡量"起源"或"发生"，否则，既不利于我们对思想家本人的理解，也不益于对哲学本身的理解。就前者，定会削减思想本身诞生所呈现出来的辉煌的艰难史，进而神化思想家并催生对之不应有的盲目崇拜心理；就后者，可能会浇灭后进继续研究哲学那难能可贵的热情进而大不利于哲学的继往开来。这在一般的教科书中表现得尤为彻底和明显，遗毒不可谓不深。一如美国著名数学史家莫里斯·克莱因在其名著《古今数学思想》"序"中所说的——这些话同样切合于今日的人文学术：

---

① 康德在1781年"第一批判"发表后给赫茨的信中也谈到这一点，他说自己在《纯粹理性批判》中，就"通俗性这一点上，开始就做得很差劲。若不然，我就会仅仅从我在纯粹理性的二论背反这个题目下讲述的东西开始，这样做，就会讲述得很成功，就能激发读者的兴趣，去研究这种争论的根源"（《百封》77）。
② 参见〔德〕卡西尔《卢梭·康德·歌德》，刘东译，生活·读书·新知三联书店，2015年，第98~99页。

在一个基本方面，通常的一些"理论"课程也使人产生一种幻觉。它们给出一个系统的逻辑叙述，使人们有这种印象："理论"家们几乎理所当然地从定理到定理，"理论"家能克服任何困难，并且这些课程完全经过锤炼，已成定局。学生被湮没在成串的"知识点"中，特别是当他正开始学习这些课程的时候。

历史却形成对比。它教导我们，一个科目的发展是由汇集不同方面的成果点滴积累而成的。我们也知道，常常需要几十年，甚至几百年的努力才能迈出有意义的几步。不但这些科目并未锤炼成无缝的天衣，就是那已经取得的成就，也常常只是一个开始，许多缺陷有待填补，或者真正重要的扩展还有待创造。

课本中的斟字酌句的叙述，未能表现出创造过程中的斗争、挫折，以及建立在一个可观的结构之前，"理论"家所经历的艰苦漫长的道路。学生一旦认识到这一点，他将不仅获得真知灼见，还将获得顽强地追究他所攻问题的勇气，并且不会因为他自己的工作并非完美无缺而感到颓丧。实在说，叙述"理论"家如何跌跌，如何在迷雾中摸索前行，并且如何零零碎碎地得到他们的成果，就能使搞研究工作的任一新手鼓起勇气。①

必须致歉的是，引文中有五处带双引号的"理论"，均是笔者故意替换的，它们原来都是"数学"，第一段的"知识点"也是"定理"的替身，这完全是为了"叙述"的效果。即便我们把人文学术与数理科学、学术著作与教科书之间的根本差异考虑进来，克莱因的这几段话也值得我们沉思再三，细加推究。

克莱因的如上感叹和概括，并非个例，如19世纪一位大物理学家和生理学家赫尔姆霍茨（Hermann von Helmholtz，1821～1894）就曾说：

1891年我解决了几个数学和物理学上的问题，其中有几个是欧拉（Euler）以来所有大数学家都为之绞尽脑汁的……但是，我绝不敢以此自傲，因为我知道，所有这些难题，几乎都是在无数次谬误以后，通过一系列侥幸的猜测，才逐渐作为顺境的例子的推广而得以解决的。这就大大削减了我为自己的推断所可能感到

---

① 〔美〕莫里斯·克莱因：《古今数学思想》（第一册），张理京等译，上海科学技术出版社，2002年，"序"第3～4页。

的自豪。我欣然把自己比作山间的漫游者，他不谙山路，缓慢吃力地攀登，不时要止步回身，因为前面已是绝境。突然，或是由于念头一闪，或是由于幸运，他发现一条新的通向前方的蹊径。等到他最后登上顶峰时，他羞愧地发现，如果当初他具有找到正确进路的智慧，本有一条阳关大道可以直达顶峰。在我的著作中，我对读者自然只字未提我的错误，而只是描述了读者可以不费气力攀上同样高峰的路径。①

赫尔姆霍茨是真诚的，其真诚给了后学们以信心。上文提及的曹俊峰先生在其《康德美学引论》，尤其是新版的第一个"附录"中所做的工作，其最大意义便在于这一点，即用"历史叙述"或"发生叙述"替代原来的"知识叙述""系统展示"或"成品展览"。俞吾金先生也认为，"在康德的批判哲学中，研究的起点和叙述的起点是不同的……研究的起点表现为一切有待于解决的问题的症结或焦点之所在，而叙述的起点则是使读者易于理解有待叙述的全部内容"②。但必须进一步指出的是，理解哲学家思想形成的过程，不应主要依据"事后"的"追述"，而应以先前的著述为根据，因此，可以在"研究的起点"和"叙述的起点"外指出第三个层次，即"体系的逻辑起点"。康德在 1798 年 9 月 21 日致伽尔韦的信中提到的"第四个二论背反"即自由与必然的背反，在笔者看来就是康德事后追述的"逻辑起点"。康德在 1781 年给赫茨的信中就认为，以艰涩之名而备受指责的"第一批判"，若是从"纯粹理性的二论背反这个题目下讲述的东西开始，就会讲述得很成功，就能激起读者的兴趣，去研究这种争论的根源"（《百封》77）。③

就康德美学而言，在学界通常所依据的第三批判的"序言"中，康德所自述的思想历程已是"事后诸葛亮"式的表述，更注重理论本身的系统性、连贯性和接受习惯，这完全是"系统展示"而非思想实际的"生成历程"。这一点常常为我们的康德美学研究者所忽视。也正是因为哲学家本

---

① 〔澳〕贝弗里奇：《科学研究的艺术》，陈捷译，北岳文艺出版社，2015 年，第 70～71 页。
② 俞吾金：《康德批判哲学的研究起点和形成过程》，《东南学术》2002 年第 2 期。
③ 未能区分"研究的起点""叙述的起点"和"体系的逻辑起点"，致使关于"批判哲学"缘起问题成为康德哲学的重要纷争之一。焦点就在"第四个二论背反"和《导论》中所坦诚的"休谟的提醒"两者，对于康德立意建构批判哲学起着什么作用，可参见钱捷《超绝发生学原理》（第一卷），中国社会科学出版社，2012 年，第 93～109 页。

人有意无意地掩盖思想生成的实际历程，哲学史家又总是把哲学体系当作业已成型的知识成品来展示，这才引起了普通受众对哲学家的盲目崇拜或敬而远之。若从每一伟大思想体系的实际生成历程观之，真实的情况很大程度上并非如此。这倒不是说这些大思想家不够诚实，而是思想以著述形态呈现所不得不然的结果。

关于康德批判哲学体系及相应著作与他此前的授课和讲座之间的关系，康德本人于1796年的一份鲜为人知的"说明"中，已经指出：

> 在多年以前，在我开始着手纯粹理性的批判并因之走上一条新的著作之路前，在我的有关逻辑学、形而上学、伦理学和人类学，以及物理学和法学的讲座中，我不仅对我选作指导线索的原著作了阐释，而且作了审查和评价，同时也尝试予以发挥，并引入我觉得更好的原理。我的讲座就以这种方式断断续续地增长起来，同时也得到不断地改善，但我始终着眼于将来作为一种独立整体的可能的体系，因为那些后来（1781年以后）出版的著作，看起来可能只是为我所做的那些讲座赋予了系统形式和完整性。

康德还把此种情形的根由，归因于他那独特的身份，即"大学教师"，而此前的哲学家，基本都是"自由的哲学爱好者"而非"职业的"大学教师：

> 大学教师在学术研究中超越于自由活动的专业学者的优越性在于：大学教师在开设一门新课程时，都必须按每个小时预做准备（不管多么陈腐贫乏），新的观念和新的前景会不断地在他备课的过程中向他展示出来，另外，也是更常见的，也会在他的报告讲演中向他展现出来，这些新的观点和前景，会不断地修正和扩充他的大纲……哲学教师的体系大约是这样形成的：在一个体系出现之前很久，一些个别的句子连同为这些句子所作的注释——不管是由于新颖还是由于富有教益，它们会在一些章节里反复出现——就被记笔记的听众的笔串联在一起，因为教师只是临时把一些仅仅是片断的句子插入他所用教科书的相关之处，而他的体系还没有臻于成熟，只有在以后才敢以体

系著称于世。①

总之，绝不能把理论家事后在著述中的"叙事学"与思想实际生成的"发生学"混同起来，更不必提一般哲学史教材顾前（"叙事"）不顾后（"发生"）的武断做法了。就我们此处念兹在兹的后者而言，哲学家作品的编年史就显得尤为紧要，这也是笔者建议研讨康德对审美普遍性思想的反思而不引述虽在理论上非常重要但是无法确知其具体创作时间的材料——比如他的"人类学反思录"和"逻辑学反思录"——的原因所在。

第五节 康德哲学"发生学"研究的开端及展望

把发生学的方法具体运用在人文思想领域，也有着悠久的历史传统。最经典的案例自然首推德国著名古典学者耶格尔（Werner Wilhelm Jaeger, 1888～1961）于1923年写就的《亚里士多德：发展史纲要》（*Aristoteles: Grundlegung einer Geschichte seiner Entwicklung*）中对《形而上学》的发生学研究。在这本名著里，耶格尔一反此前以"系统论"为主旨的研究亚里士多德哲学的方式，运用发生学方法，借助一些曾经失传且多为现代学者所忽视的亚里士多德的对话残篇，并通过分析其最重要的论著，建构了亚里士多德思想内在的发展历程。② 耶格尔的这一研究方法，得到了我国著名古希腊哲学史家陈康先生的深化，结果就是1976年出版的 *Sophia: The Science Aristotle Sought*（《智慧：亚里士多德寻求的科学》）这本在方法论上有效融合了耶格尔和哈特曼（Nicolai Hartmann,

---

① 参见〔德〕卡尔·福尔伦德《康德传：康德的生平与事业》，曹俊峰译，天津教育出版社，2015年，第469～470页。关于康德这个"说明"的背景，可参见该著第447～448页。希佩尔（T. G. von Hippel, 1741～1796）是康德的朋友，后成为哥尼斯贝格警察局长和市长，他在1781年后匿名出版的《生活道路》和《论婚姻》中，把不知从哪里弄到的康德关于逻辑学、伦理学、天赋人权，特别是人类学讲座笔记的许多思想，像"刺激读者味觉的调味品"那样编入其中。1796年，希佩尔去世，同年，康德作了上述声明，澄清了批判思想的"产权"。
② 参见〔德〕维尔纳·耶格尔《亚里士多德：发展史纲要》，朱清华译，人民出版社，2013年，第4～5页。伽达默尔曾对此方法有过批评，参见其《诠释学Ⅱ 真理与方法——补充和索引》，洪汉鼎译，商务印书馆，2010年，第613页。

1882～1950）的学术巨著。① 就康德哲学而言，科学院康德全集所附关于康德三大批判和其他重要著作的"编者导言"，堪称较早且卓越的关于康德哲学的发生学研究成果。1992年，康德学者扎米托（John H. Zammito）出版了至今仍是关于第三批判发生研究最重要的参考书《康德〈判断力批判〉的发生》，认为康德第三批判的形成经过了三次重要的转折，即认知转向（以写于1789年的第一导论为标志）、伦理转向（1790年两个导论之间，以第二导论为标志）和形上转向（以"感性判断力的辩证论"和"崇高论"为标志）。② 2000年，美国著名康德学者保罗·盖耶（Paul Guyer）在为其翻译的《判断力批判》英文版所撰写的"编者导言"的第三节中，对康德第三批判的发生史也进行了较为细致的考证。③ 著名康德翻译家李秋零先生的《康德的"目的论"情结——〈判断力批判〉的前史》《康德往来书信中的〈纯粹理性批判〉诞生记》④ 则是国内较早关注批判哲学发生史的论述。关于康德第二批判的发生研究，可举德国著名康德专家克勒梅的名作《〈实践理性批判〉的起源与目标》⑤ 和国内青年学者马彪所著《康德为何没有写出"纯粹实践理性批判"？》⑥ 为证。另外，对康德政治哲学的发生学研究，主要有乔治·乌拉克斯（Georges Vlachos）的《康德的政治思想：秩序的形而上学与进步的辩证法》（*La Pensée Politique de Kant：Métaphysique de lordre et dialetique du progrès*，1962），此书确认，我们只能确定康德在1763年之后才开始思

---

① 参见 Chung-Hwan Chen，*Sophia：The Science Aristotle Sought*，Hildesheim and New York：Georg Olms Verlag，1976，pp. Ⅶ～Ⅷ. 此前在1952年陈康在《大陆杂志》特刊第一辑上发表了《从发生观点研究亚里士多德本质论中的基本本质问题》一文，收入汪子嵩、王太庆编《陈康：论希腊哲学》，商务印书馆，2011年，第280～320页。

② 参见 John H. Zammito，*The Genesis of Kant's Critique of Judgment*，Chicago and London：The University of Chicago Press，1992，pp. 2～3，7，151～153，263～265。参见 Ak20：249。

③ 参见 Paul Guyer，"the Editor's Introduction"，in *Critique of the Power of Judgment*，by Immanuel Kant，ed. Paul Guyer，trans. Paul Guyer and Eric Matthews，Cambridge：Cambridge University Press，2001；刘旭光《〈判断力批判成书考〉读后——兼论其对康德美学研究的启示》，《汉语言文学研究》2022第3期。

④ 参见李秋零《康德的"目的论"情结——〈判断力批判〉的前史》，《宗教与哲学》第8辑，社会科学文献出版社，2019年，第89～100页；《康德往来书信中的〈纯粹理性批判〉诞生记》，《德国哲学》2016年上半年卷，社会科学文献出版社，2017年，第45～54页。

⑤ 参见〔德〕H.F. 克勒梅《〈实践理性批判〉的起源与目标》，刘作译，《世界哲学》2021年第5期。

⑥ 参见马彪《康德为何没有写出"纯粹实践理性批判"？》，《世界哲学》2012年第5期。

考政治哲学问题。

在近年的汉语康德美学界，知名康德美学专家曹俊峰先生意识到了这一个问题，笔者也从另一个角度始而无意于今自觉地从事着对德国古典哲学，尤其是康德哲学美学的"过程化"研究。曹先生认为，康德第三批判的主要内容并非因体系所需而即刻创生的，他据康德在七八十年代留下的《人类学反思录》勘出：第三批判上卷的主要内容来自其人类学思想，下卷目的论来源于亚里士多德以来的传统目的论、他自己独创的人种变异理论和对有机界的观察经验，并非全由联结哲学体系的需要而促成。①

如果我们再对康德1765～1772年的通信细加审查，就会发现，康德关于"美学"（严格说是"美感"或鉴赏判断）的思考和理论，早已存在于他的研究计划中，他亦可能为此保存了大量片段性的材料，这可以在康德从青年时期就养成的一个习惯中得到证实——他习惯于在专门准备的活页或信封、废纸、发货单等可以随手抓到的纸片上迅速记下自己思考的结果：有的是从学术角度看来没有什么价值而专为记忆方便而写下的札记，有的则是寓意深刻甚至胜过整理后的理想的段落，当然也有不完整的句子、经过打磨的格言和未来著述的提纲和草稿等。康德喜欢在这些思考片段的基础上修改他的打印稿。此外，康德还喜欢在他用作教材的课本上备课，把自己的想法、意见和批评写在教本中任何留有空白的地方或夹页上，这样组成的全部手稿占全集的整整十卷，比正式出版的著述还要多。现在看来，这些材料是对他定型著述极为重要的补充和生成过程的交代。他于1790年出版的《判断力批判》中的很多材料大都是这样准备出来的。

曹俊峰的判断可谓持之有故且言之成理，为我们理解康德美学思想甚至康德哲学提供了一种不落定见、勇于开拓的范例。在对《康德著作全集》，尤其是第一、二卷的研读中，笔者也迫切体认到这一点，确认曹先生的"新见"值得认真对待。

就此而言，文德尔班在第三批判的"科学院版编者导言"中对此所作的总结，可谓中肯。在交代了康德很早就因"有机体"而对"目的论"抱有强烈兴趣后，文德尔班接着说："康德早就以同样强烈的个人旨趣追踪着审美问题。《关于美感和崇高感的考察》就已经表现出从一个广博的知识范围出发的极为丰富的机智评论，而从他讲演中，以及从他的反思中得

---

① 参见曹俊峰的如下著述：《〈判断力批判〉的真正由来》，载其《康德美学引论》，天津教育出版社，2012年，第400～428页；《康德未完成的第四个批判》，《中山大学学报》（社会科学版）2019年第3期；《康德美学全集》的"再版序"，金城出版社，2013年，第2～4页。

出,他极为熟悉他那个时代的美文学现象和艺术批判理论。"他还以施拉普(Otto Schlapp)那篇"已经极为详尽地搜集了大量的材料"的著作《康德关于天才的学说和判断力批判》(格廷根,1901)为例佐证了这一点。①

但是,康德虽然对构成第三批判的两大部分即"审美领域"和"目的论领域""已各自长时间频频探讨过了,并且激发了各种各样的研究和表述;但是,两个问题系列借以同时获得其在一个共同原则之下的完成的那种趋同,却绝没有持续地和逐渐地通过建立两个对象之间的实际关系而完成,而是相对迅速地和让哲学家本人在某种意义上惊喜地通过把两个问题归在批判哲学的一个形式上的基本问题之下来造就的"②。上文提及的曹俊峰先生关于"《判断力批判》一书的真正由来"的新论,似乎未能虑及文德尔班的这一论断。第三批判的基本材料,甚至很多的理论观点,都是先前已有的,但它们之所以能进入第三批判并能以"先验美学"自立,端赖能统一处理美和艺术问题与有机生命问题之"共同原则"——"合目的性原则"——的发现。同样,由于"应征作品"的促成和对"视灵者"的哲学反思,随着对认识确然性的探求而转入对"普遍性"的思索,康德对审美鉴赏的普遍性问题的思考也在《关于美感和崇高感的考察》和"反思录"③ 中大量出现。有资料表明,自 1765 年始,康德就已在努力为伦理判断和审美判断寻求确然性和普遍有效的根据,但因这类判断植根于主体心灵和情感之中而困难重重。此时的康德,已把伦理和审美从一般的逻辑判断和认识论中划分了出来,这对康德先验美学的形成无疑有着非常重大

---

① 〔德〕威廉·文德尔班:"科学院版编者导言",载〔德〕康德《判断力批判》(注释本),李秋零译注,中国人民大学出版社,2011 年,第 2 页。
② 〔德〕威廉·文德尔班:"科学院版编者导言",载〔德〕康德《判断力批判》(注释本),李秋零译注,中国人民大学出版社,2011 年,第 1 页。
③ 康德对审美普遍性的关注,在他七八十年代所留下的《"人类学"反思录》和无法确定具体时间的《〈逻辑学〉反思录》中,可谓比比皆是。这部分材料非常重要,它的德文编者在这一卷(Ak15)的序言中说:它们"为此前几乎完全幽暗的领域投下了一束最明亮的光线:新材料为我们提供了有关康德的美学观点如何形成的最重要信息"(参见曹俊峰《康德美学文集》的"译者前言",北京师范大学出版社,2003 年,第 4 页)。这也算是一种重新重视哲学家伟大思想"发生历程"的见地之论。国内康德学界最早对这批材料加以研究的是曹俊峰先生,参见其所著《康德美学引论》的"附录",尤其是第一篇《〈判断力批判〉的真正由来》(天津教育出版社,2012 年,第 400～428 页),一如朱立元所评:"康德遗稿(Nachlass)中的各种'反思录(Reflexion)'这份珍贵的资料没有得到充分利用。"(《康德美学研究的新突破——曹俊峰先生〈康德美学引论〉新版读后》,《文汇读书周报》2012 年 9 月 28 日第 9 版)

的意义。(《文集》85 注释①) 作为单称的审美判断具有"不依规则"的普遍性，对康德来说这一点是确定无疑的。《考察》说："我们看到，无论世界上不同国家的居民的趣味有多大差异，在一个国家被认为美的东西，在所有其他国家也一定被认为美。"(《文集》44) 作为单称的审美判断何以具有普遍性呢？康德对这个关乎其先验美学命脉的核心议题的哲学思考，是持久而艰难的。

正是由于研究者相对忽视或无力融通批判哲学与先验美学、感性判断力批判与目的论判断力判断以及康德批判前期关于美感的众多反思录与第三批判之间内在关联性，才导致我们多是就事论事，抓其一点不及其余，才使得众多研究除了更精致地复述教科书已有内容，进而把康德塑造成"天生伟人"，终致康德被"知识化""产品化"和"静态化"以外，就总觉无话可说。此背后的思维定式，无非就是所谓"要结果不问过程"的功利主义和有用主义作祟。

另外，刘萌在《从逻辑到形而上学：康德判断表研究》中，一反过去"仅仅静态地分别关注《布隆贝格逻辑学》或者《斐利比逻辑学》中对判断种类的划分"，提出由于与康德同时代的学者们在对判断的分类上有着不同观点，使得康德对判断分类的任何一种理解几乎都可以在别的学者那里找到相似之处，如此自然无法体现出康德做出的分类有哪些特殊价值。但是如果我们将关注点集中到两部逻辑学讲稿在判断分类部分出现的前后差异，并对这种变化的可能原因进行推断，就有可能会帮助人们理解康德在构造判断表之初的思想变化，以及这些思想变化的原因"①。

值得一提的是，于康德哲学研究意义重大的《遗著（1796～1803）》的整理出版，最终采用的编辑方式就是"发生学的结构分析，通过对康德的工作方式的考察，重现了康德的凌乱而又被密集书写的手稿上的文字产生的时间顺序和逻辑关系，从而最大限度地还原了康德对这一问题的整个思考过程"②。

就此而言，对康德美学和哲学的研究，可以分出如下层面：综合性评介，求客观全面；文本细读，求字字有着落；内在理路贯通，求逻辑自洽；比照分析，求异同分寸的拿捏得当；过程化研究，求原创理论的孕育

---

① 刘萌：《从逻辑到形而上学：康德判断表研究》，江苏人民出版社，2020 年，第 29 页。
② Jacqueline Karl：《康德遗著——遗世手稿、康德的工作方式和遗稿新编》，方博译，《现代哲学》2010 年第 3 期。参见代利刚、安维复《康德〈遗著〉研究：文献和动态》，《自然辩证法研究》2013 年第 3 期。

创生。就目前康德哲学的研究生态而言，最缺乏的还是"内在理路"和"发生学（过程化）"两方面的切实研究。

可能是由于人数太多且需求太甚，但凡被引入的"西学"，常在很短的时间内，就"一窝蜂式"地被"开发"殆尽。这就产生了一个非常严重的学术假象：这"家伙"已经被研究透了，我们肯定无话可说了，你看看期刊网吧，直接的研究论文都成百上千篇了，赶快找新的土地去开垦吧。研究成果在"量"上的巨大产出，使得"劣币驱逐良币"的现象随之而来，汉语界的康德哲学和康德美学研究，目前仍不免于此种迹象。国内的康德学界，目前有两种需要警惕的倾向，一是在自家撰述中，极少提及国内同行们与之直接相关且不无价值的既有研究成果，缺乏对国内同行研究的应有尊重；二是汉语界的康德研究，并未形成应有的"学术共同体"，彼此相轻的传统陋习和成见依然根深蒂固，这应当是第一个倾向背后的根源所在。没有形成汉语学界康德学术共同体的根本原因在于，我们的研究者至今未能提供一种堪称范式的研究策略或方法论。近年，著名康德研究者和杰出翻译家邓晓芒教授关于康德哲学的一系列"句读"，如今看来，想要成为一种可资借鉴的研究范式，还言之稍早——最起码在如王路教授那样颇有建树的哲学工作者看来，确乎如此。因此，汉语界的康德研究者，应当自觉结成一个学术共同体，并在此基础上形成相对有辨识度的研究方向、流派或学派，写出系统性的康德研究著述，才有可能在国际康德研究界享有自己的声音和位置。本书绝不敢奢望在这方面真能有所建树或贡献，但确有志于此，则亦是不必讳言的；也就是说，发生学或过程化的研究策略，可望能够成为一种可识别的康德研究思路。

第二章 作为思想事件的"应征作品"与康德哲学主题的内在转换

第一节 重启康德自认受启于休谟之影响的问题

从康德哲学进程的内在理路(思想发生学)而非其文字表述(理论叙述学),重审休谟之于批判哲学的实际意义以及此种意义得以发生的前提视域,是本章的基本任务。之所以重启这个学界早有定谳的议题,源于笔者对康德1783年出版的《未来形而上学导论》"前言"中那句"坦率地承认"——"正是大卫·休谟的提醒,在(许)多年以前首先打破了我独断论的迷梦,并且给予我在思辨哲学领域的研究以一个完全不同的方向"(Ak4:260)——的反思和再解读。因为有证据表明,康德在1755~1760年就关注过休谟对因果律的解构性分析了,比如1755年(休谟《人类理解研究》的德文版即于是年9月出版)首次听康德讲课的博罗夫斯基(I. E. Borowski,1740~1832),就曾如此回忆老师这一时段的授课内容:"在我追随他的那几年里,哈钦森与休谟是他最推崇的思想家,前者因其伦理学的贡献,后者因其深入的哲学探索。他从休谟那里得到了新的思考动力。他建议我们仔细阅读这两人的作品。"① 另外,康德第一次以著述形式触及"因果律的有效性"(休谟问题)问题,是约在1763年6月完成的《将负值概念引入哲学的尝试》一文。② 英国著名康德专家伽德纳

---

① 〔美〕曼弗雷德·库恩:《康德传》,黄添盛译,上海人民出版社,2008年,第140、138页;〔日〕桑木严翼《康德与现代哲学》,余又荪译,台北,台湾商务印书馆,1991年,第22页。
② 参见〔美〕曼弗雷德·库恩《康德传》,黄添盛译,上海人民出版社,2008年,第174~175页。

(S. Gardner)在《康德与〈纯粹理性批判〉》中也说:"几乎可以肯定,康德在1750年代的某个时候就对休谟的《人类理解研究》(1748)烂熟于胸了。"① 那么,既然康德1760年之前就已然熟悉休谟的理论,那为何要到1762年②之后,具体就是1763年6月左右才认识到它的根本性意义并用数十年的宝贵时间来研究和回答"休谟的问题"③呢?究竟是何种机缘使得康德突然领悟到他早已熟知的休谟思想的重要意义呢?此一探讨,有望对康德哲学发展历程的阶段性,尤其是1769年之前的发展历程——对此康德学界"至今仍然莫衷一是"④——提供更确当的解释。

就此,本章提出如下解释框架:把休谟之于康德的开示意义,放入康德整个哲学内在发展脉络中去定位和理解。也就是说,康德此前尚未虑及休谟的议题,1762年前后一定有一个"思想事件"使得康德突然意识到知识的"根基"问题——以"因果律"为代表的"休谟问题"⑤。对这个"思想事件"的揭示,不仅可以让我们更加合理地理解康德哲学的内在转向,也更能显示康德哲学思考之内在理路的连贯性。本书的研究表明,这个"思想事件"就是康德1762年年底完成的有奖征文——《关于自然神学与道德的原则之明晰性的研究》,它出版于1764年——我把此文视为康德对自己学术使命,即为哲学和形而上学寻求确然性根据之哲学自觉的标志性文献。可是学界对它的研究非常薄弱⑥,更遑论揭示它在康德思想进程中的决定性意义。以此文为界,康德此前此后学术思考之命意可概括为:从"寻求确然性的知识"到"寻求知识的确然性"。1762之前的康德,主要是

---

① 〔英〕塞巴斯蒂安·加德纳:《康德与〈纯粹理性批判〉》,蒋明磊译,中国人民大学出版社,2018年,第9~10页。
② 是福伦德较早指出"1762年左右在康德的内在生活中发生了一次转折"并归因于卢梭的,其根据就是广为学界征引的那段鲁迅式的"自剖"。参见〔德〕卡尔·福尔伦德《康德传:康德的生平事业》,曹俊峰译,天津教育出版社,2015年,第112页。
③ 〔德〕康德:《一切能作为学问而出现的未来形上学之序论》,李明辉译注,台北,联经出版事业公司,2008年,第9页。
④ 〔美〕曼弗雷德·库恩:《康德传》,黄添盛译,上海人民出版社,2008年,第215页。
⑤ 休谟对康德的影响可以推至1762年,根据是1762~1766年康德在一系列著述中都严格区分了"理由"(逻辑的)和"原因"(事实的),如康德在《四个三段论格的错误繁琐》中仅确认了"第一格"的逻辑真值、在《尝试》中区分了"负值"与逻辑上的"非"等,都表明康德受休谟因果论的影响。参见〔日〕桑木严翼《康德与现代哲学》,余又荪译,台北,台湾商务印书馆,1991年,第22页。
⑥ 参见 M. Schönfeld, *The Philosophy of the Young Kant: the Precritical Project*, New York: Oxford University Press, 2000, pp. 209~216。目前,中西方关于"应征作品"的研究,基本还处于"照例"介绍阶段,很少触及它在康德思想进程的意义问题。

一位理论物理学家,理论思考的核心对象是"自然""天体"或"宇宙",方法是逻辑学和几何学的,目的是推演并普及牛顿的力学原理,旨在解释生活中的疑惑,其哲学的基本命意是寻求确然性的"知识";1762年之后的康德,则把思考的重心由"灿烂星空"移于"知识背后",哲学思考的基本主题变成了知识的"确然性",关注的焦点是根基、逻辑、上帝、灵魂。这倒不是说,1762年之前的康德没有思考过形而上学议题,或者此后的康德不再虑及理论物理学问题,而只是从哲学家致思的主导意图立论的。至于康德哲学有无这里所谓的"哲学命意的转向",最根本的支撑,当然还是康德自己的文字,这里拟以两个表格(表2-1和表2-2)来直观呈现康德哲学有此一根本性"转向"的思想事实。

表2-1　　　　　1762年前康德著述分类一览表(共16篇)

类别	具体篇目	年份	备注
物理学 (4篇)	《活力的真正测算》	1747	哲学家的处女作
	《论火》	1755	硕士论文,6月12日获硕士学位
	《物理单子论》	1756	申请教授的答辩论文,在自然科学中试图把形而上学与几何学相结合
	《运动与静止的新学术观念》	1758	副题:自然科学的首要理由
天文学 (8篇)	《地球绕轴自转问题研究》	1754	柏林科学院的有奖征文
	《地球是否已经衰老》	1754	副题:对该问题的物理学考察
	《一般自然史与天体理论》	1755	副题:或根据牛顿定理试论整个世界大厦的状态和力学起源
	《地震的原因》《地震中诸多值得注意的事件》《地震的继续考察》	1756	1755年末里斯本发生巨大地震,毁灭了整个城市,引起普遍反思
	《风的理论》	1756	讲座说明
	《自然地理学课程》	1757	讲授纲要与预告
逻辑学 (2篇)	《形而上学各首要原则的新说明》①	1755	申请教职答辩论文
	《四个三段论格的错误繁琐》	1762	

---

① 《形而上学各首要原则的新说明》是康德这一时期发表的唯一一篇关于"形而上学认识"的著述,就其讨论的主题,即矛盾律、充足理由律以及由他自己提出的时间上的相继律和空间上的共存律而言,它更应当归之于逻辑学(真值理论)。虽然那时学科界限在人们的意识里和今日相去甚远,但康德1756年4月8日致信国王弗里德利希,希望能有幸填补业师克努真去世后空缺的逻辑学和形而上学教授职位,终于未果,恐怕与康德所提供的两篇形而上学论文,即《论火》和《形而上学各首要原则的新说明》与之不合有关;1758年12月11日的申请亦未通过。(《百封》3~5)

续表

类别	具体篇目	年份	备注
其他 (2篇)	《试对乐观主义作若干考察》	1759	借此公布下学期讲座内容
	《冯·丰克先生的夭亡》	1760	安慰死去学生母亲的一封信

表 2-2　　　　1762~1768 年康德哲学的潜在体系

诸分支		对象	对应作品	与"第一批判"大体相应部分
形而上学	形而上学	知识	《明晰性的研究》(1762.10)、《四个三段论格的错误繁琐》(1762.7)、《尝试》(1763.6)	导言、先验逻辑、纯粹理性的训练
		伦理	《明晰性的研究》(1762.10)	纯粹理性的训练
		情感	《关于美感和崇高感的考察》(1763.10)	先验感性论
	理性心理学	灵魂	《视灵者的梦》(1765.12)	谬误推理
	理性宇宙学	宇宙	《论空间中方位区分的最初根据》(1768)	先验感性论、二论背反
	理性神学	上帝	《证明上帝存在唯一可能的证据》(1762)	先验理想、道德神学

由表 2-1 可知，此一时期康德著述的基本主题是自然科学，主要是运用牛顿的物理学理论来解释和说明宇宙中的自然现象。康德是牛顿力学在德国的主要普及者之一，已然把它作为解释一切理论难题和现实困惑的一把金钥匙：从动能的测定、火的本质到对地震和风的成因的考察，再到对天体的形成过程和规律的探究以及对基本物质的解释，都可看到康德手擎那面上书"牛顿"二字的大纛。① 在这方面，康德可以说正从事着伏尔

---

① 波普尔曾把康德的一生视为"借助知识获得解放"的典型代表，"为精神自由而斗争"是康德一生占统治地位的主题，而在这一主题中，"起决定性作用的是牛顿理论""哥白尼和牛顿的宇宙学成了康德理智生活的激发灵感的强大源泉"。参见〔英〕卡尔·波普尔《猜想与反驳：科学知识的增长》，傅季重等译，中国美术学院出版社，2003 年，第 228 页。

第二章 作为思想事件的"应征作品"与康德哲学主题的内在转换 31

泰在法国就牛顿而从事的理记宣扬工作,这是启蒙时期非常重要的一种知识俗世化工作,此一时期的康德在德国起到了普及牛顿物理学知识的重要作用而参与了启蒙的进程。

由表2-2,我们大致可以得出,康德哲学在18世纪60年代晚期,业已初具规模,对形而上学的各个方面大都有所思考,甚至已有比较深入且较为成熟的结论,尤其是关于哲学的独特方法,可以说是贯穿康德哲学始终的,当然,观念的发展和观点的精进也是常有的。只是此时的康德,其"道"尚未"一以贯之"罢了,所以看起来不免恍如一盘明珠而不见其端绪。原创性哲学思想的提出和形成,要从当时的一次有奖征文说起。

第二节 "应征作品"堪称康德哲学发生中的"思想事件"

1761年6月4日,普鲁士皇家学院(柏林科学院)向欧洲学术界发布了1761～1763年度有奖征文事宜,内容如下:

> 形而上学的真理,特别是自然神学与道德的第一原理,是否能像几何学的真理那般清晰明证,若不能,那其确然性(Gewissheit)的本质是什么,确然性程度如何,在该程度上其可靠性是否完全可信。①

有奖征文的提问确乎击中了那个时代亟待解决的理论难题之核心,它像一面晃眼的旗帜,昭示出那个时代的思想气候:在一切领域,尤其是哲学和形而上学领域,对如"感性认识的榜样几何学"(Ak2:395)那样"无可置疑的确然性"的强烈渴求;一切学科都应当像几何那样确定无疑,尤其是形而上学、神学和道德这些此前占尽风光而今却混乱难治但又关乎人类精神生活之根本的思想领域。一如康德所言:"哲学认识大部分都命中注定是意见,就像其光芒瞬间即逝的流星一样。它们消失不见了,但数学却长存不衰。形而上学无疑是人类所有知识中最困难的一种,然而还从未有一种写出来的形而上学。科学院的选题表明,还是有理由探索人们打

---

① Kant, *Theoretical Philosophy 1755～1770*, Cambridge: Cambridge University Press, 1992, p. lxii.

算尝试形而上学所要走的道路。"（Ak2：284）这一问题的重要性及其于整个哲学大厦的建基之功，在康德1762年年底完成的"应征作品"的"引言"中已有揭示：

> 摆在面前的问题具有这样的性质：如果它得到恰如其分地解决，那么，更高的哲学就必然会由此获得一种明确的形象。如果达到这种知识的最大可能的确然性（Gewißheit）所遵循的方法已经确定，如果这一信念的本性已经被清楚地认识到，那么，就必然不是各种意见和学术宗派永恒的变幻无常，而是对学术风格的一种不可改变的规定，来把思维着的大脑统一到同样的努力上，<u>就像在自然科学中，牛顿的方法把物理学假设的无拘无束改变成为一种遵照经验和几何学的可靠程序一样</u>。[1]

现在，哲学奋斗的目标已明——寻求确然性，榜样也给出了——牛顿及其物理学。按伽达默尔的诠释学哲学看，这就是近代思想得以展开的"问题视域"（Fragehorizont），接下来的事情就看哲学家们如何行事了。[2]

康德之所以"就像在自然科学中，牛顿的方法把物理学假设的无拘无束改变成为一种遵照经验和几何学的可靠程序一样"来期许于形而上学，绝不是一时起兴，而是深思熟虑的提议。从1747年踏入学术之门到1762年撰写应征作品，康德在理论物理学领域也已经摸爬滚打了十五六年。此

---

[1] Kant, *Theoretical Philosophy 1755~1770*, Cambridge: Cambridge University Press, 1992, p. 276. 着重号为引者所加。康德一生多次参加柏林科学院的"有奖征文"：1754年的《地球绕轴自转问题研究》、1762年的"应征作品"、1790~1793年的《自莱布尼茨与沃尔夫以降德国形而上学真正的进步是什么》。因此，探讨科学院有奖征文之于康德哲学进程的意义，将是一个有趣的话题。

[2] 参加此次征文者，除康德外，还有两位人物非常著名：宗教界的门德尔松，他提交的论文是《论形而上学各学科的自明性》（*Abhandlung uber die Evidenz in Metaphysicschen Wissenschaften*，1763），拔得头筹；数学界英年早逝的德国数学家、23岁即为数学正教授的阿布特（Thomas Abbt，1738~1766）。在评委们几经摇摆后，康德的作品被评为第二名，不过其价值与门德尔松的获奖作品同等重要，因此他们决定将同时予以出版。关于两篇文献思想异同之研究（参见〔德〕H. F. 克勒梅《康德的实践哲学：作为理性存在者的自我保存》，钱康等译，东方出版中心，2022年，第79~121页）。克勒梅的基本看法是"它们都吸收了沃尔夫哲学的元素，但同时也以其划清了界限。一方面，门德尔松通过一种新的构想替代并放弃了沃尔夫的重要立场，同时却也不将自己划归为沃尔夫的反对者的立场。另一方面……康德尽管跟随了牛顿并且想要使用一种分析的方法，但仍然保持了一些沃尔夫的重要立场。门德尔松有意优化一些沃尔夫的奠基性的想法。与此相反地，康德指向的是一些全新的东西"（参见上书第86页）。

第二章 作为思想事件的"应征作品"与康德哲学主题的内在转换　33

时的康德已然是一位声名显赫的大学教师,虽然还只是讲师,而且还是编外,但其课堂总是人满为患,有的课只能请自己的学生来带,他的书也十分畅销;虽比康德小 4 岁但已是教授和柏林科学院院士的著名数学家和天文学家兰贝特主动提议与他进行学术通信。① 康德此时的科学成就,尤其是他的"星云说",足以使他能在人类自然科学史上占有自己的位置,宇宙生成和发展的观念也因此与康德之名有了光荣的关联。然而,1762 年前后的康德开始了对"自然科学"集中而连续的反思,结果因某种"发现"而来了个"反转",即从自然哲学家转而为形而上学家、由原来寻求确然性的知识转而探寻这些确然的科学知识之确然性和客观性的根源之类的第一哲学问题。从此,康德以一个真正哲学家的面貌出现在人类的思想史殿堂,这也使得他自 1760 年下半年之后的两年里,没有任何著述问世(对照上述两表即知)。

康德"应征作品"的哲学意图是合乎要求且明确的,开端亦无可置疑,方法更是严谨有效:"应当为形而上学指出其真正确定性程度以及达到这种程度的道路","既不信赖哲学家们的学说,正是它们的不可靠(uncertainty)才有了提出当前研究(Untersuchung)的机会;也不信赖如此经常欺骗人的定义","使用的方法将是简单明了而又小心谨慎的",绝不用"一些还可能被人们认作不可靠的东西"。(Ak2:276)论文根据应征要求分两大部分,一部分解决"形而上学的确定性",另一部分解决"自然神学和道德的最初根据所能够获得的明晰性和确定性"。康德采取的策略也是明确而有力的:首先区分数学认识与形而上学认识在研究对象、符号运作和借以开端的初始概念,以及获致其确然性方式的根本差异,由此肃清由笛卡尔哲学诱发的"哲学数学化"带来的诸多流弊(Ak2:71、73),然后指明正确的方向和方法,再论及自然神学和道德的确然性问题。正是在对这些问题的追问中,康德思想因"发现"而有了"反转"。

这里所谓的"发现",至少有两点值得单独提出:数学能构造自己的对象,哲学则不能,这个观点一直是康德哲学的核心——"第一批判"所揭"先验观念论"(Transzendentaler Idealimus)即针对此而发的;在对形而上学和道德的讨论中,康德第一次公开解释了"定言命令"与"假言命令"——这可是他成熟的道德哲学的基础。(Ak2:300～301)这些"革命性的观点",虽然要到"二十多年后才被阐明",但毕竟算是第一次

---

① 参见〔苏联〕阿尔森·古留加《康德传》,贾泽林等译,商务印书馆,1981 年,第 71、73 页。

给"预示"了出来。①

"应征作品"的关键性意义，还可以从后来康德的"课程布告"和"书信"中得到印证。康德在1765年秋发布的《1765—1766年冬季学期课程安排的通告》——也是康德这一年唯一出版的文字——中，概述了他在"应征作品"里的观点，认为形而上学较之数学和自然科学等其他学科"虽然有学者们的伟大努力却还是如此地不完善和不可靠，乃是因为人们认错了它们的特有方法"（Ak2：313）。1765年12月31日康德在致兰贝特（J. H. Lanbert，1723～1777）的信中说："多年来，我的哲学思考曾转向一切可能的方面。我经历了各种各样的变化，在这期间，我随时都以这种方法寻找失误或者认识的根源。最后，我终于确信了那种为了避免认识的幻象就必须遵循的方法……从此以后，无论从被给予的材料中得出的知识具有多大程度的确定性，我总是从我面临的每一个研究任务的本性中，发现为了解决一个特殊的问题所必须知道的东西……所有这些努力，主要都是为了寻求形而上学乃至整个哲学的独特方法。"由于哥尼斯贝格的出版商康特尔（J. J. Kanter，1738～1786）提前宣布了康德将出版有关形而上学方法著作的消息，康德在这封信中不得不解释说："我和我的初衷依然相距甚远，我把这个作品看作是所有这些计划的主要目标。"康德在1766年4月8日致门德尔松的信中又说："一段时间以来，我相信已经认识到形而上学的本性及其在人类认识中的独特地位。在这之后，我深信，甚至人类真正的、持久的幸福也取决于形而上学……如果可以谈一谈我自己在这方面的努力，我相信，在我还没有写出这方面的任何作品之前，我就已经在这一学科中获得了许多重要的见解。这些见解确立了这一学科的方法，不仅具有广阔的前景，而且在实用中也可以用作真正的标准。"（《百封》18、21～22）

可以说，1761年有奖征文之于康德的重大意义，有似于法国第戎科学院1749年公布的有奖征文——题目是"试论科学与艺术的复兴是否有助于使风俗日趋纯朴"——之于卢梭的根本意义。对此，卢梭亦曾于13年后的1762年有类似的"自剖"：

> 我去探望当时被关押在万森监狱中的狄德罗。我把一份《法兰西信使报》放在衣兜里，以便在路上有时间就看看。我突然看到了第戎科学院提出的那个问题，我的第一篇论文就由这个问题引起

---

① Paul Guyer, *Kant*, 2nd Edition, London and New York: Routledge, 2014, pp. 27～28.

的。如果有什么东西能使人产生突然的灵感的话，那就是我在看到那个问题的时候心中产生的震动：我突然感到心中闪现着千百道光芒，许许多多新奇的思想一起涌上心头，既美妙又头绪纷繁，竟使我进入了一种难以解释的思绪万千的混乱状态。我觉得我的头昏昏沉沉，像喝醉了酒似的；我的心怦怦直跳，连呼吸都感到困难，甚至边走边呼吸的力气也没有了，只好倒在路边的一棵树下……我在那棵树下一刻钟内悟出的许许多多真理，我能记得的，都零零星星分散地写进了我的三部主要著作，即第一篇论文和关于不平等的论文以及关于教育的论文。这三部著作是不可分开的；三部著作应合起来成为一部完整的著作。①

在晚年撰写《忏悔录》时，卢梭重复了自己的回忆，并称在看到第戎科学院有奖征文题目的一刹那，自己"看到了另一个宇宙"，也因此"变成了另一个人"。②虽然我们没有在既有的康德文献中，读到诸如此类想来有些夸张的回忆，但从康德哲学的内在理路穷究下去，"应征作品"之于康德思想的深化和精进，确有着类似于卢梭的情形在，则是可以论定的。

第三节　数学认识与哲学认识的本性差异③

绝大部分的启蒙思想家都坚信，哲学的各分支都能或者以数学、几何学为模型或者以牛顿经验主义方法为根据而被科学化。沃尔夫（Christian Wolff，1679～1754）在莱比锡的就职论文《以数学方式构造的普遍实践哲学》使这一思想倾向在德国广为人知，此后的鲍姆嘉通、迈耶（G. F. Meier，1718～1777）和祖托尔（J. P. Sutor）也相应地进行了尝试。但此后，这种做法就不再流行了，"青年沃尔夫主义者们似乎达成了共识，即使要在道德学中应用数学方法，也只能具有一种局部性的意义"④。康德的"应征作品"就是在这一背景下展开的。

---

① 〔法〕卢梭：《一个孤独的散步者的梦》，李平沤译，商务印书馆，2008年，第192～193页。
② 〔法〕卢梭：《忏悔录》（第二部），范希衡译，人民文学出版社，1982年，第394页。
③ 康德的这部分思考，后来绝大部分被用于第一批判的B740以下及B766。
④ 〔德〕H. F. 克勒梅：《康德的实践哲学：作为理性存在者的自我保存》，钱康等译，东方出版中心，2022年，第81～83页。

"应征作品"是通过对比数学认识与哲学认识的本体差异而寻得形而上学不同于数学的本性所在。首先,两者的研究对象、运作符号及借以"开端"的初始概念(elementary concepts)和"基本命题"(elementary propositions)——它们"无论通常能否得到解释,在这门科学中至少不需要解释"并"被视为直接确定无疑的"(Ak2:280、281)——均不同。数学的对象是"量",哲学的对象是"质",哲学理念之所以难解的根本原因除了哲学诸理念在"质"(qualities)上具有多样性以及哲学的运思方式必须借助符号"抽象地思考一般"外,语词(符号)与概念(内涵)的不对称性可能是最大的困难所在(Ak2:284~285)。数理科学的对象是假定的,其基本概念或命题(公理)是借来的,且为数不多,而在哲学,这些均必须自己创造出来,因此不同的哲学体系会有不同的开创,因而常常不可胜数。数学和哲学都以这样的基本概念或命题作为开端,但数学以此为前提,可以严密地推证出其余的一切;哲学则以此为起点,通过哲学反思,终亦以此为终结,哲学的开端决定着它的原则,预示着它的结论。

同样,数学与哲学在获取(作为"开端"的)基础概念的方式上如此大相径庭,各自借以展开的任务、程序和方式也因此不同。在数学中,概念是借助定义产生的,概念后于其定义,因此是确定而明晰的;而且,数学的任务就是"把量的各种给定的清晰可靠的概念连接起来并加以比较,以便看一看可以从中推论出什么",这里无须对概念进行辨析或思辨。哲学正好与此相反,"关于一个事物的概念是已经给定的,但却是模糊不清的,或者是不够明确的",因此,哲学的任务首先就是"概念解析",即"把分离开来的各种标志与给定的概念一起在各种各样的场合里进行比较,使这一抽象的思想变得详尽和明确起来"。就是说"人们在形而上学中绝对必须以分析的方法行事,因为形而上学的任务事实上就是解析含糊不清的认识"。综之,"数学综合地(synthetically)而哲学分析地(analytically)达到其全部定义"。(Ak2:278、276、289、276)

在康德哲学中,"综合"和"分析"是一对非常重要的概念[①],"综合"有四种含义,都与"分析"相对(表2-3)。

---

① 参见李明辉"中译本导读",载〔德〕康德《一切能作为学问而出现的未来形上学之序论》,李明辉译注,台北,联经出版事业公司,2008年,第xxx~xxxv页。

表 2-3　　　　　　　康德哲学中"综合"与"分析"的内涵

	综合	分析
理知活动	把直观杂多统一成认识，直观进入概念，如先验统觉（知识的生成方式）	揭示在一般思维过程中理性的一切活动，如先验分析（真理的形式标准）
命题性质	给一个主词增加新的谓词，如综合判断	把蕴含在主词中的性质揭示出来，如分析判断
论证方法	由两个以上的判断推论出新的判断，如数学使用的方法	通过解析，使得概念变得清晰明确，如哲学使用的方法
讲述策略	从最简单的东西逐渐进展到复杂的系统，如《纯粹理性批判》的讲述方法	把结论摆出来，然后一步步地予以解释，如《导论》和《奠基》的讲述方法

康德此处所谓的"分析"与"综合"是在第三种意义（论证方法）上来说的，必须把它与第四种（讲述策略）区别开来。康德在《逻辑学讲义》中认为，讲述可以分成两种，即学术的（Scholastisch）和通俗的。"学术的讲述"即把知识作为科学体系来对待，如果旨在知识启蒙，则宜用通俗方法。康德这里的区分，大致可以对应于综合与分析的第四种含义，即讲述策略。但"讲述（策略）"与"（论证）方法"是根本不同的："（论证）方法即需要理解为如何充分认识某一个对象——此对象的知识是方法要应用于其上的——的方式。（论证）方法必须取自科学本身的性质，并且作为思维所经由的确定而必然的秩序，自身是不可改变的。讲述（策略）则仅仅意味着将其思想传达给他人，使一种学说可以理解的手法。"（Ak9：19~20）只是就"论证"而言，康德也并不否认"综合"在形而上学中的重要作用，只不过形而上学首先"必须以分析的方式行事"。

康德坚持概念解析是哲学的本职要务，然而，分析终会遇到一些客观上不能再分或者主观上无法再分的概念，面对如此繁多的一般认识，这样无法再分的基本概念在哲学领域必然"异乎寻常地多"，而把品类如此众多的概念"都当作可以彻底分解为少数几个简单概念（simple concepts）"的想法，与古代自然学者把自然万物化约为几种元素一样，"已经被更精确的考察所扬弃"。哲学领域的这些基本概念或命题"可以通过为直观地认识它们而对它们进行的具体考察来阐明（explained），然而它们绝不能被证明（proved）。其原因在于，既然它们构成了当我开始思考我的对象时所仅能有的最初的和最简单的思想，证明又能从何处开始呢？"（Ak2：

281)很显然,康德此时是认同于笛卡尔的真理标准的①,也把"清楚明白""确定无疑"视为"基础真理"的判定标准。也就是说,两人在判定认识的真理性上所持的标准是一样的:直接的、确然的、清晰的、自明的。康德虽赞同哲学探讨的最佳切入点是方法,但他对笛卡尔策略即用几何学的方法来建构哲学,是断然反对的:"方法的寻求,即对在平坦大道上稳步前进的数学家的仿效,在形而上学遍地泥泞的基础上导致了大量这样的失误。"(Ak2:71)然而,康德也不是完全排除了数学对形而上学应有的启示作用,比如,"就把数学的方法运用于哲学的那些出现量的认识的部分而言……这方面的实用性是不可度量的"(Ak2:283),康德就曾把数学中的"负值"概念引入哲学,探出"逻辑理由"与"实际理由"的根本差异并由此开始思考因果律的可能性和效应问题,可算是真正"为哲学谋福利"了,但"这也仅仅限于那些属于自然学说的认识"(Ak2:167)。

第四节 分析解剖和综合重建是重建形而上学的唯一方法

在详细区分了数学与哲学在认识论上的根本差异后,康德以标题的形式提出如下议题:"在形而上学中达到最大可能的确然性的唯一方法。"在康德看来,"形而上学无非是一种关于我们认识的最初根据的哲学"(Ak2:283),就当时的形而上学的构成体系看,康德这是简化了形而上学,仅仅把它看作为形而上学其他分支(理性心理学、宇宙学和神学)"奠基"并提供根据、原理和原则的"一般形而上学"。这种狭义的形而上学概念,是此后康德哲学的核心和灵魂所在,"任何一种能够作为科学出现的未来形而上学导论"算是透露了个中奥秘。就康德"第一批判"的基本意图看,他有把形而上学"逻辑化"的企图,就此而论,可以把康德这里所谓的"形而上学"合乎其本意地称作"先验逻辑",即一门规定纯粹哲学知识之"来源、范围和客观有效性的科学"。(A57/B81)

必须留意的是,"科学"一语的德文"Wissenschaft",汉译为"科学"(庞景仁、李秋零),也译作"学问"(李明辉)。就我们此前已经提示

---

① 康德在1765年之后留下的"《逻辑学》反思录"中依然有如下论断:"确然性是被认识到的真实性;它有程度上的差别,而程度取决于知识的明晰性。"(《文集》329)

和此后仍将进一步陈述的理路看,康德期之于形而上学者,无非希望它能像数理科学,尤其是几何学和牛顿力学那样,具有无可置疑的确然性——这就是康德给自己的哲学探索定下的根本目标。康德甚至在其最主要的哲学著述中,不再称"形而上学",而宁愿以"先验逻辑"替代它,以避免传统术语所可能带来的理解上的混淆,所表达的也是这个意旨。因此,我主张将此概念翻译成"科学",这是符合康德哲学基本命意的。近代的"科学"与"哲学"概念是可以互换的,就是成体系的知识,数理科学是其样板和理型。不能一见这个词就说它不是我们现在所理解的"科学",只能说它比我们现在所理解的"科学"内涵更广而已,后者是前者的子项。

在明确了形而上学概念后,康德揭示了形而上学研究的切入点或原则:不能像数理科学那样从"定义"出发——那只会是一种纯粹的语词解释或传统逻辑的语义反复,而只能从待考察事物的那些"直接确定无疑的标志"出发。康德发现,"在哲学中,尤其是形而上学中,人们在拥有一个对象的定义之前,甚至在根本不打算给出定义的情况下,就可以清楚地、确定无疑地认识到这个对象的许多东西,并从中得出可靠的结论"。比如"渴望","虽然从未解释什么是渴望,但我可以确定无疑地说,每一种渴望都以被渴望者的表象为前提,这种表象是对未来事物的一种预见,与这种表象相联结的是快乐的情感,等等"(Ak2:284)。康德由此提出了如下两条在他看来"唯有遵照……才能为形而上学赢得最大可能的确然性"的基本规则:

> 第一条也是最重要的规则就是:不要从解释开始……人们应该在自己的对象中首先谨慎地寻求关于该对象确定无疑的东西,即便还没有关于它的定义……并且主要地只是试图获得关于客体的正确无误的、完全确定无疑的判断。
>
> 第二条规则是:鉴于在对象中最初确定无疑地遇到的东西,把关于对象的直接判断特别记录下来,并且在确知一个判断并不包含另一个判断之中后,把它们像几何学公理一样当作一切推理的基础置于开端。(Ak2:285)

康德所揭示的形而上学的独特方法,明眼人一看便知,来源于自然科学,尤其是康德擅长的以牛顿力学为基础的理论物理学——卡西尔曾把它概括为"分析解剖和综合重建法"①，牛顿称其为"实验哲学"，科恩（Bernard Cohen）谓之"牛顿风格"，其最大特点就是"从简而繁，从理想和虚构而逼近现实的方法"。② 在接着的总结论述中，康德也坦诚了这一点：

> 形而上学的真正方法与牛顿引入自然科学中、并在那里获得了有益结果的方法在根本上是一回事。在那里，人们应该借助可靠的经验，必要时借助几何学，来搜寻自然的某些现象所遵照的规则。尽管人们在物体中并没有洞悉这方面最重要的根据，但确定无疑的是，它们是按照这一规律起作用的。如果人们清楚地指出，它们是如何被包摄在这些详尽地证明了的规则之下的，也就解释了错综复杂的自然事件。在形而上学中也是一样，人们借助可靠的内在经验，即直接的和自明的（augenscheinliches）意识，搜寻那些无疑包含在某些普遍性概念之中的标志，尽管并没有因此熟知事物的完整本质，但人们仍然可以利用这些标志，可靠地从中推导出所谈事物的许多东西。（Ak2：286，译文据原文有改动）

此后，康德重申过这两条原则并以之对"上帝存在"和"灵魂不朽"问题做过相应的哲学探讨，结果就是分别成稿于 1762 年年底和 1765 年年底的《证明上帝存在的唯一可能的证据》和《视灵者的梦》。康德在前者重申，形而上学神学的探讨不能像数理科学那样从"定义"开始，在这里，"虽然还不清楚解释对象的详尽规定了的概念在哪里"，但还是可以"首先确信人们关于这个对象能够确定无疑地肯定和否定的东西。人们早在敢于就一个对象作出解释之前，甚至在根本不敢作出解释的情况下，就能够对该事物极其确定无疑地说出许多东西"（Ak2：71）。在《视灵者的梦》中，康德再次明言："健全的知性往往在认识到它能够证明或者真理所凭借的根据之前就觉察到真理。"（Ak2：325）这是康德坚决反对在形而上学领域推行数学方法的根本理据。

此时的康德，已然确立了今后学术思考的基本意图：效法牛顿，借鉴

---

① 〔德〕卡西尔：《启蒙哲学》，顾伟铭等译，山东人民出版社，2007 年，第 14 页。
② 参见〔美〕科恩《科学中的革命》，鲁旭东等译，商务印书馆，1998 年，第 208～214 页；陈方正《继承与叛逆：现代科学为何出现于西方》，生活·读书·新知三联书店，2009 年，第 591 页。

第二章　作为思想事件的"应征作品"与康德哲学主题的内在转换　41

自然科学成功的经验，把哲学和形而上学带上具备"最大可能的确然性"的康庄大道。作为科学（Wissenschaft），不论是自然科学还是哲学或形而上学，其根本特性就是"无可置疑的确然性"，这种性质在程度上的大小与高低，正是这门知识之科学性的标志。在当时的科学体系中，几何学和数学的确然性程度最高，达到了"无可置疑"的程度，而形而上学则居其末尾，是一门"迄今还在由此期望获得一些持久性和稳定性的科学"——这正是当时哲学界面临的尴尬状态。对于哲学，尤其是形而上学，现在亟须做的就是，用自然科学的方法，在哲学中最大程度地获得如数理科学那样的确然性。对几何学，康德要的是它的确然性或无可置疑，对自然科学，尤其是牛顿力学，康德所要的是其方法论。因此康德才敢于断言"形而上学的真正方法与牛顿引入自然科学中、并在那里获得了有益结果的方法在根本上是一回事"。

康德对方法的重视，自然也受了笛卡尔的影响。诚如笛卡尔所言，我们只有两种方法获得真知：直观和演绎——"我们能够从中清楚而明显地直观出什么"和"从中确定无疑地演绎出什么"。① "直观"与其说是方法不如说是基础，"演绎"主要是一种逻辑的、几何意义上的，往往是纯粹分析的，与知识必求新知的本性不合，故而康德不得不另寻他途。当康德意识到要为哲学和形而上学寻得一个合乎其本性的方法时，他首先关注自然科学尤其是牛顿物理学就再合理不过了，因为这是康德此前的主业——理论物理学是他进入哲学和形而上学的"视界"和"前见"，康德对自然的研究为他今后转入真正的形而上学打下了坚实而厚重的科学基础。

对为了寻求形而上学"无可置疑的确然性"而在方法论上所寻得的这种"分析解剖和综合重建法"，康德表现得非常自觉也甚为自信。他对哲学方法的重视，或者说他从方法角度寻求形而上学的确然性，也是必然的。如上所述，获取确然性之途在笛卡尔那里已然明确：基础或开端的无可置疑性、过程的逻辑严密性和方法的绝对可靠性。哲学在开端之不同于数学，康德已经非常确定，形式逻辑在哲学研究中一直在用，在经院哲学中甚至达到了琐屑不堪的境地，因此，摆在康德面前的出路也只有"方法"这一途可走，康德对此心知肚明。在一个关于克鲁修斯的注释中，康德表达了"方法才是不同哲学本质性区别所在"的思想（Ak2：294）。近

---

① 〔法〕笛卡尔：《探求真理的指导原则》，管震湖译，商务印书馆，1991年，第10～11页。

代形而上学的普遍危机，在康德看来根本是"方法危机"：形而上学较之数学和自然科学等其他学科，"虽然有学者们的伟大努力却还是如此地不完善和不可靠，乃是因为人们认错了它们的特有方法，这种方法不是像数学的方法那样是综合的，而是分析的。因此，简单的东西和普遍的东西在量的学说中也是最容易的东西，而在基础科学中却是最困难的东西，在前者中它按照本性必然最先出现，在后者它却必然最后出现"——这是康德在1765年回顾他的"应征作品"时总结的，并交代自己"很长时间以来就在按照这一纲要工作"，它帮助哲学家找到了"失误的源泉和判断的标准"，并以此为其他哲学学科"奠定基础"。（Ak2：311）

喜获"法宝"的康德按捺不住内心的兴奋，没放过任何在形诸文字时宣告这一"法宝"的机会。1765年12月31日，康德致信兰贝特："多年来，我的哲学思考曾转向一切可能的方面。我经历了各种各样的变化，在这期间，我随时都以这种方法寻找失误或者认识的根源。最后，我终于确信了那种为了避免认识的幻象就必须遵循的方法。认识的幻象使人们随时相信已经做出了抉择，却又时时望而却步，由此还产生了所谓的哲学家们毁灭性的分歧，因为根本不存在使他们的努力统一起来的标准。从此以后，无论从被给予的材料中得出的知识具有多大程度的确然性，我总是从我面临的每一个研究任务的本性中，发现为了解决一个特殊的问题所必须知道的东西。这样，尽管做出的判断常常比以往更加受到限制，但却更加确定，更加可靠。所有这些努力，主要都是为了寻求形而上学乃至整个哲学的独特方法。"由于哥尼斯贝格的出版商康特尔根据他与康德的交谈便替哲学家提前宣布了他将出版有关形而上学方法著作的消息，康德在这封信中不得不做出解释："我和我的初衷依然相距甚远，我把这个作品看作是所有这些计划的主要目标。"康德在这里第一次谈及他将来的"主要目标"，看来此时的康德已然有了要写"第一批判"的念想了。在1766年4月8日致门德尔松的信中，康德说："一段时间以来，我相信已经认识到形而上学的本性及其在人类认识中的独特地位。在这之后，我深信，甚至人类真正的、持久的幸福也取决于形而上学"；"如果可以谈一谈我自己在这方面的努力，我相信，在我还没有写出这方面的任何作品之前，我就已经在这一学科中获得了许多重要的见解。这些见解确立了这一学科的方法，不仅具有广阔的前景，而且在实用中也可以用作真正的标准"。（以上引文分见《百封》18、8、21、22）

在给上述两位学界巨擘的信函中，康德都雄心勃勃且胸有成竹地提到"长期以来为人们所希冀的科学大革命已经为期不远了"，并诚邀二位一起

第二章 作为思想事件的"应征作品"与康德哲学主题的内在转换 43

来为未来的形而上学"描绘出一幅草图"。以康德一贯的谨慎和认真,我们不得不判定,"应征作品"中康德在寻得形而上学的独特方法后,在形而上学的各个领域都作了深入而可贵的探讨。如果把1762年7月的《四个三段论格的错误繁琐》、1766年的《视灵者的梦》和1768年发表的《论空间中方位区分的最初根据》算上,我们似乎可以排列出一个基本完足的形而上学结构体系,这个体系的结构可与康德"第一批判"大致对应(表2-4)。

表 2-4　　　　1762~1768 年康德哲学的潜在体系

诸分支		对象	对应作品	与"第一批判"大体相应部分
形而上学	形而上学	知识	《明晰性的研究》(1762.10)、《四个三段论格的错误繁琐》(1762.7)、《尝试》(1763.6)	导言、先验逻辑、纯粹理性的训练
		伦理	《明晰性的研究》(1762.10)	纯粹理性的训练
		情感	《关于美感和崇高感的考察》(1763.10)	先验感性论
	理性心理学	灵魂	《视灵者的梦》(1765.12)	谬误推理
	理性宇宙学	宇宙	《论空间中方位区分的最初根据》(1768)	先验感性论、二论背反
	理性神学	上帝	《证明上帝存在唯一可能的证据》(1762)	先验理想、道德神学

从这个表中,我们大致可以得出,康德哲学在18世纪60年代晚期,业已初具规模,对形而上学的各个方面大都有所思考,甚至已有深入且成熟的结论。比如关于哲学的独特方法,可以说是贯穿康德哲学始终的,当然,观念的发展和观点的精进也是常有的。只是此时的康德,其"道"尚未"一以贯之"罢了,所以看起来不免恍如一盘明珠而不见端绪。关于康德哲学在思想脉络上前后的一贯性和发展性,可举两个例证说说。比如在"第一批判"中,康德就延续了他在"应征作品"中对数学认识与哲学认识之差异所做出的区分,并从"方法"角度把数学与哲学表面上的类似完全斩断,以之使理性的独断运用——手拿仅能运用于经验领域(经验的实在性)的先天概念(先验的观念性)贸然闯入智性世界或本体世界(先验的实在

性)——得到一种限制或规训,这是康德的一贯立场。对数学与哲学二者的本质差异,康德又有了深一层的认识:"哲学的知识是出自概念的理性知识,数学知识是出自概念的构造的理性知识",构造一个概念就是先天地展现出与之对应的直观,不需要"为此而从任何一个经验中借来范本";因此,"哲学知识只在普遍中考察特殊,而数学知识则在特殊中甚至是个别中考察普遍",而且"这种个别只是作为这概念的图形而与之相应的"。故而,同时作为理性知识的数学与哲学之间的"本质区别就在于这一形式,而不是基于它们的质料或对象的区别之上的",后者只是前者的结果,而此前那些"说哲学单纯以质为客体、而数学却只是以量为客体的人",包括"应征作品"时期的康德,都"把结果当作了原因"。(A713~714/B741~742)但这显然又承继了上文提及的康德这一时期视方法为哲学之本质的重要观念。康德后来借以支撑自己这一观念的那些证据则又大都是这一时期哲学思考的理论成果,只不过解释得更加精密和圆融而已。比如下定义只能是数学的事,而不是自然科学和哲学的事,自然科学和哲学的概念都只能通过"语词"或"名称"得到"说明"(Explikation)、"阐明"(Exposition)和"推证"(Diskursiv),而不能进行数学意义上的事先"定义"(Definitionen)或直观性的"演证"(Demonstrationen)。总之,"数学的缜密性是建立在定义、公理、演证的基础上的……这几项中没有任何一项是能够在数学家所理解的那种意义上由哲学来做到的,更不用说被哲学所模仿了"(A727~735/B755~763,A726/B754)①。再如康德1770年8月发表的著名的"就职论文",更是奠定了此后康德哲学思考和建构的根基和骨架,这已是学界广泛讨论过的题目了,兹不赘述。

因此,从这一隅即可看出康德哲学总是在发展中有所承继又在承继中

---

① 另请参见杨祖陶、邓晓芒《康德〈纯粹理性批判〉指要》,人民出版社,2001年,第388~391页。非常感谢相关专家就此所提的非常紧要的追问:"康德在《纯粹理性批判》的'训练'部分,除了数学和哲学的方法区分之外,还有哲学与怀疑论方法的区分、在假设上的运用、在证明上的运用这三种区分。这四种方法论的思考构成了康德对构建未来形而上学基本方法的思考。如果说'应征作品'指出了第一种区分的重要性,那么其他三种区分与第一种区分是什么关系呢?"对于康德在"纯粹理性的训练(规训)"标题下讨论了对纯粹理性的四种"规训",与随后的"纯粹理性的法规"相比,它们都是消极的,只是告诉纯粹理性"不要怎么做"。至于这四种"规训"之间是何关系,学界论述甚少,笔者赞同张世英先生的论断:"究竟要怎么训练……才能做到不把只适用于现象界的知识概念作超经验的使用呢?康德讲了不少方法,其中有一条很重要、很根本,就是不要把数学方法运用到哲学上来。"参见张世英《康德的〈纯粹理性批判〉》,北京大学出版社,1987年,第238页。

第二章 作为思想事件的"应征作品"与康德哲学主题的内在转换

有所发展,并没有学界通常所区分的那么多不同程度的"倒转"(Umkippungen)或"翻转"(Kehren)——这一看法可以追溯到科学院版《康德全集》"手稿遗著"(*Handschriftlicher Nachlass*)的编者阿迪克斯(Erich Adickes)。正如曼·库恩在《康德传》中所引证的那样:

> 赞美康德卓尔不群的天才,却又说他每十年就推翻自己的想法,像个昏头昏脑的傻瓜似的,无法掌握自己的思想方向,这就足以证明他们犯了很基本的矛盾。然而大部分的康德传记,似乎心满意足地接受这种矛盾。①

笔者先前所提供的有关康德哲学之思想进程的观测点即"确然性的寻求",则恰好可以解释康德哲学的连贯性和不断深化的特点,也更能见出康德哲学的内在理路和逻辑进程。康德一生都在追寻"确然性":1762年之前他竭尽所能地寻求关于大自然的确然性知识,牛顿的思想和理论是他工作的主要依凭和工具,此时段的康德是一位杰出的自然科学家,他对自然规律的渴求与关注,某种程度上被视为他对上帝的敬仰和确认,科学的事业即上帝事业;1762年之后的康德,开始寻思如何为业已获得的数理知识,尤其是自然科学知识和数学知识,寻得它们之成为知识亦即具有无可置疑的确然性的根据所在,这时,他更关注的是牛顿科学的方法和卢梭的敏锐性。"我可以知道什么"这一问题实质上就是"我如何知道我所拥有的那些知识是确然无疑的"。此时的康德是一位严格意义上的哲学家或形而上学家,上帝的事业即道德的事业。康德哲学的主题已然非常明确:首先是提供形而上学的一个预设,旨在提出防止形而上学一切谬误的独特方法,实质就是近代哲学知识本体论(理性本体论),亦即知识确然性的根据何在;其次是关乎宇宙的自然形而上学和关乎幸福的道德形而上学。由此可知,知识本体论以及建基于其上的自然形而上学和道德形而上学是此后康德哲学的基本主题,这在康德此一时期的来往信件和所有著述中得到了证实。"康德对道德和美德的实践兴趣从未间断。不过,作为逻辑学和形而上学教授,他必须信守承诺,为理论认识设计可靠的形而上学大厦的蓝图。"② 理

---

① 〔美〕曼弗雷德·库恩:《康德传》,黄添盛译,上海人民出版社,2008年,第213~215页。
② 〔德〕曼弗雷德·盖尔:《康德的世界》,黄文前、张红山译,中央编译出版社,2012年,第132页。

论判断、道德判断连同渐渐浮出水面的鉴赏判断的确然性如何可能，即这三类判断之所以具有普遍有效性的根据何在，就是康德批判哲学的基本主题和论域。

第五节　形而上学确然性独特内涵的确立及其理论后效

"应征作品"中，在找到"在形而上学中达到最大可能的确然性的唯一方法"后，康德便开始着手在形而上学领域厘定这种"最大可能的确然性"的内涵。可康德马上就意识到，"哲学的确然性具有与数学的确然性完全不同的本性"，这种本性差异至少表现在主客两个方面。认识或判断的"确然性"，实质上就是人们对它的"确信"（Überzeugung）程度。从客观角度来看，取决于真理必然性标志的充足性；从主观角度看，取决于真理必然性所拥有的直观的多少。（Ak2：290～291，A822/B850）借助此前的既有分析，康德又从"概念的获得方式"和"达到确然性的方式"两个角度比较了二者的差异。

首先，数学的概念是通过定义综合地给出的，故而是确定无疑的；自然科学、形而上学的概念，则是既定的，其内涵是无穷的，故而不可能如此确定无疑。这就注定哲学的确然性天生不如数学那样强。其次，数学通过具体符号考察一般，"人们可以像保证眼前看到的东西那样确定无疑地知道自己没有忽视任何概念，知道每一种个别的比较都是按照简易的规则进行的"（Ak2：292）；哲学则是通过抽象语词来考察特殊或个别，人们必须随时直接地想到语词所代表的概念的内涵，而概念的内涵是不可能像直观那样明摆在那里好让我们不去忽视它，抽象的概念常因缺少相应的感性标志而被误判或混淆，错误也就无可避免了。因此，错误的产生，有时源于我们的无知，更多的属于贸然判断，人类的理性于此应当保持应有的谨慎和分寸，"不轻易地自以为能够做出定义"。因此，"凡是人们在一个对象中没有意识到东西就不存在"这一命题，在数学中就是确定无疑的，而在哲学，尤其是形而上学中就是完全靠不住的（Ak2：294）。这就说明了数学和哲学知识获取确然性所依据的根由是完全不同的。然而，获取确然性的方式差异并不表示确然性的性质及判断它的标准也根本不同。康德断言，除了数学，我们依然可以借助理性在许多场合获致如数学那样的确然性（Ak2：293），判断它们的标准无非就是如下两个原则。①

一是形式原则。分别作为肯定判断和否定判断之最高法式的同一律和矛盾律，"二者共同构成了全部人类理性的形式意义上的最高的和普遍的原则"（Ak2：295）。

二是质料原则。那些只能"直接"通过同一律或矛盾律被思考且不能借助于"中介属性"（Zwischenmerkmals，或译"过渡属性"，相当于三段论中的"中项"）或通过解析而被思考的命题，就是不可证明的命题，就"它们同时包含着其他认识的根据而言，它们又是人类理性的最初的质料原则（即前文所谓的基本概念或基本命题——引者按）"，这样的质料原则构成了人类理性的基础和能力，并在哲学推理论证时提供相应的"中介概念"或"中介属性"。（Ak2：296）

哲学上要获得确然性的知识，就必须同时满足形式和质料两种原则。康德认为，形而上学并不具有与几何学不同的确然性的形式根据或质料根据，但二者的具体内涵却有本性上的差异。相同点在于：判断的形式因素都是根据同一律和矛盾律产生的，都有构成推理基础的无法证明的素材。差异之处在于：在数学中，"被定义的概念"是被解释事物最初的无法证明的原初基础，而在形而上学中，第一批素材则由诸种"无法证明的命题"提供的。形而上学中的这些"无法证明的命题"也同样可靠，它们或者提供了解释所用的材料，或者提供了可靠推论的依据。总之，形而上学认识的确然性根据在于两方面，一是形式根据，即同一律和矛盾律，一是质料根据，即原初命题或基础命题，而这些基本命题之所以是确定无疑的，根据有四：清楚明白、无法证明、直接源自形式根据且可以作为其他认识的根据。（Ak2：296）

表面看来，康德为形而上学确然性所寻得的根据，不论是形式的或质料的，都和笛卡尔所提供的直观和演绎大体一致。其实不然，笛卡尔的直观是直接和清楚明白的意思，演绎是几何式的层层推理证明，而康德这里提供的形而上学确然性的形式根据即同一律和矛盾律是形式逻辑规则，自不必说，其质料根据即"无法证明的命题"则是牛顿力学意义上的命题，断然不同于笛卡尔的直观也非几何证明。这些"无法证明的命题"，如"物体是复合的""因果律是必然的"，并不是"我思故我在"式的在先的、绝

---

① 形式原则与质料原则的区分，可以追溯至对康德实践哲学影响很深的克鲁修斯。参见〔德〕H. F. 克勒梅《康德的实践哲学：作为理性存在者的自我保存》，钱康等译，东方出版中心，2022年，第113页。

对的确然性，而有着更深层的人性根源，这些命题导源于"人"。正像康德后来指出的那样，形而上学的命题和范畴如同休谟所指出的，是不可能在知觉中找到的，它们自有知觉之外的另一个源泉，这源泉就是人类的主体性、自我意识或先验统觉。真正说来，这就是康德哲学的主要原则。①"无法证明的命题"就是后来作为康德批判哲学轴心的"先天综合判断何以可能"之逻辑前提的"先天综合判断是实存的"的实例。当然，康德走到这一层还有一个中间环节，那就是对"普遍有效性"的发现：笛卡尔"以'清楚明白'作为真知识的标准，这就使得知识的标准问题成为哲学方法论中所要考虑的一个重要方面；后来在康德那里，这转换为先天知识的'普遍必然性'与'客观有效性'问题"②。促成这一发现的有正反两个人物：视灵者施魏登贝格和哲学家兰贝特。可把康德哲学的这一深转拟称为"佛陀式精进"，1765年12月成稿的《视灵者的梦》，展示了这种"佛陀式精进"。

休谟之于康德哲学进程的意义、康德对休谟的再发现，及其哲学思考重心的转移，皆须立于这样一个前提下，即有某个重要而难解的问题一直盘桓于康德头脑，这给了他一种发现的眼光，借以照亮了曾经熟知的思想材料和学术资源。促使康德潜心于那个难题即已然确然的知识和道德判断之"确然性"如何可能并由此给予康德这种眼光的，就是著名的"应征作品"。因此，"应征作品"应当被视为康德对自己学术使命即为哲学和形而上学寻求确然性根据之哲学自觉的标志性文献，以此文为界，康德前后学术思考之命意和主旨可概括为：从"寻求确然性的知识"到"寻求知识的确然性"。由此，康德哲学的历史进展，尤其是1796年之前康德思想的推进历程，就可以做出如下更合理的描述：

（1）以1762年为界，康德哲学可分成两大时期，贯穿始终的基本致思对象之一就是"知识"③，此前的康德，主要作为"理论物理学家"，意

---

① 参见〔德〕黑格尔《哲学史讲演录》（第四卷），贺麟、王太庆译，商务印书馆，1978年，第69~71、258页。
② 陈嘉明：《建构与范导——康德哲学的方法论》，社会科学文献出版社，1992年，第3页。
③ 就此而言，笔者想对目前康德学界以批判哲学的"形而上学动机"否定"知识论动机"表达一点不同意见：1762~1786年的康德，要完成双重拯救，即拯救知识和拯救道德（康德于1787年前后又一重拯救即"拯救鉴赏"）；无论如何，"拯救知识"都是"拯救道德"的哲学前提，康德若不把"知识""圈定"（aufheben）在"现象界"，就根本无法争取"本体界"的独立。故而，康德的"知识论"既是批判哲学的"半壁江山"，也是"道德形而上学"的"逻辑前提"和"工具"。参见叶秀山《康德的"批判哲学"与"形而上学"》，《南京大学学报》（哲学·人文科学·社会科学）2010年第5期；张汝伦《批判哲学的形而上学动机》，《文史哲》2010年第6期。

在寻求具有确然性的"知识"(无可置疑的知识),此后,作为纯粹哲学家的康德,劳心的是知识的"确然性"(无可置疑的根源)。

(2) 1762～1796 年的康德,又可以 1769 年为界,分成两个阶段:1763～1769 年,康德在既定的致思方向即为知识和道德求索它们必具的"无可置疑的确然性"之"根源"上,不断求索,终于在 1769 年"恍然大悟"(Ak18:69),所悟之成果在 1770 年的"就职论文"中得到了较为明确的表达;"就职论文"后至 1777 年前后,康德的主要任务,是系统而完整地论证和呈现理性自我批判的大厦。

(3) 1796 年之后的康德则集中精力撰写主题为"从自然科学的形而上学基础到物理学的过渡"的自谓的"代表作,一部杰作",并在给学生的信中说:这个"过渡"是必要的,"在体系中,不能被忽视……批判哲学的任务将结束于这一工作,敞开的鸿沟将被弥平"(Ak12:258)。这部康德自称的"杰作"后以"遗著"(*Opus postumum*)出版于科学院版康德全集的第 21、22 两卷中①,从其主题看,康德又把"自然哲学"作为自己的主题来思考了,当然这时的"自然哲学"已然不是 1762 年之前的那种研究,而是经过"先验哲学"淬炼过的,是得到前者奠基和保障的自然哲学。

因此,完整地看,康德哲学有三个前后相属的阶段,即从"前批判"到"批判"再到"后批判":从前批判时期的自然哲学研究到批判时期主旨之一在为前者奠基的先验哲学,再到 1796 年康德重又回到了"自然哲学"的主题上来,意在打通自然形而上学过渡到理论物理学即自然哲学的鸿沟。因此,康德的思想,从这看,确实走过了后来黑格尔意义上的"正、反、合"的历程。

---

① 关于"遗著"的研究成果,推荐如下文献:刘珂《断裂、过渡和以太演绎——康德〈遗著〉探要》,博士学位论文,复旦大学,2012 年;代利刚、安维复《康德〈遗著〉研究:文献和动态》,《自然辩证法研究》2013 年第 3 期;袁建新《康德的〈遗著〉研究》,人民出版社,2015 年。

第三章 作为思想契机的《视灵者的梦》与普遍有效性内涵的主题化

第一节 主题的由来及进一步讨论的基础

之所以专门来探讨《以形而上学的梦来阐释一位视灵者的梦》①（1765年12月完稿，本书简称《视灵者的梦》）这篇在康德所有著述中颇显怪异的文字，主要是出于对康德哲学"发生学"研究策略的考虑，旨在重新厘定此著在批判哲学生成过程中的定位和意义。就此，本书第二章所得结论将成为我们进一步讨论康德此著的理论基础和逻辑前提。

首先，对勘康德1762年前后揭载的所有著述，可知其哲学致思的基本主题有一个明显的"反转"，即从追求确然性的"知识"到潜心知识的"确然性"。康德哲学的内在理路也在这一"反转"中得以显现：1762年之前，康德主要是一位理论物理学家，思考的核心对象是"自然"，方法是逻辑学和几何学，目的是推演并普及牛顿力学原理，旨在释解生活疑惑，学术的基本使命是寻求确然性的"知识"；1762年之后的康德，则把思考的重心由"灿烂星空"移于"知识背后"，哲学思考的基本主题变成了知识的"确然性"，关注的焦点是根基、逻辑、上帝、人性。造成这一反转的初始动因，就是那篇于康德哲学进程堪称"思想事件"的"应征作品"，即1762年12月月底完稿的《关于自然神学与道德的原则之明晰性

---

① 本章所引《视灵者的梦》译文参照〔德〕康德《通灵者之梦》，李明辉译，台北，联经出版事业公司，1989年。由康德1766年2月7日写给门德尔松的回信中可知，他当时寄给门氏若干份《视灵者的梦》，请他将其分送给其他人；在同年4月8日给门氏的信中，康德为此诚挚感谢了门德尔松（Ak10：68、69）。

第三章 作为思想契机的《视灵者的梦》与普遍有效性内涵的主题化

的研究》。在其中，康德通过对比数学知识与哲学知识之间的本性差异，探得"在形而上学中达到最大可能的确然性的唯一方法"即牛顿物理学式的"分析解剖和综合重建"法，终于明确了形而上学确然性的独特内涵及根据。这在康德哲学思想的进程中，尤其是批判哲学前后期之关系，有着根本性的意义。

其次，1762年年底的这篇"应征作品"提出，形而上学认识之确然性的根据在于两方面：一是形式根据，即同一律和矛盾律；二是质料根据，即原初命题或基础命题。这些基础命题之所以是确定无疑的，根据是清楚明白、无法证明、直接源自形式根据且可以作为其他认识的根据。（Ak2：296）正像康德后来所指出的那样，形而上学的命题和范畴是不可能在知觉中找到的，它们来源于人类的主体性、自我意识或先验统觉。正如黑格尔所断，这就是康德哲学的主要原则。[①] 当然，康德走到这一层还有一个中间环节，那就是对"普遍有效性"的发现，对这一问题的普遍思考，后来就浓缩在康德提出的"先天综合判断如何可能"这个伟大命题里。

综合而言，关键之处就在于，康德把知识确然性的内涵由传统的主客"符合论"转变为主体间的"普遍有效性"，并把它植根于人类的"共通感"之中。因此，客观性或确然性的内涵就由"无可置疑性"转变为"普遍性"，也就是"普遍有效性"或"普遍可传达性"。可以说，到此时，近代哲学才真正把形而上学之根栽植于主体性的土壤之中。从"确然性寻求"中转出的"普遍有效性"给康德哲学带来了一个极其深阔的境界，康德由此开始广泛思考认识判断、道德判断和鉴赏判断的普遍性及其根据问题[②]，并最终得出"形而上学是一门关于人类理性界限的科学"（Ak2：

---

① 参见〔德〕黑格尔《哲学史讲演录》（第四卷），贺麟、王太庆译，商务印书馆，1978年，第69～71、258页。

② 感谢同行专家提出的如下建议：文章在材料梳理方面做了详尽的功夫，构成本书的长处，学理分析略显不足，特别是仅仅将康德的"客观性"理解为"普遍有效性"或"普遍可传达性"，过分强调康德哲学的知识论面相，而忽视了其形而上学面相。就此，笔者的答辩是：此处仅就批判哲学的"发生"立论，写作《视灵者的梦》时的康德，其哲学动机中的形而上学因素同知识论因素，都还没有完全发显，也就是说，普遍有效性只是知识论动机和形而上学动机的前奏或发端；关于普遍有效性与批判哲学体系间的学理关联，请参见笔者前已出版的拙著；另外，就批判哲学之哲学动机而言，虽然知识论的和形而上学的是并在的，但无论从学理还是发生看，前者都是基础性的。就此可参见如下著述〔德〕马丁·海德格尔《康德与形而上学疑难》，王庆节译，上海译文出版社，2011年，第四章；〔德〕里夏德·克朗纳《康德的世界观》，《论康德与黑格尔》，关子尹编译，同济大学出版社，2004年，第47～49页；张汝伦《批判哲学的形而上学动机》，《文史哲》2010年第6期。

368、369、370）的关键性结论及二分对象为现象和物自体的全新哲学格局——而这些均导源于他因"首席视灵者"施魏登贝格（Emanuel Swedenborg，1688～1772）而对"灵魂"这一传统形而上学主题的哲学反思，故而名之曰"思想契机"，结果便有了 1765 年 12 月成稿的《视灵者的梦》。

中西学界关于康德此著的既有研究，可分别以德国许慕克（J. Schmucker）和汉语界的李明辉和赵林为代表。许慕克以康德的书信和札记为主要依据，从发生史的角度证明了《纯粹理性批判》中"先验辩证论"部分并不预设"先验感性论"和"先验分析论"，"先验辩证论"关于"理念"的学说，康德在 18 世纪 60 年代中叶即已大体获得（正是《视灵者的梦》问世的这个时段），而时空和范畴的主观性，则要到 1769 年甚至 1971～1972 年才得以提出。李明辉 1989 年从德文译出《通灵者之梦》，并由此撰写《康德的〈通灵者之梦〉在其早期哲学发展中的意义与地位》一文，深入系统地分析了康德此著在康德哲学发展过程中的关键位置。李明辉"大体同意许慕克以上的推断"，也对许慕克作了进一步的补充论证。许慕克从《视灵者的梦》中发掘出三个既"或然"（problematisch）又"辩证"（dialektisch）的"形而上学的概念"，即"存有的绝对必然性""物质的单纯元素"和"无决定根据的活动"，它们相当于第一批判中的诸"理念"；李明辉则提出"精神性存有者"也属此例，并把前述"无决定根据的活动"与之合并起来，与"先验辩证论"中的三大理念一一对应起来："存有的绝对必然性"对应自然神学—上帝，"物质的单纯元素"对应理性宇宙论—宇宙，"无决定根据的活动"对应理性心理学—灵魂。但两人基本是在道德哲学尤其是道德原则之确立的视域下剖析《视灵者的梦》在康德道德哲学推进过程中的位置和意义，且都有在这方面拔高康德此著的嫌疑①，较少注目于"普遍可传达性"这一关键内涵的发现及普遍执行带给康德哲学的关键性作用，虽然本书认同李明辉最终的结论即康德此著

---

① 比如许慕克认为康德在这已经在实质上发现了道德的定言命令，李明辉认为康德提到的人类理性对灵魂、神灵感应或精神性存有者之"无法消除"的偏好或兴趣，正是批判哲学中的"实践的兴趣"，都是不能认同的。就后者所言，这种无法消除的兴趣，更可能是理性那"推而极之"之本性的结果。康德关于"形而上学是一门关于人类理性界限的科学"的洞识也充分说明他根本没有顾及形而上的另一种积极的运用（实践理性问题）。另外，康德在此著中有关道德问题，特别是道德感、意志规则和道德与其结果在此世无法完全协调的讨论，虽极重要，但在此不作讨论，理由是，这部分内容只是康德插入的，而且，李文已有非常精深的讨论（参阅其第八节），参看即可。

"包含康德日后形成的批判哲学的基本构想……代表他由非批判的观点发展至批判观点的一个转捩点"①。

我国学者就此一问题发表过较为系统论述者有二。一是赵林2009年所揭《刺向神秘主义和形而上学独断论的双刃剑》一文,赵文借上述李明辉译本,对《视灵者的梦》之内涵、康德的经验主义倾向及其在康德哲学思想发展中的意义等问题,作了较为全面的论述,尤其是识出康德此文"最具有启发意义"且"后来构成了康德批判哲学的核心思想的两点":"第一点是关于人类理性的界限的问题,第二点是关于道德的信仰的观点。"② 遗憾的是,赵文未能触及康德此文最大的意图,即在区隔"视灵者"连同"独断论形而上学"与真正形而上学之间的不同:前者不能普遍传达,而后者则必须能普遍传达——这就是真理的标准。二是顺真(张连顺)在《经验与超验》之"康德的神秘主义观"一章中所作的论析。顺真是康德哲学的激烈批判者,此著讨论康德此文的基础依然是上述李明辉译本,认为"就康德而言,在哲学方法论的路径上,最大的障碍不是来自以科学为基石的理性方法,而是来自以神迹、通灵等神秘经验为基石的神学方法",并进而认为,康德弃后者即"神学方法"而执前者即"理性方法",是其批判哲学之所以"荒谬"的思维根源。③ 顺真此论,先入之见(主要指他对佛学义理的认取)过于强烈,其论证康德此文之前提实在不能令人信服,但他的论述,反而比其他既有的研究更显重要,则是因为它不仅指出了康德思想进展(这里指康德对神秘主义及其方法的态度)的曲折性,而且更是从反面佐证了康德此文之目的,即神学方法与理性方法的根本区别在于它们能否普遍传达。

第二节 佛陀式精进:从"知性的平衡"到"理性的统一"

《视灵者的梦》主要考察"视灵者"(Geistersehers)的"真实性"

---

① 以上综述和引证,皆可参见李文,此文先载于台湾《华岗文科学报》1989年第17期,后作为"导论"收入其所译《通灵者之梦》,第3~40页。最后这句总体判断,来自此译本之封底。

② 赵林:《刺向神秘主义和形而上学独断论的双刃剑》,《云南大学学报》(社会科学版) 2009年第4期。

③ 顺真:《经验与超验》,贵州人民出版社,2003年,第401、462~463页。

问题。按康德认同的哲学体系看，属于"理性心理学"，是传统形而上学的一部分，康德此时又称其为"本体论"即"关于一切事物更普遍的属性的科学""包括精神存在者和物质存在者的区别，此外还有二者的结合或者分离"。（Ak2：309）康德此文探讨的哲学意图，虽按门德尔松看十分隐微，然细察之，可见出康德对传统形而上学，尤其是理性心理学釜底抽薪式的批判。"首席视灵者"施魏登贝格其人其事，恰好提供了一个极佳的思想契机，因为他的影响太深太广了——在18世纪，施魏登贝格的信徒遍及瑞典、英国、德国、波兰和北美诸地①，且有许多知名人士深信不疑，就连康德似乎也曾为其所惑而将信将疑。作为知名哲学家和大学教师，康德自然有责任和义务对他的同胞们讲清楚它的虚实真假和来龙去脉。为此，康德除了让自己可信的朋友去探询外，还亲自写信求证于通灵者本人，并愿意花重金购买施氏撰写的八册巨帙《天上的奥秘》（*Arcana coelestia*, London, 1749～1756）。读罢此著的康德终于醒悟，并大呼上当，坦言自己如今"怀着某种屈辱来承认，他曾经如此真诚地探究一些上述那类故事的真实性"，只是为了"这份气力不应白费"，便有了此文。但千万别以为康德此文是意气之作，通过这件事，康德除了因此而"迷恋上了形而上学"②，并探得它的基本功能是划定"人类理性的界限"外，更因之探得了知识得以成立的必要条件，即其普遍的可传达性，这一发现将对康德哲学起到方向性的开拓作用。

德文"Geist"③一词有双重含义，一是指人类普遍具有的"精神""心灵"或"灵魂"，与"人类理性"的内涵相当，与人的"肉体"相对。按当时哲学家的看法，"精神"就是"一个拥有理性的存在者"，它"赋予人生命的部分"，因此，看到"精神"并不是什么神奇的禀赋。（Ak2：319）它的另一层含义指冥界的"神灵"（ghost）。不论何种意义，Geist

---

① 除了著名的神秘主义者施魏登贝格，1764年1月当地知识界还流传过一个手拿《圣经》的"山羊预言家"，康德为此写了一篇名为"试论大脑疾病"的论文，提出心理的疾病是由身体引起的。关于"山羊预言家"的报道和康德的论文都载于当时的《哥尼斯贝格科学与政治报》。
② 康德1766年4月8日给门德尔松的信，可以断定就是这里说起的："一段时间以来，我相信已经认识到形而上学的本性及其在人类认识中的独特地位。在这之后，我深信，甚至人类真正的、持久的幸福也取决于形而上学。"（《百封》21）
③ "视灵者"的原文"Geistersehers"是由"Geist"和"Seher"合成，后者的意思是：预言家、先知、占卜者、先见者、注视的人等意。"Geistersehers"一译"通灵者"，相当于中国古代所谓的巫师，北方农村叫"神婆"，大多数是妇女，常常兼有医生的功能，与冥界互通消息被称作"吓神"。

一词都只具有思辨的品格,而没有知识的品格,只能被思维而不能被认识,因为在这方面没有任何经验被给予(Ak2:367、349),即便它能在逻辑上自洽,能在思辨中自圆其说。运用者常肆无忌惮,因为与经验无涉的对象,就"既不能得到证明,也不能得到反驳"(Ak2:370)。之所以说Geist没有知识的品格,还有一层原因是,既然无法对之有直接的经验,那能否通过间接的方式,比如奇迹、幻觉等某种神秘体验通达它呢?——这正是"视灵者"通常宣称的渠道。

康德此时心中所拟想的形而上学,虽然还没有获得后来在道德形而上学中的那种积极的意义,但它的消极作用,即并不告诉人们该做什么而只是告诉他们什么样的事情不必去做,也是非常重要的,尽管没有给人们提供新的认识,可却能使人们免除徒劳无功的探究,"清除了妄想和无用的知识",避免了祸害匪浅的"知性膨胀",已是善莫大焉。康德对真正的形而上学的清醒认识,反照出传统形而上学的神秘、独断和僭越:它的神秘在于,它所依据的全都是"只此一家"式的秘密体验,非得诉诸某种非同一般的敏感性或者某种特异功能,因而必然缺乏知识所必备的普遍性;它的独断在于,它借以论证灵界存在和灵魂不朽的方法和程序都是无效的,常常要利用歧义来偷换概念,犯有证据虚假、预设理由等逻辑谬误,缺乏知识应当具有的真实性和必然性;它的僭越在于,它所要处理的对象比如灵魂、上帝等,已然超出了人类知识的限度,人类的理性在这些领域虽然可以尽情驰骋于思辨的海洋,但终究无法给出决定性的解答——"人们可以假定非物质性存在者的可能性,不用担心受到反驳,尽管也没有希望能够凭借理性根据证明这种可能性"(Ak2:323),因此也不曾具有知识所要求的确定性。就传统形而上学的这种神秘、独断和僭越来看,它确与视灵者颇有相通之处:形而上学家可以凭理性思辨认识他人无法认识的对象,视灵者可以借特异功能感觉别人无法感觉的事物。后者能觉人之所不能觉,前者能知人之所不能知,一个是"感觉的梦幻者",一个是"理性的梦幻者",既自欺亦欺人。(Ak2:343)

在《视灵者的梦》第一部第三章中,康德以光学原理,借助于笛卡尔"实质观念"(ideae materiales)即一种"观念的记号"(Ak2:345、326),从病理学角度揭开了视灵者之所以虚妄的主体根由,即感觉的梦幻者和"感觉狂",旧形而上学者因之被康德称为理性的梦幻者和"知性狂"。(Ak2:342、361)梦幻之景与现实之感的区别,被康德归之于"在自己之内"与"在自己之外"的差异。这"之内"与"之外"的差异,类似于人们做梦与清醒之时的差异。正如康德所言:"亚里士多德在某处说:

当我们清醒时，我们有一个共同的世界；但当我们做梦时，每个人都有他自己的世界。我觉得，人们可以把后一句颠倒过来说：如果不同的人中每一个人都有他自己的世界，那就猜测说，他们是在做梦。"（Ak2：342）①"在自己之外"说的还只是图像的来源问题，但康德由此论证的并不是外在对象，更没有因此把外在对象视为"共同世界"的依据，而是由此转向了作为复数的他人（others），由他人亦能感觉到同一个对象来证明我们共处于一个"共同的世界"，因此也能就这个"共同的世界"得到共同的认识。这一转向，并不难理解：仅仅依靠我们的认知关乎同一对象，断然不能保证这些不同主体的认知的统一性；倒是反过来，即如果我们关于同一个对象得出了截然不同的认知，那这些认知肯定有的是错误的，即便不能确认全部都错；当然，再反过来，我们关于同一对象的认知如果是相同的，也就是在主体间是普遍有效的，能否就此断定这一共同认知是切中对象的呢——这一难题要到 1781 年的《纯粹理性批判》，尤其 1783 年的《未来形而上学导论》，才有可能被提出并得到证明。② 这里只需要指出，这一论证方向的转换，使得康德只能从主体间的角度证成知识当具的客观有效性，且只能把后者在内涵上等同于"普遍有效性"——这一点，正是康德此著最大的理论开拓。

康德在其处女作《关于活力的正确评价》（1747 年）中所曾宣称的"知性的平衡"即独立思考并平等对待相矛盾的观点，现在已经发展成为"知性③的统一"，获得这种统一的方法就是"交换"知性天平上商品和砝码的技巧，"没有这样的技巧，人们在哲学的判断中就不能从相互比较的衡量中得出一致的结论"（Ak2：349）。曾经激情豪迈的年轻学者④此时却有了成熟思想家的谦逊，开始了从仅仅依赖于"我的知性的立场"到必须征之于"他人的、外在的理性的地位"的战略性转移：

---

① 据考，第一句话不是亚里士多德说的，可能来自赫拉克利特。参见北京大学哲学系外国哲学史教研室编译《西方古典哲学原著选辑·古希腊罗马哲学》，商务印书馆，1961 年，第 27 页。
② 就此，康德论证道："因为没有理由说明别人的判断必须与我的判断必然一致，除非它们都与同一个对象相关，都与该对象一致，因此彼此之间也都必须一致。"（Ak4：298）
③ 此时的康德还没有对"知性"和"理性"做出自觉的区分，这里的"知性"应当从最广义的层面来理解，也就是人类所有的心意机能，即广义的理性。在《视灵者的梦》里，康德亦明确提到"理性的统一"（Ak2：334）。
④ 请把康德处女作中如下的宣言与下面的引文对照："我已经给自己标出了我要遵循的道路。我将踏上自己的征程，任何东西都不应阻碍我继续这一征程。"（Ak1：10）

第三章 作为思想契机的《视灵者的梦》与普遍有效性内涵的主题化

> 我已将自己的灵魂洗去成见，我已根除任何一种盲目的顺从；这种顺从曾经混入过，以便在我里面为某些想象出来的知识找到入口。现在对我来说，除了通过正直的途径在一个平静并且对一切理由开放的心灵中占有位置的东西之外，没有任何东西是关心的，没有任何东西是敬重的；无论它证实还是否定我先前的判断，规定我还是使我悬而未决……我一向都是仅仅从我的知性的立场出发考察普遍的人类知性，而现在，我将自己置于一种他人的、外在的理性的地位上，从他人的观点出发来考察我的判断及其最隐秘的动因。（Ak2：349）

在后半段引文中，我们分明能读到康德因卢梭之影响而说出的那段著名的"灵魂自剖"①的味道。康德因卢梭而有了一个所谓的"苏格拉底式的转向"，在这里，我们甚至有更足够的理由宣称，康德有一个更深一层的关乎确然性内涵的"佛陀式精进"②，促成康德哲学思考这一精进的，正是康德始而将信将疑终于斥为荒诞不经的神秘主义者、"首席视灵者"——施魏登贝格。真正说来，神秘主义通灵者之于康德哲学的推动价值并不亚于卢梭带来的观念冲击，只不过一个是正面教材一个是反面教材罢了。

通过"交换"（换位思考）而获致"知性（理性）的统一"是此一时期康德思考的主要议题之一，也是这里所谓"佛陀式精进"的主要内涵。兹举数例证之如下。

1.《证据》（1762.12）云："如果人们能够以一位廉正的监管人的正直无私精神，来审查真诚的理性在各个不同的思想者那里所做出的判断，这位监管人对争议双方的理由都予以考虑，在思想上设身处地为提出这些理由的双方着想……那么哲学家们的意见分歧就会少得多。"（Ak2：67~68）

---

① 这段"自剖"是："我自己出自偏好是一个研究者。我感到对认识的全部渴望和在其中继续前进的贪婪不安，或者也对每次收获感到心满意足。曾有一段时间，我相信惟有这才能造就人类的尊严，而且我鄙视一无所知的群氓。卢梭纠正了我，这种炫目的优越消失了。我学会尊重人，而且如果我不相信这种考察能够给予所有其他人一种确立人类的权利的价值的话，我就会认为自己比一般工人更无用。"（Ak20：43，译文由李秋零先生提供）参见〔德〕卡西尔《卢梭·康德·歌德》，刘东译，生活·读书·新知三联书店，2015年，第10页；《文集》105。

② "佛陀式精进"，取意于佛陀35岁时于菩提树下大彻大悟并开启佛教后，随即在印度北部、中部恒河流域一带传教，使佛法得以普遍化。康德原来只求自己研究学问，探求真理，以自家求知为中心，现在，他强调应当从尽可能多的他人的角度来考察人类理性，正与佛陀悟道后使之普遍化相似，故有此喻。

2.《反思录》(1764～1765) 云："为了在理智中有一个衡量的标准，我们可以在思想中站在他人的立场上……"(《文集》98)

3. 写给赫尔德的信 (1771.6.7)："我总是希望，能够通过从他人的立场出发，无偏见地考察我自己的判断，从而创造出某种比我原来的判断更好的东西。"(《百封》30)

那么，应当如何才能获致这样一种给知识带来普遍可传达性的"理性的统一"呢？康德就此探得"交换"之法，一种被康德视为"秘密的趋向"的"与他人的判断加以比较，以便两者一致"，即"对人类的普遍知性的被感觉到的依持性"（Ak2：334），由此赢得了一种"费边的荣光"。

第三节 费边的荣光：获致"理性统一"的方式

为了获致应有的"理性的统一"，康德从皮浪（Pyrron, c.360BC～c.270BC）一派那里借来"悬置判断"这一"理性怀疑主义"的根本方法。"悬置判断"的目的是"从两个方面寻求根据"，以上述"交换"之法显示被考察者的是非曲直和来龙去脉。这种思辨的方式和方法，整个看来恰如罗马军事统帅费边（Fabius Cunctator, 280 BC～203BC，一译法比乌斯）对阵迦太基统帅汉尼拔（Hannibal Barca, 247BC～182BC）时所用的拖延战术。三国时代司马懿对阵并终于拖垮诸葛亮所用之战略与此有同工之妙。康德明确宣称他要寻求一种"费边的荣光"①。

回接上文所述，知识之得以成立，一方面须有感性经验作为基础，与经验无涉的对象"既不能得到证明，也不能得到反驳"，它尽可以在逻辑上自洽，在思辨中自圆，但终究不能成为真正的知识；另一方面，经验总是个人的、具体的，而知识必须是统一的、普遍的、可传递的。因此，"如果某些经验无法被归入在大多数人中间一致的感觉规律，从而只是证明感官见证中的一种无规则性……那么，值得推荐的就是摒绝它们，因为

---

① 费边，罗马统帅，曾于第二次布匿战争初期精心策划拖延战术（"谋定后动"的拖延、回避和消耗）而大败迦太基统帅汉尼拔。西语中的"耽搁者、拖延者、延误者"即cunctator。后来有所谓的"费边主义"（Fabianism），即19世纪后期流行于英国的一种社会主义思潮，主张采取渐进措施改良社会，追求社会的平等和自由。参见曹俊峰编译《康德美学文集》，北京师范大学出版社，2003年，第184页。

在这种情况下，缺少一致和齐一性，将使历史①知识失去一切证明力，使它不适宜于充当知性能够对之作出判断的某种经验规律的基础"。由具体的个别经验达至知识所必备的普遍可传达性，康德认为，可由上述"交换"之法获得，也就是"将自己置于一种他人的、外在的理性的地位上，从他人的观点出发来考察我的判断以及其最隐秘的动因"，绝不能再"仅仅从我的知性的立场出发考察普遍的人类知性"。（Ak2：371～372、349）

康德正是用这种"交换"之法（"从两个方面寻求根据"）来揭露视灵者之神秘、独断和僭越的。他不是直接去批驳对方，而是顺着双方的思路和论证，合乎逻辑地推证下去，借以彰显各自的长处与缺点。在《视灵者的梦》"第一部"中，康德正是借此"从两个方面寻求根据"之法，揭示了在"视灵"问题上形而上学"思辨的解释"和自然学者"病理的解释"之优缺点的。在对"视灵"的解释上，思辨的与病理的，同样有其解释效力，客观上无谁是谁非，也无非此即彼。形而上学的解释，是一种"深刻推断"和"理想构思"，优点在于能为道德寻得一个根本性的根基，解决现实生活中的德福矛盾问题；它的缺点是太沉溺于一种半虚构、半推论的令人晕眩的理性概念之中。康德在理性中找到视灵者的逻辑根据，在感觉中找到了造成视灵幻想的脑器官损伤方面的现实原因，但二者均不能把问题彻底澄清。在没有确切的断定之前，我们应当有一种谨慎的"保留"，即"对每一个个别的都提出质疑，但总的来说对所有的都给予几分相信"，把"判断的权利留给读者"，但也绝不隐瞒自己的倾向——康德说他"充分地倾向于"形而上学的解释。（Ak2：351）

这种置身事外的方法自有其理论上的好处和优势，其中之一就是能"将概念置于它们就人的物类的认识能力而言所处的正确位置上"（Ak2：349）。康德关于"视灵者"所作的不分轩轾的两种综合解释，使得他加强了原来一个信念并获得了一个意外的收获。原来的信念是：对感官所接触的自然对象，人们借助观察或者理性永远也无法穷尽它，哪怕它是一滴水、一粒沙或者某种更单纯的东西；对于像人类这样有限的知性来说，自然中最微小的部分所能提出问题的多样性也是它无法测度的（Ak2：351）。②

---

① 此处"历史"一词用其原始意义。沃尔夫曾把科学体系分成三类：数学的、"历史的"和哲学的，其中"历史的"一词就是在它的原始意义使用的，即"经验的"或"描述的"，康德正是在沃尔夫意义上使用该词的。
② 关于自然现象之不能为人类理性所穷尽的思想，可以追溯到《天体》（1755）、《新说明》（1755）、《地震的继续考察》（1756）中，康德在这里作了重申，借对比以彰显形而上学"止于限定"的真义。

这个意外收获是：对传统形而上学关于灵魂问题即理性心理学的思辨分析（或者说"探究的心灵在凭借理性探索事物的隐秘性质"），使得他深深地迷恋上了形而上学，虽然他对形而上学之本性的"新解"未必能得到当时人们的"几分青睐"——这个"新解"就是，关于灵性存有者的哲学学说，只能在既非基于经验又非基于推理而只是基于虚构这种消极意义上才能达成，"因为它确定无疑地设定了我们认识的界限"。康德因此对形而上学的学科性质和功能有了明确的认识："形而上学是一门关于人类理性的界限的科学。"（Ak2：367～368、351）这后一点于康德无比重要，批判哲学的门户机关（著名的"划界"问题①）至此开始不断给康德哲学带来思想的福音。可以毫不夸张地说，正是这一问题促成了康德著名的"就职论文"即《论可感世界与理知世界的形式及其原则》（1770），并从此开启了先验哲学之门。康德因此坚信，生命在自然中的不同表现及其规律就是我们可以认识的一切，而这种生命的原则即我们并没有直接经验而只是推测的灵神性本性，却绝不能被设想为积极的，人们对它只能将就着使用"否定"的方式——即便这种方式的可能性也只是一种虚构，不要说经验，它连推理都算不上。康德就此做出了一个重大学术决定："从现在起，我把形而上学的一个广大部分，即关于灵神的整个题材当作已解决、已完成的放到一边。以后它不再与我相干。"（Ak2：352）也就是说，在康德当下揪心至极的知识论领域，灵魂问题已在界限之外，就如同牛顿把万有引力和第一推动之根源挡于物理学之门外一样，于此依旧可以看到康德对牛顿力学方法的借鉴、继承和开拓。②

在同一时期（1764～1765）的《反思录》中，康德明言他"所采取的

---

① 科学哲学家波普尔曾仿照把"归纳问题"（problem of induction）称为"休谟问题"（Hume's problem）而把"划界问题"（problem of demarcation）称为"康德问题"（Kant's problem），可见此一问题在知识论领域的重要意义。参见 K. Popper, *The Logic of Scientific Discovery*, Routledge, 2002, p. 11。

② 笔者始终坚持牛顿之于康德哲学的重要性甚于卢梭和莱布尼茨—沃尔夫。国外康德学界亦有人坚执此论，如已故的国际康德学会副主席贝克（Lewis White Beck, 1913～1997），他就认为康德"从来不曾是一个正统的沃尔夫主义者""他不仅宇宙论而言，即便就科学理论而言，也是个牛顿主义者"。参见他的"The Development of Kant's Philosophy before 1769", in *Early German Philosophy*: *Kant and His Predecessors*, Cambridge, Mass.: The Belknap Press of Harvard University Press, 1969, pp. 438～456。上面的引文分别见于该书第 439、441 页。当然，康德思想的最终成型，德国理性主义、英国经验主义乃至自古希腊以来的怀疑主义都有参与其中，只是不同时期有所偏重。但牛顿力学的方法对康德的影响是自始至终的，也是举足轻重的，要知道康德是以"牛顿派"出道的。

怀疑不是教条式的怀疑（dogmatisch Zweifel），而是一种迟延的怀疑（Zweifel des Aufschubs）"，这正相当于皮浪所创立的怀疑派中的"探索派"（Zetetics Sucher）——"不作任何决定，悬置判断"① 是其著名的口号。可能当时有人对康德运用这种"从两个方面寻求根据"的方法存有疑虑，康德才解释说："奇怪的是人们竟担心这会有危险。空想不是生活中必不可少的事情。关于生活所必需的事情的知识是切实的。怀疑的方法由于不是根据空想而是根据健全的理智和情感来呵护心境，因而是有益的。"这种益处就是"对形而上学的怀疑并没有消除有益的确然性（Gewissheit），而是消除了无用的确然性，形而上学之所以有用，在于它消除了可能有害的假象"（《文集》183～185）。这就是康德所谓的"费边的荣光"，如同务实的理性怀疑主义者皮浪那样。

在《纯粹理性批判》中，康德把这种方法发展成为一种批判者自己置身事外②的"怀疑的方法"，即"对各种主张的争执加以旁观、或不如说甚至激起这种争执的方法"，它"不是为了最终裁定这一方或那一方的优胜，而是为了探讨这种争执的对象是否也许只不过是一种每个人都徒劳地追求的幻觉，在此即便使它完全无所抵牾，他们也不可能有任何收获"（A423/B451）。这种方法旨在展示的双方就构成了人们熟知的批判哲学中的"二论背反"（Antinomie）。为防误解，康德特意区分了这种在本质上属于先验哲学所特有的"怀疑法"与哲学史上的"怀疑论"之间的本质差异：后者是完全破坏性的，"它危害一切知识的基础，以便尽可能地在一切地方都不留下知识的任何可信性和可靠性"；而"怀疑的方法旨在确然性"，它是建设性的，"为的是使在抽象的思辨中不容易觉察到自己的失足之处的理性，由此而注意到在对其原理作规定时的各种契机"。（A424～

---

① 〔古希腊〕第欧根尼·拉尔修：《名哲言行录》，第 9 卷第 11 章，徐开来、溥林译，广西师范大学出版社，2010 年，第 472 页。《1765—1766 年冬季学期课程安排的通告》在谈及教学法时，康德认为，学生"不应当学习思想，而应当学习思维"（Ak2：306），所谓"学习思维"其实就是"哲学中特有的教授方法，如一些古人所说的那样，是怀疑的，也就是说，是探究的"（Ak2：307）。康德所说的古人，就是怀疑主义者皮浪。关于皮浪对康德的影响，可参见〔美〕曼弗雷德·库恩《康德传》，黄添盛译，上海人民出版社，2008 年，第 219 页以下。

② 康德在"第一批判"中说："作为无偏袒的裁判员，我们必须把争执者们为之战斗的是好事还是坏事这一点完全排除不计，而让他们自己去解决他们的事情好了。也许在他们相互使对方感到疲惫而不是受到伤害之后，他们自己就会看出他们的唇枪舌剑的无谓，而像好朋友一样分手道别了。"（A423～425/B451～452）。在 1764～1765 年留下的《反思录》中，康德写道："把自己置于他人位置上的能力就被看做是启迪学（heuristische）的中介。"（《文集》175）

425/B451～452）这种"怀疑法"也是纯粹哲学进行"前提批判"的基本方式之一。

知识的真理性，既要求知识本身可以普遍传达，更需要认识主体的知性的统一。知识的普遍可传达性根源于人类知性的统一性，这也是康德对"共通感"的强调。康德发现，"共通感"既是人类知性[①]追求的目标，也是它的本能倾向。康德凭自己对人性的深刻把握和精细观察发现，人类内心深处涌动着一种本能式的力量，即普遍化冲动，也就是后来康德哲学中非常重要的"共通感"概念的心理根源。康德在《视灵者的梦》中只谈到两种，即"普遍的人类知性"（逻辑共通感）和"普遍意志"（道德共通感）[②]。

康德把我们的判断对"普遍的人类知性"的依赖这种本能称为"秘密的活动"，它"把人们独自认为善或者认为真的事物与别人的判断进行比较，以便使二者一致"，并"迫使我们使自己的目的同时针对他人的福祉或者普遍遵从外来的任性（Willkür），尽管这些往往是不情愿地发生的，并且严重地与自利的倾向相抵触；因此，我们的本能的方向线集中朝向的点，并不仅仅在我们里面，而且还有推动我们的力量在我们之外的他人的意欲之中。由此便产生出经常违背自利之念吸引我们的道德动机，即义务的强烈规律和仁慈的较弱规律……由此我们看到自己在最秘密的动机中依赖于普遍意志的规则""由此在所有思维着的物类的世界里产生出一种道德的统一"，所谓"道德情感"（sittliches Gefühl）正是那种被自觉到的在内心中迫使一己意志依赖并认同于普遍意志的强制性。康德甚至把这种道德情感和道德动机归于牛顿所赋予自然界诸物间普遍存在的"引力"作用。（Ak2：335）[③]

若从"发生学"或"过程化"的角度看，康德在《视灵者的梦》中所谈的"理性的统一"，若与此前处女作中所论之"知性的平衡"对照，就可以看出他在成熟期所提出的"启蒙三原则"之间的时间关系和逻辑关系

[①] 此时的康德还没有对"知性"和"理性"作出自觉的区分，这里的"知性"应当在最广的意义来理解，也就是人类所有的心意机能。

[②] 这时的康德还没有想到后来在《判断力批判》中提出的作为根基的概念"情感的共通感"。参见第三批判的第40节康德的注释。

[③] 这显然是受到了哈奇森（F. Hutcheson，1694～1746）道德学说的影响，因为哈奇森把指向所有人的"普遍仁爱"归于"宇宙所有物体的地心引力原理"。参见〔英〕弗兰西斯·哈奇森《论美与德性观念的根源》，高乐田等译，浙江大学出版社，2009年，第156页。

(表 3-1)①：

表 3-1　　　　　　康德"启蒙三原则"的内在关系

启蒙三原则	机能	性质	地位	年份	文本
独立思考	知性	自主性	基础	1747	处女作
换位思考	判断力	普遍性	策略	1765	《梦》
一贯思考	理性	一贯性	伦理	1777	《纯批》

第四节　由内而外的"普遍有效性"之主题化

就《视灵者的梦》整体看，可大体赞同李明辉所言："它包含康德日后形成的批判哲学的基本构想。"② 其中，虽然看不到"经验实在论"和"先验观念论"这对就批判哲学而言可概其精义的范畴之名，但其实则大体已备："人之视野"的固守（Ak2：351）、理性的谦逊（Ak2：369~372）、知识由先天的（a priori）与后天的（a posteriori）两部分构成（Ak2：358），可知与不可知即经验领域③与超经验领域间的明确区隔、旧形而上之所以陷入谬误的根源及其虽说消极但有真正的用途，等等。但也不得不指出，此时康德并未发现理性的实践作用进而明确形而上学的积极方面，更不可能在此明确道德的理性法则，即后来的道德律令。

我们也看到，康德和"首席视灵者"之间，在观点、概念和思路上，比如通灵者具有的独特禀赋、通灵者与灵神性世界的关联方式、通灵的基本途径、灵界与物界间的"象征性"关系，均有着诸多的相似之处。康德特别关注施魏登贝格的最根本原因，是施氏传闻实关涉于形而上学中"理

---

① 关于这三个原则，参见 Ak9：57、Ak5：294、Ak7：200，〔德〕莱因哈特·布兰特《康德——还剩下什么？》，张柯译，商务印书馆，2019年，第 249 页。
② 〔德〕康德：《通灵者之梦》，李明辉译，台北，联经出版事业公司，1989年，封底。
③ 最典型地体现于如下这段："在原因与结果、实体与活动的关系中，哲学最初用来解开错综复杂的现象，并使它们成为更加简单的表象。但是，如果人们最终达到了这些基本关系，哲学的工作便结束了；至于某物如何能够是一个原因或者有一种力量，绝不可能靠理性认识，相反，这些关系只能从经验中得出。"（Ak2：370）

性心理学"的前景,如果施氏所言不虚,那在传统理性心理学中争论不止的一些问题,尤其是灵魂不朽、精神或心灵的本质及特性,岂不是可以彻底澄清!而这个难题是自古未能妥当处理的,莱布尼茨—沃尔夫一派的理性主义和英国经验主义于此虽言之凿凿,终究不过自说自话。为此康德曾专门托一英国商人带信,追问于施氏,回答是一切都会在即将问世的著作中予以逐条答复。①

看来,康德与施魏登贝格之间的关系大约可以这样来概括:康德的理性心理学体系此时已经相当成熟,虽未形诸文字;康德之所以特别关注通灵之事,正因他对传统形而上学体系的稔熟和深入思考。② 施魏登贝格之事,正好给康德提供了一个整理并出版自己关于形而上学思考的绝好机会,正可借人们对事件本身的热情关注来让人们了解自己的理论学说。当然,康德的某些提法、术语或许也受到过施魏登贝格的启发。但是,康德思想体系的独立性是不容置疑的,不能因为施魏登贝格在康德的思想外化时做过助产婆,就说他是孩子的母亲。

康德在哲学思考上之所以有此"佛陀式精进",可能还有一个促成因素需要提出,那就是1765年11月,康德收到了被他称誉为"德国首屈一指的天才人物"、著名数学家和哲学家兰贝特的信。兰贝特于1764年秋从美学家祖尔策(J. G. Sulzer,1720~1779)处得到康德一年前揭载的《证据》,研读后发现,他们在思想、方法甚至用语上都极为相似,这令兰贝特很兴奋,并猜想:如果康德读到他的《新工具论》(Neues Organon,Leipzig,1764)③,也一定会在其中看到自己

---

① 参见李明辉《康德的〈通灵者之梦〉在其早期哲学发展中的意义与地位》,载〔德〕康德《通灵者之梦》,李明辉译,台北,联经出版事业公司,1989年,第3~5页。
② 据载,康德作为讲师第一次讲课应当在1755年10月13日的周一,所讲课程中就包括"形而上学",教材选用的是鲍姆嘉通的或者迈耶尔的。1755年9月,康德提交了名为"形而上学认识各首要原则的新说明"的教职答辩论文。从那时算起到此刻(1766),康德教授形而上学已有十余年的历史。这足以证明1766年的康德对传统形而上学非常了解并做过深入的思考。参见 I. Kant, Lectures on metaphysics, tr. and ed. by Karl Ameriks and Steve Naragon, Cambridge University Press, 1997, pp. xix~xx。
③ 兰贝特此著的全名是:Neues Organon oder Gedankenüber die Erforschung und Bezeichnung des Wahren und dessen Unterscheidungvom Irrthum und Schein〔New Organon, or thoughts on the discovery and designation of truth and its differentiation from error and appearance〕,此著在当时颇有影响力,门德尔松曾在致阿布特的信(1764.7.12)中说:"如果我早几年读到兰贝特先生的《新工具论》,我肯定会把自己的获奖征文丢在书桌一边,或者我会像火山那样震怒。"参见〔美〕列奥·斯特劳斯《门德尔松与莱辛》,卢白羽译,华夏出版社,2012年,第79页。

的照影,然而两人事先并没有相互影响。于是乎,兰贝特提笔便给康德写了一封很长的信,并提议两人以通信方式互告研究论纲。康德在同年12月写给兰贝特的回信中,认同了他的判断①并接受了他关于学术通信的建议,还把自己"多次"在对方的"著述中感觉到这种一致"(在哲学"方法"上的"圆满一致")归结为"人类普遍理性"的"合乎逻辑的佐证"。(Ak10:51~54,《百封》17)兰贝特可以算是促成康德在知识论上有了"佛陀式精进"的"卢梭",他"与康德的哲学书信往返,对于康德是很重要的灵感来源",致使康德曾在1777年10月的一篇文章中要把《纯粹理性批判》题献给兰贝特,康德坦言"此书是在您的激励与提示下完成的"。②

总之,正是由于《视灵者的梦》,此后康德就在证成各领域诸先天综合判断之客观有效性的先天条件时,一反前人由外而内的证成思路,而将后者厘定为由内而外的"普遍有效性",客观性便从传统意义上的主客符合论转换为主体间可传达的普遍有效性,让后者来作前者的认知根据。但就客观性与普遍性之间的内在学理关联,我们必须明确如下这点:一个判断,不论是认知的、道德的、还是后来鉴赏的,它们的普遍可传达性只是它们客观有效性的"认识根据",而后者则是前者的"存在根据"③;通过前者,对象"被认识";通过后者,对象才能"被理解"。(Ak2:322)正如康德在《实践理性批判》中所说的那样:"并不是认其为真的普遍性证明了一个判断的客观有效性(亦即它作为知识的有效性),而是哪怕那样一个普遍性偶尔也说得对,这却毕竟还不能当作是与客体相一致的一个证明;毋宁说,只有客观有效性才构成了一个必然的普遍赞同的根据。"(Ak5:12)

---

① 康德的这一"认同"极为重要,"兰贝特认为自己是一个经验论者,他效仿培根把自己的主要哲学著作称之为《新工具》"。参见〔苏联〕阿尔森·古留加《康德传》,贾泽林等译,商务印书馆,1981年,第74页。这也说明"就职论文"前的康德确实是比较确定的经验主义者。
② 〔美〕曼弗雷德·库恩:《康德传》,黄添盛译,上海人民出版社,2008年,第20、280页。
③ 在1755年的教职论文《形而上学认识各首要原则的新说明》中,康德把"理由"分为"存在理由"和"认识理由"(Ak1:392~293),这种区分在第二批判"序言"的一个注释里,被郑重地运用于说明"自由意志"与"道德律"之间的学理关系:"自由固然是道德律的 ratio essendi(存在理由),但道德律却是自由的 ratio cognoscendi(认知理由)。因为如果不是道德律在我们的理性中早就被清楚地想到了,则我们是决不会认为自己有理由去假定有像自由这样一种东西的(尽管它也并不自相矛盾)。但假如没有自由,则道德律也就根本不会在我们心中被找到了。"(Ak5:5)

沿用《实用人类学》里的一个说法，可以把"必然的普遍赞同"视作"真理的外在标准"，而把"客观有效性"称为"真理的内在标准"（Ak7：128）。在这部人类学讲义里——康德自1772年开始至1796年最后一次讲授——康德还专门探讨过与这种"普遍赞同"或"普遍可传达性"对立的一种人类学意义上的倾向即"自我主义"，与人性机能的三分对应，亦包含三种僭越：知性的、鉴赏的和实践兴趣的，或者说逻辑的、审美的和实践的（Ak7：128～130）：

> 逻辑的自我主义者认为没有必要按照别人的知性来检验自己的判断；就好像它根本不需要这个试金石（criterium veritatis externum 真理的外在标准）似的……
>
> 审美的自我主义者是这样的人，对他来说自己的鉴赏就够了……
>
> 道德上的自我主义者是这样的人，他把一切目的都局限在自身，他仅仅在对他有用的东西上看到用处……而不是在义务的表象中确立自己意志的最高规定根据……

客观性由传统的符合论转变为必然的普遍有效性，实质上，就是康德解决"思维的主观条件何以会具有客观有效性"（A89/B122）这一批判哲学之"绊脚石"的结果，这是对"客观有效性"个性化的解读，这一个性化解读也是他发动所谓"哥白尼式的革命"之必然结果，或者说，后人所称"哥白尼式的革命"，若从康德的理路看，实质上就主要是这个"客观有效性何谓"的问题。因此，这一个性化解读是什么，到底在何时又是因何机缘康德有此创见？这些正是接下来"康德对客观性内涵的重构及对诸判断之普遍有效性的证成"这一章所要解答的问题，从中可以窥见批判哲学最隐奥的思想秘密。

第四章 康德对客观性内涵的重构及对诸判断之普遍有效性的证成

第一节 普遍有效性的证成乃批判哲学之枢机

理论判断、道德判断连同此后才被康德关注的鉴赏判断之确然性如何可能，即这三类判断之所以具有普遍有效性的根据何在，正是康德批判哲学的基本主题和论域。[1] 前两大批判分别从主体的认识能力、自由意志介入"人是什么"的先验研究，根本任务就是为科学知识和道德行为奠基，找到它们的先天原则，实质就是证成知识和道德之所以普遍有效的先天根据，完成对科学和道德的双重拯救。在完成了自然概念领地与自由概念领地的先验批判之后，对"建筑术"（体系的完整性和彻底性）的执着促使康德重审批判哲学的大厦并做出结构性调整，第三批判上半部应运而生。实际经验中各美其美的审美实际，面对审美判断天性般要求别人普遍赞同而实际上又无法提供相应的理据，从而彰显出审美领域最为神秘难解之处，康德把它表述为"对象的感性表象对愉快不愉快的情感的直接关系"（Ak5：169）。问题的关键在于，这样的普遍性诉求如何可能？《判断力批

---

[1] 参见李伟《确然性的寻求及其效应——近代西欧知识界思想气候与康德哲学及美学之研究》，中国社会科学出版社，2017年，第240页。

判》关于美的分析实质上就是为了解决"鉴赏判断"① 的普遍性问题。值得注意的是，这次寻求的普遍性不再是知识或道德所具有的那种建基于先天概念或绝对律令之上的无可置疑的客观普遍性，而是疑窦丛生的主体间性的普遍有效性。可以说，用主体间的普遍性"推证"主客间的符合性（"客观性"的传统内涵），这正是先验哲学最令人难以理解也最易招人非议之处，"推证"只是理论上如此，实践上是否如之却尚未可知②；进一步说，如果客体真如康德所谓的那样是由主体建构起来，那么就无法逃避黑格尔对他的抄底式批判——"康德所谓思维的客观性，在某种意义下，仍然只是主观的"③。正如鲍桑葵所言："一种具有普遍有效的感觉怎么能依然保持把客观性排除在外的那种主观性呢？整个这种看法岂不是一个纯粹的自我矛盾吗？"④

国内关于康德哲学"客观性"之独特内涵的研究，多集中在认识论和

---

① ästhetisch Urteil 是一个普遍概念，其子项除了严格意义上的，亦即作为第三批判真正对象的鉴赏判断（Geschmacksurteil）外，还包括其他诸如感官判断（Sinnenurtheil）、快适判断和崇高判断等。就此而言，整个"第三批判"的文本，除了少数几处（Ak5：169、194），余处皆译作"感性的"，确实更为合宜。参见王维嘉《优美与崇高：康德的感性判断力批判》，上海三联书店，2020年；李淳玲"中译者序"，载〔德〕文哲《康德美学》，台北，联经出版事业公司，2011年，第 iii～v 页；倪胜《论 Aesthetik 在康德第三批判里的译法》，《世界哲学》2004 年第 6 期。ästhetisch Urteil 与 Geschmacksurteil 的汉译，目前主要有以下几种：美学的判断与审美判断（牟宗三）、审美/感性判断与鉴赏判断（杨祖陶、邓晓芒）、审美判断与鉴赏判断（曹俊峰、李秋零）、美感判断与审美判断（李淳玲）、审美/直感判断与趣味判断（黄振华）、情感判断与趣味判断（日本学界）、感性学的判断与鉴赏判断（倪胜）、感悟的与鉴赏的（卢春红）。笔者个人主张译作情感判断（或感性判断）与鉴赏判断。另外，在 20 世纪 90 年代，亦有日本学者如金田千秋对"Aesthetik"在整个康德哲学文本中的译名问题进行了系统探究，在对相关文本作了仔细研究的基础上认为，康德文本中的所有"aesthetisch"都应当译作"直感的（感性的）"，这使得文本的融通理解成为可能。参见〔日〕岩城见一《感性论——为了被开放的经验理论》，王琢译，商务印书馆，2008 年，第 111～112 页。
② 在处女作《活力的真正测算》中，康德曾区分出两种物体，即"数学物体"与"自然物体"，并认为，因二者性质截然有异，"某种东西对前者来说可能是真的，但却不可以转用到后者身上"（Ak1：139）。但后来康德坚持从理论到实践的相通性，这集中体现在他 1793 年 9 月发表的论文《论俗语所谓：这在理论上可能是正确的，但不适用于实践》中："即便在世界主义的角度，我也还是主张：出自理性根据对理论有效的，也对实践有效。"（Ak8：317）即便如此，康德所表达的也仅仅是一种"理念"或"应当如此"，从而必然考虑到历史的不可预见性，并把这一点同历史的可理解性区别对待。参见李伟《确然性的寻求及其效应——近代西欧知识界思想气候与康德哲学及美学之研究》，中国社会科学出版社，2017 年，第 222 页。
③ 〔德〕黑格尔：《小逻辑》，贺麟译，商务印书馆，1980 年，第 120 页。
④ 〔英〕鲍桑葵：《美学史》，张今译，商务印书馆，1985 年，第 346 页。

道德哲学上,对鉴赏判断之普遍有效性研究相对较少,且略显零散。邓晓芒认为,"主体中有一种先天普遍性,人性中有一种先天的普遍性",反思判断力反求内心的普遍性愉悦是诸认识能力自由协调地感受美的结果。① 戴茂堂《超越自然主义——康德美学的现象学诠释》从"先验反思"的角度对审美判断进行了历史追溯与逻辑梳理,问题在于:一方面,不能仅仅局限于康德美学视域中普遍性的源流而应将普遍性的溯源捉置于康德哲学的完整体系中;另一方面,不能仅仅将康德的普遍性置于现象学的诠释中,更应采取内证之法,说明康德自己是如何理解的。林季杉、袁鸿杰《康德"论普遍性"——以〈判断力批判〉为文本》将普遍性的研究集中于《判断力批判》,但这并不意味着可以忽视康德其他文本中关于普遍性的论述,该文虽然提到了客观普遍性与主观普遍性,但并未对其中区别与联系作区分,事实上,这正是理解康德哲学美学的关键性和基本性问题。② 有研究者认为康德从先验(主观认识条件的普遍性)、经验(作为经验的共通感)与超验(人性的超感官基地)三个角度对审美普遍性作了论证,并使之最终导向道德神学。③ 遗憾的是,此文并未涉及普遍性在认识、道德与审美领域的内涵差异问题。笔者曾在前引《确然性寻求及其效应——近代西欧知识界思想气候及美学之研究》一书中,从康德客观性内涵的重构即客观有效性与必然的普遍有效性之关系来探查鉴赏判断主观普遍性的诉求。所谓"客观性内涵重构"即康德的客观是主体间建构的客观,是具有主体间普遍赞同的客观。本章将继续循此思路尝试进一步研探康德"普遍性"的全貌及其间的重要转换,并以此展开对康德鉴赏判断主观普遍性的全面思索,尝试思考主体间的普遍性所具有的体系性功能,即通过审美的"普遍性"来沟通知识与德性,使得知识借由审美而通向德性。

第二节 客观性内涵的分殊:切中对象与族类共识

客观性问题,实质上就是真理问题。作为《纯粹理性批判》基本主题

---

① 邓晓芒:《康德哲学讲演录》,广西师范大学出版社,2006年,第101页。
② 参见林季杉、袁鸿杰《康德论"普遍性"——以〈判断力批判〉为文本》,《世界哲学》2017年第1期。
③ 参见刘艳《先验、经验与超验:康德关于审美普遍性的三种论证及其旨归》,《长春师范大学学报》2015年第5期。

的"先天综合判断何以可能",本质上也是这个"古老而著名的问题",正是它让近代哲学和形而上学名誉扫地(A57~58/B82)。康德之所以要在哲学领域开启后世所谓"哥白尼式的革命",就是因为此前所有的哲学理论,在试答这一难题时,虽用尽了浑身解数、尝试了所能虑及的诸种方略——经验的、唯理的、怀疑的、常识的——却依然收效甚微且歧见纷呈,才不得不另辟蹊径以谋出路的。康德哲学的独创性和真谛也就在于,它"改变了问题自身的性质,变换了那些问题之所以成其为问题的视角……让谈话对象'换一种眼光'来看待事物"①。康德通过对此前就"真理是什么"这一根本问题的所有尝试的反思,得以把作为真理之传统标准的"客观性"之内涵由"符合性"和"外向的一致性"置换成"普遍性"和"内向的一致性",康德因此重构了真理标准的"传统符合论"即"知识切中对象"。简言之,康德把传统意义上的"客观有效性"与他自己界定的"必然的普遍有效性"等同了起来,客观性就是必然的普遍性,其中"必然"意指"凡人皆不能外也"。康德是在区分"经验的判断"(empirisches Urteil)与"经验判断"(Erfahrungsurteil)时点破这一点的:

> 我们的一切判断都首先是纯然的知觉判断:它们仅仅对我们、亦即对我们的主体有效,而只是在这之后,我们才给予它们一种新的关系,亦即与一个客体的关系,并且希望这也对我们来说在任何时候都有效,并且同样对每一个人都有效;因为如果一个判断与一个对象一致,那么,关于这同一个对象的所有判断也必须彼此一致,这样,经验判断的客观有效性所指的就不是别的,而是经验判断的必然的普遍有效性。但反过来,如果我们找到理由把一个判断视为必然普遍有效的(这依据的不是知觉,而是纯粹的知性概念,知觉被归摄在这纯粹知性概念之下),那么,我们也必须把这视为客观的,也就是说,这表述的不仅仅是知觉与一个客体的关系,而是对象的一种性状;因为没有理由说明别人的判断必须与我的判断必然一致,除非它们都与同一个对象相关,都与该对象一致,因此彼此之间也都必须一致。(Ak4:298)

康德的这段剖解,尤其是最后这个反证句表明:客观性的内涵已由"无可置疑性"转变为"普遍有效性"(主体间的"普遍可传达性"),可称

---

① [英]以赛亚·伯林:《自由及其背叛·导论》,赵国新译,译林出版社,2011年,第4页。

第四章　康德对客观性内涵的重构及对诸判断之普遍有效性的证成

此为康德哲学的"佛陀式精进"①——这一客观性内涵上的"精进",鲜明地体现在三大批判中,亦可以说是康德把哲学思考转致主体性领域后所必然产生的一个概念内涵转换;康德对"客观性"或"确然性"的重新界定,开启了知识论的一个新方向,它集中体现于卡尔·波普尔以"可证伪性"为"划界标准"的科学哲学中,波普尔把知识的即"科学陈述的客观性"定位于"它们能够被主体间检验"即"原则上它可以为任何人所检验和理解"。康德此论之要害在于:用主体间的普遍可传达性"推证"主客间的符合性("客观性"的传统内涵)。因为,只有一个切中了对象普遍性质的判断才可能具有必然的主体间的普遍有效性,而从一个判断于各主体间的普遍有效性能否必然性地反推出此一判断切中了它的对象,这并不确然无疑,因为它不是充分条件假言推理的有效式。康德对真理难题的试解,有从客观真理向主观真理转身的意味,这对后来的真理观,尤其是"合理性"问题的提出,有很大的促发作用。

这被人非议之处确实颇为难解:一方面,事实上能够普遍传达的、被大众普遍接受的关于某一对象的判断,并非必定是客观如实的,如古人所谓"天圆地方"、中世纪的"地心说",或者日常所言"太阳从东方升起"——它们都更能证明真理实用论的有效;另一方面,关于同一对象的所有判断也并非一定彼此一致,翻翻哲学史,最基本的哲学问题,比如上帝、实在、真理、自我、人性、自由、正义、美,等等,有哪一个不是从来都言人人殊且难以企同。② 此外,鉴赏判断的普遍性也并不要求切中对象,它无关乎对象的实存,审美的独特实质就在于想象力在知性的暗中配合下于一对象表象上的自由游戏的心意状态,这种心意状态的普遍可传达才是鉴赏判断得以普遍传达的先天基础。这种普遍可传达的心意状态与对象的实存并没有必然关联,康德也明确反对这种把对象与美感先天关联起来的做法(Ak5:289)。随后的1794年7月,康德在致友人的一封信中进一步明确了他所理解的客观性的独特内涵:

> 人们本来就不能说,一个表象归属于另一物,而只能说,如果表象应成为知识的一部分,那么,只有与某种它物(除了表象所内在的

---

① 纪树立编译:《科学知识进化论:波普尔科学哲学选集》,生活·读书·新知三联书店,1987年,第31~35页。这一点也被鲁一士(J. Royce)的真理观所认同,参见〔美〕鲁一士《近代哲学的精神》,樊星南译,台北,台湾商务印书馆,1966年。
② 参见〔美〕罗伯特·所罗门、凯思林·希金斯《大问题:简明哲学导论》,张卜天译,清华大学出版社,2018年。

主体）的关系才归属于表象，因此对于他人来说，表象是可以言传的。若不然，表象就将仅仅属于感觉（快乐或者不快），而感觉本来是不可言传的。但是，我们只能理解我们自己制造的东西，并把它转告他人，前提是：我们直观某物，以便表象这种东西或者那种东西，这种直观的方式在所有人那里都可以被看作是同样的。这样，那种东西就是对一个复合物的表象，因为：

> 我们不能把复合当作给予的来感知，而是说，我们必须自己制造复合。如果我们要把某种东西当作是复合的（包括空间和时间），我们就必须进行复合。就这种复合来说，我们可以相互转告。如果我的表象在理解中的综合，与对表象（假如它是概念）的分析，提供了同一个表象（互相产生），那么，对被给予的杂多的把握（apprehensio）以及把它纳入意识的统一之中（appercrptio 统觉），就与对复合物（即只有通过复合可能的东西）的表象是一回事。这种一致，由于它既不单独存在于表象中，也不单独存在于意识中，虽然如此却对每一个人来说都是有效的（可言传），因此，就被与某种对每一个人来说都有效的东西，和主体相互区别的东西，也就是说，被与一个客体联系起来了。（《百封》208～209）

至此，康德的客观性内涵更加明朗，客观化的对象必须先经由主体的"制造复合"，而不是直接给予，被直观的表象必须在统觉中完成由杂多知觉经验向统一客体的过渡，直观某物所采取的方式是人人一致的，进而意味着对于对象的普遍适用性，又因这种一致性，主体间相互言传成为可能。这种一致性"既不单独存在于表象中，也不单独存在于意识中"，而是存在于对象的适用性和族类的共同意识中。

康德所谓的"普遍性"并非在通常理解的"归纳"角度上立论，一如知性范畴和原理也并非总结出来一样，"共通感""审美心意状态"等，和先验范畴一样，皆具先天的强制性。批判哲学的整个论域是"有限的理性存在者"，它的立论根基自然就不在"个人"而属于"族类"[①]——这是理解康德哲学必备的前理解。因此，客观性就应是由对于直观对象的普遍适用和对于主体间的相互言传两端构成，而非一般所言的正确性，或者我

[①] 〔法〕爱弥尔·涂尔干：《社会学与哲学》，梁栋译，上海人民出版社，2002年，第90～92页。

第四章　康德对客观性内涵的重构及对诸判断之普遍有效性的证成

的认识是切中对象、符合对象——毋宁说理论的客观有效性就是能更有效地解释我们与对象的诸种关系。判断的客观性和普遍性在有效性上（客体的普遍适用和主体间的普遍言传）完成了互证，这样的互证虽有违常理，但这却是一个更为宽广的人类学的视野。就知识成立的某些必要前提而言，知识的可传达性远比知识的正确性更为重要，在求真的时代，这样的理论不免要遭受一番非议，而康德求的"真"似乎是更为隐蔽和内向，关乎族类共识，是具有奠基性意义的，而非独断地自我宣称手握真理。知识的可传达性背后不是独断性地颁布必须遵循的条令，而是说明对象的适用和主体间的有效，简言之，就是知识的解释效力。从这个意义上来理解科学，就可以看到科学一直在解决人类面对自然的困惑，而不是宣称自然就是如此。当某个科学理论的解释效力在量上覆盖的范围更为广泛，或在质上更为直接和简明扼要，那就意味着知识体系或理论观测点的转移或更新，在新的理论观测点之下，康德的客观性等同于普遍性的理论同样适用。如此，本章所论之客观性意涵对自然科学的奠基之功亦更加明朗。

当然也可以这么说，康德的两难处境，根源在于他既要照顾传统真理符合论，又要在主体领域耕耘。某种程度上，可以说是康德自己混淆了自己定下的界限，在1793年的《导论》中，康德郑重其事地告诫人们："我们必须把自然的经验性规律与纯粹的或者普遍的自然规律区别开来，前者任何时候都以特殊的知觉为前提条件，后者则不以特殊的知觉为基础，仅仅包含这些知觉在一个经验中的必然结合的条件。"（Ak4：320）但是，切中对象的问题，是经验领域的事，在先验范围内，康德本无须接手这个烫手的山芋，因为知性范畴及由此而来的诸先天原理，都只是我们认识自然的必要条件，还不是充分条件，它们只为有限理性存在者提供获致各类知识必备的思维前提和认识构架，至于认识者能否切中对象，这是要到经验里去寻求和验证的，而不能先天决定，比如因果联结，联结是必需的、先天的，但到底把哪一方作为"因"与所要考察的作为"果"的现象联结，那是必须要经验本身来确定的。"马航失联"肯定有原因，但具体原因是什么，这是必须经过详细勘验的。在道德领域，也没有特别的困难，因为"道德法则之所以被设想为客观必然的，只是因为它应当对每一个具有理性和意志的人都有效"（Ak5：36）；从根源（也就是立法的）角度说，道德律不用考虑行为的质料或客体，从结果上说，也不用考虑行为的后果，故而，这里的"客观必然性"确实是自足的，这是其一。其二，不同于《纯粹理性批判》中的范畴乃是形成对象知识的必要先天构件，但尚需直观经验材料的充实，这儿，纯粹实践理性的概念本身就是它的对象。

其三,"欲求能力的客体是如何可能的"根本不属于实践理性批判的课题,后者"仅仅要求解释:理性如何能够规定意志的准则"(Ak5:45)。其四,就人是有限理性存在者而言,"获得幸福必然是每一个有理性但却有限的存在者的要求,因而也是他的欲求能力的一个不可避免的规定根据",康德因此揭出"一个被从道德上规定的意志的必然的最高目的",也就是实践理性的真正客体即"圆善"(das höchste Gute)(Ak5:115)①,恰恰是第一层不予考虑的"完美符合",虽然这是在理知世界并在灵魂不朽和上帝存在两大悬设到齐的情形下才有可能。

康德第三批判中主观普遍性问题的提出则意味着普遍性焦点的转移,这儿,只需关注主体间性的普遍性,而无须再为鉴赏判断是否切中对象、是否与对象相契合操心,判断在诸对象上的普遍适合性被排除,而且把那可普遍传达的认识状态下的心意状态与审美心意状态的可普遍传达性予以互证,甚至前者还需要后者来保底。

第三节 鉴赏判断的客观性趋向于主体情感的普遍赞同

可以非常确定的是,写作第一批判时,康德不太可能有在自然和自由、认识和道德间"摆渡"的任何意念,这从如下的论述中可以非常明确地看到:

> 幸福只有在与理性存在者的德性严格成比例、因而使理性存在者配得幸福时,才构成一个世界的至善,我们必须根据纯粹的但却是实践的理性的规范在这个世界中安身立命,但这个世界只是一个理知的世界,因为感官世界并没有从物的本性中给我们预示出目的的这样一种系统的统一,这种统一的实在性也不能建立在别的东西之上,而只能建立在一个最高的本源的善的预设之上,在那里,以某种至上原因的一切充分性装备起来的独立理性,按照最完善的合目的性,而把普遍的、虽然在感官世界中极力向我们隐藏着的事物秩序建立起来,维持下来和完成起来。

---

① 据康德自己对"至善"两种含义的区分,das höchste Gute 应当翻译为"圆善"而非"至善"。

第四章　康德对客观性内涵的重构及对诸判断之普遍有效性的证成

……

但在这个诸理智的世界中——它虽然作为单纯自然只能称之为感官世界，但作为自由的系统却可以称之为理知的、也就是道德的世界，诸目的的这种系统统一也不可避免地导致万物的合目的性的统一，万物按照普遍的自然律构成这个大全，正如前一种统一按照普遍必然的道德律构成了这个大全一样，而诸目的的系统统一就把实践理性和思辨理性结合起来了。这个世界如果应当与那种理性的运用（没有这种运用我们甚至就会认为自己不配有理性）、也就是与那种道德运用（它本身是绝对基于至善理念上的）相一致的话，那它就必须被设想为出自一个理念。一切自然研究由此而得到了一个指向目的系统形式的方向，并在其最高的扩张中成了自然神学。但这种自然神学由于毕竟是从道德秩序这种在自由的存在者中有其根基、而不是由外部命令偶然建立的统一体中开始的，它就把自然的合目的性放到了那些必须先天地与物的内在可能性不可分地连接在一起的根据上，并由此而导致一种先验神学，这种先验神学把最高的本体论的完善性这一理想采用为一条按照普遍必然的自然律把万物连接起来的系统统一性原则，是因为万物全都在一个唯一的原始存在者的绝对必然性中拥有自己的来源。（A814～816/B842～844）

客观性指向判断的来源，即来自客体之表象或与客体相关，普遍性则意在判断的性质，即主体间有效。客观普遍性在追问人的认识和道德何以可能时有自然概念和自由概念作为它的"风向标"，但是在审美状态下，"对一个对象的形式的单纯领会（apprehensio）"并未与一定知识的某个概念（不论是自然概念还是自由概念）相连，但又直接结合着愉快，那么"这个表象就由此不是与客体相关，而是仅仅与主体相关；而这愉快所能表达的就无非是客体与在反思性的判断力中起作用的认识能力的适应性"（Ak5：189）。故而，审美的"风向标"一定不包摄在具体概念之中。必须重新对普遍性的地基进行一番审视，进而需要把对象的表象区分为联系客体概念而形成知识的逻辑表象和只与主体情感相关而与对象的实存或概念无关的审美（感性）表象，从而给那些不能构成知识的审美表象以合法地位，毕竟它归属在"对直观对象的形式的单纯领会中"。需要注意的是这个普遍性只是主观形式上的，它不是确定的知性范畴或理性理念而仅仅表达人类审美情感的统一性诉求。

如何实现焦点的转移即如何为审美的情感找到普遍的先天依据，简言之,就是如何处理特殊与普遍之间的关系问题。焦点转移的重任便落在判断力之上,因为判断力的基本内涵就是"把特殊的东西当做包含在普遍的东西之下的来思维的能力"(Ak5:179)。这一"思考"带来了重大的理论转机:把给定的特殊归摄到给定的普遍,这是规定判断力,规定性判断力从属于知性,"法则对它来说是先天地预先确定的,因此它不必为自己想到一条法则,以便能够把自然中的特殊的东西置于普遍的东西之下"(Ak5:179)。问题的关键在于,当既有的概念和范畴在被给予的特殊对象面前束手无策时,就会唤起我们的另一种被忽视已久的判断力,即为给定特殊去寻求其普遍性(注意:这里的普遍性,不是概念或规律的普遍性,而是主观意义上的普遍性和统一性——否则,就是一种归纳,那已然属于规定判断力)的反思判断力。如此纷繁复杂的自然界却又表现得如此和谐统一,在面对多样却又统一的自然界时,知性的有限和无能便会显现出来。反思判断力通过反思自然给自己颁布了一条把握多样自然的独特原则——自然的形式的合目的性,为给定特殊寻绎未知普遍统一性的先天原则终于被找到,并成为审美情感之所以能够获得普遍传达的一个先天原则。鉴赏判断作为基础性的反思判断也顺理成章地接受了这一理论创获。

鉴赏判断的普遍性不是来自概念上的逻辑推演,审美无关乎对象的实存,不是为了认识对象,不产生有关客体的知识,而是对象的表象契合了主体心意状态,即知性和想象力自由和谐地运作,愉悦作为表达心意状态的特征而自然显现,对象的表象只是联系于主体以愉悦自己,愉悦的情感来自心意状态的自由和谐。情感的普遍可传达性,实质上就是审美心意状态于主体间的普遍传达性,愉悦的情感作为共同的心意状态对每个判断者而言都适用。康德将这一审美情感的表达称为"无须概念就发生的普遍可传达性"(Ak5:231),因概念或理念而产生的可传达性,那是知识客观性或道德实在性的人性心理依据,而当知性概念被抽离或隐退,依然能够在人类主体情感领域有其普遍性的根基,那么这如何扎根便是一个亟待解决的难题。自然形式的合目的性也是主观形式的合目的性,它只是反思判断力提出来供自身反思而用,自然并非真的如此,所以,由主观形式的合目的性而来的普遍性就只能是主体情感上的普遍性,即所有人都必然赞同的普遍性或对所有人而言都可以要求的先天"断言",这又是一种"应当",即一种可普遍化的情感诉求,而这种情感诉求之所以可能,就在于"评判在先"原则和审美共通感。因此可以说,康德关于审美情感的普遍有效性问题通过主体间的普遍可传达的心意状态而得以解释,这一论证的过程无不涉及对审美四契机的发现。

鉴赏判断作为非关客体概念而联系主体的情感判断，在逻辑的量上来说它是单称的，但天性般地要求普遍赞同。在质的契机里，康德将鉴赏的愉悦与生理快感和善的愉悦进行了区分，明确鉴赏判断是无关功利而生愉快的。在量的契机里，康德着重论述"美"具有普遍性，表现为不凭借概念而来的主观普遍性。前两个契机可以说为鉴赏判断奠定了基本的范型——无利害与无概念的主观愉悦，第三契机将鉴赏判断的诸条件和要素进行整合，鉴赏判断自身不指向确定的目的，却至少可以在形式上反思其合目的性。当直观对象的表象不涉及概念、不依赖对象实存、不产生知识，但又契合了主体的心意机能，想象力和知性在对象的表象上达至和谐一致产生了愉悦的情感，由此判定对象为美，这个对象经由主体的反思被视为合目的性的。康德就此总结道："美是一个对象的合目的性的形式，如果这形式无须一个目的的表象而在对象身上被感知到的话。"（Ak5：236）这样一条原则并不是鉴赏的客观原则（也不可能有关于鉴赏的任何客观原则），只是作为判断力的主观反思的原则，没有任何客观概念，因而只具有主观意义上的普遍性。对于每个人在鉴赏判断中获得的愉悦感是先于对象的评判还是反之，在康德看来是理解鉴赏判断的钥匙。如果在鉴赏判断中愉快先于评判，那么愉快就会类似一个确定的概念，依据这个愉快去判断对象为美，岂不是自相矛盾。因此，鉴赏判断中必然是评判在先，愉快在后，这里的先后不是时间的先后而是逻辑上的先后，即愉悦感必然是在评判对象之后心意机能自由和谐的表现。"评判在先"保证了鉴赏判断不依据概念而来的普遍性，其理据便是族类审美心意状态的普遍传达。虽然审美判断是个人的、单称的，但同时也要求普遍赞同，所谓"评判在先"即在知性和想象力的自由和谐的心意状态的普遍传达上提供了普遍赞同的可能性。①

最后，第四契机康德又进一步提出共通感的预设即普遍赞许的规则的共同根据。参与认识的机能和审美的机能都是一样的，知识可以普遍传达，那么愉悦的情感同样可以。鉴赏能力的诸要素（主观性、普遍性、必然性）最终通过共通感的预设统一了起来。烦琐的论证最终完成了族类情感在审美中的共识，愉悦情感共识的达成只完成了康德美学的专业性任务，事实上，主观普遍性的求索还隐藏着审美走向道德的奥秘，这才是更

---

① 这里只强调"评判在先"拥有普遍性特质，关于它的详细论述请参见李伟《确然性的寻求及其效应——近代西欧知识界思想气候与康德哲学及美学之研究》，中国社会科学出版社，2017年，第257～265页。

为根本的哲学构想。

第四节　普遍性的体系性功能：
知识何以通向德性

普遍性焦点的转移，给审美带来了理论上的突破与创新，"与过去的美学相比，康德的进路标志着某种焦点的转移，从对象转移成有关对象的判断。康德不再陈述（我们以为美的）某种对象的本性及品质如何，他只分析一种特定的判断，即审美判断……这个转移是幸运的……这会使他站在比较优越的立场，而避免上述主观与客观的两极"[①]。文哲教授言及的"优越立场"，其实就是审美判断虽单称但普遍有效性、兼具主观性与客观性、但又不是单纯的主观或单纯的客观，所以它才能避免主观与客观之非此即彼的学理尴尬。审美所要求的普遍赞同即主体愉悦情感普遍可传达与知识和道德的普遍可传达有无不同、有没有自己的独特性？

一切经验判断首先都是经验的判断，一切知识首先都是主观的、个人的、偶然的经验，然而人类的理性并不满足于此。它要寻求统一，知识首先就是统一化了的经验，要获得普遍性必然的知识，直观与概念缺一不可。对于科学知识而言，先天直观和知性概念相互"协作"才产生了关于对象的必然的知识，"思维无内容是空的，直观无概念是盲的"（A51/B75）。知识的普遍性表现为知识在主体间的相互传递，对此我们必须承认人类的有限，我们只能认识那些能够被主体感知建立起来的对象。因为知识的普遍性也总是在特定的认识媒介或认识范式中才得以成立，一定意义上，康德现象与物自体的二分也正是在为知识的普遍性奠基。

德性法则的普遍性依据不在个体意志而在道德律令。在第三个二论背反中，康德论证了自由因果的可能性，自由一方面表现个体的意志，另一方面表现为意志自立的法则（道德律令）。个体的意志表现个体意愿的自由，首先只是个体的主观法则，能不能普遍立法还未可知。但是，当个体意志为自己颁布了这样一条律令："要这样行动，使得你的意志的准则在任何时候都能同时被视为一种普遍的立法的原则。"（Ak5：30）这就是纯粹实践理性的法则和道德法则的依据，也是人的行为应当遵循的法则。这样一条普遍化的法则是在"至善"理念的促成下完成的，此理念即相当于

[①]　〔德〕文哲：《康德美学》，李淳玲译，台北，联经出版事业公司，2011年，第2页。

第四章 康德对客观性内涵的重构及对诸判断之普遍有效性的证成

知性范畴在普遍必然知识中那般必不可少。绝对律令的实质，就是主观准则如何成为普遍法则。由准则到法则，根本的中介就是"普遍化"，这包括能不能普遍化或愿不愿普遍化这两个层面：能不能，这是客观逻辑上的追问，愿不愿，这是主观意愿上的自问；前者是逻辑后效问题，后者是主观抉择问题；前者可能导致逻辑矛盾，后者或许引发自我冲突；前者可称作道德法则的强依据，后者则是其弱依据（Ak4：452）。① 这前一方面，我们可以在苏格拉底那儿找到其源头：当克力同疏通各种关系后力劝他出逃时，他要求他们一起看看这样做的"逻辑后果"——其实，这就是一出以主观意图（常常是好意）"能否普遍化"为主角的伦理大戏。

德国著名康德研究专家、科学院版"康德全集"第25卷的编者莱因哈特·布兰特在其名著《康德——还剩下什么?》（2009）中，对上面这种在准则与法则间以"可普遍化"为中介予以沟通和过渡的理解，提出了系统疑问。布兰特的基本主张是"法则绝不是通过普遍化的一种逻辑操作程序从准则中得到的"，从准则到普遍法则的过渡乃是通过一种"质的跳跃"或"质的转变"并因而进到一种"完全不同的秩序"来完成的，这种秩序是通过法则而得到发现的。根据是，准则是私人性的而且能够秘而不宣，普遍法则则是公开的，它把自身交给被理性所主导的意志；准则与法则的区别，有似于众意与公意的区分，这种区分又植根于康德对"决断自由"（Willkürfreiheit）与"意志自由"（Willefreiheit）的区分，双方均不可通约。②

对此，我们可从如下几点方面来驳回布兰特的质疑。首先，布兰特的解释无视康德自己的文本论述，比如在第二批判§4的"注释"开头所举之例证：

> 准则中的哪种形式适宜于普遍的立法，哪种形式不适宜于普遍的立法，普通的知性无须指导也能够做出分辨。例如，我把用一切可靠的手段扩大我的财产当做我的准则。现在，我手头有一件寄存物，它的所有者已经去世，而且没有留下这方面的任何字据。这当然就是我

---

① 参见李明辉《独白的伦理学抑或对话的伦理学？——论哈柏马斯对康德伦理学的重建》，载《儒学与现代意识》，台北，文津出版社，1991年，第163页。
② 〔德〕莱因哈特·布兰特：《康德——还剩下什么?》，张柯译，商务印书馆，2019年，第113～137、122、126～130页。就康德在第二、第三批判中，对技术性实践与道德性实践的区分来看，康德区分的"决断自由"更应该就是技术性实践所从出的理论理性，或者至少可以这样说，决断的前提是理论理性。

的准则所喜欢的。现在我想知道的只是，那条准则是否也可以被视为普遍的实践法则。因此，我把那条准则运用于当前的事例，并且问，它是否能够取得一条法则的形式，因而我是否能够通过我的准则给出这样一条法则：每个人都可以否认一件无人能够证明是存放在他这里的寄存物。我马上就发觉，这样一条原则作为法则将会取消自己本身，因为它将会使得根本不存在寄存物。我为此所认识的实践法则必须获得普遍立法的资格；这是一个同一命题，因而是自明的。(Ak5：27)①

在《道德形而上学奠基》里，康德为了说明这同一个法则（义务的普遍命令），一下子举了4个例证（Ak4：421~424），这些例证，都属于"思想实验"，不是真的要在现实中求证一番，经验的证实或证伪，对康德及这儿的道德法则来说，都无关紧要。同样，布兰特也没有注意到康德在这儿所说的"可普遍化"中所包含的如上所论的两个方面——能不能普遍化或愿不愿普遍化。能不能，这是客观逻辑上的追问；愿不愿，这是主观意愿上的自问。

其次，这些例证，因为都属于"思想实验"，故而这种"可普遍化"可以与比如美食之类的"经验上的可普遍化"相对应而被称为"逻辑上的可普遍化"。康德曾在第三批判中，非常明确地提出了这一点："这种普遍有效性不应当是建立在搜罗选票和到处向别人询问其感觉方式上面"（Ak5：281），"绝不能把别人喜欢的东西用作一个审美判断的根据"（Ak5：284）。布兰特恰恰没有能思及这一区分，而有混淆两种可普遍化之嫌。他主要也是从"经验上的可普遍化"② 这个角度来理解哈贝马斯等人的康德解读的，如果后者确实是从这个角度来解读康德的，那他们也同布兰特一样混淆了这种区别。

再次，在布兰特辨析里所举之例证中，有些根本就不涉及道德问题，比如此著中译本第118页所举"我想在每月月初把我所有的钱都从账户中提取出来"，还有第153页以舞台上的演员和文学作品中的人物语言作为例证，来质疑康德"永不要说谎"的律令例证，都表明作者根本没有顾及并非人类所有行为都与道德相关这一基本事实。

---

① 第二批判的正文开头也举到了"有誓必报"的例子，分析的方法亦同于此（Ak5：19）。
② 〔德〕莱因哈特·布兰特：《康德——还剩下什么？》，张柯译，商务印书馆，2019年，第117~118页。

最后，一个命令到底是准则还是法则，根本上看，并非源自它自身，而是要看探寻它的源头在哪里。这就是康德区分的"出于"和"合于"的根本差异：如果一个可普遍化的命令是出于实践理性（意志自由）的或者说是纯粹的，它就是道德法则，如果它出于其他非实践理性的根源，那就不是道德法则。比如"不撒谎"，如果是出于意志自由本身，就是道德的，如果是因为它是老师或家长告诫的，就是非道德的（但也不能说是不道德的）。试看《实践理性批判》正文第一段：

> 实践的诸原理是那些包含着意志的一个普遍规定的命题，这个规定在自身之下有更多的实践规则。如果条件仅仅被主体视为对他自己的意志有效的，那么，这些原理就是主观的，或者是一些准则；但如果条件被认识为客观的，亦即对每一个有理性的存在者的意志都有效的，那么，这些原理就是客观的，或者是一些实践的法则。（Ak5：19）

同时，布兰特的解释，从理解上看，非但没有更清晰地解释康德原本不太复杂的理论，反倒把康德的理论弄得神秘兮兮，无从理解。不过综合双方的理解，我们可以这样说：纯粹实践理性的基本法则，可能只是提供了一个评判或行动的标准，在涉及道德的范围内，需要评判或行动时，可以拿这个严格的标准去"格"（审查）那个被行为主体认取的准则，通过则可嘉可为，否则就可恶可止；那些可嘉可为的准则，如果是出于法则的，总之是自律的，就是具有德性的，反之，如果是他律的，则不具有任何德性，但也有合法性，值得推广（Ak5：71）；但是，那些可嘉可为的准则，并非就是道德法则了，但又是符合道德法则的。因此，可以把康德的纯粹实践理性的基本法则简称为"可普遍化"原则，是它，中介了抽象的实践法则与具体的道德行为。这一结论，可以在《道德形而上学》的"德行论导论"的一个标题（§Ⅵ）里中找到文本依据："伦理学并不为行为立法（因为这是法权论之事），而是仅为行为的准则立法。"也就是说"法则只能命令行为的准则，而非行为本身"，"这便是一个讯息（它表示）：法则为自由的意念在遵循（服从）方面留下一个回旋余地，也就是说，它无法确切地指出：我们应当如何且在什么程度上借由行为去促成同时是义务的目的"。为了沟通准则与法则间的这种回旋，康德还引用了一种独特的方法即"个案鉴别法"（Kasuistik）：由斯多亚学派、犹太法典学者和士林哲学家及耶稣会士逐渐发展出来的一种意在教人如何将法律或道德法则的规范应用于具体的行为或行为情境中，或者发现在个别情况中的有效规则（尤其是在良心冲突或义务冲突的情况中）。（Ak6：388～390、411）① 在第一批判中，康德亦说过"实践的规律当它同时又是行动的主观根据，也就是主观原理时，它就叫做准则……对道德律的遵守则是按照准则进行的"（A812/B840）。也就是说，关于人类的道德行为，基本的程序是这样的：法则→准则→行为。康德在第三批判中强调："道德判断不仅能够有确定的建构性原则，而且唯有通过把准则建立在这些原则及其普遍性之上才是可能的。"（Ak5：354）法则是至上的，但也是空洞的，像是语言中的"语法规则"，它针对的或者说为之提供依据和指导的，不是具体的行为举止，而是使得后者得以可能的主观准则——这准则一定先行于实际的行为，但未必是自觉意识到的——准则就是那些我们依据"语法规则"制造的各个"句子"，只有这些句子才构成了我们实际的"话语"即行为举止。

总之，知识的普遍性、道德的普遍性无非人类理性对于知识和道德的统一性诉求。它们首先都脱胎于个人经验、个体意志，而后统一的、普遍的概念、原则和诉求让它们拥有了确然无疑的根基。但是对于道德而言，"一个理性理念永远不能成为知识，因为它包含着一个永远不能适合地为之提供一个直观的（关于超感性的东西的）概念"（Ak5：342）。也就是说，理性概念无法在直观中被给予，那是知识无法通达的禁地，即感性直观之外的超感官之物。在普遍性的寻绎中也只有审美的普遍性足够特殊，虽然它也是对于美的统一性诉求，但这完全是在形式反思中实现的，审美的普遍性正是那以"美"为标识的愉快感，但是却拥有了理性才有的"普遍性"内涵，这是知性概念准则下规定性思维所无法想象的，康德将审美的思维方式称为"扩展的思维方式"，并解释，"我们说的不是认识的能力，而是合目的地运用认识能力的思维方式"（Ak5：295）。这种思维突破了主客观条件的限制，审美的直观虽然无法在现实中复现，但至少可以在想象力结合表象的内在直观中被体验到，同时也应该获得普遍的赞同，美与道德正是在这反思的普遍立场上实现联结的。知识与道德分属自然与自由领域，但他们却可以通过审美普遍性的反思与类比架起知识通达德性的桥梁。

其实已经很清楚了，审美与道德在"普遍化"这一点上形成了对接：前者是个体的情感愉快要求别人的普遍赞同，后者是自己的主观准则可以

---

① 此处译文采用李明辉所译康德的《道德底形上学》，台北，联经出版事业公司，2015年，第260～261、288页。

第四章 康德对客观性内涵的重构及对诸判断之普遍有效性的证成

并愿意被普遍化,一个是"应普遍化",一个是"可普遍化",都是把个体的主观因素提升为普遍有效的客观范例。如果换一个角度,或者说,从席勒的眼光看,完全可以把康德的先验美学,尤其是"美是德性—善的象征",解读为"美育理论",且可借此返求康德以补席勒之阙。席勒于此的重要性也因此被理解为:是他使得康德对鉴赏判断的先验分析有了"美育"的内涵、功能和意义,并把"审美"从康德勘定的认识领域(理论理性)重新归根于同审美教育之终极目的("完全的人")根系相连的实践理性。国内学界关于美育的言说,其理论依凭,主要是席勒的"三种冲动"和"完美性格"、马克思"人的全面发展"理论及中西轴心时代人文教化观念以及与之平行的教育学理论等。这其中,美育的目的是中西古今学人所公认的,那就是要培养健全的人格(完整性格)或全面发展的人。具体说,在知—情—意的人性三结构中,美育其实要完成或担负两方面的任务或功能:一是与针对"知"的知识教育和针对"意"的伦理教育相平行的针对"情"的审美教育(又称情感教育、感性教育);二是审美教育同时又是知识教育和伦理教育的居间调适者和摆渡者,按康德和席勒的理路,审美是认知和伦理的摆渡者,审美的人是感性的人过渡到伦理的人所必经的阶段。

总结起来,美育在人类的教育体系中,既有情感教育本身的目的,又是伦理教育的前奏和过渡。不论是孔子的"兴于诗,立于礼,成于乐",还是康德、席勒的美育过渡论,都指示我们,作为工具或过渡的美育实质上较作为目的的情感教育,更为根本和关键。原因是,不论是通过艺术熏陶或自然欣赏来激发和培育学生们的情感素质,都有个情感导向问题。情感教育不能没有导向和引导,我们总是要多多培养他们正面的、积极的和健康的情感,否则,就有可能适得其反。正面、积极和健康的情感教育所当具的特质,完全可以用"德性"(内含尊严、人格等)来涵蕴,富于德性的情感教育,才是人类审美教育的真正目的和归宿。因此,康德和席勒的命题,就成了美育理论的关键性议题。也就是说,"美育到底育什么"的问题,最终得归结于"美育是如何通向德性的",或者说"审美如何就成了德性的象征",再或者"审美的人怎么就有了走向文化—道德之人的通道"。进一步说,美育原理的根本解决,绝不是教育学问题,而是美学问题,哲学问题。①

---

① 参见李伟《〈判断力批判〉的三重大任及其美育意蕴——兼论"美育到底育什么"这一根本议题》,《中国美学研究》第22辑,商务印书馆,2024年,第169~186页。

总之，客观性内涵的重构是康德对普遍性思考的重要逻辑起点，当我们描述对象是客观的，并不是给予一个对象确然如实的标签：因为符合对象、切中对象，所以对象是客观，这种论证思路是要经过康德思维方式革命洗礼的，因为没理由要求对象必然符合我们的认识，只当对象接受了主体的建构，主体才能将客观性赋予对象。当我们站在主体间统一的观测点上时，对于所有在这观测点之内的人来说，客观即意味着必然的普遍性，这种普遍性不是量上的归纳，也就是说不是统计学意义上的，而是质上的普遍性，有"概莫能外"的必然性。康德在主体有效性上将客观性和普遍性等同起来，目的就是寻找知识背后的确然无疑的依据，进而夯实科学大厦的根基。主观普遍性的提出标志着康德普遍性焦点的转移，因为存在着无关客体概念而只与主体情感联系的鉴赏判断。人类的审美情感渴求普遍被认同或分享，对鉴赏判断之主观普遍性的开拓，是一条为审美的正名之路；同时，对审美的理性化内涵即质上的普遍性的寻绎也是一条更为本质的审美通往道德的途径。正是在这个意义上，它同康德借由艺术的类比从自然形式的主观合目的性推向自然质料的客观合目的性进而建立起目的王国的思路一道，使得第三批判中的主观普遍性问题有了一个完整的演绎。

第五章　重勘《纯粹理性批判》形成的"12年"

通常所谓康德哲学，即指1770年之后的批判哲学，根据是："就职论文"发表于1770年，著名的"12年的思考"也是从这一年算起的。这一通常看法，至少忽视了两方面的问题：因无视康德哲学的整体性和系统性而难以真正理解康德哲学的历史进程和内在理路；未考虑到"12年"可能另有所限。本章将主要依据康德1770年前后的书信，从前一问题入手，由通向先验哲学"绊脚石"之具体内涵论定"12年"的另一种理解可能。

"就职论文"答辩（1770年8月20日）后不久，康德一度（1770年9月2日）曾打算给它"加上几个印张，以便提交给下届博览会"，并把这本书视作真正形而上学的"预备学科"（propadeutische Disziplin），旨在使"真正的形而上学避免感性存在物的混入"。他把"就职论文"分寄给柏林的数学家兰贝特（J. H. Lambert, 1728～1777）、哲学家门德尔松（Moses Mendelssohn, 1729～1786）和美学家祖尔策（J. G. Sulzer, 1720～1779），旨在出版前得到一些批评意见以完善此著。众所周知，康德的这一"打算"被一推再推①，直到《纯粹理性批判》终于出版的1781年5月。康德之所以把计划一推再推，照他自己的解释，是因为在构思和审视新哲学系统全局时，遇到了"绊脚石"（《百封》55）：研究工作"被一个主要的对象像一座水坝那样阻拦住了"（《百封》51）。康德宣称"自己还欠缺某种本质性的东西"，在长期以来的形而上学研究中，他"和其他人

---

① 康德一次次宣称在某个时刻将会"完成不容小觑的作品"又不得不一再推延完成的期限，对这个过程感兴趣的读者可以读一读康德在这一时期的书信，尤其是给赫茨的通信。参见《百封》18、21～22、25、27、31、33～36、40～41、51～52、55、60。比较专业的探讨参见埃德曼所撰"科学院版《纯粹理性批判》第一版编者导言"，载〔德〕康德《纯粹理性批判》（注释本），李秋零译注，中国人民大学出版社，2011年，第1～19页。

一样忽视了这种东西,但实际上这种东西构成了揭示至今仍对自己藏匿的形而上学全部秘密的钥匙"(《百封》33)。那么,这个像水坝一样拦住康德去路的"绊脚石"、这个能揭示形而上学全部秘密的"钥匙"到底是什么呢?弄清这一"绊脚石"的具体内涵及康德解决它的思路和过程,对我们理解康德哲学的整体有机性,尤其是批判哲学形成的"12年"之真正所指,有着重要的意义。

第一节 从康德1770年前后的书信看批判哲学的形成历程

为下文探讨的方便,现把康德1770年前后透露第一批判构思过程和细节的书信内容依次列举如下(表5-1):

表5-1　　1770年前后康德书信与"第一批判"的形成历程

编号、日期及收信人		信息报道	理论框架及进展情况
A	1765.12.31 兰贝特(《书信》18)	寻求形而上学乃至整个哲学的独特方法	出版商误报的《论形而上学的真正方法》是所有著述中的主要目标
B	1766.4.8 门德尔松(《书信》21、22)	剥去形而上学独断论的外衣,怀疑地考察既定知识	已经认识到形而上学的本性及其在人类认识中的独特地位;确立了这一学科的方法
C	1768.5.9 赫尔德(《书信》25)	注意力主要集中在认识人类的能力和爱好的真正规定性和局限性	在涉及道德的地方终于取得了成就,能够提出道德形而上学的基本原理和有效方法
D	1770.9.2 兰贝特(《书信》27)	形而上学的"清晰的草图":它的本性、源泉和独特方法;冬天将再返"道德形而上学"	1769年就已经找到关于形而上学的独特概念,通过它任何类型的形而上学问题都可以按照完全可靠、简单的标准加以检验

第五章 重勘《纯粹理性批判》形成的"12 年" 87

续表

编号、日期及收信人		信息报道	理论框架及进展情况
E	1771.6.7 赫茨（《书信》 30、31）	确知：主观原则与对象的区别；正在撰写《感性与理性的界限》	为感性世界规定的基本概念和法则的关系，对鉴赏力学说和道德本性的构思
F	1772.2.21 赫茨（《书信》 33～35）	检查了所有研究计划，掌握了其范围与界限；对道德及其原则中的感性与理性区分开来进行了相当多的研究；情感、鉴赏和判断力的原则，以及它们的结果即适意者、美者和善者，很久以来就已经构思得相当满意了；但发现自己还欠缺某种本质性的、能揭示整个秘密的钥匙	拟写《感性与理性的界限》：理论部分[1. 现象学一般；2. 形而上学（仅依据其本性和方法）]和实践部分（1. 情感、鉴赏和感性欲求的普遍原则；2. 道德性的最初动机）；宣称能够写出一部《纯粹理性批判》，包括理性认识的本性（形而上学本原、方法及界限）和实践认识的本性（德性的纯粹原则）
G	1773.12 赫茨（《书信》 40～41）	已经掌握了那个思想，它将完全揭开以往的谜；先验哲学本来就是对纯粹理性的一个批判	"复活节后不久，我就要完成这部作品"；之后是形而上学，包括自然的和道德的
H	1776.11.24 赫茨（《书信》 51～52）	手头堆满了材料，但被一个主要的对象像一座水坝那样阻拦住了，需要一种纯粹理性的"批判"、"训练"、"法则"和"建筑术"	相信自己已经确实占有了这个对象；只是在今年（1776）夏天，才越过了最后的障碍；目前要做的不是把它想出来而是写出来
I	1777.8.20 赫茨（《书信》 55）	获得了"系统的形象"和"整体的观念"，《纯粹理性批判》是块"绊脚石"	希望能在今冬清除"绊脚石"，还要努力完全清晰地表述其中所包含的一切内容
J	1778 年 4 月 赫茨（《书信》 60）	不愿意强迫自己做什么，有许多工作交织着	若健康允许，今年夏天（1778）即可完成早已许诺的作品

续表

编号、日期及收信人	信息报道	理论框架及进展情况
K　1778.8.28 赫茨（《书信》66~67）	仍在孜孜不倦地研究一部分哲学，这本书具有"计划的明晰性"	相信不久即可大功告成
L　1778.12.15 赫茨（《书信》70）	在1770年以来的关于形而上学导言和本体论的新讲座中提到了正在从事的研究	不久，将把这些东西公之于众
M　1779.7.4 恩格尔（《书信》74）	长期以来，对一些现象艰苦思索	在圣诞节前，就可以把这项工作完成
N　1781.5.1 赫茨（《书信》75）	即将出版的书包含了从"就职论文"讨论的所有概念出发的各种各样研究的关键	《纯粹理性批判》于1781年5月由贝·格鲁内特出版社出版
O　1781.6.8 比斯特尔（《书信》80）	它将把在这个专业中进行的一切努力引导到新道路上来，自己的学说有一种"恒定性"	尽管这部作品是多年来深思熟虑的结果，却是在很短的时间内写成的
P　1781.11.16 贝尔诺利（《书信》83~84）	应邀回忆了自己与兰贝尔的通信过程，认识中的"理智的起源"造成了无法预见的新困难	当时就已经发现，形而上学尚缺少可靠试金石，并有了一些可能改善它的想法，但打算酝酿成熟后再交流
Q　1783.8.7 伽尔韦（《书信》87~88）	提请注意：第一批判所探讨的不是"形而上学"，而是一门全新的"对一种先天判断理性的批判"	12年来精心思考的材料，但还没有达到普遍可理解性；但考虑到年龄，现用四五个月完成了
R　1783.8.16 门德尔松（《书信》93）	介绍了如何研读第一批判的程序；再次解释它何以如此艰涩：年岁、内容和表述	用四五个月时间把至少12年的思考成果撰写成书，极度注意内容而没在意行文

从这个较为详细的表中，我们大致可得出三点结论。首先，伟大如康德者的哲学家，其创造性思想也不能一蹴而就，恰恰需要日积月累的苦思究诘——康德最主要的著作《纯粹理性批判》发表的 1781 年，他已 57 岁！第一批判即便从"就职论文"算，也已 12 年了；若从 1765 年康德意识到要以"整个哲学的独特方法"为"主要目标"算起，竟然过去了 16 个年头。哲学家对思考的执着和韧性、对思想的忠诚和热爱，均非常人所敢想，更非常人所能及。康德践行了他处女作中的那个宣言："我已经给自己标出了我要遵循的道路。我将踏上自己的征程，任何东西都不应阻碍我继续这一征程。"（Ak1：9～10）这不禁令人感叹：著作中字斟句酌的叙述，的确未能表现出创造过程中的斗争、曲折、迂回和反复，以及在建立一个可观结构之前，思想家所经历的艰苦漫长、困难丛生的荆棘之路。①

其次，康德最终完成的《纯粹理性批判》的确仅仅是其早先构想的一个"导论"，它只是对纯粹理性本身的批判性研究；或者说，康德早先所确定的研究计划，显然包括了后来整个的哲学体系，最起码三大批判都是内含其中的。"任何一种能够作为科学出现的未来形而上学导论"这一名称就是第一批判实际的名称。② 如 F［1772.2］（在下面笔者将以序号加年月的形式引述相关信件）所示，标题为"感性与理性的界限"的著作，包括了哲学的理论与实践两大部分，前者分为：专门讨论感性原则的效力和适用范围的"一般现象学"和仅仅依据其本性和方法的"形而上学"；后者分为：情感、鉴赏和感性欲求的普遍原则以及道德性的最初动机。其中"一般现象学"相当于第一批判的"先验感性论"，"情感、鉴赏和感性欲求的普遍原则"大致可包含第三批判的基本内容，"道德性的最初动机"也就是"道德形而上学基础"，相当于第一批判的仅仅是"形而上学"部分。狭义的"纯粹理性批判"要到 1776 年年底才得以确立（H［1776.11］），1779 年方才最终写就，康德宣称的"绊脚石"就在其中。

最后，康德关于"美学"的思考和理论，早已存在于他的研究计划中，他定为此保存了不少材料，这可以在康德从青年时期就养成的一个习惯中得到证实。他习惯于在专门准备的活页或信封、废纸、发货单等可以

---

① 参见〔美〕莫里斯·克莱因《古今数学思想》（第一册），张理京等译，上海科学技术出版社，2002 年，序第 3～4 页。
② 参见张世英《康德的〈纯粹理性批判〉》，北京大学出版社，1987 年，第 42～44、49～61 页；文秉模《康德的认识论》，《安徽师大学报》（哲学社会科学版）1982 年第 2 期。

随手抓到的纸片上迅速记下自己思考的结果：有的是从学术角度看来没有什么价值而专为记忆方便而写下的札记，有的则是寓意深刻甚至胜过整理后的段落，当然也有不完整的句子、经过打磨的格言和未来著述的提纲和草稿等。康德喜欢在这些思考片段的基础上修改他的打印稿。此外，康德还喜欢在他用作教材的课本上备课，把自己的想法、意见和批评写在教本中任何留有空白的地方或夹页上，这样组成的全部手稿占全集的整整十卷，比正式出版的著述还要多。现在看来，这些材料是对他定型著述极为重要的补充和生成过程的交代。① 他于1790年出版的《判断力批判》中的很多材料大都是这样准备出来的，尤其是20世纪七八十年代的"人类学反思录"，第三批判的思考材料大都能在其中找到足迹，有的甚至是直接搬用。②

第二节　批判哲学"绊脚石"的凸显

那么，被康德称为"绊脚石"的思想难题到底是什么呢？它与我们正在讨论的主题有何关联？在 D〔1770.9〕中，康德充满自信地向兰贝特宣称已于1769年找到了关于形而上学的独特概念，并且"不用再费心改变这个概念"，通过它，"任何种类的形而上学问题都可以按照完全可靠的、简单的标准加以检验，并且可以有把握地确定它们在多大程度上是可以解决或者不可以解决的"。在 E〔1771.6〕中，康德相信他和门德尔松以及兰贝特已经意识到了新哲学的理论前提——"建立在人类心灵力量（不仅有感性的力量，而且还有知性的力量）的主观原则之上的东西与涉及对象的东西之间的区别"，但是，当时并不觉得这一点会带给自己多大的理论困难。然而，随着思考的深入和研究工作的进展，尤其是兰贝特随后的诘问，康德突然意识到新哲学系统尚缺乏某种本质性的因素。在列举了新哲学的理论和实践两部分的细目后，康德第一次（1772.2）提出了批判哲学的基本问题：

---

① 参见〔苏联〕阿尔森·古留加《康德传》，贾泽林等译，商务印书馆，1981年，第68页；〔德〕卡尔·福尔伦德《康德生平》，商章孙、罗章龙合译，商务印书馆，1986年，第39页。

② 参见曹俊峰《康德美学引论》，天津教育出版社，2012年，附录第400～428页。

第五章　重勘《纯粹理性批判》形成的"12年"

当我对［所计划的作品的］理论部分的整个篇幅以及各个部分的相互关系加以详细思索时，我发现自己还欠缺某种本质性的东西。在长期以来的形而上学的研究中，我和其他人一样忽视了这种东西，但实际上这种东西构成了揭示至今仍对自己藏匿的形而上学全部秘密的钥匙。于是我反躬自问：我们的所谓表象与对象的关系［即二者相切合］是建立在什么基础之上的？（《百封》33）

康德穷举了两种可能有的切合方式：

如果表象仅仅包含了主体被对象刺激的方式，那么，就很容易看出，对于对象来说，表象作为一个结果是与它的原因［即对象］一致的。（《百封》33）

或者

如果我们的所谓表象对于客体来说是能动的……对象是通过表象而被创造出来的，那么，表象与客体的一致就可以理解了。（《百封》33）

然而，这两种方式均不可能：我们的表象中既包含我们被对象刺激的方式，还必然包含着"纯粹知性概念"，后者"必然不能从感官的感觉中概括出来，也不能表述由感官进行表象活动的感受性"——否则知识就根本不具有它应具有的"确然性"（Gewissheit），就是说不成其为知识了；同样，也不能说客体本身是由我们的知性通过其表象创造出来的——因为我们根本不具有神性的理智或原型的理智（理智直观）。因此问题又回来了：

理智表象与并非由自己产生的对象之间具有的一致又来自何处？纯粹理性关于这些对象的公理又来自何处？既然这些公理与对象的一致并不借助于经验，那么，这种一致又来自何处？（《百封》34）

现在，对康德来说，有几点是确凿无疑的。

（1）我们的表象中主体被对象刺激的方式，包含着"根源在于心灵的本性"的"纯粹理性概念"。康德在《视灵者的梦》中就已认识到："所有的知识都有人们能够把握的两个端点，一个是先天（a priori），另一个是

后天（a posteriori）。"（Ak2：361）

（2）客体本身是自在的，不是主体创造的，它有不是来自我们主体心灵的根源，康德称之为"原型的理智"或"神性的理智"。

（3）知识的本质特征就在"确然性"，而且有这样的知识，如数理科学（数学和牛顿力学）的知识——这一点一直是康德新哲学自明的理论前提的范例。比如在数学中，对象和表象都是数量，"数量的概念是能动的，我们可以制定出数量的先天基本原理"——这是早先在"应征作品"中就已然证明过了的，但"在质的关系中"我们无法也如此行事。康德把这个形而上学的难题从概念、原理和能力三个层面概括如下：

> 我的知性是怎样完全先天地自己构造物的概念的，而事物又与这些概念必然一致呢？我的知性是怎样构思出关于事物可能性的现实基本原理，而经验必定忠实地与这些基本原理保持一致，但这些基本原理又不依赖于经验呢？对于我们的知性能力来说，它与物本身的这种一致的根源何在，这一问题一直还处于晦暗之中。（《百封》34）

对第一个层面的疑问，古代哲学家也试图予以解决，比如柏拉图的"理念世界"和马勒伯朗士的"持续直观"、莱布尼茨的"先定和谐"和克鲁修斯的"上帝植入"，康德把前者概括为"超自然的影响"，把后者概括为"理智的前定谐合"——但是，"在规定认识的起源和有效性时，这种救急神是人们所能选定的最荒唐不过的东西"（《百封》35）。至于后面两层，显然表明了康德对此前形而上学家深信不疑，同时也是自己思维的一个重要的，还在1770年的教授就职论文和关于《感性和理性的界限》这部作品的计划中就坚定不移的预设（事物如其所是的可认识性），现在对他来说成了问题。后来被他如此称谓的范畴演绎及其结论的问题对他来说产生了，并且移到了他的思维的中心……"第一批判"概括其为：纯粹知性概念如何能够与对象相关？（A85/B117）。这个新问题是康德"开始锻造的思想链的一个环节""一个出自自己的思维之材料的环节，是从理念的联系出发造成的，不是从外部附加的"。①

可以确定的是，康德哲学最困难、耗时最多的地方（"绊脚石"）一定就是其独创性所在。就上述第一层面（"概念"）看，对纯粹知性概念（范

---

① 〔德〕本诺·埃德曼："科学院版《纯粹理性批判》第一版编者导言"，载〔德〕康德《纯粹理性批判》（注释本），李秋零译注，中国人民大学出版社，2011年，第5~6页。

畴）连同理性的概念（理念）的来源问题，康德除了把它们归之于人类认识能力的本性之外，也没有做过多么彻底的解释；但是，康德非常得意并确有开创之功处在于，他把范畴包括理念按照形式逻辑提供的判断类型这一线索把它们从一个唯一原则推论出来。这一难题看来康德在F[1772.2]时就已基本解决：

> 我就是这样探索理智认识的本源的。不认识到这种本源，就不能规定出形而上学的本性和界限。因此，我把这门科学分作本质上互不相同的各个部分，并且试图把先验哲学，即把完全纯粹理性的所有概念归结为一定数量的范畴。不过，这里并不是像亚里士多德那样，按照他发现范畴的方式，把范畴纯粹偶然地并列在他的十范畴之中，而是按照这些范畴通过少数几个知性基本法则，从自身出发把自己划分为等级的方式进行排列……就我意图的本质内容来说，可以说已经成功了。现在，我已经能够写出一部《纯粹理性批判》了……我想先写出第一部分，它包括形而上学的本源、方法及其界限，然后再写德性的纯粹原则。第一部分大约可在三个月内出版。（《百封》35）

"三个月"？康德确实大大低估了问题本身无与伦比的繁难性。后来康德知道了，仅仅解决了范畴的来源和依照唯一原则把它们推定成序，并不能真正提供形而上学的独特方法、解决形而上学的独特难题以至于挽救形而上学于大厦之将崩。因此，范畴的来源和排列问题断不是通向先验哲学的那块"绊脚石"。

再看第三个层面："对于我们的知性能力来说，它与物本身的这种一致的根源何在？"随着康德对现象与本体二分的确认并宣称本体不可知只可思后，这对他也几乎不再成为问题。知性为自然所立之法（"知性的源始规律"），均是"大法"和"宪法"，是科学研究得以展开的理论前提，比如因果律，至于具体的自然规律则必须求之于感性经验。因此，"我们必须把自然的经验性规律与纯粹的或普遍的自然规律区别开来，前者任何时候都以特殊的知觉为前提条件，后者则不以特殊的知觉为基础，仅仅包含这些知觉在一个经验中必然结合的条件；而就这些条件来说，自然和可能的经验完全是一回事"。也就是说，在康德哲学的语境中，根本就不存在所谓的外在符合，即"对于我们的知性能力来说，它与物本身的这种一致的根源何在"这一问题，而是说，"没有这种必然的联结，我们就根本不能认识感官世界的任何对象"（Ak4：323）。因此，知性同事物本身的切合问题也不是通向先验哲学的那块"绊脚石"。

所以，先验哲学的独创性、阻碍康德通向先验哲学堂奥的就只在这个层面，即"我的知性是怎样构思出关于事物可能性的现实基本原理，而经验必定忠实地与这些基本原理保持一致，但这些基本原理又不依赖于经验呢"——这就是范畴演绎的难题，其实质是"思维的主观条件何以会具有客观有效性"(A89/B122)。正如康德自白的那样："我不知道在对我们所谓知性的能力加以探索并对其运用的规则和界限进行规定的研究中，有什么比我在题为纯粹知性概念的演绎的先验分析论第二章〔"纯粹知性概念的演绎"〕中所从事的研究更重要的了；这些研究也是我花费了最多的、但我希望不是没有回报的精力的地方。"(AXVI)这一工作确是独创性的，原因是康德自己交代的，就在那段"休谟打破独断论迷梦"的著名自白的不远处，康德说："这个演绎，对我的这位思想敏锐的先行者来说，看起来是不可能的，在他之外也没有人哪怕只是想到过，虽然每个人都信心十足地使用这些概念，而不曾问过它们的客观有效性所依据的究竟是什么。我要说，这一演绎是为了形而上学所曾经能够做出的最困难的工作；而这方面最糟糕的还有，形而上学哪怕是已经现存于某个地方，也不能给我提供丝毫帮助，因为应当首先由那种演绎来澄清一种形而上学的可能性。"(Ak4：260)康德当然不是在向自然科学界发难，追问因果律等原理的根源和有效性根本就不是他们所愿及的，康德是在向整个形而上学界表达他的不满和那受人误解的工作的不易之甚。

在"就职论文"的第 11 节，康德曾触及过这一难题，但他那时尚未领悟到这一问题的根本性和繁难性，一提出就被几句话打发了：

> 尽管现象本来就是事物的映像，而不是其理念，不表现对象内在的、无条件的性质，但对它们的认识依然是极为真实的。因为首先，就它们是感性的概念或者把握而言，它们与唯心主义所说相反，作为被引起的东西证实着对象的在场；不过，考察一番关于以感性的方式被认识的东西的判断，既然判断时的真理就在于谓词与给定主词的一致，而主词的概念如果是现象的话，就只有通过与感性认识能力的关系被给予，并根据这种关系，可以感性感知的谓词也被给予，那么，很清楚，主词和谓词的表象是按照共同的规律发生的，从而为极为真实的认识提供了理由。(Ak2：397)

很显然，康德 1770 年的这一表述还带有过渡性。"作为被引起的东西证实着对象的在场"的说法倒是一直持守着,并和这里一样,曾在《导论》中借以批评贝克莱的观念而认同"先验观念论"和"经验实在论",但仅仅根据"主词和谓词的表象是按照共同的规律发生的"就想确保"谓词与给定主词的一致",着实言过其实了。

看来可以确定,像一座水坝那样阻碍康德把手头堆满的材料锻造成一个形而上学体系(H［1776.11］)的"绊脚石",其核心就是他所谓的"范畴演绎",而粉碎这块亘古未遇的"绊脚石"就自然成了真正形而上学的"导论"或"预科",康德"期望自己,能够就这个主要的对象做出不朽的成就",并于1776年夏"越过了最后障碍",现在他确信自己"已经确实占有了这个对象",正在"把它写出来"——这就是"目前集中精力从事的工作"。在I［1777.8］中,康德就径直把《纯粹理性批判》称为那块阻碍他工作进展的"绊脚石",说他现在"唯一进行的工作就是清除掉这个绊脚石",并"希望"能在这一年(1777)的冬天全部完成。现在让康德纠结的事情,是如何才能"清晰地表述其中所包含的一切内容"——众所周知,康德曾为篇幅和举例等表述问题大伤脑筋。

第三节 从思想史传统看批判哲学的"绊脚石"

关于"范畴演绎"的思想之成为康德先验哲学的关捩,亦可从"外史"视角予以揭示。18世纪中叶之前,以笛卡尔和莱布尼茨为代表的欧陆理性主义的"知识观",在英国经验主义尤其是洛克、休谟和孔狄亚克的逼问下,至少显现出两个方面的严重问题。一是保证知识"确然性"的命题的"分析性",既然判断的谓词已然蕴含于主词,那就无法提供新的知识,该如何解释知识的增生和扩展呢?二是真理的"前提性",数学所昭示的演绎逻辑,即使可以保证推论过程有效,但要使结果为真,前提也必须为真,那这个前提之真拿什么来保证或证明呢?前一个问题涉及分析与综合的知识论问题,后一个则是哲学的基本问题,即"思维与存在的统一"如何可能的问题。近代哲学家虽然大都不怀疑知识切合对象("符合信仰")这一点,但贝克莱和休谟的怀疑主义还是触及了这个根本性的难题。康德批判哲学所主要面对的难题也就是这两个,就前者康德提出"先天综合判断"学说,就后者康德展开了他用时最久、对先验哲学最为重要,也是用以解决多年来阻碍他哲学进展的"绊脚石"即"思维的主观条件何以会具有客观有效性"的"纯粹知性概念的演绎"。①

真理的最终问题就是思维与存在能否统一的问题,其中内蕴有"能否统一"和"如何统一"两个逻辑层面。按当时的知识生态,思维与存在契合是没有问题的("符合信仰"),比如物理学和几何学;问题主要集中在"如何统一"上,实质是确然性如何可能的问题。这个"如何可能"在哲学领域经历了休谟揭起的自有形而上学以来所可能有的最沉重的打击之后,就不再可能还在内(思维)外(外物)之间寻求解决之道了,"因为假如经验所遵循的一切规则永远总是经验性的、因而是偶然的,经验又哪里还想取得自己的确定性",经验"虽然告诉我们这是什么,却并不告诉我们这必然一定会是这样而又不是别样",故而也就绝不能提供知识所应有的"真正普遍性和严格必然性""于是,这样一种同时具有着内在必然性特征的普遍知识,必须是不依赖于经验而本身自明的和确定的"。(A1~3/B5~7)② 然后,康德把这种探求思维与存在契合之可能路径内转,提出了解决休谟问题的出路:"这里只谈及这个概念的起源,并没有谈及它在使用中的不可缺少性;只要查明了起源,概念应用的条件问题和概念可能有效的范围问题就会迎刃而解。"(Ak4:259)这就是康德在《纯粹理性批判》中完成的后世所称誉的哲学领域的"哥白尼式的革命"。而"思维与存在契合"问题一旦转入思维领域,其如何可能的问题,就必然置换为如下课题——照康德在第一批判的概括就是:"思维的主观条件怎么会具有客观有效性,亦即怎么会充当了一切对象知识的可能性条件?"(A89~90/B122)真理、确然性的知识之所以可能,根据不在外物,而在思维;常识观念下的不以人的意志为转移的外物的"对象的确定性"因此被证明是没有意义的,从而转换成了"思维的确定性",也就是"主体性的确定性",实质就是纯粹概念即"范畴的确定性",康德称它为范畴的"先天性""真正的普遍性"和"严格的必然性",这一切最终还是那个无可再问的"先验统觉"的确然性。这里面有两个问题是康德必须回答的:一是先天性的"来源"问题,二是这些源自人类理性且具有独立于一切经验的"内在真理性"的纯粹概念如何能运用到具体的直观材料上。在康德看来,"先天性"一词的内涵已经拒绝了第一个问题,"纯粹理性何以可

---

① 〔德〕本诺·埃德曼:"科学院版《纯粹理性批判》第一版编者导言",载〔德〕康德《纯粹理性批判》(注释本),李秋零译注,中国人民大学出版社,2011年,第10~11页。
② 在第二批判的"前言"里,康德说:"要想从一个经验命题中榨取必然性(从石中取水),甚至想借这种必然性而使一个判断获得真正的普遍性……那简直是自相矛盾。"(Ak5:12)。

能"已是超验的问题了，属于物自身的范畴，故而根本不能再问了。又因康德已经断定知识应由来自感官的质料（感性杂多）和来自纯粹理性的形式（范畴和原理）两部分组成，且知识的确然性断然不是来自前者而只能来自后者，因此，根本的问题就只在于回答：源自纯粹理性的先天概念如何能够运用于实际的经验对象。这是康德认识论的精髓所在，他甚至说，"我不知道在对我们所谓知性的能力加以探索并对其运用的规则和界限进行规定的研究中，有什么比我在题为纯粹知性概念的演绎的先验分析论第二章中所从事的研究更重要的了；这些研究也是我花费了最多的、但我希望不是没有回报的精力的地方"（AXVI）。

康德第一批判的"纯粹知性概念的演绎"这一章所要解决的根本问题就是主体性的思维何以具有知识的客观有效性。这个近代哲学认识论的核心议题，在康德1772年写给赫茨（Marcus Herz）的那封著名的信中就已经得到了体现：

> 理智中的纯粹概念必定不是从感觉中抽离出来的，也非借感官所能获得的。（因此）它们的根源必定存在于意识的本质之中。它们不因客观事物而存在，也不因自己的造物活动而存在。令我高兴的是，在那一篇论文（"就职论文"——引者）中我对理性概念本性的表达完全使用了否定的形式：理性概念不是意识受客观事物作用而发生变化的产物。但是，一个概念没有以任何方式受动于客观事物而又能与之关联，这如何可能？我忽略了这个问题。我曾说过：由对象感觉抽离出来的观念如其所显，而来自理性的观念则如其所是。然而，这些事物如何可能呈现给我们，而又不是以它们作用于我们的方式做到这一点呢？如果理性的观念依赖于我们意识内部的活动，那么这些观念与客观事物之间的一致性从何而来呢？（Ak10：130～131）

"观念与客观事物之间的一致性从何而来"已经成了那个世纪普遍的认识论危机，形而上学危机的根源亦在于此。其他思想家也在各自经历着这场危机：兰贝特在数学领域、特滕斯（Johann Nicolas Tetens，1736～1807）在心理学领域，都对此做过深入思考。门德尔松在他撰成于1763年的获奖征文《论形而上学各学科的自明性》中的总结颇能代表思想界的普遍心声：

> 人们在本世纪曾试图借助于可靠的证据将形而上学的初始根据像

数学的初始根据一样设立在一个同样不可改变的基础之上；而且人们知道，这种努力起初带来了多么大的希望；可是结果表明这件事情实施起来多么艰难。就连那些把形而上学的概念看作是令人信服和无可争议的人们最终也不得不承认，迄今为止人们尚未向他们显示类似于数学证明的清晰论证，否则他们不可能发现一种如此复杂的矛盾。数学的初始根据让每个人信服，只要他们具有人的理智并能专心致志。可是人们知道，许多对自己的才能进行过足够考验的智者仍然在驳斥形而上学的初始根据，而且除数学之外，他们不相信任何其他学科有完全令人信服的可能性。这些想法似乎促使某个学术权威会探讨这样的问题：形而上学真理是否像数学真理一样具备这样清晰证明等等。①

门德尔松所说的"某个学术权威"指的就是柏林科学院。每隔几年柏林科学院都会刊出"有奖征文"，且大都有非常明确的针对性，比如1753年为1755年设立的有奖征文据说就是针对"科学院之父"莱布尼茨的，要求参赛者对比著名哲理诗人蒲伯的"万物皆善"论与乐观主义体系（System des Optimismus），并审视"蒲伯体系"是否言之有理。② 众所周知，"乐观主义"正是当时德国学术界激烈讨论的话题，当时参赛者分成两个阵营，维护莱布尼茨的戈特舍德（Johann Christoph Gottsched，1700～1766）、门德尔松、莱辛（G. E. Lessing，1729～1781）、康德（1762年以前）一派，反对莱布尼茨的克鲁修斯、哈曼、魏曼一派。双方进行过旷日持久的争论，同时延续了诗与哲学关系的那个古老论题。康德也参与了有奖征文，1759年10月7日公布的课程预告，康德给出的标题就是"试对乐观主义作若干考察"（Versuch einiger Betrachtungen über den Optimismus）——这是针对魏曼前一天进行讲师资格答辩所准备的论文《论世界的不完美性》（De mundo non optimo）的，基本主题是批判克鲁修斯的反莱布尼茨立场。③ 就是这个神学教授克鲁修斯、莱比锡大学的校长曾在1747年撰写过一部题为"通向人类认识的确然性和可靠性之路"（Weg zur Gewissheit und Zuverlässigkeit der menschlichen Erkenntniss）的论著，已夺柏林科学院征文之先声；此人以护卫"道德""意志自由"

---

① 参见〔美〕维塞尔《启蒙运动的内在问题——莱辛思想再释》，贺志刚译，华夏出版社，2007年，第113～114页。
② 参见〔美〕列奥·施特劳斯《门德尔松与莱辛》，卢白羽译，华夏出版社，2012年，第66页。
③ 参见〔美〕曼弗雷德·库恩《康德传》，黄添盛译，上海人民出版社，2008年，第156页。

以及"知识的确定性"而名垂于世，他和他的门徒魏曼硕士一直是康德哲学的对头，这对康德哲学的形成和精进都有不小的影响，应该是可以肯定的。

第四节 第一批判形成的"12年"：
1765～1777年

据此，我们可以对一个看来已经早已定论的问题，即康德第一批判从构思至成书的时段，提出另一种解释的可能性。这种可能性建基于这样的认识前提下：批判哲学形成的起点是康德"自觉到"这一难题的本性，即新哲学的"独特方法"而非体系的成型，结束于难题的大致解决而非最终出版。正如亨利希所言，"康德是一个非自愿的革命者"，哥白尼式的哲学革命，主要由形而上学的混乱现状所致，"发现哲学的解决问题的特性，尤其是形而上学的解决问题的特性，是康德哲学计划的第一个要素。使康德成为革命者的正是对这些特性的发现"[①]。

首先，为什么可能不是1781年而是1777年？一般都把康德在Q〔1783.8〕和R〔1783.8〕所说的"大约在4～5个月的时间内，把至少12年期间的思索成果撰写成书"中的"12年"的区间定位在从"就职论文"的1770年到第一批判出版的1781年。表面看来，这非常合理，特别是考虑到康德"就职论文"中的理论突破，即对现象和物自身以及把握两者的感性和理性能力的划界区分，对于批判哲学的成型更为关键，因为"思维的主观条件何以会具有客观必然性"这个难题是在上述突破之后才会凸显出来（独断论者不会提出这样的问题）。而对"4～5个月的时间"，学界也基本定论，即1780年下半年到1781年年初。也就是说，最迟在1780年年底前，第一批判的第一版已然完成并送至出版社，从此向前推"至少12年"，就是1768年年底。因此，"1770"这个起点年份的确定是可商的。

综观上表（尤其是信件H、I、J、K、L），我们可以进一步确信，康德最迟于1777年已经攻克了先验哲学的"绊脚石"，因此康德才说："现

---

① 〔德〕迪特·亨利希：《在康德与黑格尔之间——德国观念论讲座》，乐小军译，商务印书馆，2013年，第102～103页。

在缠着我的事情,无非就是要努力完全清晰地表述其中所包含的一切内容"(I [1777.8]);而此前一年,康德就确信自己"已经占有了这个对象。因此,目前需要做的不是把它想出来,而是把它写出来"(H [1776.11])。卓越的《纯粹理性批判》之所以直到1781年才问世,主要的原因不再是问题本身的困难,而是以下几个因素。(1)康德"不愿意强迫自己做什么(因为我还想在这世上多工作几年),所以,许多其他工作也交织在这中间"(《百封》60)。(2)因内容的繁难而带来的内容取舍和行文表达上的犹豫(AXVIII;《百封》93)。(3)对来日不多和健康的考虑,自始至终都是康德担心之事。他经常在信中向别人这样诉说:"由于我身体不适,这个计划的实施面临着被打断的危险"(F [1772.2]),"经常发作的小毛病总是造成工作的中断"(G [1773.12]),"这还要看我时好时坏的健康状况能不能允许我工作"(H [1776.11])。尤其是在 J [1778.4] 中,他说:"倘若我眼看着自己开辟了一个场地,在此我能够以更大的规模来实现这个意图,却又发觉自己因菲薄的生命力而被排除在外,这时,欣喜的感受就又夹杂着某种忧郁……我相信,如果我还想延长命运女神为我纺织的这根纤细柔韧的线,我就必须尊重自己身体的这种本能。"在第一批判出版后的信件中,康德每每提及自己的年龄:"我已经58岁了,由于令人担忧的疾病,与时俱增的年龄也劝告我,今天就做那些也许明天不能再做的事情。因此,我必须毫不犹豫地完成这部作品"(O [1781.6]),"我现在已经60岁了,虽然头脑中还装有这整体体系,但增长的年龄很可能使我最终无法实现这一目标"(Q [1783.8]),"我的年龄已经太大了,不能通过持续不断的工作来完成这项范围广泛的工作,不能手拿锉刀把每一个零件锉圆、锉平,使它易于转动"(R [1783.8])。

看来,对生命岁月的担忧使得康德倍加珍惜自己的身体,加之其他事务的干扰,当然也有论题本身的繁难和晦涩,使康德无法在很短的时间内完成他心心念念的作品。但"时日不多"的紧迫感又促使他不得不在几个月内整理出书稿来,否则真要有遥遥无期之虞了。后来,康德不无自解且无奈地写道:"我不能为了精雕细琢行文使它易于理解,而长时间地延误这部作品的出版,因为就事情本身来说,我已经没有什么要说的了。"(O [1781.6])用四五个月的时间把自己十几年的艰苦思考飞速地整理出来,尽管在通俗性和清晰性方面还有所欠缺,并将引来意料之中的批判和责难,但事后康德对此从未表示过后悔,反倒觉得庆幸和满意:"我下定决心先把著作写成这个样子,时至今日，我仍对自己的这个决心感到非常满意"（Q［1783.8］），"在这期间，我虽然极度注意内容，但在行文以及使读者易于理解方面，却没有花费多少气力。时至今日，我对当初的这个决定仍不感到遗憾"（R［1783.8］）。

此外，有鉴于康德在1776年11月为他展开自己主要工作所依据的提纲开列的要目——"一种纯粹理性的批判①、一个纯粹理性的训练、一种纯粹理性的法规和一种纯粹理性的建筑术"（《百封》52）②，几乎完全符合1781年出版的《纯粹理性批判》，所以，笔者把《纯粹理性批判》基本构思和整体构架甚至第一稿草稿的完成时间定在1777年，而把康德开始构思自己的最主要著作的时间，定在他接到著名的兰贝特鉴于他们在思考方法上的惊人一致而提出学术通信并得到康德回信的1765年③。从这一年算起，至1777年，正好12年，这绝不会是巧合——我们的这一推断在P［1781.11］中得到了证实。于康德批判哲学的最终成型意义重大的兰贝特先生于1777年9月25日驾鹤西去，康德在应邀回顾自己与兰贝特的通信细节时曾痛心地说道："我拖延的时间越长，这种拖延也就越有必要，直到这位杰出的人物出乎意料地与世长辞，我发现自己对如此重要的支持所寄予的希望也随之成为泡影为止。"如果把这封信同康德1781年6月7日致雷卡尔德的信件内容联系起来，我们就能确认上述的判断是可信的："中断这位杰出人物敦促于我，且对我来说可能变得如此重要的书信往来，其原因在于：我当时虽然开始阐明人们称之为形而上学的那种理性应用的本性，对我来说出现了我一直期望的不久就达到完全弄明白的新前景，此时我的思想的通报就一直拖延下来了，直到我，就在他令我

---

① 康德对作为狭义理解的"纯粹理性批判"所列出的纲目是："独立于一切经验原则而作判断的理性，即纯粹理性的领域必然会被忽视掉，因为这个领域先天地存在于我们自身之中，不可能从经验那里得到任何启发。现在，为了按照可靠的原则，勾画出这个领域的整个范围、部门的划分、界限和全部的内容，并且立下界标……"（H［1776.11］）从一封写给康德的信中可知，1774年9月前康德就已经有了"纯粹理性批判"的书名（Ak10：169）。
② 〔德〕本诺·埃德曼："科学院版《纯粹理性批判》第一版编者导言"，载〔德〕康德《纯粹理性批判》（注释本），李秋零译注，中国人民大学出版社，2011年，第9页。
③ 1765年，对于康德甚至整个德国古典学术来说，都是非常重要的一年。这一年，莱布尼茨逝世50周年，其《哲学全集》（*Oeures Philosophiques*, ed. Raspe）得以出版，其认识论的主要著作《人类理智新论》首次公开发表，康德阅读了后者；康德这一时期重要的论文《视灵者的梦》成稿于1765年2月；这一年康德开始与兰贝特进行学术通信。

痛心的辞世前不久，在其中豁然开朗，其结果是在《纯粹理性批判》中讲述的。"①"我当时虽然开始阐明人们称之为形而上学的那种理性应用的本性"（1765）和"就在他令我痛心的辞世前不久，在其中豁然开朗"（1777.9）——康德的这个事后回顾，非常确凿地佐证了我们的如上判定。另外，刘萌对康德判断表发生史的系统考察也可成为佐证。②

其次，为什么是1760年代而非1770年？之所以把康德批判哲学的发轫期定在1765年前后，有着康德思想理路上的考量。如前所述，学界普遍认同以1770年"就职论文"为界区分康德哲学为前批判和批判两个时期，前期是自然哲学，后期是先验哲学。我把康德前后期思想的核心议题分别概括为：追求牛顿意义上的"确然性的知识"和休谟意义上的"知识的确然性"。从"确然性的知识"转向"知识的确然性"，正是康德哲学前后期分野的思想实质所在，而促成这一转向的，正是康德应普鲁士皇家学院（柏林科学院）1761～1763年度有奖征文而于1762年年底写就、1764年发表的有奖征文《关于自然神学与道德的原则之明晰性的研究》。对读康德1762年前后（1747～1768年）发表的所有著述③，就能看清这一转向：1762之前的康德，是一位自然科学家，学术思考的核心对象是"自然""天体"或"宇宙"，方法是逻辑学的和几何学的，目的是普及并推广牛顿的力学原理，旨在追根求源以解释生活中的疑难和困惑，此时的康德是自然的杰出解释者；1762年之后的康德，则把思考的重心由"灿烂星空"转移到"知识的背后"，旨在追问知识确然性的根据所在，关注的焦点是根基、逻辑、上帝、灵魂。也正是1762年的"应征作品"使得康德突然领悟到此前虽已熟知的休谟哲学的革命性意义，其结果便是1763年6月完稿的《将负值概念引入哲学的尝试》一文，"因果律"就此从"科学原则"转变为"哲学难题"，康德对作为科学大厦之根

---

① 〔德〕本诺·埃德曼："科学院版《纯粹理性批判》第一版编者导言"，载〔德〕康德《纯粹理性批判》（注释本），李秋零译注，中国人民大学出版社，2011年，第11～12页。
② 刘萌在《从逻辑到形而上学：康德判断表研究》（江苏人民出版社，2020年，第18页）中提出：第一批判里的判断表（A70/B95）的初步成型出现在1777年康德的《百科全书讲座》和《形而上学讲座》中。
③ 康德曾自称1762年之前的讲师主题为"教条主义的迷梦"，他因此禁止别人利用他的早期著作。至于关于乐观主义的作品，他甚至希望所有保存它的人统统毁掉。参见〔苏联〕阿尔森·古留加《康德传》，贾泽林等译，商务印书馆，1981年，第44页。

基的"因果律"进行了前提性批判，因之"宣称了即将到来有哲学革命"①，虽然康德自称尚未真正弄懂正在探讨的问题。

1764年1月，康德最早的美学著述《对美感和崇高感的观察》（*Beobachtungen über das Gefühl des Schönem und des Erhabenen*）出版。从是年1月至次年（1765）的秋天，康德在重读它时习惯性地随手在边页和插入的白纸上写下了许多思考片段，研究者称之为"随想"（Nebengedanken），在这些"随想"临近结尾处，康德对形而上学的本性作了持守至终的界定：

> 我们可以说形而上学是限制人类理性的一种科学。对形而上学的怀疑并没有消除有益的确然性（Gewissheit），而是消除了无用的确然性，形而上学之所以有用，在于它消除了可能有害的假象。（《文集》185）②

正是在这样的思考进程中，康德才在1765年12月31日写给兰贝特的重要信件中第一次明确提及了自己那部"主要的著作"：

> 多年来，我的哲学思考曾转向一切可能的方面……最后，我终于确信了那种为了避免认识的幻象就必须遵循的方法……从此以后，无论从被给予的材料中得出的知识具有多大的确定性，我总是从我面临的每一个研究任务的本性中，发现为了解决一个特殊的问题所必须知道的东西……所有这些努力，主要都是为了寻求形而上学乃至整个哲学的独特方法……我可能要用这个书名为下届复活节博览会写一本书……我把这个作品看作是所有这些计划的主要目标……主要的著作……（《百封》18）③

在1766年4月写给门德尔松的信中，康德重申了自己的斩获：

> 一段时间以来，我相信已经认识到形而上学的本性及其在人类认

---

① 〔苏联〕阿尔森·古留加：《康德传》，贾泽林等译，商务印书馆，1981年，第53页。
② 国内较早触及这一点是程志民所撰《康德》，湖南教育出版社，1999年，第94～95页。
③ 也正是这封信，使得我们要把"第一批判"开始构思的时间定在1765年而非应征作品写作的1762年。

识中的独特地位。在这之后，我深信，甚至人类真正的、持久的幸福也取决于形而上学……如果可以谈一谈我自己在这方面的努力，我相信，在我还没有写出这方面的任何作品之前，我就已经在这一学科中获得了许多重要的见解。这些见解确立了这一学科的方法，不仅具有广阔的前景，而且在实用中也可以用作真正的标准。（《百封》21~22）

上引的这两封重要信件以及上文提及的 P [1781.11] 和康德 1781 年 6 月 7 日致雷卡尔德的信件，正是本章所提"新解"的主要文本依据。更具体地说，一如上文所论，康德对批判哲学"绊脚石"的认知，确有漫长的思索历程，其关涉的重要理论节点可逻辑地推衍如下：知识之确然性的根源（先天知识的先天知识）→主体性的确然性→思维的主观条件何以会具有客观有效性→感性与理性的界限→划定理性的界限→形而上学的本性（事关人类理性的界限和范围）→对形而上学的怀疑→启蒙时代形而上学的普遍危机。据此我们认为，批判哲学始于"对形而上学的怀疑"①——这源自它凄惨的时下处境（AVII~X），以及由此认清了的"形而上学的本性"，因之这个起点应定在 1765 年前后才比较合理。

如果新解成立那就必须面对如下诘问：把著名的"至少 12 年的思考"限定为 1765~1777 年，这相当于康德在事后（1783 年）回顾这个过程时，直接排除了 1777~1780 这三年作为思考写作的时段，这怎么可能？其实，这完全是理解上的偏差。据《纯粹理性批判》第一版科学院版编者本诺·埃德曼的权威研究，第一批判的最终形成，至少经历了"理念的朦胧时期：1765~1769 年""理念的最终发展期：1769~1776 年"及"编纂成书期：1777.8~1781.1"这样三个阶段②，本章的新解正是埃德曼揭示的第一、二两个时期。1777 至 1781 年这段时间，康德主要从事整理编辑固有材料和贯通调畅全书行文的工作，似不应归入批判哲学形成的有效时间内。

---

① 主要指成稿于 1765 年 12 月完成的《视灵者的梦》所阐述的道德怀疑主义和对旧形而上学的极端不满。对此，本书第三章已有专门分析。
② 〔德〕本诺·埃德曼："科学院版《纯粹理性批判》第一版编者导言"，载〔德〕康德《纯粹理性批判》（注释本），李秋零译注，中国人民大学出版社，2011 年，第 6~22 页。

第五节　综括康德思想发展的整体进程

就此，本章也只是提出了一种理解的可能性，确乎没有直接的证据表明，康德确实排除了 1777～1780 年这三年而直接指向 1765～1777 年，一如没有直接证据表明康德所指就是 1770～1781 年一样。本章之所以坚持前者，一是要凸显伟大思想诞生的漫长和艰难；二是想强调康德思想的系统性和连续性，而非像大部分康德传记那样，"赞美康德卓尔不群的天才，却又说他每十年便会推翻自己的想法，活像个昏头昏脑的傻瓜，无法把握自己思想的方向"①。但是，康德哲学确乎有一个内在的转向，这就是 1762～1765 年，康德的学术身份由自然哲学家（理论物理学家）转变为形而上学家或真正的哲学家，这一身份转向的背后，则是康德理论思考主题的转向，即从追求确然性的"知识"到潜心知识的"确然性"。康德哲学的内在理路也在这一"反转"中得以显现，正如我们在本书第二章已经分析过的那样。结合第二章的讨论结果，对康德哲学的发生历程可给出如下更合理的描述。

（1）以 1762 年为界，康德哲学可分成两大时期，贯穿始终的基本致思对象之一就是"知识"，此前的康德，主要作为"理论物理学家"，旨在寻求具有确然性的"知识"（无可置疑的知识），此后，作为纯粹哲学家的康德，劳心的是知识的"确然性"（无可置疑的根源）。

（2）1762 年之后的康德，又可以 1769 年为界，分成两个阶段：1763～1769 年，康德在既定的致思方向即为知识和道德求索它们必具的"无可置疑的确然性"之"根源"上，不断求索，终于在 1769 年"恍然大悟"（Ak18：69），所悟之成果在 1770 年的"就职论文"中得到了较为集中而明确的表达；"就职论文"后至 1777 年前后，康德的主要任务，是系统而完整地论证和呈现理性自我批判的结构系统。

（3）因此，康德哲学的分期，应为三分而非通常理解的二分。

①1747～1762 年：自然哲学时期（牛顿→独断）

②1763～1769 年：过渡期（休谟→怀疑）

---

① Herman-J. de. Vleeschauwer, *The Development of Kantian Thought: The History of a Doctrine*, tr. A. R. C. Duncan, London: Thomas Nelson and Sons, 1962, p. 1. 参见〔美〕曼弗雷德·库恩《康德传》，黄添盛译，上海人民出版社，2008 年，第 215 页。

③1770～1804年：先验哲学时期（康德→批判）

这与《纯粹理性批判》第一版科学院版编者本诺·埃德曼（B. Erdmann）的权威研究，即认为第一批判的最终形成，至少经历了"理念的朦胧时期：1765～1769年""理念的最终发展期：1769～1776年"及"编纂成书期：1777.8～1781.1"这样三个阶段①，正可相互印证。

---

① 〔德〕本诺·埃德曼："科学院版《纯粹理性批判》第一版编者导言"，载〔德〕康德《纯粹理性批判》（注释本），李秋零译注，中国人民大学出版社，2011年，第6～22页。严格说，以《遗著》（Opus postumum）为名的最后一部作品，可以作为康德哲学的第四个阶段，主题是"从自然形而上学到物理学"，算是又回到了自然哲学（理论物理学）领域，只是多了先验哲学的底色。

第六章 聚焦《实践理性批判》的文本发生

第一节 为何聚焦于《实践理性批判》的文本发生

有关康德道德哲学发生学的考察,需要区分两种不同的取向:或以作为康德道德哲学之核心的道德原则即道德律令(绝对令式)的凝成为线索,或以主要著作的揭载为线索,前者是思想的发生,后者是文本的发生。① 这个区分,在康德哲学中,仅适用于道德哲学,对于认识论和目的论(包括鉴赏理论),这两种取向是合一的:核心观念凝成之时即相应著作完稿之日。基于如下原因,这里打算以后一种取向为主而以前者为辅,即主要追溯《实践理性批判》的文本发生史:一是学界对作为康德道德哲学之根基的道德律令(绝对令式)的发生史研究已然比较充分且分歧不算

---

① 关于文本发生学,法国学界马克·德比亚齐写过同名著作,意在"通过写作手稿,通过把分析对象从作者转向作家,从作品转向写作,从结构转向程序(过程),从作品转向作品之起源,来对文本的手稿进行革新……其步骤旨在深入到作家秘密的实验室"。参见〔法〕马克·德比亚齐《文本发生学》,汪秀华译,天津人民出版社,2005年,第171页。

太大①，二是"三大批判"格局的形成是1787年之后的事，《实践理性批判》的文本发生在其中起着关键性的作用。

按照康德所理解或认同的哲学系统，他1770年之后奉献给世人的著作（因时而生的论文暂不计），大体可分为三类：计划中的、计划外的和随机的。在《纯粹理性批判》最后一部分"纯粹理性的建筑术"中，康德对这个"哲学系统"作了描画：

> 人类理性的立法（哲学）有两个对象，即自然和自由，因而既包含自然规律，也包含道德法则，一开始以两个专门的哲学体系，最终则以一个唯一的哲学体系……纯粹理性的哲学，要么是……预科……并且叫做批判，要么第二，是纯粹理性的体系（科学）……并叫做形而上学……形而上学分为纯粹理性的思辨应用的形而上学和其实践应用的形而上学，因而或者是自然形而上学，或者是道德形而上学。（B868～869）

> 因此，真正说来唯有形而上学，无论是自然形而上学还是道德形而上学，尤其是以预习的方式（以预科的方式）走在前面的对贸然鼓起自己双翼的理性的批判，才构成我们在真正的意义上能够称之为哲学的东西。（B878）

照这个哲学体系，康德计划中的著作仅有三部：《纯粹理性批判》《自然形而上学》和《道德形而上学》。照本书第五章的研究，第一批判花费了康德至少16年的时间；包含两大部分即《法权论》（完稿于1796年10

---

① 参见 Schilpp P. A., *Kant's Pre-Critical Ethics*, 2nd ed. Northwestern University Press, 1960; Samuel J. Kerstein, *Kant's Search for the Supreme Principle of Morality*, Cambridge University Press, 2002; Paton H. J., *The Moral Law: Groundwork of the Metaphysics of Morals*, 2nd ed., Taylor and Francis, 2012; Ming-huei Lee（李明辉）: *Das Problem des moralischen Gefühls in der Entwicklung der Kantschen Ethik*, Insititute of Chinese Literature and Philosophy, 1994（这是李明辉的博士学位论文，其序言载于《中国文哲研究通讯》第四卷第1期，基本观点可参见其《康德的〈通灵者之梦〉在其早期哲学发展中的意义与地位》一文，载于《华冈文科学报》1989年第17期）；张雪珠《道德原理的探讨：康德伦理学至1785年的发展》，台北，哲学与文化月刊杂志社，2005年；周黄正蜜《康德共通感理论研究》，商务印书馆，2018年；张雪珠《当代学者根据〈反省手札〉与〈康德课程〉对康德沉默期伦理学思想发展的研究》，《哲学论集》第38期，台北，辅仁大学哲学系，2005年，第143～180页；马新宇《强制、自然与完善——前期康德走出"游叙弗伦困境"的三个原则》，《求是学刊》2019年第4期。此外还有一些如"康德前批判期和沉默期的道德哲学研究"（17CZX055）等立项的国家社科基金项目。这些既有成果，将在正文的具体论述中予以引介和评议。

月）和《德行论》（完稿于 1797 年 2 月）的《道德形而上学》，其源头可追溯至 1762 年年底完成的"有奖征文"①，其间竟然有 35 年历程；至于《自然形而上学》，康德仅于 1786 年发表了《自然科学的形而上学初始根据》一书（Ak6：205），作为未完成之手稿（约有 1300 页）留存于世、康德有一次给出"从自然形而上学到物理学"标题的是载于"科学院版康德全集"第 21~22 卷的《遗著》（*Opus postumum* Ⅰ~Ⅱ），可以视为康德就"自然形而上学"所能提供的最终结果，这部 1790 年便开始酝酿，至死也未完成的书稿，耗尽了康德的余生，他曾宣称这将是他最重要的作品，是完成其体系的最后一环。②

计划外的著作包括：《未来形而上学导论》《道德形而上学的奠基》《自然科学的形而上学初始根据》《实践理性批判》《判断力批判》。作为《纯粹理性批判》之通俗版和概览的《未来形而上学导论》发表于 1783 年年初，《道德形而上学的奠基》完稿于 1784 年 8 月至 9 月，《自然科学的形而上学初始根据》完稿于 1786 年新年前后，《实践理性批判》完稿于 1787 年 6 月月底（Ak10：490），1790 年《判断力批判》问世。平均起来，每部著作的结撰时间，仅需两年，这与前面那类计划中的著作耗时颇久大不相同，真可谓"思之速也"之于"思之缓者"。正如著名康德哲学专家贝克（Lewis Beck）在其关于第二批判的通释开篇所言："分量十足的哲学作品，很少有像《实践理性批判》这般匆匆（in the haste）而就。"③ 也就是说，"一部专门的《实践理性批判》的计划很晚才出现"，当然就"很值得花费力气去探索它的起源"。④ 故而，本章拟集中笔力于《实践理性批判》文本发生史的重构上。

《实践理性批判》的文本发生史首先涉及的议题，就是后世作为既定事实接受的"三大批判"这个构架是何时形成的。从《纯粹理性批判》第二版的具体内容可以断定，迟至 1787 年 4 月，康德依然没有要对"批判"做出进一步划分的意思，有的仍只是"一大批判"和"两大形而上学"，

---

① 李伟：《康德哲学的转捩点——作为"思想事件"的"应征作品"》，《中山大学学报》（社会科学版）2022 年第 2 期。另见本书第二章。
② 参见〔美〕曼里雷德·库恩《康德传》，黄添盛译，上海人民出版社，2008 年，第 459~460 页。
③ 〔美〕刘易斯·贝克：《〈实践理性批判〉通释》，黄涛译，华东师范大学出版社，2010 年，第 1 页。
④ 〔德〕本诺·埃德曼："科学院版《纯粹理性批判》第一版编者导言"，载〔德〕康德《纯粹理性批判》（注释本），李秋零译注，中国人民大学出版社，2011 年，第 1 页。

而且，复数的"批判"也被这种学说完全排除了，整个第二版，对作为形而上学之"预科"即"纯粹理性批判"的一个尚付阙如的实践部分，没有丝毫的暗示。然而，令人费解的是，事实证明，仅仅两个月后，《实践理性批判》就完稿了。这就可以进一步断定，第二批判现在的"书名"是这两个月内才确定的，而正文的大部分内容则在此之前业已基本写就。这可以从发表的《实践理性批判》的目录看出：虽然书名是"实践理性"，前言还开宗明义地特意解释书名为何不是如此前一再宣称的"纯粹实践理性"，然而，正文中所有的章节目录几乎都还是"纯粹实践理性"——明明说真正需要批判的是"一般实践理性"，而"不需要批判纯粹的能力本身"，但实质上，占据绝对中心位置的依然是后者而非前者，这一点似乎并未引起学界应有之关注。

其次，最关键的问题是，《实践理性的批判》与此前的《奠基》和此后的《道德形而上学》之间的学理关系，因为，就核心理念而言，定言令式在《奠基》中业已铸就。因此，真正关键的问题只是，《奠基》之后，康德为何还要撰写在主要观点和构件上基本相同的《实践理性批判》？或者说，"什么能够精确地解释1786年11月到1787年4月①之间发生的这个从'纯粹实践理性批判'（作为《纯粹理性批判》附加）到《实践理性批判》（作为一部专著）的转变？"② 为此，笔者将首先揭示"批判"何时被康德"复数"化的，进而明确"实践理性批判"之名的形成时段，尤其是康德缘何放弃把"纯粹实践理性批判"作为第一批判第二版之"附加"的计划，最后通过对康德三部道德哲学著作之内容的比堪，重演第二批判

---

① 同年6月25日在给许茨（Ch. G. Schütz, 1747～1832）的信中，康德宣布，"我的《实践理性批判》已经大功告成，我将在下星期把它寄往哈勒付印"，且"必须马上转向《鉴赏力批判基础》（*Grundlage der Kritik des Geschmacks*）"的写作（Ak10：490）。"Grundlage"这个词很容易让人联想到康德刚刚完成的《道德形而上学奠基》（1784年8～9月）和《自然科学的形而上学初始基础》（1786年1月），以为康德是要在正式的《鉴赏力批判》之前也来个"奠基"。当然不是没有这种可能，因为前两部"奠基"皆问世不久，思维惯性使然，不能排除康德曾怀此念。但是，在随后9月11日写给雅各布（L. H. Jakob, 1759～1827）的信中，康德又说："我的《实践理性批判》正在格鲁内特那里……现在，我直接转向撰写《鉴赏力批判》，我将用它来结束我的批判工作，以便推进到独断论工作。我想，它应当在复活节之前出版。"（Ak10：494）因此，在就康德第二、三批判写作关系的问题上，有学者认为，康德《实践理性批判》的构思受到了"第三批判"的影响（见下引克勒梅的主张），是显然不能成立的，因为康德明说了，《鉴赏力批判》的写作是在"第二批判"交付印刷之后才开始的。

② 〔德〕H. F. 克勒梅：《〈实践理性批判〉的起源与目标》，刘作译，《世界哲学》2012年第4期。

的文本发生过程。

为了下文讨论之便,可把康德 1781 年发表第一批判至 1787 年 6 月《实践理性批判》完稿之间,康德所有著述及相关事项列表如下,作为进一步讨论的基础和概览(表 6-1):

表 6-1　　　　　　康德 1781~1787 年著述一览表

时间		相关著述	相关事项
1781	3 月	第一批判发表	
1782		兰贝特《书简》出版通告;《给医生的讯息》	1782~1783 年担任系主任
1783		《未来形而上学导论》《评论舒尔茨〈伦理学初探〉》	门德尔松发表《耶路撒冷》
1784	8~9 月	《道德形而上学的奠基》完稿	
	11 月	《从世界公民的观点撰写通史的想法》	
	12 月	《回答这个问题:什么是启蒙》	
1785	1 月	《评赫尔德〈关于人类历史哲学的思想〉》	门德尔松发表《晨间》1785~1786 年担任系主任 1786 年任大学校长 门德尔松与雅各比之间著名的"泛神论"争论
	3 月	《论月球上的火山》	
	4 月	《道德形而上学的奠基》出版	
	5 月	《论书籍翻印的不合法性》	
	11 月	《论人种概念的确定》	
1786	1 月	《自然科学的形而上学初始根据》完稿	
	8 月	《对人类历史起源的推测》	
	10 月	《评胡费兰的〈自然法原理初探〉》《关于雅各比对门德尔松〈晨间〉审视的几点意见》	
		《何谓在思维中确定方向》	

续表

时间		相关著述	相关事项
1787	4月	《纯粹理性批判》第二版完稿	BXLIV
	6月	《实践理性批判》完稿	1788年出版（Ak10：490）
	12月	《论目的论原理的哲学意义》	1788年发表
1789	10月	《判断力批判》完稿	1790年出版

第二节 截至1786年11月还只有"一大批判"

康德关于道德哲学思考的最早报道，除"应征作品"（1762年12月）外，出现于《1765—1766年冬季学期课程安排的通告》中："莎夫茨伯利、哈奇森和休谟的尝试虽然是未完成和有缺陷的，但仍然在探索所有道德的最初根据方面走得最远"，康德许诺在自己的课堂上"它们将获得自己所缺乏的那种精确性"，且更关注"人的常驻不变的本性，以及它在创造中的地位"（Ak2：311～312）。此后近十年的私人书信中，康德透露了不少有关自己道德哲学研究的实时讯息，概述如下：

1762年，《关于自然神学与道德之原则的明确性的研究》接受了哈其森等人的道德感（moral sense）学说（Ak2：298～300）；

1765年，材料对康德来说是现成的①；

1767年，正在研究道德形而上学，自述取得了相当的成功，能够提出明确的、蕴意丰富的原理以及方法②；

---

① 1765年12月31日致兰贝特的信中表示，会先抛出一些具体且较小的作品，这些材料是现成的，第一批将是《自然哲学形而上学初始根据》和《实践哲学形而上学初始根据》，"这样，主要的著作就不至于因为详尽而又毕竟不充分的例证被过度拉长"（Ak10：56）。

② 1767年5月9日致信赫尔德："我相信，在涉及道德的事情上，我终于取得了相当的成功。目前，我正在研究道德形而上学。在这里，我自诩能够提出显明的、蕴意丰富的原理以及方法。"（Ak10：74）

1770～1771年冬天，打算完成这部作品①；

1772～1773年，已经在为"道德形而上学"的行将问世而高兴不已了②。

康德确实"高兴不已"得太早了，而且，1774年至1781年，再也没有发现任何关于道德哲学或道德形而上学的讯息，康德一头扎进了"纯粹理性批判"的艰难撰写之中。③"沉默的十年"以辉煌的《纯粹理性批判》结束，然而，问题在于，康德1783年8月16日致门德尔松的信，使人们确认，在《纯粹理性批判》中，依康德所见，他已经给出了"人类整个理性的界限和全部内容"的准备工作和可靠规定，只是还缺少按《纯粹理性批判》所阐述的批判原理对形而上学体系加以完成而已。康德打算以手册的形式来逐渐实现，并将更加通俗，他希望1783年冬天，完成道德学的第一部分，至少也要写出绝大部分（Ak10：346）。就核心原则而言，康德确实有理由如此期待，因为在为1783年出版的《未来形而上学导论》准备的初稿中，康德已经写道：

---

① 1770年9月2日致信兰贝特："到今年冬天"再把他"关于纯粹道德哲学的列入日程，并且加以完成。在这里，找不到任何经验性的原则，似乎可以说它就是道德形而上学"，并"为那些极重要的意图开辟道路"（Ak10：92～93）。1771年6月7日致信赫茨，"正在详细地撰写一部作品，标题是《感性与理性的界限》，它包括了为感官世界规定的基本概念和法则的关系，以及对鉴赏力学说、形而上学和道德的本性的构思"；1770年的"整个冬天"，康德"翻阅了所有的资料，对它们进行了筛选、权衡、组合。不过，这个计划只是在不久前才全部实现"（Ak10：117）。

② 1772年2月21日致信赫茨，《感性与理性的界限》这部著作应包括理论的部分和实践的部分；从现在起能够"写出一部《纯粹理性批判》了。如果纯粹理性完全是理智的，那么，这本书既包括了理性认识的本性，也包括了实践认识的本性"。康德打算先写出第一部分，它包括形而上学的本原、方法及其界限，然后再写德性的纯粹原则（Ak10：132）。1773年10月致信赫茨，"如果我的先验哲学得以完成，我将非常高兴。它真正说来就是对纯粹理性的一个批判。在这之后，我将转向形而上学。形而上学只有两个部分，即自然的形而上学和道德的形而上学。其中，我将首先发表道德的形而上学。现在，我已经在为它的即将面市而高兴不已了"（Ak10：145）。

③ 比如在拉法特（Johann Caspar Lavater，1741～1801）1774年4月8日、哈特曼（Gottlob David Hartmann，1752～1775）1774年9月4日写给康德的信中，均多次明确地提及康德正在撰写的《纯粹理性批判》（Ak10：165、169）；到1776年11月，康德"手头堆满了材料……但它们全都被一个主要的对象像一座水坝那样阻挡住了"，此时康德已经有了此后第一批判的基本轮廓和布局（Ak10：198～199）；1777年8月20日给赫茨的信中，康德又一次提及"我称之为纯粹理性批判的东西，像一块绊脚石一样妨碍我全部完成这项工作"（Ak10：213）；1778年4月，康德"相信，假如今年夏天我的健康状况还可以，我就能够向公众公布这部早已许诺过的作品了"（Ak10：232）。

长久以来，道德学家们就已认识到：从幸福的原则绝不能产生出一门纯粹的道德学，而仅能产生一套精通其利益的明哲指南。在此情形下，所有的令式皆是有条件的，除充当达到任一目的（这目的为偏好或所有偏好之合力所指派）的手段外，什么也不规定。但是道德的令式必然是无条件的……现在的问题是：一项定言令式如何可能？谁解决了这一课题，谁就发现了真正的道德原则。评论者大概不敢探讨这一课题，就像他不敢探讨先验哲学的重要问题（此问题和道德学的问题有着惊人的相似性）一样。我将简单地阐述其解决之道……（Ak23：60）

就康德致门德尔松信中所言"人类整个理性的界限和全部内容"之具体所指，马彪在《康德为何没有写出"纯粹实践理性批判"？》一文继承了李明辉在门泽（Paul Menzer）和福尔伦德（Karl Vorländer）研究的基础上所倾向的观点，定其为"纯粹实践理性批判"。① 马彪此文，即在此观点上推衍而成，然而，这个观点是很难成立的，"规定人类整个理性的界限和全部内容"只可能指业已完成的第一批判，因为，"纯粹实践理性"不可能代表"人类整个理性"（Ak10：199）。此时的康德，关乎道德哲学，头脑里只有"形而上学"而没有"批判"——这一点即使到第一批判第二版修订完结的1787年4月，依然看不到任何文本上的改变（B868~869、878）。而且，马彪此文为此主张提供的理据，与其说是证明此主张的，毋宁说正如作者自己总结的那样是解释"康德之所以先出版《奠基》"而没有接着《奠基》去写《纯粹实践理性批判》的缘由。②

那么，问题来了，按照康德的意见，对形而上学地基的批判性清理，是以这部著作结束了，还是刚刚过半？照第一批判的文本，尤其是第二版导言的第七节（B24~30），与书的标题相符，批判的全部工作被视为在这部著作中已经结束，"先验哲学是纯粹理性批判以建筑术的方式亦即从

---

① 马彪：《康德为何没有写出"纯粹实践理性批判"？》，《世界哲学》2021年第5期；参见〔德〕康德《道德底形上学之基础》，李明辉译，台北，联经出版事业公司，1990年，第xii~xiii页；〔德〕康德《道德底形上学》，李明辉译注，台北，联经出版事业公司，2015年，第xxxvii页。

② 参见马彪《康德为何没有写出"纯粹实践理性批判"？》，《世界哲学》2021年第5期，第51页。顺带说一句，与其追问"康德为何没有写出'纯粹实践理性批判'"，倒不如追问"实践理性批判"是如何成书的——这正是本文之主旨，因为后者包含了前者，而且前者有预设"纯粹实践理性批判"与《实践理性批判》截然不同的判断——这显然是不能成立的。

原则出发为之设计出整个蓝图的一门科学的理念……它是纯粹理性的所有原则的体系"(B27)。因此，应当被进一步预期的不是下一个批判，而是如迄今一直所示的那样：自然形而上学和道德形而上学。因此可以断定，没有人想到，就连康德本人在这期间也没有想到，居然还有第二部批判。① 康德的计划及时人②期待于康德者，也是在《纯粹理性批判》之后的两大形而上学，即"自然形而上学"和"道德形而上学"（Ak10：393）。就前者，康德在《纯粹理性批判》第一版的"前言"里说："我希望在自然的形而上学这个标题自身下面提供出纯粹（思辨）理性的这样一个体系。"(AXXI)但正如科学院版编者所言："在这里，括号里的附词毫无疑问地暗示着体系的另一个同样根本性的部分：道德形而上学；但并没有暗示，批判本身还需要在理性的实践应用方面的一种补充。"③ 即便有鉴于康德在《纯粹理性批判》之后，因澄清误解而提供了通俗版《未来形而上学导论》，人们期待于康德者，顶多只是因前车之鉴而在两大形而上学发表之前提供两大"导论"——众所周知，康德确实提供了它们 Grundlegung（奠基）或者 Anfangsgründe（初始根据）。

没有关于实践理性或者道德性的先验批判的撰写计划，还可以从此时康德关于道德的最高原理和基本概念的理解中得到印证。在刚刚引述的《纯粹理性批判》第二版导论的那段文字之后，康德接着说：

> 在划分这样一门科学的时候，最需要注意的是：根本不必有任何自身包含着某种经验性的东西的概念掺杂其中，或者说，先天知识是完全纯粹的。因此，虽然道德性的至上原理及其基本概念是先天知识，但它们却不属于先验哲学，因为它们虽不以快乐和不快、欲望和偏好等等皆具经验性起源的概念为其规定的基础，但在义务的概念中毕竟必须把它们或者作为应当克服的障碍，或者作为不可当做动因的

---

① 〔德〕保罗·纳托尔普："科学院版编者导言"，载〔德〕康德《实践理性批判》（注释本），李秋零译注，中国人民大学出版社，2010年，第4页。

② 比如第一批判的出版商约翰·弗里德里希·哈特克诺赫（Johann Friedrich Hartknoch，1740～1789）从哈曼处得知"道德形而上学和自然形而上学很快就跟上，特别是后者，其中将出现他的理论，即他其余的作品如何被织入他的批判，部分地更完善，部分地更新颖"，1781年11月19日致信康德时又说："我希望您还将把道德的形而上学和自然学说的形而上学赐稿给我出版，因为这属于您的计划的完成，并构成一个整体。"（Ak10：279）

③ 〔德〕保罗·纳托尔普："科学院版编者导言"，载〔德〕康德《实践理性批判》（注释本），李秋零译注，中国人民大学出版社，2010年，第5页。

诱惑而一起纳入道德性体系的制订。因此，先验哲学是一种纯粹的、全然思辨的理性的哲学①。因为一切实践的东西，就其包含着动机而言，都与情感相关，而情感属于经验性的知识来源。(B28～29)

《纯粹理性批判》第二版的"先验方法论"里，在概述理性全部的三个旨趣（1. 我能够知道什么？2. 我应当做什么？3. 我可以希望什么）后，康德明确说：

> 第二个问题是纯然实践的。它作为这样一个问题虽然归属纯粹理性，但在这种情况下却毕竟不是先验的，而是道德的，因而我们的批判就自身而言并不研究它。(B833)

此时，康德明确把"道德性的至上原理及其基本概念"排除在他的"先验哲学"之外，"因为一切实践的东西，就其包含着动机而言，都与情感相关，而情感属于经验性的知识来源"。看来，道德实践与情感一样，都不在先验批判之列。后来，包括康德都把这三个问题同三大批判一一对应起来，皆不过"事后的追认"罢了。然而，康德自1770年起就坚执道德原则源自纯粹理性因而属于纯粹哲学（Ak2：396；Ak10：97、132）的主张，迫使我们必须面对如下疑问：既然"道德性的至上原理及其基本概念是先天知识"，但为何又"不属于先验哲学"？这是因为，"先验哲学的普遍任务，即先天综合命题如何可能"（B73）要解决的不是寻找先天知识，而是追问先天知识得以可能的前提条件。"道德性的至上原理及其基本概念"因根源于纯粹理性而是先天的，它们可以是形而上学的，但不属于先验哲学，因为在康德看来，我们不需要再追问它们是如何可能就能确定它们是确然无疑的（B837）。在《判断力批判》第一版（1790）"前言"的开头，康德就明确供认了"在第一部著作中……当时还没有想把理性的能力作为实践理性来按照其特殊的原则而予以研究"（Ak5：167）的写作事实。

因此，正如科学院版编者所言：在《纯粹理性批判》的第一版中，尚付阙如的，不是"实践理性批判"而是对道德自身的阐述，它不能缺少经验性的概念（愉快、不快等，简言之即意志的质料），因而不属于唯一的

---

① Weltweisheit，字面为"世界智慧"，但在古德语里，就是指"哲学"，故而，本书统一校译为"哲学"。

批判，亦即自身同一的理性之批判的任务。① 为人们所津津乐道的三大批判，至少从第一批判出版的 1781 年至《道德形而上学的奠基》完稿的 1784 年 9 月，是连影子也没有的，只有一个批判，即对广义理性的批判，写作第一批判甚至《道德形而上学的奠基》时的康德，在头脑里，既没有作为一部书出现的《实践理性批判》，更遑论《判断力批判》了。②

之所以能够断定至少在《奠基》完稿的 1784 年 9 月之前，康德没有要写《实践理性批判》的想法，源于《奠基》第二章的结束语：

> 绝对善的意志，其原则必须是一个定言命令式……这就是自律；也就是说，每一个善的意志的准则使自己成为普遍法则的那种适宜性，本身就是每一个理性存在者的意志责成给自己的唯一法则，它不以任何一种动机和兴趣作这一准则的根据。
>
> 这样一个实践的先天综合命题是如何可能的，以及这个命题为什么是必然的？这是一个其解答不再在道德形而上学界限之内的课题，我们在这里也没有断言这个命题的真实性，更没有伪称有能力证明它的真实性。我们仅仅通过阐明已经普遍流行的道德概念来指出：意志的自律不可避免地与这个概念相联系，或者毋宁说是它的基础。因此，谁认为道德是某种东西，而不是没有真实性的虚妄理念，谁就必须同时承认上述道德原则。因此，这一章与第一章一样，纯然是分析的。现在，如果定言命令式连同意志的自律是真实的，作为一个先天原则是绝对必然的，那么就可以得出，道德不是幻象；这需要纯粹实践理性的一种可能的综合应用；但是，不预先对这种理性能力本身进行一种批判，我们就不可贸然去做这种应用。在最后一章中，我们要根据我们的意图的需要，来展示这种批判的各个要点。（Ak4：444～445）

---

① 参见〔德〕保罗·纳托尔普："科学院版编者导言"，载〔德〕康德《实践理性批判》（注释本），李秋零译注，中国人民大学出版社，2010 年，第 7 页。
② 但需要明确的一点是，暂时没有"第二批判"的专书撰述计划，并不代表"实践理性"（理性的实践运用）作为理性的另一种更加"积极"的运用及较之于"理论理性"（理性的思辨运用）更加"终极"的观念也是"计划外"的产物，这在《纯粹理性批判》的"纯粹理性的法规"一章中有明确的论述，并明确提出要"把实践理性与思辨理性结合起来"（B843），虽然明确提出"纯粹实践理性在其与思辨理性相结合时的优先地位"（Ak5：119）是在第二批判的一个标题里。参阅〔英〕刘易斯·贝克《〈实践理性批判〉通释》，黄涛译，华东师范大学出版社，2010 年，第 309 页。感谢匿名专家就此给出的重要提醒。

根据最后这句，我们有充分的理由断定，《奠基》的第三章，其标题是"由道德形而上学到纯粹实践理性批判的过渡"，就是"预先对这种理性能力本身进行一种批判"的结果，也就是对纯粹实践理性的批判；该章的内容，细勘之，也确实如此。康德在确证了自由、自律和绝对律令在理性存在者身上的内在关联后，进一步论证道：

> 理性存在者把自己作为理智归入知性世界，并且仅仅作为一个属于知性世界的作用因，它把自己的因果性称为一个意志。但从另一方面，它也意识到自己是感官世界的一个部分……这样，定言命令式就是可能的，之所以如此，乃是因为自由的理念使我成为一个理知世界的成员；因此，如果我只是这样一个成员，我的一切行为就会在任何时候都符合意志的自律；但既然我同时直观到自己是感官世界的成员，所以这些行为应当符合意志的自律；这个定言的应当表现出一个先天综合命题，之所以如此，乃是因为在我被感性欲望所刺激的意志之外，还加上了同一个意志的理念，但这同一个意志却是属于知性世界的、纯粹的、对于自身来说实践的。在理性看来，它包含着前一个意志的最高条件；这大约就像是给感性的直观加上本身只不过意味着一般而言的法则形式的知性概念，并且因此使对自然的一切知识所依据的先天综合命题成为可能。（Ak4：453～454）

按照这个理论架构和哲学理念，在完成了《道德形而上学的奠基》（1784年9月完稿）和《自然科学的形而上学初始根据》（1786年新年前后完稿）两大导论之后，康德应着手完善"道德形而上学"并继续完成《纯粹理性批判》第二版的修订工作。据哈曼的转述，《纯粹理性批判》的修订是从1786年3月开始的，根据应当是刊登在1786年11月21日由许茨和胡弗兰德（Gottlieb Hufeland，1760～1817）编审的《文汇报》（第276期）上的"短消息"：

> 哥尼斯贝格的康德先生在处理他的《纯粹理性批判》的第二版，它应当在下一个复活节出版。在这个第二版中，他虽然经过极其苛刻的审查和对迄今向他提出的所有提醒的利用而认为在根本之处没有必要改动，但有些地方在阐述上有所改动，他希望借对阐述的改进，使得它通过解除误会而比所有的反驳（他反正没有时间理它们）都更好地和更持久地消除迄今的困难和预防未来的困难，并在第二版中给在

第一版中所包含的纯粹思辨理性批判附加上一个纯粹实践理性批判，它同样有助于面对已有的或者将有的指责来确保道德性的原则，并完成必须先行于纯粹理性哲学体系的批判研究的整体。①

这个表述即"并在第二版中给在第一版中所包含的纯粹思辨理性批判附加上一个纯粹实践理性批判"，应当来自康德本人。据康德著作的拉丁文译者博尔恩（Friedrich Gottlob Born，1743～1807，自1785年始任莱比锡哲学编外教授）在1786年11月8日给康德的回信可以推断，康德在此前的9月24日曾致信给他，且必然说到了拟把"纯粹实践理性批判"作为第一批判第二版的附录加上去这事儿，否则，博尔恩不会在这封回信中如是说道：

> 我已事先在为一个名为纯粹实践理性的重要附录而兴奋，您将以它使您的杰作更加完美。（Ak10：471）

但在1788年出版的《实践理性批判》的"前言"中，康德特意纠正了这个做法并坚持了第一批判在意图上的完备性：

> 人们将把……在纯粹理性的实践应用中针对自由概念的考察，不是看做例如应当仅仅用于填补思辨理性的批判体系之漏洞的插叙（因为这个体系就自己的意图而言是完备的），也不是像在一栋仓促建造的房子那里通常发生的那样，在后面装上支架和扶垛，而是看做使体系的联系清晰可见的真实环节，为的是使在那里只能或然地设想的概念如今可以在其实在的展现中被看透。（Ak5：7）

康德在1786年4月7日致约翰·贝林（Johann Bering，1748～1825）的信中，说过自己正在修订第一批判的情况后，还特意交代：

> 由于如果我能够像我现在所构思的那样完成这件工作，那么，在这之后构思出一个形而上学体系，就是任何具有洞察力的人都能办到的了，所以我将继续把自己关于形而上学的研究抛开，以便为实践哲

---

① 〔德〕本诺·埃德曼："科学院版《纯粹理性批判》第二版编者导言"，载〔德〕康德《纯粹理性批判》（注释本），李秋零译注，中国人民大学出版社，2011年，第25页。

学的体系争取时间。这个体系与前一个体系是姊妹篇，需要加以类似的处理，尽管就这个体系而言的困难并不那么大。(Ak10：441)

康德在这里谈到两个"体系"，一个是在"我现在所构思的"，亦即时下正在修订的第一批判的基础上"构思出一个形而上学体系"，很显然，就是自然形而上学，但康德目前不准备展开，因为这"是任何具有洞察力的人都能办到的"；他现在感兴趣的是另一个体系，即"实践哲学的体系"，它是自然形而上学体系的"姊妹篇"，当然就是道德形而上学的体系了，而不能把它理解成"实践理性批判"。

对第二版的修订，至少持续到了1787年的4月。康德在1786年5月26日给雅各布（Ludwig Heinrich Jakob，1759～1827，自1782年始任哈勒路德宗高级中学教师和大学的讲课硕士）的信中提到自己"现在正忙于应我的出版商的请求完成《批判》的一个第2版"，并抱怨"繁多的学校事务几乎夺去了我所有的时间"（Ak10：450～451）；另据哈曼1787年3月15日致雅各比的信，康德此时正在"努力地忙于他的《批判》的新版本的一篇篇幅很大的前言"①。众所周知，修订后的第二版，并没有"附加上一个纯粹实践理性批判"，以"面对已有的或者将有的指责来确保道德性的原则"。因此就要问，康德是什么时候又因何放弃了这个计划的？

第三节 "实践理性批判"定名于
第一批判修订后期

哈曼1787年1月30日给雅各比的信中说他在新年刚刚拜访了康德，此时康德"正忙于《批判》的新版本，而且抱怨难弄"，新版本在"此后一星期脱稿了"。如果哈曼的报道属实，由此就可以判定，把"纯粹实践理性批判"作为《纯粹理性批判》之附加的想法，康德在1787年年初就已经放弃了，而且无疑是在第一批判第二版本杀青之前，而非如研究者所设想的"撰写单独的《实践理性批判》的计划之形成时间要晚于1787年4月"，原因很简单：第一批判第二版（序言写定于1787年4月）的修订

---

① 参见〔德〕本诺·埃德曼："科学院版《纯粹理性批判》第二版编者导言"，载〔德〕康德《纯粹理性批判》（注释本），李秋零译注，中国人民大学出版社，2011年，第27页。

第六章　聚焦《实践理性批判》的文本发生

中,并没有出现原拟的作为附录的"纯粹实践理性批判"①,这就说明康德在这个时间点之前,至少有一阵子决定要单独撰写或发表"纯粹实践理性批判"了;而且,必定是在修订第一批判第二版的过程中起意的。那么,是什么原因使得康德在此期间放弃了这个念头呢?

首先一个原因,应当是篇幅的问题。其实,第一批判的篇幅已经非常大了。在修订版的"前言"快要结束时,康德针对篇幅问题解释道:"这番修改也给读者带来了一个小小的损失,而不使本书过于庞大,就无法防止这种损失,也就是说,我不得不删除或者缩写了一些部分,它们虽然并不在根本上属于整体的完整性……"(BXLII)这从康德1787年4月为第一批判第二版所写的"前言"中可以清晰看出。在其中,康德虽然依旧称两大形而上学是他自己的主要计划,但却明确出现了"两大批判"名字:

> 在我这方面,尽管我将仔细地关注无论是来自朋友还是来自论敌的一切提示,以便把它们用于将来按照这一预科建造体系,但我从现在起可能不参与争论了。因为我在做这些工作的时候已经相当高龄了(在这个月已经64岁了),所以如果我要想完成自己的计划,提交自然形而上学和道德形而上学,作为思辨理性批判和实践理性批判的正确性的证明,我就必须抓紧时间进行,至于澄清本书中一开始几乎无法避免的晦涩之处以及为整体作辩护,我期待由把这当作自己的事情来做的有功之士来完成。(BXLIII~XLIV)

由第一批判"第二版前言"的具体内容,尤其是还对修订的内容作了综观这一细节可知,这篇前言是最后写成的。所以,哈曼才有可能在1787年1月和3月两次致信雅各比报道康德修订第一批判的情形,前一封信说康德"正忙于《批判》的新版本,而且抱怨难弄",后一封信则说"康德在努力地忙于他的《批判》的新版本的一篇篇幅很大的前言"。② 康德想尽快"提交自然形而上学和道德形而上学",目的是以之"作为思辨理性批判和实践理性批判的正确性的证明",这里出现了"思辨理性批判和实践理性批判"。虽然在《奠基》中第一次出现"实践理性与理论理性"

---

① 〔美〕刘易斯·贝克:《〈实践理性批判〉通释》,黄涛译,华东师范大学出版社,2010年,第16页以后。
② 参见〔德〕本诺·埃德曼:"科学院版《纯粹理性批判》第二版编者导言",载〔德〕康德《纯粹理性批判》(注释本),李秋零译注,中国人民大学出版社,2011年,第26~27页。

的对举，但"思辨理性批判和实践理性批判"的对举，这还是第一次。我们从中至少可以推定"实践理性批判"已经成竹在胸且极有可能有了基本的书稿，也就是说，第二批判具体内容的撰写与第一批判第二版的修订工作，基本是同步进行的。这很好判断，如上所述，第一批判的修订是从1786年3月开始的（据哈曼的报道），且将"在第二版中给在第一版中所包含的纯粹思辨理性批判附加上一个纯粹实践理性批判"，那么，第一批判的修订过程中，也是康德准备作为"附录"的"纯粹实践理性批判"这一课题内容的时候。因为这部分内容必定是在《道德形而上学的奠基》的基础上进行的，因此越积越多，以至于根本无法"附加"在"第一版中所包含的纯粹思辨理性批判"中。这样才能解释第二批判为何能在第一批判第二版修订交稿（1787年4月）两个月后就迅速出手且在书名与章节标题间多不对应的现状了。

其次，独立发表《实践理性批判》有更重要的学理根源，即《奠基》自发表后，康德道德哲学遭遇了较之第一批判更甚更深的误解，这些误解的结穴处，正是刺激康德渐觉必须独立"（纯粹）实践理性批判"的关键因素。在康德为后者所写的"前言"里（Ak5：3～14），处处可见对批评者的回应及自我维护。甚至可以认为，"至善"这个在《实践理性批判》中被充分讨论且被赋予理论重任的关键概念，就是康德因回应评论者不满于他之严格区分德性与幸福而特意拈出，即便相关思想在第一批判中已经被阐述过。①

就前者，即误解之甚于第一批判，可以从康德的追随者雅可布（L. H. Jakob）在看到提特尔（G. A. Tittel，下文提及的费德尔的追随者）于1786年出版的针对康德《奠基》而作的《论康德先生的道德改革》（*Über Herrn Kants Moralreform*）后写给康德的信（1786年7月17日）见出：

> 关于您的道德形而上学，误解似乎还远远大于对您的《批判》。我不知道您是否看到过某位提特尔的小册子，他胆敢评判您的形而上学，却不理解您的研究的真正目标何在。（Ak10：462）

同样的判断，也出现在丹尼尔·耶尼什（Daniel Jenisch，1762～

---

① 参见第一批判"纯粹理性的法规"的第二章"论作为纯粹理性终极目的之规定根据的至善理想"（B832～847）。

1804，舒尔茨和哈曼的家中常客）于 1787 年 5 月 14 日写给康德的信中：

> 我的教授先生，您的《道德形而上学的奠基》在我认识的学者中间遇到了比您的《批判》异常多的抵触，且人们不可能愿意让自己确信，自然把道德建立在如此深邃的根据之上；在这期间，一些哥廷根人狂热地写信告诉我他们的极为新颖的和引人注目的真理：一切都只是热切地盼望着您的道德形而上学。（Ak10：486）

综之，《奠基》发表后，当时学界的反响，无论是私下通信还是公开评论，都表现出两个极端，崇拜者众多，抨击者也绝不在少数，但真正的要害却只在于后者之不满于康德的聚焦处。

对康德一向持批判态度的哈曼自友人处借阅了《奠基》，后在写给赫尔德的信中酷评此书"所谈的不是纯粹理性，而是另一个幻影和偶像：善的意志"；后又在康德生日（4 月 22 日）那天拜访康德时获赠此书，紧接着 5 月 12 日在给友人的信中表示"纯粹理性与善的意志依然是我无法凭我的感觉得到其概念的字眼"[1]。哥廷根大学教授费尔德（Johann Georg Heinrich Feder，1740～1821）于 1785 年 10 月 29 日出版的《哥廷根评论》（*Göttinger Anzeigen*）第 172 期上就康德的《奠基》写了一篇评介，其中特别从幸福主义的角度批评康德对德性与幸福的严格区分，指责康德对相关术语的片面使用，后在他于次年出版的著作中系统地创建了幸福主义的原则并重申了这一批评（13：180）。他的追随者、上面提及的提特尔在其《论康德先生的道德改革》中对康德的用语和表达进行了严厉抨击，说康德"以不知所云的语言把久已为人所知的东西宣布为新颖的"[2]。1786 年 2 月 16 日出版的《图宾根学术评论》（*Tübingische Gelehrte Anzeigen*）第 14 期上，发表了该校教授弗拉特（Johann Friedrich Flatt，1759～1821）的一篇关于康德此著的书评，也断然指责康德对德

---

[1] *Hamanns Schriften*, hg. Friedrich Roth (Berlin, 1821～1825), Bd. 7, S. 243, 248.

[2] 此外还多次指责康德"神秘主义"，质问"康德的整个道德改革就应当仅仅局限于一个新公式吗？""如此平常和熟知的命题能如此技术高超地弄隐晦……我为什么必须把人置于两个世界之中？为什么要如此高深地引出二论背反和他律这些听起来异样的、因而许诺某种新东西的、却毕竟不包含任何新东西的名称？如此精雕细琢的命令式有什么用？在一件如此容易的事情上，整个笨拙的工序有什么用？"，等等。以上材料参见纳托尔普为《实践理性批判》所写的"科学院版编者导言"（《纯粹理性批判（注释本）》，李秋零译注，中国人民大学出版社，2011 年，第 15～19 页）。

性与幸福的严格区分。上引耶尼什于 1787 年 5 月 14 日写给康德的信中，提到修道院院长皮斯托留斯（Hermann Andreas Pistorius，1730～1798）对《奠基》的评论，评论主要涉及如下方面：康德没有对"一般而言什么是善的，以及什么特别是一个善的意志"作出解答；康德对理性的实践意义的证明不具有说服力，因为"即便理性并未给予我们完满的幸福，但它毕竟能够对此发挥作用，此外它也在发展之中"；康德的定言命令公式，使得在法则的表象和欲求能力之间，缺少"中间纽带"；该书其余部分包含着"至为混乱的形而上学"，对自由概念的阐发也很成问题，定言命令的可能性和必然性的根据交代不清；康德的道德理论并不能为人们的实践提供帮助。（Ak13：197～198）

从这些评论所质疑的问题来看，火力点还是非常集中的，那就是：严格区分德性与幸福后的定言命令如何可能以及由此带来的善的意志的证成问题，正是这两个问题促成了康德从作为"附加"的"纯粹实践理性批判"转向作为与第一批判并列的《实践理性批判》的。① 在《实践理性批判》的"前言"里，康德特地提及此点：

> 那本《道德形而上学的奠基》的某位热爱真理且思想敏锐、因而毕竟永远值得尊敬的评论家提出异议说，善的概念在那里没有先于道德原则而得到确定（依他所见，这本来是必要的），我希望，在分析论的第二章中予以满足；同样，对于那些显露出弄清真理是挂在他们心头之事的意愿的人士，也考虑到了他们对我提出的其他一切异议（因为只是盯着自己的旧体系、事先已决定应当赞同什么和反对什么的人们，毕竟不需要有可能妨碍他们的私人意图的讨论）；而且我也

---

① 有学者认为，这时康德在"纯粹实践理性批判"中发现了无法解决的"二论背反"致使其转向（Andrews Reath, "Introduction", in *Kant's Critique of Practical Reason: A Critical Guide*, Andrews Reath and Jens Timmerman eds., Cambridge University Press, 2010, pp. 4～5）。前揭马彪《康德为何没有写出"纯粹实践理性批判"？》（《世界哲学》2021 年第 5 期）认为，导致康德在《奠基》之后写作《实践理性批判》的原因，主要是因为康德在"自由与道德法则之间的关系论题"上的认识发生了转换：从在《奠基》中的交互论"演绎"（Deduktion）关系转换为《实践理性批判》中对作为"理性事实"的道德法则的"阐明"（Erörterung）。所谓"阐明"即"清晰地（尽管并非详尽地）表象一个概念的东西"（B38），而演绎是指"阐明权限或者也阐明合法要求"（B116）。就此关系，作者认为康德是转变看法，其实可能不是，而是更明确了先后主张的角度或立足点而已。在第二批判"前言"的第一个脚注里，康德特意澄清了此事：自由是道德法则的存在依据（《奠基》所强调的），道德法则是自由的认识依据（《实践理性批判》所采取的）。交互论的指责因此而被消解。这个脚注是马彪此文未曾注意到的。

将继续这样做。

其中"某位热爱真理且思想敏锐、因而毕竟永远值得尊敬的评论家",就是刚刚提及的书评作者修道院院长皮斯托留斯;而"那些显露出弄清真理是挂在他们心头之事的意愿的人士"则可能主要指舒尔茨(Johann Schultz, 1739~1805;评论过康德的教授答辩论文并对之质疑)等人。针对费尔德及其追随者提特尔关于术语问题,康德进行了辩护:

> 就这部论著而言,我丝毫不担心说它要引入一种新的语言的责难,因为这种知识方式在此本身就是接近通俗性的。即便是就前一个批判而言,也没有一个不只是翻阅过该书,而是详细研究过它的人赞同这种责难。在语言对于给定的概念来说已经如此不缺乏表述的地方去人为地制造新的语词,这是一种不通过新的真实思想、但通过在给旧衣服打上新补丁来在众人中间出风头的幼稚努力。如果那一批判的读者们知道有比那些表述在我看来更通俗的表述,但同样适合于思想,或者他们敢于说明这些思想本身、因而每一个表示这思想的表述同时是无意义的,那么,他们通过前者将会使我心存感激,因为我只求被理解,但就后者而言他们就为哲学作出了贡献。但只要那些思想还站得住,我就很怀疑为它们还可以找出更合适但又更通用的表述。(Ak5:11~12)

紧接的这段表述的,是一个很长的注释,其中拈出了"实践理性的范畴表中模态"下的一组概念、智慧与神圣、公设等术语,并对它们逐一予以澄清,并皆名有所指。

第四节 三部道德哲学著作之间的学理关联

接下来的一个问题是,康德这三部伟大的道德哲学著作,即《奠基》《实践理性批判》和《道德形而上学》之间是什么样的内在学理关联。就此,可以从《奠基》"前言"觇其前缘:

> 我决意日后提供一部道德形而上学,如今我让这本《奠基》先发表。尽管除了一种纯粹实践理性的批判之外,道德形而上学真正说来

没有别的基础，就像对于形而上学来说，已经提供的纯粹思辨理性的批判是基础一样。然而一方面，前一种批判并不像后一种批判那样极为重要，因为在道德领域里，人类理性甚至在最普通的知性那里也能够轻而易举地达到重大的正确性和详尽性，与此相反，它在理论的、但纯粹的应用中却完全是辩证的；另一方面，为了一种纯粹实践理性的批判，我要求：如果它要被完成，就必须能够同时显示它与思辨理性在一个共同的原则之中的统一，因为毕竟归根结底只能有同一种理性，它唯有在应用中才必须被区别开来。但是，如果不引入完全不同种类、且会把读者弄糊涂的考察，我在这里就还不能达到这样一种完备性。为此缘故，我不使用纯粹实践理性批判的称谓，而是用道德形而上学的奠基这个称谓。（Ak4：391）

首先可以确定的一点是，此时（1784～1785 年）的康德，头脑里已经有了关于道德（Sitten）的三套言说路径：眼下的"道德形而上学的奠基"、后来的"道德形而上学"和所谓的"纯粹实践理性的批判"。"奠基"已经以"书稿"的形式寄出了，"道德形而上学"酝酿已久，是肯定要写的，且部头小不了，只是最后这个"批判"，是以一部著作的方式像"第一批判"那样独立出版，还是以其他方式，比如在修订"第一批判"时"附加"于适当的位置，康德还没有想好，或者还未及考量。作为"附加"的做法，在修订第一批判的 1786 年，康德确实有过，只是不久（1787 年年初）就不得不放弃了。

其次，正如《奠基》所言："除了一种纯粹实践理性的批判之外，道德形而上学真正说来没有别的基础，就像对于形而上学来说，已经提供的纯粹思辨理性的批判是基础一样。"（Ak4：391）因此，道德形而上学的先验根据只在"纯粹实践理性批判"，而非眼下这本"道德形而上学的奠基"，后者，严格说来应当命名为"纯粹实践理性批判的预热"。那么，由此就可以推断，《奠基》只是前者（"纯粹实践理性批判"）的另一种存在方式，就像《未来形而上学导论》是《纯粹理性批判》的另一种存在形态（通俗概要版）一样。因此，《奠基》似乎就是设想中的"纯粹实践理性批判"的通俗概要版，是这样吗——就此，康德说：

既然一部道德形而上学虽然有吓人的标题，但仍能有很大程度的通俗性，且能够适应普通的知性，所以我认为，把对基础的这种预先探讨与道德形而上学分开，以便将来可以不把这里无法避免的细微之

处附加给较易理解的学说,是有好处的。(Ak4:392)

与道德形而上学分开来的"对基础的这种预先探讨",其全部职责就在于"找出并且确立道德性的最高原则,仅仅这就构成了一项就其目的而言完整的、应与其他一切道德研究分开的工作"(Ak4:391~392)。道德性的最高原则就是所谓的定言律令,康德认为,对它的研究在整个道德形而上学中有着奠基性作用。概括地说,这个最高的道德原则,在《奠基》里是作为意志之法则的"定言命令"直接提出来的(单刀直入式的),而在《实践理性批判》中,则是在同认识能力有其先天原则相对照的意义上,作为"欲求能力"之先天原则提出来的(理性建筑术式的)(Ak4:444~445)。就此而言,《奠基》与其被看成拟想中的"纯粹实践理性批判"的通俗概要版,毋宁说它为后者提供了问题域、主要论题或工作前提,并一同成为后来《道德形而上学》的逻辑前提和理论基础。因此,笼统地说两者在内容和结构上大体相当,或者说《奠基》业已包含康德全部伦理学的基本架构[①],严格起来,都不太准确。在《实践理性批判》的"前言"里,康德重申了这个关系:

> 这样一个体系,就它由纯粹实践理性从对它自己的批判发展出来而言,尤其是为了不错过体系的整体能够被正确地勾画由以出发的那个正确的观点……虽然以《道德形而上学的奠基》为前提条件,但只是就这部著作使人预先熟悉义务的原则、陈述和辩白义务的一个确定公式而言的;除此之外,这个体系是独立自存的。(Ak5:8)

这也可以从康德的用词来确证这一理解。"导引式"著述,康德共写过五部:*Prolegomena zu einer jeden künftigen Metaphysik*(《未来形而上学导论》)、*Grundlegung zur Metaphysik der Sitten*(《道德形而上学的奠基》)、*Metaphysische Anfangsgründe der Naturwissenschaft*(《自然科学的形而上学初始根据》)、*Metaphysische Anfangsgründe der Rechtslehre*(《法权论的形而上学初始根据》)、*Metaphysische Anfangsgründe der Tugendlehre*(《德性论的形而上学初始根据》)。这里涉及三个德文词,其中 Prolegomena 一般指学术论著的前言、绪论、导引或暂定稿,Grundlegung 指奠定根基以使其成

[①] 参见〔德〕康德《道德底形上学之基础》,李明辉译,台北,联经出版事业公司,1990年,第122页。

立，Anfangsgründe 指某学科的基础知识。① 就此而言，Grundlegung 和 Anfangsgründe 的区别还是非常明确的，前者是为一门学科立定根基的，是解决其"安身立命"的；后者是在一门学科业已立定的基础上，对其基础理论所进行的概述的。其中，*Grundlegung zur Metaphysik der Sitten* 一书标题在早先使用的是"Anfangsgründe"（Ak10：56）而非"Grundlegung"，这一更换很好地说明了《奠基》与《实践理性批判》的关系不同于《自然科学的形而上学初始根据》之于"自然（科学）形而上学"的关系。这也说明康德遣词造句是非常讲究和严格的，只是有一个疑问顺便提出：《道德形而上学》所包含的两部分，即"法权论的形而上学初始根据"和"德性论的形而上学初始根据"，皆只是"初始根据"，那为何两个"初始根据"合起来就成了"形而上学"？而且，在名为"道德形而上学奠基"的著作里，也并不包含"法权论"的内容，那"法权论的形而上学"又为何成了《道德形而上学》的"半壁江山"？

最后，"奠基"和"批判"间的区别比它们一道同"形而上学"的区别更为隐蔽。从前两者到"形而上学"的过渡是基于怎样的考虑，康德在第二批判"前言"紧接着我们刚刚引述过的文字之后，解释第二批判为何"没有像思辨理性的批判所提供的那样为了完备性而附加上一切实践科学的划分"时说道：

> 因为把义务特别规定为人类义务，以便对它们进行划分，这唯有当这一规定的主体（人）按照他成为现实所凭借的性状事先被认识到，虽然只是就一般义务而言在必要的范围被认识到时，才是可能的；但这种规定不属于一般实践理性批判，后者只应当完备地说明实践理性的可能性、其范围和界限的原则，并不与人的本性有特别的关系。因此，划分在这里属于科学的体系，而不属于批判的体系。（Ak5：8）

也就是说，纯粹实践理性"批判"连同道德形而上学的"奠基"所针对的，均是"一切有限的理性存在者"，其外延大于"人"，因为"理性的立法所要求的却是它只需要以它自己本身为前提条件，因为规则唯有在它无须把一个理性存在者与别的理性存在者区分开来的偶然的、主观的条件而

---

① 参见赵登荣、周祖生主编《杜登德汉大词典》，北京大学出版社，2013年，第106、977页。

有效时，才是客观的和普遍有效的"（Ak5：20～21）。因此，"奠基"和"批判"一道同"形而上学"的区别是非常清楚的，两者的适用对象不同，前者是针对一切有理性存在者的，后者则必须充分考虑到"人性"的诸多经验事实而关乎"人类学"问题。正如康德在《道德形而上学》中所说："与道德形而上学（Metaphysik der Sitten）相对的部分，作为一般实践哲学的划分的另一个分支，将会是道德的人类学（die moralische Anthropologie），但是，道德人类学将会只包含人的本性中贯彻道德形而上学法则的主观条件，既包含阻碍性的也包含促进性的条件，即道德原理的产生、传播、增强（在教育中，在学校教导和民众教导中）以及其他这类基于经验的学说和规定，而且道德人类学可能是不可缺少的，但绝对不必被置于道德形而上学之前或者与之混淆。"（Ak6：217）① 综之，三书之间的关系可见图 6-1。

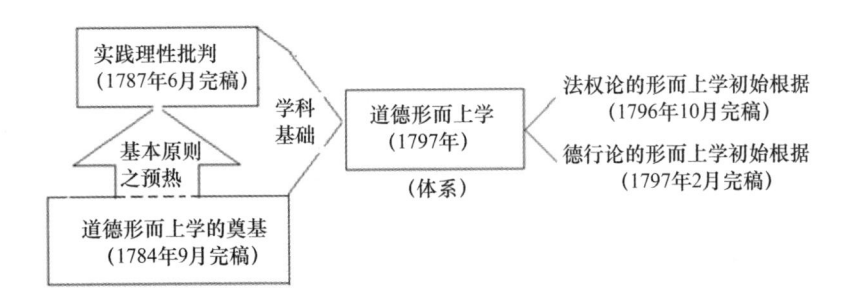

图 6-1 康德三部道德哲学著作之间的学理关联

这个逻辑秩序恰好正是康德撰写它们的历史顺序。从学理上考察，"纯粹（思辨）理性批判"和"纯粹实践理性批判"皆应先于它们的替身或要览；但在时间上不是，《未来形而上学导论》是在第一批判发表两年后撰写的（实际上既有原定为学者而写的概要性形态，也有因受到严重误解而来的通俗化诉求和论辩意味），但《实践理性批判》确乎是在《奠基》之后两年才问世的。为何会造成这种情况？根源即在于思辨理性和实践理性这两种理性的运用形态在本性、原则和接受上有根本的差异。

---

① 在康德的伦理学，有四个相近的术语必须略加区分：Sitten、Moral、Ethik、Tugend。Tugend 即 Virtus 与 Ethik 在语义上比较接近，关涉一种内在立法；Sitten 与 Moral 同义（Ak6：216、225、239），含义较广，包括前者在内，其中还有包括法权在内的风俗礼节等。

其一，因本性之故，理论理性在认识领域所犯错误较之实践理性要更加隐蔽也更难以消除得多。这是第一批判两大理论意图之一的消极目的即"先验辩证论"所明白揭示了的（请参阅第一批判"第二版前言"，尤其是BXX～XXV、B731～732）。在《奠基》里，康德以对比的方式又重申了这一点：

> 我根本不需要高瞻远瞩的洞察力就能知道，为了使我的意欲在道德上是善的，我应当怎么办⋯⋯
>
> 在这里，人们毕竟能够不无惊赞地看到，在普通的人类知性中，实践的判断能力超过理论的判断能力竟是如此之多。在理论的判断能力中，如果普通理性敢于脱离经验的法则和感官的知觉，它将陷入全然的不可理解和自相矛盾之中，至少将陷入不确定、隐晦和反复无常的混沌中。但在实践的判断能力中，只有在普通知性把一切感性的动机从实践法则中排除掉的情况下，判断力才开始表现得十分优越。在这种情况下，无论普通知性是想用自己的良知或者用与应当被称作对的东西相关的其他要求做出刁难，还是也想真诚地为了教导自己而规定行为的价值，它都变得甚至敏锐起来。而最多的是，它在后一种情况下能够希望做得恰到好处，就像无论哪一位哲学家都可期待的那样；甚至在这方面几乎比哲学家还更有把握，因为哲学家毕竟没有与普通知性不同的原则，但却可能因一大堆外来的、与事情不相干的考虑轻易地搅乱自己的判断，使之偏离正确的方向。据此，在道德事务上只要有普通的理性判断就够了，而且搬出哲学，顶多是为了更为完备地、更易理解地展现道德的体系，此外更方便地展现其应用原则（但更多的是其讨论原则），而不是为了甚至在实践方面使普通人类知性脱离其幸运的纯朴，通过哲学把它带上一条研究和教导的新路上。（Ak4：403～404）

与第一批判在认识领域主要为"消极的"，亦即"教导"人类的各种认识能力的功能不同，在实践的道德领域则主要是"积极的"，即要把本已立定于普通人类理性之中的道德原则彰显出来。因此，"一个就自身而言就应受尊崇的、无需其他意图就是善的意志的概念，如同它已经存在于自然的健康知性之中，不需要被教导，只需要被启蒙，在评价我们的行为的全部价值时它永远居于首位，并且构成其他一切价值的条件一样"（Ak4：397）。

其二，有鉴于当时道德哲学领域在原则方面的混乱，康德认为先提供或证成"道德的最高原则"更为紧迫和必要；关键是，如果先发表《纯粹实践理性批判》就必须在其中处理实践理性与思辨理性于一个共同原则之中的统一性问题，因为理性压根就只有一，只是在具体运用中表现为理性思辨的或实践道德的，要解释这些问题，就必须"引入完全不同种类的考察"，但这会因为头绪过多而"把读者弄糊涂"，康德自认在这里暂时"还不能达到这样一种完备性"。关于当时道德哲学在基本原则上的混乱，康德在该书第二章里有过沉痛的概括。在谈过道德原则与道德范例之间的本末关系及在立定道德原则的最初研究中追求通俗性之荒谬后，康德接着说：

> 人们只要看一看以那种受欢迎的趣味关于道德所做的种种尝试，就会时而遇到人的本性的特殊规定（但偶尔也遇到关于一般而言的有理性的本性的理念），时而遇到完善性，时而遇到幸福，在这里遇到道德情感，在那里遇到对上帝的畏惧，这个取一点，那个也取一点，形成奇妙的混合，却不曾想到去问一问：是否真的能在人类本性的知识（我们毕竟只能从经验获得这种知识）中去寻找道德的原则？

因此，

> 在这种情况下，如果没有一条真正的道德最高原理不是必须独立于一切经验、仅仅依据纯粹理性的话，那我就相信，只要这种知识应当与普通的知识区别开来，并且叫做哲学的，则哪怕只是问一问一般地（抽象地）阐明这些连同属于它们的原则皆为先天所确立的概念是否妥当，也是没有必要的。但在我们的时代里，这也许还是必要的。因为如果人们搜集选票，看是抽除一切经验性成分的纯粹理性知识即道德形而上学更受欢迎，还是通俗的实践哲学更受欢迎，那么，人们马上就会猜到优势将在哪一方了。（Ak4：409）

其三，《奠基》的写法，也确实比后来的《实践理性批判》更容易为普通读者所理解，虽然它在学者那里遭遇了比第一批判更甚的误解，那是出于原则和观念的分歧而非论述和表达的问题。这应该是因为第一批判被严重误解的前车之鉴，且又在论述策略上把分析法与综合法并用起来，以期收到更加顺畅和准确的接受效果：

> 我在本书中采用的方法是这样的：如我相信，只要人们愿意分析地采取从普通知识到规定其最高原则的途径，再综合地采取从对这一原则的检验及其源泉返回到它在其中得到应用的普通知识的途径，那么，这种方法就是最恰当的方法。（Ak4：392）

综上，从文本发生的角度考察，后世作为既定事实接受的"三大批判"这个架构，是康德在完成《实践理性批判》的1787年6月至1787年12月才形成的；第二批判从1786年11月的原拟作为第一批判修订版之"附加"成长为完稿于1787年6月的"第二批判"，机缘主要在于康德严格区分德性与幸福后被质疑者们一再诘问的定言命令如何可能以及由此带来的善的意志之证成这两大难题。独立出来的第二批判之被命名为"实践理性批判"而非"纯粹实践理性批判"则发生在第一批判第二版修订完成（1787年4月）前后的两三个月期间，这就造成了《实践理性批判》的书名与其章节标题多为"纯粹实践理性"的不对称现状。

第七章　试揭《判断力批判》的发生之谜

——揭橥"第一导论"的发生学意义

第一节　第三批判的发生至今仍是个谜

不能不说，康德《判断力批判》的发生史，至今仍是待解之谜。正如著名哲学史家、《判断力批判》科学院版编者文德尔班在他为此著所撰"导言"（1908）的开头说的那样：

> 《判断力批判》的产生史的起跳点，恰恰就在于这本书的历史巨大影响由以出发的地方：这就是在一个共同的观点下讨论美和艺术的问题与有机生命的问题。在这部著作的两个部分中，作为审美判断力批判和目的论判断力批判彼此并立的两个实际领域，康德已各自长时间频频探讨过了，并且激发了各种各样的研究和表述；但是，两个问题系列借以同时获得其在一个共同的原则之下的完成的那种趋同，却绝没有持续地和逐渐地通过建立两个对象之间的实际关系而完成，而是相对迅速地和让哲学家本人在某种意义上惊喜地通过把两个问题归结在批判哲学的一个形式上的基本问题之下来造就的。①

也就是说，第三批判"是相对迅速地和让哲学家本人在某种意义上惊喜地……造就的"，这与第一批判在实际发生上恰成鲜明对比，借禅宗义理说，后者是"渐悟"（前后约有16年的时间，但在成书所用的时间上，两者还是很相似的，都很快，均没有超过半年），前者则是"顿悟"（前后不

---

① 〔德〕威廉·文德尔班："科学院版编者导言"，载〔德〕康德《判断力批判》（注释本），李秋零译注，中国人民大学出版社，2010年，第1页。

会超过3年）。正因第三批判乃"顿悟"得来，故可以"谜"相称；解谜的工作，即始于文德尔班作于1908年的这篇"导言"，此后中西学界均有相关研究。在对这些既有成果进行评议前，需要事先说明两点。

其一，笔者所谓的"解谜"工作，主要指思想理论的实际发生逻辑而非哲学家著述中的讲述逻辑①，就后者而言，康德在第三批判的"前言"和前后两个"导言"中，已经交代得非常清楚了，亦即为大部分康德研究著述和哲学教科书所一再重申的：为了沟通"作为感性东西的自然概念领域与作为超感性东西的自由概念领域"之间"一道明显的鸿沟"（Ak5：175~176）——这是文本叙述学意义上的，我们要追溯的是笔者主张的"思想发生学"意义上的，旨在把此前研究中习见的"知识的橱窗"变成"思想的车间"。② 因此，本章所探讨的发生，不是第三批判中任何具体思想、观念或概念的历史发生，而是特指鉴赏判断与目的论判断被统一在一个原则之下而成就《判断力批判》现有结构的实际发生过程。

其二，得先弄清楚康德"通过把两个问题归结在批判哲学的一个形式上的基本问题之下"的"顿悟"而撰成第三批判，逻辑上需要哪些环节。首先是有两个领域，即第三批判两大部分分别对应的鉴赏问题和有机生命体问题；其次是把两者连接起来的"合目的性原则"，而以"合目的性原则"为先天原则的，恰恰是"反思性判断力"。概括起来就是，反思性判断力通过合目的性原则把鉴赏问题与有机体统一了起来。就第三批判的三重大任务看，这其中就既有沟通性的任务即上述沟通自然领域与自由领域的理论意图，又有先验性的任务即为人类心灵的第二大领域（能力）情感奠定如源于知性的范畴（合规律性）之于认知能力和源于理性的绝对律令（终极目的）之于欲求能力那样的先天原则③，同时还有结构性任务即要

---

① 如果我们根据康德的如下文字就断定第一批判的历史出发点是"二论背反"，那就混淆了此一区分："在通俗性这一点上，一开始就做得很差劲，尤其是必须根据其所有的接合点，对这种知识的整体进程进行考察；若不然，我就会只可以从我在纯粹理性的二论背反这个标题下讲述的东西开始。这样做，就会讲述得很成功，就能激发读者的兴趣，去研究这种争论的根源。"（Ak10：269~270）

② 有一种看法认为：如果研究的哲学文本本身具有明显的系统性，理论本身也具有很大程度的融贯性，则对"哲学家很有可能在某时想到了什么"，"哲学家在写了这个文本之后才有了某个想法"之类的猜测就并没有太多哲学意义，因为哲学（史）研究最终关心的还是哲学文本包含了什么有价值的思想和理论，而不是这种有价值的文本实际上大概是怎么形成的（后者是文献学的研究对象）。对此，笔者实在不能苟同，发生史的研究旨在把"知识的橱窗"变成"思想的车间"，意义甚大，请参阅本书第一章。

③ 参见〔德〕奥特弗里德·赫费《康德：生平、著作与影响》，郑伊倩译，人民出版社，2007年，第240~244页。

对人类三大心意机能及三大高级认识能力进行全面的、完整的先验处理。因此，问题的关键就在于，这三大任务，哪一个才是第三批判形成的最初动因，或者这三者一同起了作用。

中西学界就此的主要观点，可拿上述文德尔班的"导言"和李秋零的《康德的"目的论"情结——〈判断力批判〉的前史》为代表。文作的"导言"重点关注的是第三批判成书出版的过程，所用的材料主要是这段时期康德的来往书信；李则主要关注了对第三批判之体系建构有根本性作用的"目的论"思想的形成过程，所用材料主要是这一时段康德发表的著述。此外，范建荣于1989年提交答辩的名为"康德的先验文化哲学"的博士论文，在"《判断力批判》的诞生及其主要问题"一节中，复述过文德尔班和另一位新康德主义者E. 卡西尔在《康德的生平与思想》一书中关于第三批判"前史"的主要观点和材料①；另有研究者从概念辨析的角度探讨了"目的论"与"判断力"结合为"目的论判断力"的前提，以及这一结合对康德《判断力批判》所带来的意义②——只是这一探讨主要还是概念辨析，尚未涉及第三批判的发生问题。西方康德学界，文德尔班之后，以扎米托（John H. Zammito）和E. 卡西尔的研究最具代表性，前者主张康德第三批判的形成经过了三次重要的转折，即认知转向（以写于1789年的第一导论为标志）、伦理转向（1790年两个导论之间，以第二导论为标志）和形上转向（以"感性判断力的辩证论"和"崇高论"为标志）。③ 老卡西尔则系统追溯了统合目的论与鉴赏判断的反思判断力的前康德史。④ 著名康德美学专家保罗·盖耶（Paul Guyer）在为其合译的第三批判最新英译本所写的"编者导言"中，专辟一节（Ⅲ. 作品的撰写与出版）复述了文德尔班"导言"的基本内容，所用材料和结论亦大体相同。⑤

以上研究除扎米托的专著，大多属于概念史的分析梳理，并未给第三

---

① 参见范建荣《康德文化哲学》（第2版），社会科学文献出版社，2021年，第219~224页。
② 参见卢春红《目的论何以与判断力相关联？》，《杭州师范大学学报》（社会科学版）2014年第4期。
③ 参见 Zammito John H., *The Genesis of Kant's Critique of Judgment*, Chicago and London: The University of Chicago Press, 1992, pp. 2~3, 7, 151~153, 263~265; Ak20: 249;〔美〕曼弗雷德·库恩《康德传》，黄添盛译，上海人民出版社，2008年，第391~392页。
④ 参见 Cassirer, E., *Kant's Life and Thought*, trans. James Haden, Yale: Yale University Press, 1981, pp. 272f.
⑤ 参见 Guyer, Paul, "Editor's introduction", in *Critique of the Power of Judgment*, Trans., Paul Guyer & Eric Matthews. Cambridge University Press, 2000, pp. xxxix~xlvi.

批判的实际发生以一个相对全面而合理的描述，也没有指明第三批判得以发生的关键性环节，且这中间也没有扎米托所谓的"1789年夏末至秋季的伦理学转折阶段"。因此，本章之意图旨在综合运用康德这一时期的书信和著述，提供第三批判实际发生的更为合理可信的历程，追溯"鉴赏力批判"撰写的时间节点和直接动因以及第三批判结构性构思形成的时间和契机，其中特别发掘出"第一导论"在第三批判发生过程中的关键性位置。

第二节　重启"鉴赏力批判"的时间节点

"判断力批判"这个书名，最早出现于康德1789年5月12日致莱因霍尔德信函的结尾处："我迫切地期待着您关于表象能力的理论，我的《判断力批判》（《鉴赏力批判》是其中的一部分）将在同一个米伽勒节博览会上与它碰头。"（Ak11：39）康德来往书信中，此前提及的都是括号里的《鉴赏力批判》。也就是说，1789年5月前，作为第三批判下半部分的"目的论判断力批判"，极有可能并不在新著的撰写计划之中，这是怎么回事呢？可以先来追查一下此前的轨迹。

康德在《1765—1766年冬季学期课程安排的通告》里谈到"逻辑学"课程时说道："在这里，同时材料上非常接近的渊源关系也提供了在理性批判的时候也关注一些鉴赏力批判即美学（die Kritik des Geschmacks d. i. die Ästhetik）的机会，其中一方的规则在任何时候都有助于阐明另一方的规则，而它们的区分也是更好地理解二者的手段。"（Ak2：311）可能是因为康德刚刚出版过《关于美感和崇高感的考察》一书，且依附于迈耶尔的"逻辑学"教材《理性学说》，康德才谈及"鉴赏力批判即美学"。因此，这则材料还不具有关乎第三批判的发生学意义。

1771年6月7日，康德致信"就职论文"（《论可感世界与理智世界的形式及其原则》）的"辩护人"赫茨（Marcus Herz）谈及自己手头的工作："我现在正在忙于详细地撰写一部作品，标题是《感性和理性的界限》，它应当包含着为感官世界规定的基本概念和法则的关系，以及对鉴赏学说（die Geschmackslehre）、形而上学和道德的本性的构思。整个冬天，我翻阅了所有的资料，对所有的东西进行了筛选、权衡、组合。但是，这个计划只是在不久前才完工。"（Ak10：123）1772年2月21日康德又向赫茨详谈了这个信息："自您离开哥尼斯贝格之后，在工作和我不得不作的休息之间的间隙里，我再次审视了我们所讨论过的研究计划，为的是使它与整个哲学以及其他知识相和谐，并且掌握它的范围和界限……至于情感、鉴赏和判断力的原则，连同它们的结果即适意者、美者和善者，很久以来，我也已经构思得相当满意了。现在，我正着手把这个计划写成一部作品，标题可以是《感性和理性的界限》。我想其中有两个部分，一个理论部分和一个实践部分。第一个部分包含在两章中：1. 一般现象学；2. 形而上学，确切地说只是依据其本性和方法。第二个部分同样包含在两章中：1. 情感、鉴赏和感性欲望的普遍原则；2. 道德性的初始根据。"（Ak10：129）

从后来的实际看，康德对名为"感性和理性的界限"著作内容的策划，基本没有食言；而且，在批判哲学酝酿期，就有把"情感、鉴赏的普遍原则"作为自己实践哲学一部分的构想。因此，如果非要为第三批判的发生找到一个绝对的开端，那就应在这里，虽然康德一如既往地并不及时兑现自己的出版承诺。

1781年，批判哲学凝成的积蓄期过后，第一批判出版了，因为术语问题，康德必然性地谈及了"Ästhetik"的真正内涵即"鉴赏力批判"（Kritik des Geschmacks），并认为鲍姆嘉通持有"一种不适当的希望，即把对美的批判性判断置于理性原则之下，并把这种判断的规则提升为科学（Wissenschaft）"。康德判定这种努力是徒劳的："因为上述规则或者标准就其来源而言仅仅是经验性的，因而绝不能充当我们的鉴赏判断必须遵循的先天规律；毋宁说，鉴赏判断构成了那些规则的正确性的真正试金石"（A22）。在第一批判"先验方法论"的一个注释里，康德从情感的角度重申了这个判定："一切实践的概念都指向愉悦或者反感的对象，也就是快乐和不快的对象，因而至少间接地指向我们情感的对象。但是，既然情感不是事物的表象能力，而是处于全部认识能力之外，所以，我们的判断只要与快乐或者不快相关，从而也就是实践判断，其要素就不属于先验哲学的范围，先验哲学仅仅与纯粹的先天知识打交道。"（B830）很明显，1781年前后的康德是否认有"鉴赏力批判"的，这似乎是对十年前"就职论文"时期思想的一次自我否定。

1787年4月23日，在第一批判第二版的完稿中（Ak13：200），康德修改了上面这个注释，做出了三个主要的让步：不再是"就其来源而言"而是"就其最主要的来源而言"、不再是"先天规律"而是"确定的先天规律"、不再是"使这一称谓再次死亡"而是"部分地在心理学的意义上接受感性论"。如此增词补字，表达上确乎更严谨，理论上也更周全，实际上也更合理了。然如文德尔班那样就此断定"必定是审美活动中的一种哪怕极小程度的先天性至少不再被康德完全视为不可能的了",还是言之过甚了。注释中"并部分地在先验的意义上、部分地在心理学的意义上接受感性论"这句,只有"在心理学的意义上接受感性论"指鉴赏力理论,然而,心理学意义上的"美学"怎么可能会被阻止呢,怎么可能是康德说灭就能灭的呢,要知道博克、洛克和休谟的著作是给过他不少恩惠的。但在康德的思想世界里,"鉴赏力批判"之不能成为"科学"的基本看法依然未变。①

同年 6 月 25 日在给许茨(Ch. G. Schütz,1747~1832)的信中,康德宣布:"我的《实践理性批判》已经大功告成……评论赫尔德的《理念》的第三部分的工作②,大概将由另一个人来承担,而且必须宣布这是另一个人;因为我必须马上转向《鉴赏力批判基础》(Grundlage der Kritik des Geschmacks),因此没有时间做这件工作了。"(Ak10：490)"Grundlage"这个词很容易让人联想到康德刚刚完成的《道德形而上学奠基》(1784 年 8~9 月)和《自然科学的形而上学初始基础》(1786 年 1 月),以为康德是要在正式的《鉴赏力批判》之前也来个"奠基"。当然,也不是没有这种可能,因为前两部"奠基"皆问世不久,前车之鉴亦是思维惯性使然,当不能排除康德曾怀此念。③ 只是在随后 9 月 11 日写给雅各布(L. H. Jakob,1759~1827)的信中,康德又说:"我的《实践理性批判》正在格鲁内特那里……现在,我直接转向撰写《鉴赏力批判》,我将用它来结束我的批判工作,以便推进到独断论工作。我想,它应当在复活节之前出版。"(Ak10：494)④ 因此,为《鉴赏力批判》"奠基"的想法,不论是否属实,实际上都是无关紧要的。

---

① 同年 5 月 28 日一封写给康德的信中,提到在 1787 年的复活节博览会目录里出现了署名康德的《鉴赏力批判的奠基》(Grundlegung zur Kritik des Geschmacks),可这个标题是出版商道听途说后匆匆预告的,不能作数。(Ak10：488)
② 赫尔德(J. G. von Herder,1744~1803)的《人类历史的哲学理念》从 1783 年开始创作,1784 年出版第一部,1785 年出版第二部,1787 年发表了第三部。赫氏此著,共四部 20 卷,第四部发表于 1791 年,未完成。
③ 埃德曼确实曾有此推想(参见〔德〕康德《纯粹理性批判》(注释本),李秋零译注,中国人民大学出版社,2010 年,第 4 页)。
④ 在康德第二、三批判写作关系的问题上,有论者认为,康德《实践理性批判》的构思受到了"第三批判"的影响,这显然是不能成立的,因为康德这儿明确说了,《鉴赏力批判》的写作是在"第二批判"交付印刷之后才开始的,且此著离康德预计出版的时间尚有半年多,就该时期康德的写作状态来说,这个时段真不算短了。

至此，关于第三批判的发生，我们得出的第一个论断就是，康德重启"鉴赏力批判"工作的时间点，就在1787年4月23日第一批判第二版修订工作完成后、6月25日第二批判完稿前的这两个月的时间内。① 接下来的第二个问题自然就是，康德为什么要重启"鉴赏力批判"的写作。

第三节 展开"鉴赏力批判"的直接动因

康德自1787年6月开始转向"鉴赏力批判"的写作，半年后的12月28日，在写给莱因霍尔德的信中，康德第一次透露了写作"鉴赏力批判"的理论动因——这是第三批判发生史上第一个重要文献：

> 如果我有时不能正确地确定某个对象的研究方法，那么，只要回顾一下认识和与此相关的心灵能力的诸要素的总貌，我就可以获得不期而遇的答案。我现在正忙于鉴赏力的批判，借此机会将揭示一种新的先天原则，不同于迄今的先天原则。因为心灵的能力有三种：认识能力、愉快和不快的情感、欲求能力。我在纯粹（理论）理性的批判里为第一种能力找到了先天原则，在实践理性的批判里为第三种能力找到了先天原则。现在，我试图也为第二种能力找到这类先天原则，虽然我过去曾经认为这是不可能的。对事先考察过的诸能力的解析为我在人的心灵中揭示了系统性的东西，惊赞这种东西，尽可能地论证这种东西，为我的余生提供了充足的素材。这种东西毕竟把我引上了这条道路，使我现在认识到哲学的三个部分，每个部分都有它自己的先天原则，人们能够一一地列举它们，并确切地规定以这种方式可能的认识的范围——理论哲学、目的论和实践哲学。其中，当然是中间的那种被认为最为缺乏先天的规定根据。我希望，在复活节前以《鉴赏力批判》为题完成这个部分，即便不能付印，也要完成手稿。(Ak10：514)

首先，康德道出了自己起意撰写《鉴赏力批判》的方法论根源："回

---

① 赫尔德《人类历史的哲学理念》第三部发表于1787年6月25日的信中明确说因为"必须马上转向"《鉴赏力批判基础》的撰写而不得不将"评论赫尔德的《理念》的第三部的工作"托付给其他人。

顾一下认识和与此相关的心灵能力的诸要素的总貌。"这其实就是第一批判结尾处被必然性地归属于方法论的"纯粹理性的建筑术"(B860),此方法强调的是理论的系统性和完备性。此时康德实际上更得益于理论的完备性,因为这正是西方思想史上一直以来都存在的一个关于人类心灵三结构的通识,即信中所说"心灵的能力有三种:认识能力、愉快和不快的情感、欲求能力"。半年多以前,康德刚刚完成了研究人类心灵能力之"认识"的《纯粹理性批判》的第二版修订和研究人类心灵能力中"欲求能力"的《实践理性批判》,当他以人性心理三结构的"建筑术"来"回顾一下认识和与此相关的心灵能力的诸要素的总貌"时,自然就会发现"愉快和不快的情感"这个领域在先验哲学体系中不该缺席。由此可以说,第三批判的直接动因来自批判哲学内部的催生,属于"内在理路"的水到渠成,而非"外在影响"的意外收获。必须在此补充的是,如果不是"第二批判"的蕆事,康德就不太可能去打量这个"总貌",因所有先验议题在《纯粹理性批判》中均被交代过了。

正如在诸认识能力中重点讨论知性、在欲求能力中主要探讨实践理性一样,在愉快和不快的情感中,康德也只能选择这个领域中的某个独特范围或对象来研究。这就牵涉到康德所理解的人类情感的诸类型。无论是在1763年10月成稿的《关于美感和崇高感的考察》的开头,还是"人类学手稿"(载于科学院版"康德全集"的第15卷)专论"情感能力"那章的开头所做的"划分",都使康德很明确地把目光聚焦于鉴赏所带来的那种特殊的"情感"。1770~1780年的"人类学反思录"也证明,康德早就把"鉴赏"(Geschmack)作为思考的主题了。[①] 就此,可从中撷取一个很有代表性的例子(第806条,写于1773年左右)来稍作分析:

> 使人愉快的事物有三种:
> 第一种是在感觉中使我快乐的东西……这是感受方面的事,结果是舒适。
> 第二种是在直观中使人愉快的东西……这是鉴赏方面的事,最后的结果是产生美、崇高和高尚。

[①] 曹俊峰编译的《康德美学文集》从科学院版康德全集第15卷摘译了其中与《实用人类学》第一部第二卷"论愉快和不愉快的情感"(§§60~72)相关的全部条目,即618~996共378条,这些条目写作于1770~1780年。此外,赫茨也曾于1776年于莱比锡和米塔乌匿名出版了《试论鉴赏及其差异的原因》(Versuch über den Geschmack und die Ursachen seiner Verschiedenheit),并于1790年在柏林出版了扩充修订版。

第三种是在概念中令人愉快的东西……这是理智方面的事,结果是善。(Ak15:351)

第989条(写于1785~1789年)说得更直接:

(1) 在感觉中使人愉快的——舒适:直接的
(2) 在反思中使人愉快的——美:直接的
(3) 在概念中使人愉快的——善:间接的或直接的(Ak15:434)

其次,康德在此交代了正在撰写的《鉴赏力批判》的主旨,即"为第二种能力找到这类先天原则",且已经找到了它。康德"惊赞"于因"过去曾经认为这是不可能的"而现在发现了它,这使他"认识到哲学的三个部分,每个部分都有它自己的先天原则,人们能够一一地列举它们,并确切地规定以这种方式可能的认识的范围——理论哲学、目的论和实践哲学"。此时,康德已然把目的论的思想与鉴赏判断问题对接了起来①,这应该是他"惊赞"之真正所在。但是,从这里的"目的论"绝不能联想到后来的"目的论判断力批判",否则,书名就不可能是此时的"鉴赏力批判"了。也就是说,康德此时已经把鉴赏判断作为一种独特类型的情感判断与目的论对接了起来,但并未把自然目的论判断也纳入思考之中。换言之,为鉴赏判断奠定先天根基的目的论,尚未同把整个自然界视为目的论系统的自然目的论关联起来,即并未把鉴赏中的目的论问题与把自然界整体上视作目的王国的目的论思想对接起来;用第三批判的话来说,康德尚未找到自然的形式合目的性与其质料合目的之间的统一之路和过渡之径,故而在"第一导论"里,康德特意拈出另一个学界至今甚少触及的"大鸿沟"即在自然的"主观合目的性与客观合目的性之间有一条很大的鸿沟"(Ak20:229)。

最后,有鉴于此刻离1788年的复活节(3月23日)不到三个月的时间,可以断定此时康德已经搜罗并掌握了大量这方面的资料,不然,他不会说"我希望,在复活节前以《鉴赏力批判》为题完成这个部分,即便不能付印,也要完成手稿";前引康德1787年9月11日给雅各布的信亦提到此著"应当在复活节之前出版"(Ak10:494)。可实际上,这本书既没

---

① 在上引"人类学反思录"中有:"判断力是把一个对象上的多样性与其目的联系起来的心智的活动能力。"(第813条,Ak15:362)

有如期出版，而且整个格局也因某种原因发生了巨变，这就是"目的论判断力批判"的隆重出场。下面，我们先确定变化的时间节点，再追溯导致此变化的原因。

第四节 "目的论判断力批判"凸显的时间节点

至 1787 年年底，康德想要撰写的仍不是《判断力批判》，也就是说，他还没有起意要写"目的论判断力批判"并把它与"鉴赏力批判"合而为一；进一步说，第三批判的"三重大任务"中的"沟通性任务"（中介和摆渡）此时是否被虑及并发生着摆渡的作用，尚缺乏佐证，故而让康德为之兴奋的，主要还是"先验性任务"，即为鉴赏判断寻得其得以可能的先天原则，并因此完成对人性三大心意机能的全面批判即"结构性任务"。因此，从发生学的角度说，康德写作第三批判的初始动因是"寻求鉴赏判断的先天原则"——之所以有此"寻求"则得益于康德甚为倚重的"理性建筑术"，而不是要在理论哲学和实践哲学间做摆渡，更非所谓的"第三批判的缘起在于康德与赫尔德的论争"，或者说目的论判断力批判"几乎等于是向赫尔德所发出的密集进攻"。[①] 泛神论问题，康德不需要借助赫尔德才投以关注，且"和康德同时代的人们并不会认为目的论是突兀的主题"，相反，"他们应该会认为泛神论与康德处理的问题息息相关"。故而我认同著名康德传记作者库恩断定"扎米特最为关心的问题，例如'为什么会冒出目的论的问题？'或者'为什么目的论被夹带到美学里面？'是时间倒错问题"的论断。[②] 即便目的论与自然美及泛神论在当时人们头脑里是常常相随的，而且康德也很早就此做过深入思考，但从康德的实际写作设想看，目的论判断并不在考虑之内，因为他主要是从先验哲学的角度思考问题的，目的论在第一批判里作为"纯然范导性的原则"（B715～716/A687～688）被处理过了。即便在第三批判里，目的论依然还是个范导性的原则，其新颖独创

---

① Zammito, John H., *The Genesis of Kant's Critique of Judgment*, Chicago: University of Chicago Press 1992, pp. 9f.
② 〔美〕曼弗雷德·库恩：《康德传》，黄添盛译，上海人民出版社，2008 年，第 391～392 页。

之处只在于把它和鉴赏问题统摄于合目的性原则之下，这是怎么达成的——这才是必须要追问的关键之所在。

1788年3月7日康德再次致信莱因霍尔德，抱怨行政事务的拖累后说道："尽管如此，我毕竟希望能够在米迦勒节（9月29日——引者注）前后交出我的鉴赏力批判，并这样完成我的批判活动。"（Ak10：532）由此可知，此时康德仍然没有"目的论判断力批判"的理论构想。康德曾经的学生和助手、时在爱丁堡大学求学的大雅赫曼（Johann. B. Jachmann, 1765~1832）在一封于1789年4月15日写给康德的信中，提及他的弟弟小雅赫曼①写信告诉他康德因正在撰写《鉴赏力批判》而耽误了给他写信。大雅赫曼是借康德的举荐信（1788年6月10日）于1788年夏天启程赴爱丁堡大学学习医学的（Ak10：538~539），他在从爱丁堡写给康德的信中，屡屡提及弟弟给自己的信，可见他和弟弟经常通信，故而，虽不能肯定，但可大体断定弟弟那封提及康德正在撰写《鉴赏力批判》的信，当在1789年春。

综合言之，康德虑及"目的论判断力批判"并因而明确"判断力批判"这个总主题并把它定为书名，不会早于1789年春。因此，第三批判整体结构的明确和形成，可以大体锁定在1789年春夏之交即2月至5月（"判断力批判"之名最早出现于康德1789年5月12日致莱因霍尔德的信中）间的这几个月间。

之所以把"目的论判断力批判"凸显的时段定在1789年之后，还有一个证据可在上面提及的"人类学反思录"里找到。写于1785~1789年的编号992的那条记录，在提出保证鉴赏判断普遍有效的原理，即"既不可能有任何证明根据，也不可能有感官对象方面知性或理性运用的任何一种规律，所以，它必须有一种认识能力之运用的原理，这种原理建立在我们认识能力的某种超感性的使命之上，或者与这种使命相关联"之后，有如下提纲（Ak15：436~437），此提纲与第三批判之间的对应关系见表7-1。

---

① 小雅赫曼（Reinhold B. Jachmann, 1767~1843），1783~1794年与康德过从甚密，作为康德的助手、誊稿者，他对发表最主要的哲学作品的年代里的康德知之甚详，是三本"正式"康德传记其中一部的作者，是18世纪80年代至90年代康德的权威。可惜，笔者未能考出小雅赫曼写作此信的具体时间。

表 7-1　编号 992 的反思录与第三批判的对应关系

原文序号	编号 992 的反思录内容	对应第三批判的章节
A	有关自然美的感性判断力的演绎	第一章 美者的分析论
B	有关自然界的崇高的感性判断力的演绎	第二章 崇高者的分析论
B	对于自然界的这两个方面的文化教养是道德情感的准备：前者关系到不完善的义务，后者关系到完善的义务。因为在两者之中都含有主观合目的性。前者的主观合目的性是在质的方面，后者的合目的性则是在主体合目的性的使命的量的方面	§59：美作为道德的象征
B	关于鉴赏的兴趣——关于共通感——感觉的可传达性。人性。关于艺术的美和崇高以及美的艺术与科学	纯粹感性判断的演绎
B	导论：（内容的）划分	导论
B	两种感性判断中的内容都是人们想要普遍传达的主观合目的性。在两种感性判断中，决定判断的都是直观。想象力包含着对于知性和理性都普遍可传达的综合	感性判断力的分析论

稍加比勘即可判定，这条反思录的内容，完全可以看作或者本来就是第三批判上半部的提纲和目录结构，但就是看不到"目的论判断力批判"的任何踪迹。因此，接下来的问题就是，是什么机缘使得康德要把"目的论判断力批判"也纳入这部正在撰写的"结束批判工作"的著作之中的。退一步说，即使将第三批判的第三大任务即"摆渡"也考虑在内，也不足以尽这个"机缘"之所蕴，因为作为"感性判断力批判"结论的"§59：美作为道德的象征"也已经可以成为从自然领域向自由领域过渡的桥梁了；且就理性的建筑术来说，这一部分在结构上也是完整的：分析论（内含先天原则的演绎）、辩证论（内含二论背反的解决）和方法论俱全。也就是说，第三批判的上半部"感性判断力批判"，本身是可以独立成书的，有理由相信，康德开始也是这么想的，接着也是这么做的，但是，做着做着，他就不得不做出重大调整。那么现在，我们就需要把目光转向 1789

年上半年，看看此时在康德身上发生什么重要的事情，使得他要把此前业已深思且在已经出版的著述中多有涉及的"自然目的论"议题衔接于"鉴赏力批判"之后形成《判断力批判》的。

首先要对这里说的"此前业已深思且在已经出版的著述多有涉及的'自然目的论'议题"，作一评论式交代，因为这是学界自来关注的焦点，且在我看来多有误解之处。

众所周知，康德是从机械因果律面对宇宙自然因解释上"有心无力"而止步的地方引入自然目的论的，因为，"理性非不得已，如果一个原则就能够用的话，就不从两个原则出发"（Ak8：165）。对自然的研究，在康德的时代，存在着两种"同在上帝屋檐下"的竞争路线：一是牛顿力学的机械论路径，一是自然神学的目的论取向；后者主张上帝创造了整个世界，前者主张上帝只创造了原始物质，之后是世界的物理生成。康德1780 年左右的著述，尤其是第一批判和《论目的论原则在哲学中的应用》（1787 年 12 月），重申了对自然研究的这两条路径并给出了两者之间的复杂关系：（1）"自然研究（它在第一种场合是物理学，在第二种场合是形而上学）就可以沿着两条路径来尝试：即或者沿着纯然理论的路径，或者沿着目的论的路径"（Ak8：159）；（2）"理性有理由在一切自然研究中首先诉诸理论"，机械论是第一位的，具有无可置疑的"优先权"，且"任何时候都不能剥夺它的这种自由"（Ak8：160）；（3）自然目的论一旦被认取，就有了"范导性"功能，也因此成了"向导"和"督军"，"为我们被运用于经验领域的理性打开了全新的视域……并由此达到事物最大的系统统一性"（B714～715）。第三批判对自然目的论的解释，理论上并没有超出这些观念框架，所以，真正让"目的论判断力批判"得以站到前台的，推手并不是新的观念或理论。因此，列举这些观念并找出此间的承接关联，并不是破解第三批判发生之谜的有效路径；而且，对机械因果律于自然解释上的"有心无力"，理解上也还存在混淆的问题。

讨论康德的自然目的论思想，学界通常都会追溯至康德 1755 年出版的《自然通史与天体理论》。在那里，康德不点名地引用了伽利略的名言"给我物质，我就要用它造出一个世界来！"并解释道："这就是说，给我物质，我就要向你们指出，世界是怎样由物质形成的。"但是，他马上接着说："难道人们能够说：给我物质，我将向你们指出，一个幼虫怎样能够产生的吗？"（Ak1：230）康德很清楚，牛顿力学能有效面对宏观的浩瀚宇宙，但无法解释微观的有机生命。这就说明，康德看到了力学思维与机械方法的有限性和边界。可是，这一追溯混淆了一个根本性的不同：力

学机械论的边界,在这儿,是由有机生命体划分出来的,但在第三批判中,却是由"自然的变异性"带来的:

> 自然有如此多种多样的形式,仿佛是普遍的先验自然概念有如此之多的变异,它们通过纯粹知性先天地立的那些法则依然未得到规定,因为这些法则仅仅一般而言地关涉一个自然(作为感官的对象)的可能性,但这样,对于这些变异就也必须有一些法则,这些法则作为经验性的法则按照我们知性的洞识来看可能是偶然的,但如果它们应当叫作法则的话(就像一个自然的概念也要求的那样),就必须从杂多之统一性的一个尽管不为我们所知的原则出发被视为必然的……特殊的经验性法则,就其中通过那些普遍的自然法则依然未得到规定的东西而言,必须按照这样一种统一性来考察,就好像同样有一个知性(即便不是我们的知性)为了我们的认识能力而给予了这种统一性,以便使一个按照特殊的自然法则的经验体系成为可能似的。(Ak5:179~180)

简要说,"自然的变异性"就是自然相对于人类知性所显现出来的难以穷尽的繁杂性和神秘性。这样一来,面对自然,人类的认识能力遇到的难题,不是只有"有机体"一个,如《通史》中所揭示的那样,此外还有此时康德尤其关注的"自然的变异性"问题。第一批判所揭示的目的论思维,既不是用来补救力学原理之无能的,也不是用来专门解释有机生命体的,而是用来证明上帝存在的——当然,康德认为这种证明不能成立。机械因果律面对自然解释的无力主要表现在两个方面:无法解释有机生命现象以及无法尽解自然世界。第三批判下半部所处理的问题,不是前者而主要是后者,即当我们无法尽释自然世界之规律时该当如何;有机生命的问题,是解决这个难题的结果,即自然世界最终在比喻的意义上被视为一种无所不包的有机系统——目的王国。因此,探究第三批判之发生所要追寻的就不是前者而只在后者——这是既有的研究极少触及的。所以,即便从观念上追溯第三批判下半部的缘起,也必须聚焦于因"自然的变异化"带来目的论思维这一思路的思想脉络,然后再考虑有机体在其中又起到了什么样的理论功能。

如果把康德寻求鉴赏判断之先天原则的理路与"自然的变异化"这一经验实事联系起来,马上就可以看出,所谓的"形式合目的性"原则即鉴赏判断之先天原则,不过就是"多样统一性"原则,而这一原则在第一批判里，曾以"纯粹理性诸理念的范导性运用"即理性提供的三条先验准则为题，从认识论角度深入系统地探讨过了。这三条依序排列的先验准则就是：特殊化原则（多样性）、连续性原则（亲缘性）和同类性原则（统一性）。（B685～686、690、730）就"特殊化原则（多样性）"，康德说："现存世界为我们展现出杂多性、秩序、合目的性和美的一个如此巨大的舞台"——这也是自然神学证明的第一个要点。

> 自然理性是从一些自然产品与人类艺术在对自然施加暴力、强迫自然不按照自己的目的行事、而是适应我们的目的时所创造的东西的类比出发（从自然产品与房屋、舟船、钟表的相似性出发）进行推理的……按照这种推论，如此之多的自然部署的合目的性与和谐性必然只证明形式的偶然性，但并不证明质料亦即世界中的实体的偶然性；因为要证明后者，就要求能够证明，世界的种种事物就自身而言，如果不是——甚至就其实体而言——一个最高智慧的产品，就不适合于诸如此类按照普遍规律的秩序与和谐；但为此就会要求有别的证明根据，完全不同于与人类艺术类比的证明根据。因此，这种证明所能够阐明的，至多是一个总是受他所加工的材料的适用性限制的世界建筑师，而不是一切都要服从其理念的一个世界创造者；这远远不足以实现人们所关注的那个伟大的意图，即证明一个极为充足的元始存在者。（B654～655）

其中，"如此之多的自然部署的合目的性与和谐性必然只证明形式的偶然性，但并不证明质料亦即世界中的实体的偶然性"这句，实质上说明，康德在1787年4月时，仍然没有考虑要从自然的形式合目的性过渡到自然的质料合目的性，而这恰恰是"目的论判断力批判"得以凸显的根本性问题。还有一个证据可以证明1787年4月这个时间点，那就是康德关于"归摄的判断力"这一概念的提出：

> 如果理性是一种从共相推导出殊相的能力，那么，要么共相已经是就自身而言确实的和被给予的，而在这种情况下它就只要求进行归摄的判断力，殊相由此被必然地规定。我把这称为理性不容置疑的应用。要么共相只是被或然地假定，是一个纯然的理念；殊相是确实的，但达到这个后果的规则的普遍性却是一个问题；这样，许多特殊的实例全都是确实的，它们都被根据规则来试验，看它们是否由此得

出；而在这种场合，如果看起来一切有关的特殊实例都由此产生，则就可以推论出规则的普遍性，而由规则的普遍性又进一步推论到一切就其自身而言也没有被给予的实例。我要把这种应用称为理性的假设性的应用。(B674~675)

很显然，这里的"理性"是广义的认识能力，归摄的判断力即"理性不容置疑的应用"的内涵，也与康德对判断的界定①基本一致，那么，"理性的假设性的应用"是一种什么样的判断力呢？若与《判断力批判》对反思性判断力的界定②稍加对照，即可发现两处的理解基本相同，可此处康德并未给出一个与"归摄"相对的概念来表达这种类型的判断力，这就说明此时的康德并未想到"反思性判断力"这一关键性的概念。

此外，从中还能够断定的另一个重大议题是，康德之所以能够以"人类艺术类比"来完成从自然的"形式合目的性"到"质料合目的性"的视点转换，显然是受到了传统自然神论的根本影响。这也可以解释为何康德在第一批判关于上帝存在的诸种严厉批判里，单单对自然神论的证明说了不少"褒扬之词"(B651)③。可以说，传统自然神论正是《判断力批判》最终成型的思想源头，当然，第三批判并未否定这里所谓的"建筑师"和"创世主"的区别（§78、80），而是在这个分殊的基础上，斩断了"创世主"的走向，而是向"建筑师"的"意图"或"目的"的方向推进，追问宇宙世界作为"建筑物"被"建筑师"赋予了怎样的目的，尤其是"终极目的"，进而把"自然目的论"从"质料合目的性"推进到"目的论系统"，并借作为自然"终极目的"的"作为道德的人"进至"道德目的论"，结果就是作为后者之"悬设"结果的"伦理学神学"（参见 B660、

---

① "如果一般而言的知性被解释为规则的能力，那么，判断力就是在把某物归摄在规则之下的能力，也就是说，是分辨某物是否从属于某个被给予的规则的能力。"(B171)
② "一般判断力是把特殊的东西当做包含在普遍的东西之下的来思维的能力。如果普遍的东西（规则、原则、法则）被给予了，那么，把特殊的东西归摄在普遍的东西之下的判断力（即使它作为先验的判断力先天地指明了诸条件，惟有依据这些条件才能被归摄在那种普遍的东西之下）就是规定性的。但如果只有特殊的东西被给予了，判断力为此必须找到普遍的东西（规则、原则、法则——引者注），那么，这种判断力就纯然是反思性的。"(Ak5：170) 康德关于"反思性判断力"思想的提出有一个不断深化和明朗的过程，这个过程比较集中的体现是在《实用人类学》和"人类学反思录"里，在前者，康德曾称其为"机智(ingenium)"(Ak7：201、220)。
③ 李秋零：《康德的"目的论"情结——〈判断力批判〉的前史》，《宗教与哲学》2019年第8辑。

669)。同样，我们也可以明确，从自然的"形式合目的性"到"质料合目的性"的视点转换得以可能的前提，即经验性基础——这是先验理念行使其范导性功能的前提（B671、708）——就是《自然通史与天体理论》里揭示的"有机体难题"所揭示的"有机生命体"（B716）。也就是说，目的论在第一批判和第三批判中的身份是不同的：在前者，目的论作为合目的性的统一性原则，作为仅有范导之用的先验理念，旨在引导、启发和扩展知性的经验性应用以至于无穷；在后者，自然目的论首先服务于人的情感能力，用以解决鉴赏判断虽为单称但却可以无条件地执意要求其普遍有效性的先天依据，通过与人类艺术品的类比进而实现道德目的论对传统自然神论的哲学超越和改造。

第五节　"目的论判断力批判"凸显的思想契机

最后留下的难题就是，1789 年春夏之交的这几个月里，康德身上到底发生了什么事情，使得他明确了第三批判目前的二元结构呢？本书的判断是，"第一导论"① 的撰写。

1790 年 1 月 21 日，康德在写给柏林出版商拉伽尔德（François Théodore de la Garde，1756 年生）的信中表明"第一导论"即信中所言"17 个印张的导论（但我也许还应当压缩它）"（Ak11：123），在这个时间之前已经完稿。此前的 1789 年 10 月 2 日，康德在给这位出版商的信中说：

> 根据胡弗兰德教授先生的消息，说您在盼望着我的手稿，我想借此告知尊贵的阁下，您肯定能够指望手稿在这个月底前寄出。自若干个星期以来就已经完稿了；但后几个印张尚未审读和誊清。期间不容

---

① 第三批判的"第一导论"，目前有两个汉译本，一是曹俊峰先生的译文，载于《文集》（后以《康德美学全集》为名于 2013 年在金城出版社再版）第 361～408 页，一是邓晓芒先生的译文，作为附录分别载于新版《冥河的摆渡者——康德的〈判断力批判〉》（武汉大学出版社，2007 年，第 131～178 页）和《康德三大批判合集》（下）（人民出版社，2009 年，第 518～565 页）。国内康德研究界关注此导言较晚，较为系统的研究成果是刘作的《康德为什么要重写〈判断力批判〉的导言？》（《世界哲学》2018 年第 3 期）。

拒绝的连续事物妨碍了我做这件事。您自己将很容易认识到，在我这种状况，由于对我的要求如此之多，而且好多都是足够迫切的，特别是在我这个年龄，推迟一些许诺了的支付是不可避免的。幸亏著作已经完稿，只需要为定稿而做些机械的工作。（Ak11：91）

此处的手稿正如科学院版编者所注当然指《判断力批判》，康德大体完成它的时间是在10月2日前的"若干个星期以来"。由此可以断定，这"17个印张的导论"①，虽不好说"是康德写作《判断力批判》之前先行撰写的"（《文集》5)②，最保守的估计也是，"第一导论"的撰写肯定是在"目的论判断力"批判的构思之前完成的，而正是由于"第一导论"的写作，才使康德找到了从"感性判断力批判"的自然之"形式合目的性""过渡"到自然之"质料合目的性"的理论契机即类比于，从而才有了第三批判的这下半部分。所以，如果说"从发生学的角度说，康德写作第三批判的初始动因是'寻求鉴赏判断的先天原则'——之所以有此'寻求'则得益于康德钟情与之的'理性建筑术'，而不是要在理论哲学和实践哲学间做摆渡"，那么，第三批判的成型则根源于"第一导论"的撰写。"第一导论"的撰写当然不会早于"感性判断力批判"的完稿，也更不可能晚于"目的论判断力批判"的写作，后者的构思应当是在撰写"第一导论"的过程中形成的。这也就可以解释如下疑问：为何这个导言与正式发表的"第二导论"相比更少言及"目的论判断力批判"、第一导论为何没有谈及至善在沟通自然和自由过程中所具有的位置、为何没有关于虽为附录但内容颇为丰富的"目的论判断力的方法论"的内容以及甚至没有谈及在自然领地与自由领地的"鸿沟"议题。③

笔者之把"感性判断力批判"即康德多次宣布的"鉴赏力批判"完稿之后所作的"第一导论"，作为第三批判下半部得以生成的契机及整个第三批判成型的关键性环节，还可以由第一导论的"发生学"意味或"过渡

---

① "第一导论"共12节，发表时压缩为9节即"第二导论"，在弗兰德尔主编的《哲学丛书》中，第一导论共61页，而正式出版的"第二导论"只有30页，压缩了整整一半的篇幅。

② 苏联著名康德专家阿斯穆斯认为"第一稿于1789～1790年间写成"（参见〔苏〕瓦·费·阿斯穆斯《康德》，孙鼎国译，北京大学出版社，1987年，第324页）。刘作根据默滕斯（Helga Mertens）的相关研究断定"第一版导言是在写作第三批判过程中完成的"（刘作：《康德为什么要重写〈判断力批判〉的导言？》，《世界哲学》2018年第3期）。

③ 参见刘作《康德为什么要重写〈判断力批判〉的导言？》，《世界哲学》2018年第3期。

性"特征及对比两个导言的具体内容来予以佐证。

首先，第一导论的第1节，它显然来自1785年出版的《道德形而上学奠基》的"前言"，它与第二导言第1节的根本不同之处在于，划分哲学为理论哲学（自然哲学的理论部分）和实践哲学（道德哲学的实践部分）的切入点不同：前者主要从质料与形式，后者则从两类概念即自然概念与自由概念领域进行划分。显然地，后者更切合于第三批判的体系性任务。这就说明，当康德写作这一节时，要在自然概念领域到自由概念领域之间过渡的思想，还没有明确形成。

其次，第一导论专门辟出一节讨论"判断力批判的划分"，而在正式发表的导言里却没有，把这一变化放在书名从"鉴赏力批判"到"判断力批判"转变的背景下来理解，就不难体会单列此节的必然性。这个在理论上无须大张旗鼓予以讨论的问题，在这个书名的转变中却有着非常关键的作用。

再次，两个导论论证的进路也有不同：第一导论是从"高级认识能力体系"推进至"人类心灵能力体系"的，其中第Ⅲ节专论"人类诸心灵能力的体系"①，这是第二导论所没有的；第二导论是从认识（自然概念领地间）与道德（自由概念领地）的"鸿沟"起步进而溯及"高级认识能力体系"的。前者更具发生学意味，后者更具建筑术特征，康德此前否定情感判断没有先天原则主要就是后面这种进路；而情感判断有无先天原则，取决于判断力能否提供此先天原则，这其中，占主导作用的是"高级认识能力体系"而非"人类心灵能力体系"，故而可以说以"高级认识能力体系"为切入点的第一导论，更具发生学意味。

复次，正式导论最后所列"一切高层能力按其系统的统一之概观"的表格，在第一导论中，是分四步来展现的，康德是要告诉读者，这个概观性的表格是如何一步步生成的。第一导论的表格中，理性为欲求能力提供的先天原则是"同时是规律的合目的性"、产物（应用范围）是"道德"，而在正式导论里是"终极目的"（即至善，Ak5：450）和"自由"，这也证明康德撰写第一导论时，并未想到要把自然目的论过渡到道德目的论再推进至伦理学神学。

最后，从第三批判的三重大任务来看，第一导论仅仅关注到结构性和

---

① 这一节在整个第一导论中，略显突兀，致使小卡西尔在《康德〈判断力批判〉释义》中不得不把它放在第Ⅴ节之后来解说。参见韦卓民《韦卓民全集》（第四卷），华中师范大学出版社，2016年，第321页。

先验性的任务，根本没有触及"沟通性"的任务，后者则是第二导论着重关注的问题。这或许是因为，在两大领域进行沟通的议题，此前业已处理妥当。自从因"哥白尼式的革命"而要求"对象必须依照我们的知识"进而二分对象为"现象"和"物自身"以来，康德就面临"沟通"问题：在第一批判，就认识论而言，现象与物自身的关系可以表述为"推证性"的，即物自身是现象的根源，因为正是物自身的刺激带来了感性材料；在第二批判，就道德哲学而言，德福相配的"圆善"理念也算是交代了两者间的关联。因此，康德重拾"沟通"问题就一定有其根由，当然，这还是因了"第一导论"的写作。

综上所述，第三批判的实际发生过程大体如下。首先，康德在完成第二批判的1787年6月底前后，因"理性建筑术"完备性和系统性的内在诉求，受认识能力由知性奠定先天原则、欲求能力由实践理性奠定先天原则的诱发，而起意为处于认识能力和欲求能力之间的愉快和不快的情感能力寻求先天原则，并在目的论那儿找到了能胜任此先验大任（专业性任务）的自然的形式合目的性原则（Ak10：514），《鉴赏力批判》的撰写就此开始了，因为有大量前期资料可用（大量此前完成的"反思录"，尤其是关于"人类学"的①），初稿很快就大体完成了——他因此才能在信中说"希望在复活节（1788年的复活节是3月23日——引者注）前以《鉴赏力批判》为题完成这个部分，即便不能付印，也要完成手稿"（Ak10：514）。

接着，1789年春夏之交，依惯例，康德要为业已成稿的《鉴赏力批判》撰写"导言"即后来的"第一导论"。然而，在撰写过程中，他逐渐意识到仅有"鉴赏力批判"还远远不够，虽然这部分为第三种人类心意能力即情感能力在鉴赏判断那儿找到了其先天原则、"美作为道德的象征"的论断也大体能完成理论哲学与实践哲学的对接；但是，此前第一批判就

---

① 举凡第三批判中关于鉴赏理论的重要概念、命题，基本都可在"人类学反思录"中找到对应内容。比如关于"鉴赏"内涵的界定，至少有20处明确给出了定义，且对鉴赏的基本特征进行了非常明确的概括：主观的、感性的、普遍可传达、社会性的、使知性和感性达到完美的和谐游戏（认识能力的游戏中生命被促进提升的情感）、与道德相关、感性判断的理性类似物、借助于共通感等。此外如区别认识、道德和鉴赏的关键性概念"心意状态"，关于天才与鉴赏的关系，自然美与艺术美的类比关系，等等。特别值得注意的是康德对"感性判断力"的理解，实质上就是后来的"反思判断力"："就像理性从普遍出发进至特殊一样，反过来感性判断力就从特殊出发进至总体概括，从多样性出发进至统一（构成整体的统一，或者观念和目的的统一，这会把上述活动置于活泼的游戏之路）。"（第842条，Ak15：375）这里还暂且不提1798年出版的《实用人类学》。

先验神学批判所提出的作为范导性之用的"系统统一性原则"及《论目的论原则在哲学中的运用》(1787年12月)关于机械论与目的论的辨析等,促使康德要在形式合目的性与质料合目的性之间沟通起来,借由"与人类艺术品的类比"而把整个自然宇宙视作一个"有机体",进而提出自然目的论系统的思想。

因内在理路而逐渐凸显的"目的论判断力批判"使得康德希望在"1788年3月22日的复活节"完结批判哲学的预想落了空,故而才有1788年3月7日康德再次致信莱因霍尔德,"希望能够在米迦勒节(9月29日)前后交出我的鉴赏力批判,并这样完成我的批判活动"(Ak10:532)。到1789年5月12日康德再次致信莱因霍尔德(Ak11:39),《判断力批判》的整体结构才清晰地呈现出来,康德承诺与莱氏的著作"在同一个米迦勒节(9月29日)博览会上与之碰头",还特地点出"《鉴赏力批判》只是其中的一部分"。看来第三批判下半部的写作也很迅速,因为材料也大多是现成的,一旦系统性的洞见有了,剩下的就"只是为定稿而需要做些机械的工作"(Ak11:91)。

最后,第二部分完稿后,康德立即就意识到此前的长篇导言,虽然对这部分也有触及,但还是太单薄了,毕竟不是成书之后的概览,而如果把现在的第二部分的概览补入导言,那就势必会使这个导言更加烦冗,故而,此时的康德才会因成竹在胸而决意重新拟定一个更为全面且更加简洁的导言。而让其他人任意处理这个较长的"第一导论",因为不是成竹在胸后的成果,故而实际上更偏向于入门式而非全景式的,"正式出版的导言更符合全景式的导言的要求"①;并且,其中也不可能有关于"目的论判断力的方法论"的内容,即便提到自然的合目的性原则是一个先天原则,也没有对它进行演绎。总之,第一导论整体上是推进式的,第二导言是概论式的。主观上康德那时还不可能写出后来那种全景式的导言,但客观上正是这更偏向入门式的写法,使康德步步深入从而决定应当把新发现的目的论判断力批判也纳入其中。这一次,康德大体上算是实现了承诺,整个第三批判是在1789年9、10月之交完稿的,1790年1月21日康德寄出了第一部分,它接近于全部手稿的一半(Ak11:123),2月9日寄出剩余的大部分正文(Ak11:132),3月9日寄出少量剩下的正文部分(Ak11:143),3月22日寄去了前言和(第二)导论(Ak11:145)。

就"第三批判"的发生来看,其上半部最初确实是被"独立"思考和

---

① 刘作:《康德为什么要重写〈判断力批判〉的导言?》,《世界哲学》2018年第3期。

撰写的，实质看，先验哲学理性建筑术所要求的分析论、辩证论和方法论在其中也得到了完整体现。因此，学界后来单独拿出这一部分作为美学经典讨论，说来也无可厚非。其实，包括笔者本人曾一再责备的国内康德美学界只关注第三批判上半部且主要作为美学著作来研究，实质上还可以就此深入一层，那就是，国内康德美学研究者在研讨"感性判断力批判"时，仅仅从美学角度入手，关注点也就必然会集中在具体的观点、范畴和命题上，而对康德为什么会提出这些观点、范畴和命题的理论动机和体系意义则极少虑及，对第三批判的双重大任也没有多少真切的感受，目的论的杰出思想也不可能在这种背景下得到彰显；对鉴赏活动（我们所谓的"审美"）一手牵着认知一手牵着道德，因而对既以情感为目的，又以道德为工具的本性不可能有深刻之了解，更对鉴赏在何种意义通于道德莫能名其精微，结果就带来了如下两个非常严重的问题。

首先是对康德第三批判的解读常常不得其法，没有从康德要求的"整体在先"原则审视第三批判，从而未能认识到康德自己揭出的、对应于此著上下两部的"三重大任"即专业性（先验的）、结构性和体系性（摆渡的）的任务。因为"目的论批判力批判"的凸显使得第三批判"上半部"即"感性判断力批判"肩负了一显一隐两大理论职责：既要完成对鉴赏判断的先验批判以寻得其先天原则，又要为此著的体系性任务张本，这就造成了上半部处处可见的二向性，这最集中、最典型地体现在深受汉语康德美学界诟病的康德对美的两种截然不同的界定上——"美在主观合目的性的形式"和"美是德性—善的象征"。其次，由于不明鉴赏与判断与生俱来的自律与他律的二重性，即鉴赏因具先天原则而是自律的但又因其导向"德性—善的象征"而是他律的，导致我们现在关于美育的基本理论，尤其是哲学层面的厘定，很难有实质性进展且更难同具体实践进行有效对接。①

---

① 就此，可参见李伟《〈判断力批判〉的三重大任及其美育意蕴——兼论"美育到底育什么"这一根本议题》，《中国美学研究》第22辑，商务印书馆，2024年，第169～186页。

第八章　批判哲学的二向度思维与先验美学的二重结构

本章旨在从哲学思维方式的角度对康德先验哲学作一整体观照。作为哲学致思方式的变革而出现的康德哲学的"哥白尼式的革命",带来了一个重大而深远的转向,即由"我们的一切知识都必须依照对象"转变为"对象必须依照我们的知识",其直接结果是,"我们关于物先天地认识到的只是我们自己放进它里面去的东西"(BⅩⅥ、BⅩⅧ)。这样我们就必须"在两种不同的意义上对待客体"(BⅩⅩⅦ)(以两种不同的眼光)看世界,最终必须二分"对象"为"现象"与"物自体"。"两种眼光看世界"被我称之为"二向度思维",它是康德美学"二重结构"总体特征的致思根源。就其写作意图来说,正如前文所言,第三批判上半部谈美学问题的部分,完全是他哲学体系内在逻辑和理性建筑术的"逼出",意在完成他对人类三大心意机能的完整批判与探察,以完成其"专业任务"。正是康德哲学的"二向度思维"方式带给了康德美学以"二重结构"的总体特征,这一特征又有着诸多表现:"美在形式"与"美作为道德的象征"、"纯粹美"与"依存美"进而"依存美"与"美的理想"(审美意象)及"鉴赏"与"天才"(艺术)……同时,也是康德道德哲学"绝对律令"得以证成的根据,正是因为二向度思维下的"理性存在者"必须从两种立场出发来观察自己,既属于感官世界,服从自然律,又属于理知世界,基于理性的法则(Ak4:452~453,参阅 Ak4:457,BⅩⅩⅦ~ⅩⅩⅧ)。对康德哲学思维方式和总体特征的把握于我们有重要意义,它可以防止我们对康德的误解与曲解,在理解康德的基础上以期走近康德。

第一节 先验哲学二向度思维的致思根源

"从主体的角度来研究人类的认识活动",这是何其简单而易得的想法啊,然而在形而上领域想到这一点,却用了人类两千多年的时间①,后人感激地宣称其为"哥白尼式的革命"②,这不仅仅是因为两者在致思机制上的相类,更在其于人类之意义上相伴。"这是一场思维方式的变革",康德就是这样来定位这场由他自己发动、旨在拯救形而上学于行将"灭顶"之际的革命的。③ 康德的这一发现得益于数学和物理学(自然科学)作为一门学科走向科学之路,或者说康德就是模仿它们的成功经验在形而上学领域展开了一场关乎哲学身家性命的重大革命的。在《纯粹理性批判》中康德清晰地交代了这一考索、借鉴的心路历程。

---

① 费希特在一封书信中说道:"最容易的东西往往最难发现。康德从主体出发的思想是最容易不过的了,但想到这一点却用了几千年的时间。"〔德〕费希特:《激情自我:费希特书信选》,洪汉鼎、倪良康译,经济日报出版社,2001年,第143页。

② "哥白尼式的革命"不是康德自己的用语,是后人循其意而拟就的,有人因此还提出过反驳意见。参见〔美〕科恩《科学中的革命》,鲁旭东等译,商务印书馆,1998年,"第十五章:康德的所谓哥白尼革命";张汝伦《康德的"哥白尼式的革命"辨》,《张汝伦集——更新·借鉴》,黑龙江教育出版社,1989年,第127~138页;唐有伯《评"康德哥白尼式革命的神话"》,《湛江师范学院学报》2004年第1期。另外,我们可以从库恩"范式"理论的角度来看这一点,库恩认为"科学革命是世界观的改变""革命之前科学家世界中的鸭子到革命之后就成了兔子"。而思维方式对世界观来说是最根本的,正如哥白尼改变了科学家们看待世界的方式——库恩就把哥白尼的天文学革命看作"一场观念上的革命"(〔美〕托马斯·库恩:《哥白尼革命——西方思想发展中的行星天文学》,吴国盛等译,北京大学出版社,2003年,第1页),康德也改变了哲学家看待世界的方式,因此,"哥白尼式的革命"这一概念是准确的。罗克莫尔的《康德与观念论》对之做过一个更具说服力的评论,尤其对康德"第一批判"第二版"序言"康德的一个"注"(BXXII)的解读,揭示出一个通常被忽视的关节点:"哥白尼的认识论突破就在于,他把被观察到的运动的根源放在观察者当中,而不是放在对象当中。"(〔美〕汤姆·罗克莫尔:《康德与观念论》,徐向东译,上海译文出版社,2011年,第73页)就把问题的要害都从"对象"转到"观察者"而言,两者确有相通之处。

③ 康德是先有了拯救"形而上学"于"灭顶"之际的动机后才注目于数学和自然科学的。说到底,以休谟为代表的经验论同以莱布尼茨—沃尔夫为代表的唯理论之争,其旨亦在为哲学作为科学寻求某种"确然性"的根基,即人类知识的普遍有效性和客观效准,以之捍卫哲学的科学身份。两派所争集中体现在康德所发现的理性的诸"二论背反"上,特别是自然与自由的"二论背反"于康德有着更为重大的启示意义。这是一般教科书的说法,颇有些道理;我们在这里尝试从另一个角度来理解它,这就是思维方式变革的角度。

第八章 批判哲学的二向度思维与先验美学的二重结构

谈到《纯粹理性批判》一书的主旨时，康德说："纯粹思辨理性的这一批判的任务就在于……通过我们按照几何学家和自然科学家的范例着手一场形而上学的完全革命来改变形而上学迄今的处理方式。"(BXXII)康德之所以把数学与自然科学作为"他山之石"来"攻"形而上学这块"璞玉"——以"璞玉"比"形而上学"是说它在当时还根基不明，还不足以"科学"自名，故而康德对其提出"象形而上学这种东西究竟是不是可能以及如何可能"的这类釜底抽薪式的诘问是有着某种内在逻辑和历史必然性的。

自古希腊以来就有一个传统，"理论科学"与"哲学"几乎是等同的。亚里士多德根据研究对象之不同把科学分为三类：理论科学、实践科学和生产技艺科学，其中的理论科学就包括形而上学、数学和物理学（参阅《形而上学》1025b25、1026a18）。至中世纪，经院哲学家托马斯·阿奎那从思辨角度以"哲学"表述"理论科学"，分哲学为三门：数学、物理学和形而上学。这一点亦为近代欧洲哲学所禀受，康德的《纯粹理性批判》既完整又创新地涵摄了理论科学的全部内容："先验感性论"回答了（纯粹）数学知识何以可能，"先验分析论"回答了纯粹自然科学知识何以可能，"先验辩证论"回答了形而上学（包括旧形而上学和作为"科学"出现的形而上学）是否以及何以可能。很显然，当康德替陷入"绝境"之形而上学觅探"方剂"时，首先注目于它的近邻就是势所必然且理所当然的了[①]；再说"物理学与形而上学虽有高下之分，而所研究的对象，和认识此相同的对象时所用思维方法是相同的"[②]。

首先提请注意的是，康德毕竟是200多年前的哲学家，在18世纪的人们看来，绝对真理亦即普遍必然的科学知识是实存的，其典范就是欧几里得几何学和牛顿经典力学，这可以看作康德哲学的一个不言自明的科学前提，康德就是以此作为他哲学反思的出发点的。对康德来说，科学知识的客观效准（"效准"是郑昕先生的用语）是不成问题的，当务之急是我们怎样证明这种客观效准即确然性。[③]

康德满怀感激和敬意地回顾了数学是怎样由"长期地停留在来回摸索之中"到"走上了一门科学的可靠道路"这一历程，并断言这要归功于一

[①] 参见温纯如《认知、逻辑与价值：康德〈纯粹理性批判〉新探》，中国社会科学出版社，2002年，第2页。
[②] 郑昕：《康德学述》，商务印书馆，1984年，第95页。
[③] 张志伟：《西方哲学十五讲》，北京大学出版社，2004年，第295~296页。

场"思维方式革命":不必死盯着某个图形比如三角形中所见到的东西,也不必死扣这个图形单纯的概念,仿佛要从这里学习它的属性似的,相反我们只需要从"按照自己的概念放进事物里去的东西①中所必然得出的结果加给事物"(BXII)。也就是说,数学作为科学的成功来源于它不再以经验而以"先天"或者说"先验"的眼光来看待问题:这的确是思维方式转变带来的结果。

  但"类似的历程"于自然科学来说,较之于数学就显得缓慢得多了。当伽利略、托里拆利和施塔尔在其设定的实验中证明了他们最初的想法时,"在所有这些科学家面前就升起了一道光明。他们理解到,理性只会看出它自己根据自己的策划所产生的东西,它必须带着自己按照不变的法则进行判断的原理走在前面,强迫自然回答它的问题……";在这里,"理性必须一手执着自己的原则……另一手执着它按照这些原则设想出来的实验,而走向自然,虽然是为了受教于它",但不是以小学生,"而是以一个受命的法官的身份迫使证人们回答他向他们提出的问题"(BXIII)。总之,这不是我们在自然中"接受"或自然"施舍"我们其合规则性,而是我们"逼"自然向我们显示什么。自然科学由此被带上了一门科学的可靠道路。变"领受"为"逼要"的思维方式之转变在这里也给了康德"一道光明":"我不能不认为,通过一场一蹴而就的革命成为今天这个样子的数学和自然科学,作为范例,也许应予以充分注意,以便对这两门科学赖以获得那么多好处的思维方式变革的最基本要点加以深思,并在这里至少尝试着就这两门科学作为理性知识可与形而上学相类比而言对它们加以模仿。"(BXV~BXVI)

  这就是康德鉴之于数学和物理学的科学之路、在形而上学领域所进行的所谓"哥白尼式的革命"的思辨过程和实质。他由此转变了传统哲学的思维模式:从"我们的一切知识都必须依照对象"至"对象必须依照我们的知识",即"我们关于物先天地认识到的只是我们自己放进它里面去的东西"。(BXVIII)这样我们就能够且必须"从两个不同的方面来看待这些对象,即一方面看作对经验而言的感官和知性的对象,但另一方面却又看作仅仅是我们思维的对象,它充其量是对于孤立的、推进到超出经验界限以外的理性而言的"。康德说,为了理性的自身一致我们必须放弃"从单方

---

① 就是"构造"概念的过程:"数学知识则是出自概念的构造的理性知识。构造一个概念就意味着:把与它相应的直观先验地展现出来。"(A713/B741)

第八章　批判哲学的二向度思维与先验美学的二重结构　159

面的观点看"而主张"从这种双重的观点来考察事物"（BXIX注①）①。因此我们就必须坚持这样一种观点：关于物本身，我们只能沉默以对、思以致之，我们注定对之毫无知识，是为我们作为"人"所命定的有限性。概括地说，康德在这里暗含了其哲学的两个基本预设："现象与物自体的先验区分"以及"人之有限性"，"第一预设函蕴（implies）第二预设，第二预设包含（includes）第一预设。则第二预设更为根本"。② 在《道德形而上学奠基》（1785）一书中康德用这种运思方式考察人自身就得出了如下必然的结论："人们必须以双重方式来思想自己，按照第一重方式，须意识到自己是通过感觉被作用的对象；按照第二重方式，又要求他们意识到自己是理智，在理性的应用中不受感觉印象的影响，是属于知性世界的……"（Ak4：457，参阅 Ak4：452）

"以双重方式来思想"，或者"从双重的观点来考察事物"，这就是我们从康德哲学中拈出的核心命题。在康德的先验哲学中，这种"双重的观点"有两个递进的层次：现象与物自体、经验与先验、超验。对于对象，我们要分清作为"现象"的对象和作为"本体"的对象，前者可知而后者止于思；对于知识，我们要区分知识的经验成分和知识的先验成分（先验时空、范畴、图型、原理）即知识的内容与形式，正是后者而绝非前者保证了我们知识的客观效准（普遍必然性）。世界本有一个，但"从双重的观点来考察"就出现了两个世界：自然界与本体界。前者是从认识论意义上说的，感觉世界是认知的对象，无任何自由可言，是自由界的对立面。但认识之外尚有（实践）理性一端，如果不从认知、欲望而纯以理性看人，就会有理想的自由世界出现，这就是本体界：道德的世界、自由的王国。

笔者曾把康德的这种"从双重的观点来考察事物"的致思方式称作"二向度思维"，它植根于人类自身命定的"有限性"，此乃康德拯救形而上学、发动所谓"哥白尼式的革命"所由以出发的最深层根源（致思根源），它贯穿于康德的整个哲学体系中，也奠定了其哲学的底色与基调。③ 康德哲学的核心命题"先天综合判断何以可能？"也是这一致思方式观照下的必然结果："先天"与"综合"也就是"先验"与"经验"的问题，

---

① 康德在一封谈到《纯粹理性批判》的信中说过："一切能够被给予的对象，都可以从两个方面使其概念化：一方面，作为显象；另一方面，作为自在之物。"（Ak10：342）
② 牟宗三：《现象与物自体》，台北，台湾学生书局，1975年，第1页。
③ 对此可参阅由笔者指导的研究生刚祥云所写硕士学位论文《人之有限性：康德批判哲学的始基》（安徽师范大学，2018年）。

只不过在《纯粹理性批判》中康德对之加以学理和逻辑的表达而已。关于康德先验哲学的"二向度思维"带给其认识论和伦理学以"二重结构"这一点,我们在这里只能略作提示。这表现为一系列二元对立命题的提出:经验与超验、后验与先验、质料与形式、建构与范导、幸福与德性、"是"与"应当"、必然与自由、认识与伦理、准则与原理、机械论与目的论、感性与知性、知性与理性、现象与物自体、理论理性与实践理性、逻辑表象与感性表象……总之,康德的(认识)二元论与(本体)不可知论是其"变革了的思维方式"之必然结果。这种"二向度思维"在康德的理论哲学和实践哲学中,尚未造成太大的困扰,但在先验美学中,却带来了近乎全局性甚至灾难性的影响,故需详加解释一番。

第二节　先验美学二重结构的文本分析

康德写作《判断力批判》有着强烈而鲜明的意图,那就是要把他此前完成的《纯粹理性批判》与《实践理性批判》"贯通"为一个有机的整体,对"完整人"作"完整"的研究,以结束他对人类诸先天认识机能的先验考察与批判之旅,最终完成对人类知性(知识)、德性(道德)和情感(鉴赏)的三重拯救①,探诘"人是什么"这个永恒的先验人学课题。这一意图犹如康德的一种哲学意义上的"摆渡情结",成为第三批判展开的内在理路与行文线索。正如康德在该书"导言"中所说:

> 现在,虽然在作为感性东西的自然概念领域和作为超感性东西的自由概念领域之间强化了一道明显的鸿沟,以至于从前者到后者(因而凭借理性的理论应用)不可能有任何过渡,就好像这是两个不同的世界,前一个世界不能对后一个世界有任何影响似的;但是,后一个世界毕竟应当对前一个世界有影响,也就是说,自由概念应当使通过它的法则所提出的目的在感官世界中成为现实……(Ak5:175～176)

---

① 康德对知性的拯救源于休谟对自然科学之基础"因果律"的解构,对德性的拯救则是针对当时以人性的自然属性为基础的伦理学的。在康德看来,它们不是经验主义的就是独断论的。参见李蜀人《道德王国的重建》,中国社会科学出版社,2005年,第三章;张志伟《康德的道德世界观》,中国人民大学出版社,1995年,第一章。

第八章　批判哲学的二向度思维与先验美学的二重结构　161

这段话为治康德哲学、美学者所经常引证。但个中玄机并非一目了然、也远不止一般人所理解的仅为"摆渡"而已，这里至少透露出这样两个对康德哲学尤其是先验美学至关紧要的信息。

第一，康德在这里为《判断力批判》定下了三重任务。首先，该批判必须对"反思判断力"作先验批判，寻得其先天原则，即第三批判的"先验性任务"。作为其先验哲学体系的支撑与津梁，康德美学旨在解决"审美何以可能"的法权问题，也就是对"反思判断力"作先验批判，导出其先验原则，因此也就必然会走上"先验"的路子，也必然是"先验美学"。又由于"在一个（反思）判断力的批判里，包含审美判断力的部分是本质地属于它的"；审美判断之所以有先验原则只在于人有体会愉快或不愉快的情感能力，而目的论判断力则不可能有先验原则，而是"在那个先验原则已经使知性作好准备把一个目的的概念（至少是按照形式）运用于自然上面之后，就包含着这种规则，以便为了理性而使用目的的概念"（Ak5：193）。这就是说，审美判断力是目的论判断力的前提和预演，后者只不过是前者所提供出来的合目的性形式概念通过其与艺术品的类比而向自然的客观质料上推广运用而已，以帮助理性由知性的认识向更高一级的统一性上逼近、上升，最终达至对"宇宙大全"的通盘理解与把握。① 因此，康德首先必须对审美判断力作先验哲学的批判，以寻得其先验原则。这一任务导致康德的哲学美学必然是以"先验"为基调的美学体系。"不言而喻的是，对于判断力来说，这里没有一个特殊的部分，因为就判断力而言，效力的是批判而不是理论"（Ak5：170），因此，康德的先验美学又必然是对审美判断力之"用"（"鉴赏判断"）的先验批判，这批判的结果就是美的四契机分析，得出的就是"美在对象无目的合目的性形式"这个结论。其次，该批判要完成必然与自由、现象与物自体、认识与伦理、知性与理性之间的连接与摆渡，即第三批判的"体系性任务"。这就是所谓"摆渡者"的角色，这种"摆渡情结"也充分体现了康德美学理论的系统性、严整性与彻底性。问题的关键在于，怎样理解这种"摆渡"以及康德在此问题上的内在思路怎样？他的初衷是什么？他由此要把审美导向何处等等，这就牵及"摆渡"的具体内涵问题。最后，是康德赋予第三批判的"结构性任务"，即要对人类三大心意机能作出先验批判，突出批判工作的完整性和全面性。

---

① 参见邓晓芒《冥河的摆渡者——康德的〈判断力批判〉》，云南人民出版社，1997年，第34页。

第二，关于"摆渡"。这段话就我的理解看，有着双重意义上的摆渡："自由概念领地"向"自然概念领地"的摆渡以及"自然概念领地"向"自由概念领地"的摆渡，而且前一种摆渡要以后一种摆渡为基础，后一种摆渡要以前一种摆渡为目的和归宿。① 康德正是由后一种摆渡来证明前一种摆渡的。我们称前者为"外向摆渡"，后者为"内向摆渡"，即鲍桑葵所谓"理性在感官世界中的代表和感官在理性世界中的代表"②："外向摆渡"是寻求"理性在感官世界的代表"以求"道德律"的现实化，"内向摆渡"是寻求"感官在理性世界中的代表"以预演"自然向人生成"。

关于"内向摆渡"，康德说，由于在自然概念领地（现象界）与自由概念领地（本体界）固定了一条"不可逾越的鸿沟"，致使由自然领地向自由领地根本不可能有任何摆渡，前者不可能对后者发生任何影响。③ 值得注意的是，康德在这段话中有一个夹注——"因而借助于理性的理论运用"，所谓"理性的理论运用"就是指纯粹理性借知性范畴、概念、图型、原理所作的规定、建构或推论工作，这是在规定判断力和理性推理能力的基础上达成的。也就是说，由自然到自由的摆渡通过第一批判所留下的工具"规定判断"（属于理论理性）是不可能实现的，那只会产生客观的知识、经验判断或者尽是些二论背反之流和那些不合法、超越的先验幻象而已。以规定判断力的眼光在自然界是永远也看不到"自由的影子"的。因此，康德才在《判断力批判》"导言"中揭橥另一种与规定判断力相对的判断力——反思判断力，并把它与规定判断力作了鲜明的区分和界定。规定判断力是在普遍被给予的情况下规定被感知的对象、以求获得客观知识；反思判断力则以主体为务、旨在反思，在这里普遍是不明确也不为我们所知的，有的只是特殊，它的任务是尽最大可能地为所给予的特殊寻找

---

① 关于康德在认识与道德、必然与自由之间所进行的"摆渡"具有何种意义，亦有论者提到这一"摆渡"的"双重性"，但笔者不同意其分析。参见习传进、蒋峦《康德依存美价值新探》，《外国文学研究》1998年第3期。
② 〔英〕鲍桑葵：《美学史》，张今译，商务印书馆，1985年，第339页。
③ 在从"自由"到"自然"过渡中，不需要中介，自由概念自己就作用于现象界了，这为道德实践所明证，自由对认识活动有范导作用，虽然它不可能在现实中完全实现并对现实经验有建构作用，但仍对后者有着"信以为真"的导引作用。关键是由自然到自由的过渡，这需要中介，纯粹理性的第三个"二论背反"就集中反映了这一点：世界上有出于自由的原因，没有自由一切都是自然。

第八章　批判哲学的二向度思维与先验美学的二重结构

"普遍",以供主体反思对象和自我之用。① 由此可见,"反思判断力"对康德有着何其重大的意义。总之,只有通过反思判断力,才能完成由"自然"向"自由"的这样一种摆渡,最终达成对人类理性的完整批判,为康德先验哲学架上最后一根大梁。

再看"外向摆渡"。康德认为,由自由领地向自然领地的外向摆渡是"应当的",也就是说,"自由概念应当使通过它的规律所提出的目的在感官世界中成为现实"②。在康德,这种"现实"的实现应当具备两个条件:"主体是自由的"(这是康德道德哲学所要解决的问题)以及"对象要有自由能运用于其上的可能性"("理性在感官世界中要有其代表")。关于后一方面,康德是这样说的:"因而自然界也必须能够这样被设想,即它的形式的合规律性至少会与依照自由规律可在它里面实现的那些目的的可能性相协调。"一言以蔽之,自然要"像似"自由,用康德先验哲学的术语来追问就是:"自然中何以有自由在?",或者说"作为自然之基础的超感性东西与自由概念实践上所包含的东西的统一性的某种根据"——即便是"虽然既没有在理论上也没有在实践上达到对这个根据的一种认识,因而不拥有特有的领域"——以使这两者在原则的思维方式上的过渡成为可能。(Ak5:176)这其实已暗含所谓的"内向摆渡",因此,我们才说它是"外向摆渡"的"基础"。

因此,康德在这里要解决这样两个先验哲学的难题:"人的自由何以可能"及"现象中的自由何以可能"。《实践理性批判》所要解决的是第一个问题,第三批判所专门解决的是第二个问题——康德的任务就是要在"自然现象"中"看出"或"找出""自由之在",更准确地说就是"现象中何以有自由在"。如果这个问题解决了,内向摆渡也就不解自明了。

---

① 作为"由特殊以达普遍"的反思判断力,因其所求"普遍"之不同康德又分其为"感性反思判断力"与"目的论反思判断力"两种,它们所"达"之"普遍"就是康德所谓的"目的性"的"理念"(请注意这个"理念",它对我们只具有"范导"之功而绝无"建构"之用),而它们赖以进行这种"达"所遵循的先天原理就是合于这种理念的"合目的性原理"。只不过前者所合之"目的"是主观的情感、确切地说是"审美心意状态",而后者则是对象之客观"理念",这"理念"相对于因它而成的"对象"来说就叫作"目的",合于此目的的就是所谓的"完善"。只是对宇宙这个"大而无可拟比"的"艺术品"而言,它的"目的"就非我辈所能认识的了,康德把它交给了上帝。
② 康德在《纯粹理性批判》中亦曾指出:自由的世界("道德的世界")是一个"理智的世界""只是一个理念,但却是一个实践的理念,它能够、也应当对感官世界现实地有影响,以便使感官世界尽可能地符合这个理念。因此,此一道德世界的理念具有客观的实在性……指向感官世界"。(A808/B836)

既然感觉世界与理知世界之分只是我们"从双重的观点来考察事物"的结果，那么，世界本来只有一个，也就是说，自然界与自由界本为同一个世界，其分乃在主观接纳而非客观存在本然。比如"我"，"我作为其他'现象'中的一种现象而存在于自然界，但是，我也作为一个不受因果性而受实践理性规律制约的'自在之物'而存在。这并不意味着我是两个东西，而是一个东西从两个对立方面来设想的"①。因此由自然到自由、由认识到伦理的"摆渡"就是可能的和有根据的，此摆渡只不过是把由我们"看"的方式所带来的"二分"再于主体那里弥合起来而已。因此，"我们应当避免把康德当作本体论的二元论，现象和本体不是两类事物，本体的原因不是现象的原因的添附，毋宁说它们是看待同一事物的两种方式"②。需要说明的是，这不是"摆渡是否可能"而只是"摆渡之可能的主观条件何在"（客观条件已经明示"我们只有一个世界"）的问题。

按康德哲学的理路，从"感觉世界"通过人的道德实践终达于理想的"目的王国"之关键在于"合目的性"原则的贯彻，而在感觉世界贯彻合目的性原则就要求感觉世界本身必须具有一种合于这种"贯彻"的条件——那就是"对象要有自由能运用于其上的可能性"，因此我们的问题就是"现象中有自由何以可能"。康德认为条件有二，理性为实现自身的目的不仅要在感觉世界中体会到与自身认识能力相契合的和谐之"自由感"，而且还必须忖度感觉世界本身原有的目的即自然从质料上来说的"合目的性"。这就是康德的《判断力批判》的前双重任务，它们分别对应于这一批判的上、下卷。③"我们只有一个世界"，而世界又被我们"看作"（see as）两个，这是为什么呢？这岂不意味着我们关于"世界"的观点不说是错误的、最起码也是矛盾的吗？康德认为，这既不是"矛盾"更非"错误"，只是由于上文所言我们人类命定的"有限性"，亦即为人们所熟知的、康德的一句名言："知性不能直观任何东西，而感官则不能思维任何东西。"（A51/B75）而且，"对于人类知性来说，区分事物的可能性和现实性是不可回避地必然的，其根据就在主体及其认识能力的本性中"，这因为我们的认识和知识有两种完全异质的成分，即"为了概念而要求知性，为了客体而要求与这些概念相应的感性直观"及这感性直观的来源——"物自在的本

---

① 〔英〕罗杰·斯克拉顿：《康德》，周文彰译，中国社会科学出版社，1989年，第99页。
② 〔美〕加勒特·汤姆森：《康德》，赵成文等译，中华书局，2002年，第78页。
③ 齐良骥："康德"，载王树人、李凤鸣编《西方著名哲学家评传》（第六卷），山东人民出版社，1984年，第65页。

身"（虽然只是个推定）；如果我们的知性能直观，或者感性能思维的话，那概念和感性直观两者都会被取消了，也就不会生出诸多的"二元对立"了——对于上帝来说情况正是这样的。（Ak5：401～403）

现在，我们可以用一句话来概括康德在《判断力批判》中所要解决的问题："现象中何以有自由在。"这一先验美学的课题涵盖了我们曾指出的《判断力批判》所肩负的前两个重大使命[①]：一是要对能在现象中看出自由的"反思判断力"作先验哲学意义上的哲学批判，先验批判的哲学体系要求对"美"作先验分析以寻求反思判断的先天原则，是为专业性任务；二是要完成自然向自由（完整人）的生成，这一任务要求康德关注美的内容，尤其是美的道德蕴含。为前者，康德写下了《判断力批判》的上卷"审美（感性）判断力批判"，对于后者便有了下卷"目的论判断力批判"。也可以说，上卷是从"形式"、下卷是从"内容"的角度来解决这一先验哲学课题的。应该可以看出，康德所面对的这样两个重大任务是有着递进关系的：前者是后者的基础和前提，后者是前者的目的与归宿；说康德美学不是出于对美学本身的兴趣而是由于其追求人的完整性进而醉心于哲学体系的严整性是符合实际的，只是我们不能以此就说康德不重视美学问题，他毕竟曾写过《关于美感和崇高感的考察》这样卓越的充满人情、美感经验和深刻观察的著作。也就是说，康德在回答第一个问题时是始终不会忘记要为第二个问题打基础、作铺垫的。这样对第一个问题的回答就又表现为两个层次：一明一暗、一显一隐，显者要求对反思判断力作先验哲学的批判，寻找其先验原理，隐者则要为"目的论判断力"作铺垫、打基础。可以说康德真正的目的不是在审美判断力的批判上，而在后面"目的论判断力批判"上，"目的论"正是康德哲学的内在基石与终极指向。但"正是出于这种体系上的理由，'纯粹的'鉴赏判断就还是第三个批判的不可或缺的基础"[②]。这样的双重任务使康德对美的探讨必然地分为两部分，也可以说，康德美学由此形成了两套思想体系。对审美判断的先验分析使康德最终得出了"美在形式"的观点，为"目的论判断力"作铺垫的工作让康德不得不关注美的内容——要对"依存美"做出某种分析，把审美由纯粹再拉回现实经验中来。也就是说，为了那个铺垫的意图，康德不得不

[①] 对这双重使命孰轻孰重的问题，可以这样说：就批判哲学的性质来说前者更为紧要，就其归宿看当然"先验人类学"的任务就更为重大；但没有前者，后者也就无从谈起。
[②] 〔德〕汉斯-格奥尔格·伽达默尔：《诠释学Ⅰ、Ⅱ 真理与方法（修订译本）》，洪汉鼎译，商务印书馆，2010年，第84页。

把他曾竭力从鉴赏判断中赶走的"利害""兴趣""道德"等涉及内容的成分再毕恭毕敬地"请"回他的批判中,"美作为道德的象征"的结论就呼之欲出了。① 这就是康德在"纯粹美"分析之后又揭橥"依存美"的内在原因。就这样,康德最终走向了"美作为道德的象征"这个与先前"美在合目的性形式"截然不同的道路上。这一曲折的思致,在道德哲学中就曾预演:当康德要寻求道德实践的先天原则时(分析论),就需要坚决地把"幸福"的因素剔除殆尽,最终我们彰显了"绝对律令";但在辩证论里,康德不得不再把此前拒之门外的"幸福"请进来,以满足"德性"与其配享之"幸福"相一致的"圆善"(das höchste Gute)这一理想的诉求。两处所不同的是,前者终于走向了道德目的论,后者则结穴于道德神学。

第三节 "先验"概念的开示意义

综上所述,如果"从双重的观点来考察美"就必定会对美作"先验"与"经验"的双重考察,就会有对鉴赏判断的双重演绎即先验演绎与经验性演绎,也因此会出现上述两种不同的美学体系——最终体现为诸多的二元命题:"美在形式"与"美作为道德的象征"、"纯粹美"与"依存美"、"依存美"与"美的理想"(审美意象)、"鉴赏"与"天才"(艺术)……我们可以把康德的这一思辨过程综括于图 8-1。

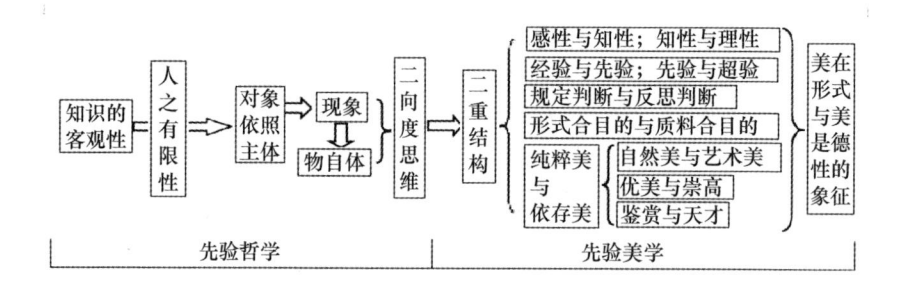

图 8-1 从先验哲学到先验美学的内在理路

---

① 也有学者提出过相类的观点:纯粹美与依存美这一对矛盾是康德美学思想中的重要环节,理解这一对矛盾的关键是要了解到,康德美学是在他的先验哲学体系中来研究的,是一种先验美学,我们应该从先验的层面来理解纯粹美,从现实经验层面来理解依存美。参见蔡艳山《康德先验美学中的纯粹美与依存美》,《浙江学刊》2000 年第 3 期。

第八章 批判哲学的二向度思维与先验美学的二重结构

其实康德美学之"先验"特质就已经对此作了确切的暗示。康德美学是作为其先验哲学的一个有机成分而存在的，当然，康德美学也注定是"先验美学"。其中"先验"① 一词就已经传达出这种意味了。"先验"在康德哲学中有两层意思：（1）逻辑上先于经验（逻辑在先）且不依赖于经验，具有先天性（普遍有效性）；（2）它是经验得以可能的先天条件，即对于经验来说是"有之不必然、无之必不然"的条件且必须同经验相关联才有意义，离开了经验，认识的先天条件将毫无意义。在"先验"第一层含义上要求康德必须走"纯粹分析"的先验之路，要追问审美何以可能的先验条件。这在哲学中表现为"先验感性论""先验分析论"，在美学中则集中表现为"美的四契机分析"（"纯粹美分析"）等。由"先验"的第二层含义，康德在先验美学中必须从"天国"走向"尘世"，关注现实的、经验中的美，这在其哲学中表现在"概念的推演""先验图示"的寻找、"范畴的先验演绎"等；对第三批判来说则主要是指纯粹美与依存美的辨析、对"美的理想"及"天才"的论述、"对美的经验性的兴趣""对美的智性的兴趣"，而且对审美与艺术的分析也完全是从依存美出发的。

总之，"从双重的观点来考察美"，亦即从"先验"与"经验"、"形式"与"内容"、"可能性"与"现实性"、法权与事实的角度考察美，其结果就集中体现于康德二分美为"纯粹美"与"依存美"②，并对美下了两个看似截然相反的界说，即"美在合目的性形式"与"美作为道德的象征"。"纯粹美"说到底就是"鉴赏判断"的问题，"依存美"更多地体现为"艺术的美"，其极致为"美的艺术"，也就是"天才的艺术"，因此，"纯粹美"与"依存美"的关系可进一步延及"鉴赏"与"创造"或"天才"的关系。由此，问题的焦点就在"纯粹美"与"依存美"这对看似矛

---

① 康德对"先验"作过这样的界定："我把一切与其说是关注于对象，不如说是一般地关注于我们有关对象的、就其应当为先天可能的而言的认识方式的知识，称之为先验的"（B25）；"先验……这个词指的并不是某种超越一切经验的东西，而是虽然先行于经验（即先天的）、但却注定仅仅使经验成为可能的范本。"（Ak4：374）

② "纯粹美"与"依存美"的区分也不是康德的首创，他之前有哈奇森的"绝对美"与"相对美"；休谟的"感觉的美"和"想象的美"（又称为"感性美"或"直接美"和"内在美"或"关系美"）；而自古希腊以来就有所谓的"形式派"与"表现派"之分。他之后鲍桑葵就有"浅易之美"和"艰奥之美"的分别。但美学史上从哲学尤其是"先验哲学"的角度提出此分类并做出哲学论析的是康德，他的这一论析有"疏源导流"之功。中国学者有循此而提出"韵律美"与"意蕴美"之分者。参见刘骁纯《从动物的快感到人的美感》，山东文艺出版社，1986年，第11~16页。

盾的关系上，它不仅关系到对康德整个美学体系的理解、评价和定位——有人曾称康德美学为从古典美学到现代美学过渡的一座"伟大的桥"，而纯粹美与依存美则是支撑这座大桥的"两根支柱"①——更为重要的是，康德先验美学所带来的致思方式上的启示不仅于当下美学学科建设、照明中国传统美学，而且对人生在世都有着某种重要的"建构"和"范导"意义②。

就康德道德哲学而言，"从双重的观点考察人"——其结果就是"人是有限的理性存在者"——就是作为康德道德哲学最核心命题的"道德律令"（定言命令）之所以可能的根源性条件。正是由于我们"必须以这种双重的方式表现和设想自己，就前者而言，基于对他自己作为通过感官受刺激的对象的意识；就后者而言，基于对他自己作为理智的意识，亦即意识到自己在理性应用中独立于感性的印象（从而属于知性世界）"（Ak4：457），也就是说，一方面我们是现象界的一员，必然受到、当然也不可能不受到自然律的规定，但同时，我们又是理知世界的一员，有自由意志，可以自行发起一个因果系列，可以自行决定自己的行为，或者在做与不做间选择（消极的），或者可以在这么做与那么做间选择（积极的）。人作为有限理性的存在者，如果缺少这两个实情中任何一个，都不会有道德问题，更谈不上"绝对律令"的问题。试想，如果人只是即便像动物那样的存在者，可以运动，但只是本能性的，当然谈不上道德问题；如果人只是"理性存在者"，不是"有限的"而是"无限的"，那他就是神性存在者，从道德的角度说，其行动不可能违背道德原则，道德于他们而言，根本不需要强制，"律令"也就无从谈起。总之，"正是由于人的两重性，对一切有理性者皆有效的客观的理性法则，对人表现为'应该'做什么的'定言命令'，它是主观准则与客观法则在意志自律的基础上的统一，亦即'先天综合实践原理'"③。

---

① 蒋峦：《康德的徘徊——康德纯粹美与依存美关系探微》，《华中师范大学学报》（人文社会科学版）1998年第3期。
② 参见李伟《经验与超验——以孔子、康德和张世英、王元化为例》，《河北学刊》2005年第4期。
③ 张志伟：《康德的道德世界观》，中国人民大学出版社，1995年，第7页。关于此议题，可参见笔者指导的研究生刚祥云所写学位论文《人之有限论：康德批判哲学的始基》第三章的内容，硕士学位论文，安徽师范大学，2018年，第39～44页。

第四节　反观康德批判哲学的整体格局

批判哲学的"二向度思维"是康德拈出"反思判断力"的真正出发点和内在依据。前两大批判在自然与自由、认识与道德之间所固定并强化下来的"鸿沟"就是通过这种"视界"或"眼光"来沟通的，第三批判论述的就是这种"眼光"。我们固然不能在自然界的内容或质料上发现自由意志的任何踪迹，这里是必然王国或自然王国，道德律也定然不能在必然王国中完全地"实现"。自由意志和道德律却又只能"作用"于自然界，虽然道德律本身绝不顾及道德行为的后果，但道德主体还是"希望"它的后果能在现实中充分体现出来，或者说，它"应当"在现实中表现出来，这种"按照自由概念而来的结果就是终极目的"（Ak5：195）。"应当"就表明它常常不能成为真正的"现实"，"应当实现"与"现实"常常相差万里。但是，这种"应当"依然是一种必不可少的"视界""眼光"和"立场"：有了它，我们就可以更好地认可并践行道德律；有了它，我们便可以在"自然"中寻求"应当"的蛛丝马迹。"应当"的"眼光"给了我们一种希望或观念：道德目的的现实可能性至少可与自然的形式的合规律性相协调。（Ak5：176）"自然能在形式上合于道德目的"这一观念，我们虽对之既没有理论上的认识，也没有技术上的支持，但依然有可能成为必然王国向自由王国、自然王国向目的王国过渡的津梁。关键是"应当"的"眼光"是一种什么样的眼光？康德说，这就是"审美的眼光"，以及类比于、建基于它的"目的论的眼光"，它们根源于我们的"反思判断力"，其先验原则是"（主观）形式合目的性"。正如规定判断力在逻辑的运用中使知性向（理论）理性的过渡成为可能一样，反思判断力同样也将可望实现从自然概念的领地向自由概念的领地的过渡（Ak5：178～179）。我们可以把康德所谓"过渡"的内在学理概括为图 8-2，康德批判哲学的体系则可概括为表 8-3（参阅 Ak5：198）。

关于图 8-2、表 8-1，我们提示如下几点。

（1）"批判哲学体系"本身并不是"形而上学"，最多只是未来形而上学的"导论"或"奠基"，正如康德在写给"哥廷根评论"原作者伽尔韦的信中所警告的："请您再浏览一遍我的全文，并请注意我在批判哲学中所探讨的并不是形而上学，而是一门全新的、迄今尚未被研究过的科学，

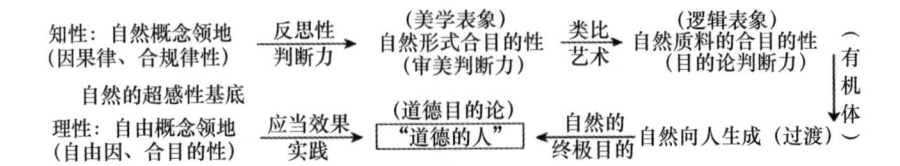

```
知性：自然概念领地    反思性    （美学表象）        类比    （逻辑表象）           ⎫
（因果律、合规律性）  ─────→   自然形式合目的性  ─────→  自然质料的合目的性    ⎪
                     判断力    （审美判断力）    艺术    （目的论判断力）       ⎬ 有机体
自然的超感性基底                                                                ⎪
理性：自由概念领地    应当效果  （道德目的论）    自然的   自然向人生成（过渡）⎭
（自由因、合目的性）  ─────→   "道德的人"  ←──  终极目的
                     实践
```

图 8-2　从自然概念领地向自由概念领地的过渡

表 8-1　　　　　　　康德批判哲学体系的整体格局

批判哲学的体系	心意诸机能	诸先天原则	应用范围	诸未来形而上学及其导论	哲学诸部门
纯粹理性批判	认识能力	合规律性	自然	自然科学形而上学及其奠基	理论哲学
判断力批判	情感能力	合目的性	艺术		
实践理性批判	欲求能力	终极目的①	自由	道德形而上学及其奠基	实践哲学

即对一种先天判断理性的批判。"（《百封》88）②

（2）在批判哲学的这个体系结构中，起着关键性功能的"反思判断力"之提出的契机——具体说是审美问题与狭义的目的论问题在反思判断力先验原则之下的统一这种最后的转变是如何促成的——是与那块阻碍先验哲学得以顺利完成的"绊脚石"有着直接关联的，或者就是那个难题的一部分，带来这个契机的就是"自然作为一个经验体系的统一性问题"。在康德批判哲学的整体建构中，应该说它起到了至关重要的作用，也确实是康德终身念兹在兹的问题。其实质是，如何经由"先验演绎"所淬砺的

---

① 在第三批判那个著名的"第一导论"中，康德也列了类似的一个表，"欲求能力"或"实践理性"的"先天原则"表述为"同时是规律（法则）的合目的性（义务）"，可简称为"作为法则的义务"。参见〔德〕康德《〈判断力批判〉第一导言》，载《康德三大批判合集》（下），邓晓芒译，人民出版社，2009 年，第 560 页。

② 在第三批判的"第一导论"中，康德亦重申过这一点："如果哲学就是由概念而来的理性知识的体系，那么它凭此就已经足以区别于纯粹理性的一个批判了，这种批判虽然也包含有对这类知识的可能性的一个哲学研究，但并不作为一个部分属于这样一个体系，而是甚至一开始就在规划和检验这个体系的理念。"参见〔德〕康德《〈判断力批判〉第一导言》，载《康德三大批判合集》（下），邓晓芒译，人民出版社，2009 年，第 518 页。

"纯粹知性概念"和"纯粹知性原理"演绎出特殊的自然法则。在批判哲学的系统思考中，促成作为最后统一的中介环节的"反思判断力"及其先验原则之提出的，正是这一"自然特殊化问题"。从《自然科学的形而上学初始根据》中通过定言原理与数学原则的结合进一步探索自然法则体系，到晚年不知疲倦地更新各种尝试来致力于完成"从形而上学到物理学的过渡"，所要回答的就是这个难题，它是批判哲学的"绊脚石"的自然延续。①

（3）康德赋予第三批判的所谓"摆渡"任务，目的还在于"连接""统一"或"贯通"前两大批判，以求理性本身内在统一的可能性②，学界甚为重视的"摆渡"实在只是手段。

（4）康德哲学有一个基本的人文学主题，那就是"自然向人生成"。此"向"有二：一是自然物向"自然人"的生成，二是自然人向"道德人"的生成。在这两个"向"中，"艺术品"和"有机体"在其中起到了非常紧要的"类比"（Analogie）③过渡作用：艺术品之于从"自然形式合目的性"向"自然质料合目的性"的过渡、有机体之于从"自然合目的性"（既是形式的又是质料的）向"自然终极目的"的过渡。

（5）真正完成统一的方向是，立足于道德实践、从自由向自然、从道德对知识的统一，而非反过来从下往上的统一，"这里出现了一种实践的合目的性和一种无条件的立法的绝对统一性……这种统一形成了'道德的目的论'"④——这是一种全新的观点，"即把自然界和人看成是有目的地趋向于道德的，并用这种观点来解释人从自然状态中通过'文化'或'教化'而发展出来的过程"⑤。总之，"（反思）判断力通过其按照自然可能

---

① 参见〔德〕威廉·文德尔班："科学院版编者导言"，载〔德〕康德《判断力批判》（注释本），李秋零译注，中国人民大学出版社，2010年，第9～10页；袁建新《康德的〈遗著〉研究》，人民出版社，2015年，第1～21页。
② 参见韩水法《康德传》，河北人民出版社，1997年，第203页。
③ "类比"一法之于康德哲学有着异常重要的作用，可以说是其最重要的思考方法之一，它与我们前面论及的"仿佛"或"好像"哲学有着密切的关联，但万不可把它与日常中为人诟病的"比附"相混淆。对此可参见李明辉《略论牟宗三先生的康德学》，《中国文哲研究通讯》（台北）1995年第5卷第2期；余英时《文史传统与文化重建》，生活·读书·新知三联书店，2012年，第382～383页。
④ 〔法〕吉尔·德勒兹：《康德的批判哲学》，夏莹、牛子牛译，西北大学出版社，2018年，第100～101页。
⑤ 邓晓芒：《康德〈判断力批判〉释义》，生活·读书·新知三联书店，2008年，第35页。参见〔俄〕A. B. 古雷加《德国古典哲学新论》，沈真、侯鸿勋译，中国社会科学出版社，1993年，第91～92页；韩水法《康德传》，河北人民出版社，1997年，第215～216页。

的特殊法则来评判自然的先天原则，使自然的超感性基底（无论是在我们之中的还是在我们之外的）获得了通过理智能力来规定的可能性。但是，理性则通过其先天的实践法则赋予同一个基底以规定；这样，判断力就使得从自然概念的领域到自由概念的领域的过渡成为可能"（Ak5：196）。

综上所述，康德的美学有两重任务、两种思路和两套体系，在这样一个背景上再来理解康德的美学思想，尤其是"美在合目的性形式"与"美是德性的象征"，"纯粹美"与"依存美"，鉴赏与天才，"自然美"与"艺术美"之间的关系将会更加合理、更加准确和更加融通，这就是蒯因和杜恒提出的所谓"善意解释的原理"（principle of charity）①。也就是康德所谓的"更具有哲学性和建筑术性质的"理解："这就是正确地把握整体的理念，并从该理念出发借助于在一种纯粹理性能力中把一切部分从那个整体的概念中推导出来，而在其彼此之间的交互关系中把握那些部分。这种检验和保障唯有通过对体系的最内在的熟知才有可能，而那些就前一种探究而言就已经感到厌烦、因而认为不值得花费力气去获得这种熟知的人，就达不到第二个阶段，即综合地返回事先分析地被给予的东西的那种纵览；而且毫不奇怪，他们到处都发现不一致，尽管使人猜测这种不一致的漏洞并不是在体系本身，而是仅仅在他们自己不连贯的思路中发现的。"（Ak5：10）② 康德的这个建议不仅对哲学同时对美学也是有效的，也应当被打算研究康德者所谨记，或许这样更能体会康德美学的良苦用心及其思致的精深与绵密。

---

① 所谓"善意解释的原理"即库恩曾对其学生所言："在阅读重要思想家的著作的时候，我们首先要注意寻找那些通常被认为有明显错误的观念的地方。并且反身自问，一位有良好素养和知识的人究竟为什么会写出这样的话来呢？……结果是，尽管我没有变成亚里士多德主义者，但在某种程度上我学会了像他那样进行思维。"〔美〕托马斯·库恩《必要的张力——科学的传统与变革论文选》，范岱年等译，北京大学出版社，2004年，第Ⅲ~Ⅳ页。

② 关于康德在诠释上的看法，可参见李伟《康德德行诠释学思想抉微》，《哲学与文化》（台湾）2023年第1期。

下 编

康德 1770 年前著述的发生学考察[①]

（主要以成稿先后为序）

[①] 国外学界就康德前批判时期著述的系统研究，可拿 Martin Schönfeld 撰写的 *The Philosophy of the Young Kant* 为代表。此著结合时代背景和思想史对康德前批判时期的著述进行了比较系统全面的研究，并由此认定"康德前批判时期的研究计划比预期的更及时、更丰富，熟悉这个根本的创新起点，对于深度理解其全部作品是必不可少的"（M. Schönfeld, *The Philosophy of the Young Kant：the Precritical Project*, New York：Oxford University Press, 2000, p. i.）。

康德的学术宣言
《活力的真正测算》（1746）

《活力的真正测算》是康德的处女作，他的大学本科毕业论文，1746年（这年3月其父去世）夏提交系主任审查，署名为Immanuel Kandt（Ak1：524）①，发行于1749年（献词后标明的时间是1747年4月22日——康德生日那天），主要讨论自然科学中的力学理论，针对的是莱布尼茨和牛顿。它有一个很长的副标题：以及对莱布尼茨先生和其他力学家在这一有争议的问题上所使用的证明的评判，包括一些主要涉及物体的力的先行性考察。这显然是在向整个欧洲学术界发言，康德学术的伊始就达到了陈寅恪先生所谓的"预流"（《陈垣〈敦煌劫余录〉序》）。此著除前言（共13节）外，正文163节，用德文而非当时学院认可的拉丁文写就，这让他显得傲慢甚至因此而在哥尼斯贝格树敌，并在1748年8月初选择离开母校自谋生路，做家教直到六年之后的1754年8月才又回到母校，因此被史家称为"一本对事业没有帮助的书"②。当然，即使就学术而言，这六年也没有白费，康德搜集了各种他觉得有用的资料，并为后来的某些著述草拟了大纲。

首先，康德对他的时代有着相当的敏感。他说，那个蒙昧不清的时代——当然是指所谓的黑暗的中世纪——"从此已经结束了，人的知性已经幸运地摆脱了昔日无知和惊赞所加给它的桎梏"，康德颇为严肃地宣告："从现在起，倘若牛顿和莱布尼茨的声望与真理的发现相悖，人们也能够敢于大胆地认为它一文不值，并且除了知性的牵引之外，不服从任何其他的劝说。"（Ak1：7）康德是这样说的，也是这样做的，"在进行这一探讨的过程中，如果一位如此著名的人士的定理在我的知性看来是错误的，我

---

① 康德原名是Emanuel，改为Immanuel可能在其父去世后这段时间。Emanuel或Immanuel的原意是"与上帝同在"。
② 〔美〕曼弗雷德·库恩：《康德传》，黄添盛译，上海人民出版社，2008年，第212页。

将毫不犹豫地予以摈弃"(Ak1：9)。原因很清楚，思想是自由的，自由意味着平等和真诚。学者应当平等地对待他的前辈，这是对前辈们的尊重，除此之外，"人们不可能赋予他们更杰出的颂词了"(Ak1：8)。康德把眼下的这篇著作，视为这种"自由的成果"；而"知性的自由"——这就是启蒙运动的精髓，即"自由主义"和"主知主义"——正是那个为历代伟大思想家念兹在兹地竭力护卫的核心理念。在1757年的《自然地理学课程》预告中，康德说："我们经过了启蒙的时代理性鉴赏力大概已经变得如此普遍……轻信的惊赞这个无休无止的幻象的保姆，让位于小心谨慎的求证，由此使我们能够从令人信服的证据中得出可靠的知识，不致陷入未达到自然奇异现象的正确科学却误入一个虚构故事世界的危险，这也可以看作一个不小的进步。"(Ak2：3)

但是，康德非常清楚，这种"知性的自由"的理念并未深入每一个心灵之中。他依然担心，知识界会因为作者的籍籍无名而无视他的匠心独运，更何况他还要在其中"指摘著名人士"，试图"改进科学"并打算"宣传他自己的宇宙思想"。此外，康德更个人化的理由使他为此费尽了口舌：他不仅年纪轻轻——写作此著时康德年仅22岁，而且身材短小，其貌不扬。因此他说，身体与思想是根本不同的，它们遵循两种截然有异的规律，在前者，我们可以由局部正确地推定整体，而就后者则万万不能，我们绝不能"把对这一或那一真理的洞识同杰出知识的博大总汇混为一谈"。显然，康德认为他的这一著作有着对某一真理的"洞识"。他甚至自信地宣称："最伟大的人类知识大师们徒劳地谋求的真理，首先呈现给了我的知性。"这似乎成了康德进行学术思考的信念，也是启蒙时代绝大多数思想家的普遍自信。但这种自信也不是毫无根据的，与其说康德是对自己的自信，不如说是对人类理性的自信，一种"无私的信任"。(Ak1：10)

启蒙运动对理性的自信，主要表现为一种"对方法的深信不疑"，它激活了康德全部的热情和努力去"锐意而为"。这篇处女作就是康德带着对方法的"无私信任"而"锐意而为"的结果。他因此而庄严地宣称："我已经给自己标出了我要遵循的道路。我将踏上自己的征程，任何东西都不应阻碍我继续这一征程。"(Ak1：10)

康德的这种自信也带来了他那过于自负的行文语气和颇为尖刻的语意表述。毕竟，过分自信的口气会给读者留下"狂妄"的嫌疑。对此，康德解释说，他是"以几何学证明的形态"赋予他的"全部信念之光"以支撑他如此自信的。这种导源于"几何学证明的形态"的"信念之光"所传达给读者的不是对前辈学者的怀疑,而是一种"确信的心态"。(Ak1:11)"确信"比"怀疑"更合于此刻康德思考的初衷,这时的康德可不是个怀疑主义者。

对于表述的尖锐苛刻,康德指出了一个在学术探讨中必须明确的原则:"必须把定理与其倡导者的所有个人优点分别开来予以评判。"(Ak1:12)人品与文品应当区别对待,伟大如莱布尼茨和牛顿者,也会犯错,"这与其说是人们的错误,倒不如说是人性的错误",学者同错误并非水火不容,而是常常如影随形,因为"一位建立起原理大厦的伟大人物,不可能同样强有力地将他的注意力转向所有可能的方面"(Ak1:12)。

可以说,不管是在批判,还是在怀疑,康德都是真诚的,这种真诚来自他对自由的坚执。在这里,他"只想直截了当地承认真理",是谬误的归还给谬误,无须因其主人的位高权重而为之托辞。世俗的礼仪不仅不是对前贤的尊重,而且还会给讨论本身带来烦人的困境。在真理和礼俗之间,康德毅然选择了真理,康德把他对前人著述的出于理性的批判看作对其敬重的构成之一(Ak1:13)。

其次,此著透露出康德一贯的方法论原则。其一是"走中间道"的思想策略,正是《活力论》所遵循的方法论原则,据康德自己说,是受到德国哲学家、数学家比尔芬格①的启发。在此人递交彼得堡科学院的论文中(载《彼得堡科学院评论》第一卷)提出如下观点:如果在具有健全知性的人们那里,双方都在维护着大相径庭的意见,那么,将自己的注意力集中在某个一定程度上让两个学派都认可的中间定理,是符合概率的逻辑的。康德坦言:"我在任何时候都把它当作真理研究的一条规则来利用。"(Ak1:32)不论是这篇处女作,还是康德后来的诸多哲学著述,都表明他没有食言。

之所以要坚守此法,康德认为,这是人类知性的本性所致。知性的基本状态是,要么永远也不赞同某一证明,要么当它在证明中没有发现任何看起来像是错误的东西,即使证明中有错误但它猜想不出来时,就必须赞同这一证明。因此,"知性从来不会付出特别的努力去查找一个错误,因为它没有这样做的动因"(Ak1:96)。也就是说,这是知性的一种天然倾向,对出于自身的证明不愿从反面确定证明的有效性和普遍

---

① 比尔芬格(Bülfinger,1693~1750),德国哲学家、数学家。曾任彼得堡科学院(1724年成立)第一届院士,哲学观点接近莱布尼茨—沃尔夫学派。对中国哲学思想颇有研究,曾发表《中国的实践哲学》(1721),引起欧洲学界的激烈争论。

性。说到底，源自人类知性本性的这种被康德称为"耻辱"的倾向，关键在于其没有自我反思的意识和自我批判的动因。知性应当反思和批判自身，尤其是从"反面"或"对立面"来致思，就是说，"统治判断和反思的那种灵魂力量具有一种懒散和清静的本性；它乐于找到自己的退隐之所，愿意在使它免除一切费力的反思的东西那里流连忘返；因此，它很容易被那些把两种意见中的一种突然置于可能之下、并宣布进一步研究的辛劳没有必要的观念所俘获"（Ak1：132~133）。康德把人类知性应有的这种状态称为"知性的平衡"，他说："既然愿意找来知性为了证明人们先前假设的一种观点所提供的所有理由，那就应当以同样的专门和努力去致力于用各种各样只是以某种方式表现出来的证明方法来证明反面的情况，就像人们对待一个喜欢的观点时总是能够做的那样……人们不应当忽视任何哪怕看起来对反面情况只是稍稍有利的东西，并尽最大努力为它辩护。"因此，"在知性的这样一种平衡中，通常被看作不可能有错误的观点常常遭到拒斥，而真理如果最终出现，就将更为令人信服"（Ak1：68）。可见，康德的目的终在真理一端，过去之所以未能如愿，关键在于思路和方法不太对头；现在，康德从前人的研究中发掘出并确立了这种在他看来无比正确有效的思路和方法。当然，康德还未把他的创造性发现用非常明确的术语加以表述。但是，此时的康德已然对启蒙时代普遍的"理性自负"有了清醒的反思，虽然此时的康德还未能把知性和理性完全区分开来，但他对知性本性的揭示已经使他看到人类知性的天然不足，即缺乏自我批判和反思。人类的知性和理性还是会经常犯错的，伟大如莱布尼茨和牛顿者，也不能例外，"这与其说是人们的错误，倒不如说是人性的错误"（Ak1：12）。如果按《一般自然史与天体理论》（1755）的观点看，人类本性这种不完善，显然来自构成人类的"基本物质"，它既不是最轻盈的，也不是最笨拙的，而正好居于中间状态，这是一切人类苦恼的根源所在。（Ak1：330）

其二是康德继承的"前提批判"法。此法来源于马兰（J. J. D. de Mairan，1678~1741，法国天文学家）："人们必须具有一种方法，借助它，通过对某种意见建立于其上的基本原理所作的普遍思考、通过将这些原理与从它们得出的结论进行比较，人们在每一个事例中都可以得知，前提的本性是否也包含了就由此推导出的学说而言所要求的一切"。康德坦言，"这整篇论文可以被看作是这种方法的一个产物"（Ak1：93、94）。细检下来，马兰的方法或研究策略无非就是"根基考察法"（"大抵有基方筑室，未闻无址忽成岑"——陆九龄诗句），这完全是一种哲学思考的方法，按现在流行的话说，就是"前提批判"或"奠基论"，这与笛卡尔的"哲学即清理地基"实属一脉。康德对马兰的这种研究策略服膺之至，以至于说：错误之所以能宰制人类知性持续数百年之久，根源即在缺乏此类方法，他因而动议人们，今后为了防止那种弊端，从现在起，较之其他方法人们更应当关注这种方法。(Ak1：95)

康德把他所谓的"知性的错误"看作"人类知性的耻辱"(Ak1：96)。这种耻辱的表现，另一个重要体现在学术论争中对立双方对待敌手观点的态度上：争论的"双方都只为敌手的成见感到遗憾，每一学派都认为，只要自己的敌手花费点力气，以一种平衡的心灵倾向看待这种意见，这种意见就根本不可能被置疑"(Ak1：15)。论争者在"看来与他们已经置入头脑中的定理相冲突的东西面前闭上了眼睛。当问题取决于消除一个妨碍他们所造成的意见的困难时，一个微不足道的托辞、一个冷漠而平淡的借口就能让他们满意"(Ak1：68)。

再次，康德认为科学研究的样板是几何学。因为"在几何学证明中被认定为真的东西，也将永远是真的"(Ak1：50)。一切科学都在追求一种"无可置疑的确定性"，这是学问之成为一门科学所应具备的最根本特征。几何学之所以有如此无可置疑的确定性，根源有三：它的公理和原则是直观的、明晰的、当下既得的；它的推论是严格按照逻辑规则的，具有最大的可靠性；它的对象是可以量化的，不存在任何争议。即便它的结果在现实生活并不能找到一个完全切合的事实，不合的根源不在几何学真理，而在现实的缺陷和不完善性。由此而来的"无可置疑的确然性"一语，成为康德此后，尤其是批判哲学时期最根本的用语之一，如"几何学的确然性"(Ak1：94、96、243；Ak2：404)；"无可置疑的确然性"(Ak1：177、432、435；Ak2：449)；"无可争议的确然性"(Ak1：181)；"数学确然性的试金石"(Ak1：419)……

最后，可由此著看出康德学术的欧洲视野。康德的思考，通常都有着欧洲学术的视野，这个特点也是贯穿始终的。在这篇论著中，康德提及的人物多达二十几个，从莱布尼茨、笛卡尔、沃尔夫到查泰勒、赫尔曼……整个欧洲的学术界有关此项研究的成果大多被其收拢。这说明，康德不是仅仅向大学发言，而是向欧洲整个学术界宣告。可惜康德没有注意到他最应该注意的人物——达朗贝尔，他在1743年就已经公布了有关笛卡尔派与莱布尼茨派关于活力测算争论的正确结论。有趣的是，康德无意中忽视达朗贝尔的结果使他自己的这篇论著也因此遭到了启蒙运动著名剧作家、文艺理论家莱辛（G. E. Lessing, 1729~1781）的揶揄，后者于1751年7

月作了一首讽刺诗,不过,后来莱辛在其作品的新版中又删去了:

> 康德扛起了重担
> 打算教诲全世界
> 孜孜不倦探索活力
> 却忘了自己的活力①

康德在他处女作的开头,引述了古罗马作家塞涅卡的名言:"最需要遵循的是,我们不要按照牲畜的习惯追随前面的畜群,走的不是应当走的路,而是他人走过的路。"(Ak1:7)显然,康德一开始就是个独立思考的主儿,他不愿走别人的老路:独立思考总需要另辟蹊径来确证。塞涅卡这段话恰好出自《论幸福生活》,这是否暗示说,康德是把"独立思考"和"另辟蹊径"视为"幸福生活"的内涵,就像他的诸多前辈那样?

---

① 参见〔美〕曼弗雷德·库恩《康德传》,黄添盛译,上海人民出版社,2008年,第127页。

被埋没了的科学洞见
《地球绕轴自转问题研究》(1754)

本文是康德为柏林皇家科学院 1754 年度有奖征文而写,但因自认不太合题而并未提交科学院。康德自己把它的性质定位于"物理学",其理论依据自然是他终身服膺的牛顿经典力学。这项研究成果发表在 1754 年 6 月 8 日和 15 日的《哥尼斯贝格咨询和广告消息周报》(*Königsbergische Frag-und Anzeigungs-Nachrichten*)第 23 和 24 期上。皇家科学院的年度征文是 1752 年 6 月 1 日由柏林科学院作为数学部 1754 年的有奖课题发布的,主题是:"地球的周日运动是否总是同样的速度?通过什么方式能够确定这一点?而如果有任何不同,是什么原因呢?"遗憾的是,康德在这篇征文中所阐述的关于地球绕轴自转逐渐减慢的原因,根本没有进入此后人们的视野,直到 1865 年。正如科学院版编者导言所说:

> 康德在这里十分清晰地为地球的绕轴自转逐渐减慢阐述的原因,不得不在 100 年后被重新发现,以便排除我们的行星的运动中一种从古代观察和新近观察的对比中得出并且用牛顿的定律不能解释的反常……
> 就连在这篇论文的结尾(第 190 页)给出的对月球围绕自己的轴的自转持续时间与它围绕地球的公转时间相同这个值得注意的现象的解释,也是康德独有的,只是最近才通过 G. H. 达尔文的研究得到证实(1880 年)。

在这篇提纲式的论文中,康德预报了"天体自然史"的构想:"在这一自然史中,大自然的原初状态,即天体的产生以及它们的系统联系,必须从宇宙结构的状态自己所显示的特征出发来规定。"(Ak1:190)这一构想蕴含着康德思想的基本取向即"让自然来说明自然"。在这篇征文的开头部分,康德首先回顾了讨论这一有奖征文所示课题的方法,即"人们可以历史地探究这一问题，把出自最遥远时代有关……的古代文献，与我们的时代所规定的……进行比较"；然后他坦言：

> 我在自己的主题中不打算借助历史的辅助材料来加以说明。我认为，这种文献是如此地模糊不清，它的信息对于当前的问题来说是如此地不可信赖，以至于要使可能构思出的理论与大自然的根据保持一致，它就很可能颇有点杜撰的意味。因此，我想直接求助于大自然；大自然的联系可以清晰地表现出结果，并提供把出自历史的说明引导到正确方面上来的理由。(Ak1：185～186)

在这篇征文的结尾处，他宣布了他将于第二年也就是1755年发表他的名为"一般自然史和天体理论"的文章，这是一种"宇宙生成论"，旨在"按牛顿的理论从物质运动的一般规律推演出世界大厦的起源、天体的形成及其运动的原因"。可见，康德在自然哲学时期（理论物理学家康德），主要关注的天体物理学，理论归依在牛顿力学，偏重于用机械因果论解释他的研究对象。

值得一提的是，柏林皇家科学院历年的有奖征文，在康德哲学进程中，起到了非常重要的促发作用。这是第一次（1752年6月1日发起），第二次是1753年夏科学院发布的主题为"蒲柏和莱布尼茨的乐观主义"的征文，康德参加了这次征文，但是否有结果，尚未有材料可知。第三次是1761～1763的有奖征文，康德的应征作品成为康德哲学进程中的标志性事件，这在本书第二章中已经作了剖析。第四次是1790～1793年的《自莱布尼茨与沃尔夫以降德国形而上学真正的进步是什么》，也是康德思想进程中比较重要的一篇文献。柏林科学院有奖征文与康德哲学的关系问题，是一个很有意思的话题，可惜中外学人极少关注于此。

意在消除自然研究之迷思的
《地球是否已经衰老》(1754)

由此文副标题"对该问题的物理学考察"即可断定,这篇论文是"物理学"方面的探讨,发表在《哥尼斯贝格咨询和广告消息周报》1754年8月10日至9月14日第32~37期上。该篇与前一篇《地球绕轴自转问题研究》及次年发表的《一般自然史与天体理论》都有着内在的关联,皆是"让自然来说明自然",应当放在一起来考察以确定其在康德思想进程中的位置和意义。

首先,康德在文章的开头就"老幼之辩"问题发表了非常紧要的观点,这一观点同《庄子》中所呈现的"小大年之辩"的观念颇为相像。试比较如下:

> 小知不及大知,小年不及大年。奚以知其然也?朝菌不知晦朔,蟪蛄不知春秋,此小年也。楚之南有冥灵者,以五百岁为春,五百岁为秋;上古有大椿者,以八千岁为春,八千岁为秋,此大年也。而彭祖乃今以久特闻,众人匹之,不亦悲乎!(《庄子·逍遥游》)

> 要想知道是否可以称一个事物已经变老,是否可以称它很老或者尚年轻,就必须不是通过它持存的年代的数字,而是根据这个数字与它应当持存的时间的比例来对它作出评价。对于一种造物来说可以称为高龄的那种持存期,对于另一种造物来说就不然了。在一只狗变得衰老的同样时间里,人却几乎还没有超出自己的童年。(Ak1:195)

当然,两者对照,亦是同中有异。相同之处很显然,两者都注意到了"大小"或"老幼"是相对的,单独看数字本身的大小没有意义,这需要一个"参照"作为判断的依据。相异之处在于,康德的关注点是客观性,是数学计算,判断的参照来自造物本身"应当持存的时间",一物持存的时长同其应当持存的时长间的比率越大就越老，反之就越年轻。因此，康德这儿就有两重的比较，一是同类造物之间，根据造物已经持存的时长同该类事物通常持存的时长来判断其老幼，二是异类造物之间，根据此物与彼物已经持存的时长同各自应当持存的时长间的比率判断其老幼。《庄子》不考虑不同类造物之间在"应当持存的时间"上的差异，而是把所有造物等同看待，在他那儿，比较不是目的只是手段，不追求最终结果，目的是要破除常人就"大小"所持的执念及由此而来的生存困境，意在扩大世人的心胸和眼界，以求得生存的调适与活着的安然。也就是说，《庄子》所论的后面是人生哲学，康德此论背后是自然哲学。

其次，康德此文尤其体现出一个自然科学家应有的理性精神。这鲜明体现在作者对"彗星"和"地震"的归因上。康德在正文中列举了四种关于地球衰老的归因理论，通过细致的推证分析，对前三种属于理论解释的见解（地球衰老源于：盐分的流失、土壤的流失、海水的减少）做出了"否定性的裁断"（Ak1：209），在一定程度上赞同了第四种看法即把一种到处起作用的原则（一种精细的物质）设想为自然界的隐秘动力，其消耗殆尽会造成地球的衰老。在论文的最后，康德专门提到彗星与地球的衰老毫无关系。就此，康德说道："诸如此类的偶发事件不属于地球衰老的问题，就像思考一座建筑物如何衰老时不考虑地震和火灾一样。"（Ak1：213）康德在这里"只想作为一个自然研究者来探讨这一问题，以期尽可能在这方面达到全面的认识"（Ak1：197），要做的是"审视"而非"断定"。

在这篇论文中，康德还提出了一个非常重要的观点，即事物成毁之根源相同："恰恰是使事物达到并维持在完善状态的那些原因，使该事物通过无法觉察的变化阶段又重新接近它的衰亡。这是它的存在延续中的一种自然退化，是那些致使它生成的原因的结果，这使它最终必然要衰亡。所有的自然事物都服从这一规律，即一开始有助于它们达到完善的那种机制，在它们达到那个完善的点之后，由于这种机制继续改变事物，就又使该事物逐渐地离开昌盛状态的那些条件，最终以不可察觉的步伐使它归于毁灭。"（Ak1：198）

奠定物理学家身份的
《一般自然史与天体理论》(1754)

此著是康德最著名的物理学著作，成稿于1754年6月前后，匿名出版于1755年3月，它有一个不算短的副标题：或根据牛顿定理试论整个世界大厦的状态和力学起源。① 康德根据朋友的建议，将此著题献给了国王弗里德里希二世，意在"借国王的权威在柏林和其他地方的学者那里引起对其体系更加切近的研究，但据说从未到达国王手中"。此著在康德的同时代人那里，和此前的两篇关于地球的著述一样，皆少为人知。原因主要是，出版商在此著印刷期间破产了，库存被封，这使得此后1761年兰贝特、1796年拉普拉斯在各自的著述中，论证了与康德此著极其相似的观点，但对此著未置一词。只有经像A. V. 洪堡（1845）和叔本华（1850）这样的人物特意指点，它才广为人知，后被恩格斯给予了广为人知的极高评价：

> 在这种僵化的自然观上打开第一个突破口的，不是一位自然科学家，而是一位哲学家。1755年，康德的《自然通史和天体论》出版。关于第一推动的问题被排除了；地球和整个太阳系表现为某种在时间的进程中生成的东西。如果大多数自然科学家对于思维并不像牛顿在"物理学，当心形而上学呵！"这个警告中那样表现出厌恶，那么他们一定会从康德的这个天才发现中得出结论，从而避免无穷无尽的弯路，省去在错误方向上浪费的无法估算的时间和劳动，因为在康德的发现中包含着一切继续进步的起点。如果地球是某种生成的东西，那么它现在的地质的、地理的和气候的状况，它的植物和动物，也一定是某种生成的东西，它不仅在空间中必然有彼此并列的历史，而且在

---

① 此书有全增嘏译本《宇宙发展史概论》，上海译文出版社，初版于1972年，曾多次再版，这里参照了2001年的版本。

时间上也必然有前后相继的历史。①

恩格斯以"地球和整个太阳系表现为某种在时间的进程中生成的东西"来概括康德此著的杰出思想，实在是慧眼；而就眼下这本书的主题来看，我们会发现，只要把康德论证的对象"地球和整个太阳系"换成"哲学家的思想"，康德的创见立马就能成为本书的方法论："哲学家的思想表现为某种在时间的进程中逐渐生成的东西。"因此，可以说我们本书的方法论不过就是把康德自己拈出的方法从天上拉回到他自己而已。

此著之主题即根据牛顿力学原理从大自然初始状态推演出天体自身的形成及其运动的起源（Ak1：221）。康德深知，自然科学所激起的美感与惊叹，来自理论那巨大的解释力度（Ak1：320），而解释的前提是：大自然何以如此和谐而完善？

整个宇宙看来，可谓是"系统的系统"，地球是一个系统，这个系统又是太阳这个更大系统的构件，而太阳系也只是银河系的一个部分……"这里没有终结"，宇宙是"一个真正无法测度的深渊"。（Ak1：256）其间有的是"大自然中的和谐、美、目的以及手段与目的的完美关系"（Ak1：223），并且，"观察使这种猜测成为无可置疑的"（Ak1：307）。"世界大厦以其无比的巨大、无限的多样以及它向四面八方辐射出的美，使人惊叹得说不出话来。如果说所有这些完善性的表象激发了想象力，那么另一方面，当知性看到如此的宏伟、如此的巨大竟然是以一种永恒的、正确的秩序出唯一一个普遍的规律时，它会情不自禁地感到心醉神迷。"（Ak1：306）

康德首先指出了一般的解释角度，然后给出了自己的解释角度。一般的解释角度是内外两个方面：外在的：神意的安排和干预（合目的），神学目的论的，宗教人士；内在的：自然的规律和必然（合规律），机械因果论的，科学人士。

康德解释的角度是：通过内在的合规律性推出神学目的论。（Ak1：225）这大概是德国新教神学家保罗·蒂利希（Paul Tillich，1886~1965）《系统神学》（*Systematic Theology*）第三卷的主题"科学的见证即上帝的见证（witness）"的理论前身。

---

① 〔德〕恩格斯：《自然辩证法》，人民出版社，2018年，第14~15页。

一 康德对宇宙起源的观念

世界起初是由品类繁多的"基本物质"所构成,"物质是受某些必然规律制约的"(Ak1:227)。康德由此恢复了古代原子论者解释宇宙起源的基本理念(原子[原初材料]及其普遍的分散状态、下沉[引力]、旋涡[云状星体①]),但他抛弃了后者以"偶然的巧合"来解释宇宙起源的观念,从而坚持了"彻底的必然性"。他认为:"从物质彻底的分离和分散中能够完全自然而然地发展出一个美好的、井然有序的整体。这种情况之所以发生,并不是由于一种巧合和偶然,相反可以看到,大自然的特性必然造成这种状况。"(Ak1:227)"基本物质必须一下子就如此丰富、如此完备,以至其各种组合的发展在永恒的流溢中按照一个计划展开,而这个计划自身包含着一切可能的东西,它没有任何限制,简而言之,它是无限的。"(Ak1:310)

那么,基本物质先天具备的运动能力(首先是引力)来自何方?宇宙本身的合规律性之根源何在?康德由此走上了神学目的论:"正因为大自然即便在混沌中也只能按照规则井然有序地行事,所以有一个上帝存在。"(Ak1:228)"事物本性自行升华为秩序和完善的根本能力是上帝存在的最好证明。"(Ak1:239)神明的无限力量和智慧保证了作为宇宙初始材料的基本物质,蕴含了此后的一切可能。显然,康德的思路中,已然注意到两种解释即目的论和因果论之间的悖反了,他并没有真的做到"彻底的必然性"。他从世界的"合规律性"推出了世界的"合目的性"。虽然上帝对形成后的宇宙并不施以己手,但这一切都已先定地含蕴在全能上帝所创造的那些弥漫在宇宙间的基本物质里了,过程的合规律性是以基础的合目的性为前提的。在这一点上,此时的康德并未像他说的那样比牛顿的解释更合理。

康德不点名地引用了伽利略的名言"只要给我物质,我就给你们造出一个宇宙来"(Ak1:229),并解释道:"这就是说,给我物质,我将给你们指出,宇宙是怎样由此形成的。因为如果有了在本质上具有引力的物质,那么大体上就不难找出形成宇宙体系的原因。"但康德马上接着说,"难道人们能够说,给我物质,我将向你们指出,幼虫是怎样产生的吗?"

---

① 康德认为此文独创之处即在于考察了"云状星体的性状"(Ak1:232)。

(Ak1：229～230)① 看来，宇宙的起源与生命的起源是完全不同的，在康德看来，要揭示生命的根源还为时尚早，他现在只能解决天体物理学问题，也就是宇宙体系的起源和天体的产生以及它们运动的原因。所以，康德说"牛顿已经提出了宇宙学的数学部分"(Ak1：230)。康德承诺，在对宇宙史的探讨中，除了引力和斥力这两种同样确定、同样简单且同样原始、同样普遍的力之外，不再运用其他任何别的力来说明大自然的伟大秩序。康德非常清楚，此文的研究主要是一种哲学性的（理论物理学），因此绝不能要求它具有"极大的几何学精密性和数学的准确性"(Ak1：234～235)。

在康德所坚持的宇宙起源的力学解释中，我们几乎可以看到后来被赫尔德大加推行的"起源揭示本质"这一历史原则。宇宙起源于上帝所创生的、品类繁多且蕴藏无限的"基本物质"，是它决定了宇宙的过去、现在和未来，一切的一切均可在"基本物质"中得到合理的解释。鉴于"起源揭示本质"这一观念在当今的中国学术界颇为流行，故而想就此多说几句。赫尔德之后，这一观念经马克思主义经典作家的继承和发展，遂在我国学术界成为金科玉律式的方法论原则，其功其过都不可谓不大不深。我这里想从两个方面对其加以补足。首先从这一观念的源起处看，它的理论基础是自然科学尤其是天体力学，能不能平移到人文领域，尚待论证。而且，即使是在天体物理学中，这一原则是不是能够运用到底也是可以争论的。比如就康德的理论来说，"基本物质"或"原初物质"何以能有如此能耐，除了信仰上帝的人，还真不容易解释——神秘的"基本物质"。这一观念之不能运用于人文领域在第二个方面即理论上会表现得更清晰：起源只能揭示而不能决定本质。精神领域的源起问题固然非常有效地揭示了历史的连续性和继承性，也同样非常隐蔽地忽视了精神的创造性，而这后一方面才是精神之为精神的根本所在。比如我们解释康德，有非常可靠的资料证实，康德哲学所有的理论命题、范畴和概念，几乎都能在他的前人那里找到相应的"影子"，但康德之为康德恰恰就在于他创造性地总结了这些从而开出了只属于康德哲学的思想观念；要理解康德之为康德，则必须找出康德之不同于前人之处，而不在于他继承了前人的那些资源，前人的理论只能作为背景帮助我们更好地理解康德何以如其所是。这也是思想史上一切伟大的思想家所必须具备的根本特征。更为直接的例子是人类与

---

① 据国内的研究者，这句话笛卡尔也曾说过。参见钟宇人、余丽嫦编《西方著名哲学家评传》（第四卷），山东人民出版社，1984年，"笛卡尔"部分第140页。

类人猿的关系，按达尔文的进化论，人类起源于猿猴，但人类之所以是人类则恰恰在于其不同于前者之处，人类固然有"猴性"（动物性），但人类之为人类根本说来却在于它的人性或人类性。起源之于本质，根本的价值在于它为我们理解精神事件提供了一个非常重要的背景，一个可资比照的参考，而绝不能说它"决定了"对象的本质。对象的本质和独特性恰恰在于其对起源的超越上。

"原初物质"在同年出版的《形而上学认识各首要原则的新说明》中，成为康德补纠莱布尼茨"单子论"的主要根据。按莱布尼茨，单子没有窗户，彼此间绝不相互影响，因此单子间在现实世界的普遍和谐就只能是预定的。康德赞同世界的单子论，但是反对预定和谐论。他解释宇宙万物间普遍和谐的理据，就是这里的"原初物质"。也就是说，宇宙万物有着起源上的共同性，它们是同源的，康德名之为"本原上的共同性"；宇宙实体虽各自独立，互不决定，但按相同的方式运作，实体内的运作方式和规律同实体间的相互关联的方式和规律是同构的。实体的共存律，加上起源的共同性和和谐的依赖性，宇宙间的普遍和谐就得到了很好的说明。（Ak1：413～416）"基本的物质微粒"当然只是康德理论的一个"假定"，可称为"工作假设"。世界起初是由品类繁多的"基本物质"所构成，"物质是受某些必然规律制约的"（Ak1：227）。康德在此文中的论述大体如下：

> 基本物质必须一下子就如此丰富、如此完备，以至其各种组合的发展在永恒的流溢中按照一个计划展开，而这个计划自身包含着一切可能的东西，它没有任何限制，简而言之，它是无限的。（Ak1：310）

> 然而，即便是在构成混沌的元素的根本特性中，已经可以觉察到一种完善性的迹象；这种完善性是它们从其起源获得的，因为它们的本质是出自神圣理智的永恒理念的一种结果……在其简单的状态中已经有一种通过大自然的发展而形成一种完善的状态的追求。（Ak1：263）

> 人们有充分的理由可以认定，世界大厦的秩序和安排是从被创造的自然材料的储备出发在时间的序列中逐渐地完成的；其特性和力量为一切变化奠定基础的基本物质自身，却是神性存在的一个直接结果。（Ak1：310）

我们似乎能在康德天体理论中,作为天体之根源的"基本物质"中看到黑格尔哲学"绝对精神"的影子。构成宇宙的基本物质在品类上的差异,决定了由它构成的一切生物的智力水平或精神性,这让我们觉得,康德的理论恰是柏拉图理论的近代翻版。(Ak1:330)

二 康德论世界的可灭性(有限性)

康德说:"凡是有限的东西,凡是有开端和起源的东西,自身就包含其受限制本性的特征,都必然要毁灭,要有一个终结。"(Ak1:317)"每一个已臻完善的世界都有逐渐趋向毁灭的倾向。"(Ak1:316)"有这样一个自然规律:凡是有开端的东西,都将不断地接近其衰亡,而且它离开其开端的那个点越远,就离衰亡越近。"(Ak1:353)上帝就在这种不断的创造中,表现自己的无限性:"在大自然以千变万化的场面装点永恒时,上帝依然在其不断地创造中忙于为形成更大的世界准备材料。"(Ak1:318)在宇宙纷纭流变的这场戏剧里,上场的注定都要下场,不用担心舞台上没有演员,那是对上帝的不信和小视。"每一有限的事物都就扮演这个角度,即向短暂性纳贡"(Ak1:319),宇宙间的天体犹如"长生鸟"(phoenix)"之所以自焚,乃是为了……恢复青春"(Ak1:321)。

在康德的天体理论中,地球不过是造物主无限创造中的一个普通的作品而已,"它在创造物中最杰出的东西方面,和在创造最微不足道的东西方面是同样丰饶的",它们的毁灭是一种必然的表现,这对整个宇宙来说毫无损失——正如康德所引蒲柏的诗(Ak1:318)所云:

> 由于他是万物的创造者,他对
> 一个英雄的失败和一只小麻雀的丧命,
> 一个水泡的破裂和一个世界的毁灭,
> 都一视同仁。

但康德也明确承认人类的伟大,他说:"在整个无限的世界空间中,神明是到处都同样临在的……整个造化都被它的力量所贯穿,但只有懂得使自己超越造物,同时又如此高贵,以至于能够看出唯有在对完善性的这一本源的享受中才能找到最高等级的幸福的存在者,才能比整个自然界中任

何别的东西更加接近这个真正具有一切完善性的参考点。"（Ak1：329～330）

三　康德哲学在思维上的特点

康德哲学的基本特色很早就已经表现出来了。这主要体现在康德解决学术问题的基本取向、基本方法上。就基本取向说，"走中间道"，也就是通常所谓的"折中调和"。据康德自己说，这是受德国哲学家、数学家比尔芬格的启发。比氏在递交彼得堡科学院的论文中（载《彼得堡科学院评论》第一卷）有如下观点：如果在具有健全知性的人们那里，双方都在维护着大相径庭的意见，那么，将自己的注意力集中在某个一定程度上让两个学派都有点道理的中间定理，是符合概率的逻辑的。康德坦言，"我在任何时候都把它当作真理研究的一条规则来利用"（Ak1：32）。不论是就此前处女作，还是就康德后来的哲学进程，都表明他没有食言。就基本方法来说，就是"划界而治"，亦即通常所谓的"划界"。这是康德走中间路所不得不选择的解决策略，在康德的著述中，随处可见的，就是康德对概念内涵的切割和分殊。在解决第一批判所提出的诸二论背反时，此种方法几乎成为他的法宝。在教职论文《形而上学认识各首要原则的新说明》中，康德把"理由"分殊为"存在理由"和"认识理由"、把"必然性"区分为"绝对的"和"假定的"、把"自由"分为"自觉的自由"和"随意的自由"。在《测算》中，康德区分了两种物体，即"数学物体"与"自然物体"。并认为，"某种东西对前者来说可能是真的，但不可能转用到后者身上"（Ak1：140）。

这是因为，康德在哲学思考中，对概念的明晰性有着坚定的要求。这非常突出地表现在他善于把同一个符号所标示的不同概念区分开来。比如"区别"有凭借判断而来的和凭借感觉而来的（Ak2：285），比如"应该"有手段的必然性和目的的必然性两种（Ak2：298）。

在哲学，尤其是形而上学中，要以"最困难的东西"开端，"这纯粹是些需要高度抽象和注意力的概念，尤其是因为它们的符号在运用中经受了许多不知不觉的变异，它们的区别是不可忽视的"（Ak2：289）；"在哲学自身中，尤其是在形而上学中，语词都是通过说话习惯获得其含义的……但是，由于一些相似的概念虽然蕴涵着相当大的差别，却常常使用同样的语词，所以，在每次使用概念时，尽管该概念按照说话习惯显得是很得体的,还必须极其谨慎地注意这里与同一个符号结合起来的,是否确实是同样的概念"(Ak2:284~285)。

康德由此成为彻底的经验主义者,他把如下观点视作"确定无疑的":"人所拥有的所有观念和表象都来自宇宙万物借助身体在他的灵魂中激起的印象,无论是就印象的清晰而言,还是就被称为思维能力的那种把它们连接起来并加以比较的技能而言,人都完全依赖于造物主把它与之结合起来的物质的性状……人注定要凭借身体去接受世界在他里面激起的印象和情感。身体是他的存在的可见部分,其物质不仅有助于居住在它里面的不可见的精神形成外部对象的最初概念,而且对于重复这些概念、把这些概念连接起来、简而言之也就是思维这些概念的内部活动来说,也是必不可少的。根据人体发育的程度,其思维本性的能力也达到相应的完善程度,并在他的器官的纤维获得其发育成熟的强度和耐力之后,才能达到成熟的、成人的能力。"在这句下面有一个注释,说得更为明白:"从心理学的理由出发已经澄清,根据造化使灵魂与肉体彼此相依的目前状况,灵魂不仅必须借助肉体的配合和影响才能接受宇宙万物的所有概念,而且其思维能力的发挥自身也取决于肉体的状况,并从肉体的襄助获得为此所必需的能力。"(Ak1:355~356)康德几乎是在用组成肉体的物质的性状来厘定人类精神的部分。在《形而上学认识各首要原则的新说明》中,康德依然坚持这种看法,因为"实体只有在与其他实体结合时,才能发生一种变化",而通过内感官"灵魂是经受了内在变化的",因此"在灵魂之外必定存在着许多东西,灵魂凭借交互的结合与它们联系在一起",也就是说,"所有有限精神都必须被赋予一种有机的躯体",故而"人的灵魂……在行使思维的内在功能时受制于物质的那种牢不可破的结合""当后者被障碍所阻挡时,前者就也受到阻碍"。(Ak1:412)

四 康德论人的"有限性"和"平凡性"

"人的有限性"加上"人的平凡性"是康德学术思考的一个非常重要的前提,这个观念一方面来自他起先的理论物理学家的研究实况,另一方面则是宗教背景下他不得不通过对人的无能来达到对上帝万能的确认。自然科学的研究工作使得康德认识到面对无穷的自然,人的无能和人的平凡。"人的有限性"可以说是康德一生坚执的观念,我们只是在他对"崇高"的解释中,看到人类理性的"伟大和尊严",但那也只是在观念中的自我认同，实际上并未真的如此。人的尊严和可贵，不在人的实际能力上，而在他的意识里，在他的态度里，在他的道德行为里。把康德哲学整个地理解成奠基于人这一特殊存在者的"有限性"的海德格尔，就因此铸就了一部名著《康德书》（《康德与形而上学疑难》），并由此"将《纯粹理性批判》阐释为形而上学的一次奠基活动，由此展开一种基础存在论的理念"①。必须说明的是，海德格尔看似是从康德哲学的始基"人之有限论"出发的，但是，"有限性"在康德那里主要内容是认识能力方面的，比如人的直观只能是感性的而不能是知性的，人的知性范畴只能借助于经验材料否则就毫无意义，人的认识只能通达物的现象而不能穿透物自身，人的道德原则只能是命令式的……而不是海氏领会的"时间性"的。

这儿特别说说刚刚提到的康德把"理由"分殊为"存在理由"和"认识理由"这一点。在《形而上学认识各首要原则的新说明》（1755）中康德着重地论证过这一点。在那儿，康德对莱布尼茨的"充足理由律"进行了批判性研究，从而把事物存在的基础与对事物认识的基础区别开来，把现实基础（是什么）与逻辑基础（为什么）区别开来，"在这些论断中包含着后来二元论的萌芽：现实事物和世界与我们认识的世界，二者不一致"②。比如，就康德的例子说，光的本性是光之所以如此的"存在理由"，而木星卫星变暗则是关于光的"认识理由"（Ak1：392）。就存在理由，康德认为，某物在自身中不可能拥有其存在的理由，也就是说，康德否定了物之中"自由因"的存在。康德的解释如下："假定存在有某物，它在其自身就拥有其存在的自由，那么，它就是它自己的原因。但由于原因的概念在本性上先于结果的概念，结果的概念迟于原因的概念，所以，同一个东西同时先于且迟于它自身，这是悖理的。"（Ak1：394）"因此，任一被宣称绝对必然存在的事物，都不是由于某个理由而存在，而是由于其对立面完全不可思议。对立面的这种不可能是存在的认识理由，而在先规定的理由则完全缺乏。它存在，就它而言说出并且认识到这一点就够了。"（Ak1：395）康德这里所区分出的存在理由和认为理由，完全可以用来说明他后来在第一批判中揭橥的、作为康德批判哲学门槛的"物自体"学说。对"物自体"的确认，康德只是提供了"它存在"，除此之外一无所知。我们可以从感觉材料的来源（它刺激了我们的感官）推知它的存在，也就是说，对于"物自体"，我们只拥有关于它"是什么"的"认

---

① 〔德〕海德格尔：《康德与形而上学疑难》，王庆节译，商务印书馆，2018年。
② 〔苏联〕阿尔森·古留加：《康德传》，贾泽林等译，商务印书馆，1981年，第31页。

识理由",至于它到底"为什么"的"存在理由"那是我们的理智所不能触及的。康德对上帝存在的"神性存在的证明",采取的也是这条思路。这不是一种"发生学"意义上的证明,而只是借助"最原初的证据,即事物的可能性自身,得到了证实"(Ak1:395)。总之,"物自体"和"上帝"之所以存在,根本的理由是"其对立面完全不可思议",亦即我们无法设想没有"物自体"或者没有上帝存在,我们的理性("规定理由"或"充足理由律")迫使我们必须接受它们存在的断定。

到了1788年的《实践理性批判》中,康德还特意用这一区分来破除人们在道德律和自由之间所可能产生的混乱认识:

> 当我现在把自由称之为道德律的条件、而在本书后面又主张道德律是我们在其之下才首次意识到自由的条件时,为了人们不至于误以为在此找到了不一致的地方,所以我只想提醒一点,即自由固然是道德律的 ratio essendi [存在理由],但道德律却是自由的 ratio cognoscendi [认识理由]。因为如果不是道德律在我们的理性中早就被清楚地想到了,则我们是绝不会认为自己有理由去假定有像自由这样一种东西的(尽管它也并不自相矛盾)。但假如没有自由,则道德律也就根本不会在我们心中被找到了。(Ak5:5)

康德所区分的两种理由即"认识理由"和"存在理性",都属于规定理由。"认识理由"又称为"真值理由"。康德之对自由因的否认,完全是他贯彻莱布尼茨"充足理由律"——康德建议改为他命名的"规定理由"——于人类行为时所必然面对的结果。康德因此不得不面对一个使其终身不得安宁的难题——关于人的自由问题。就如同宗教的潜在威力,使他不得不面对"上帝全善"与"世间之恶"关系若何的"神正论"(theodicy/Theodizee)问题。康德用了很大的篇幅来讨论意志自由与规定理由(决定论)间的对立关系。反对沃尔夫的克鲁修斯(C. A. Crusius,1715~1775)是康德主要敌手。克鲁修斯宣称,充足理由律"复活了所有事物不变的必然性和斯多亚学派的命运的旧有权利,甚至削弱了所有的自由和道德性";如果一切都有确定的理由,那我们就不能拥有评价我们行为善恶的依据,因此也就无法给任何人定罪。康德则认为,"一切皆有据"的思想和自由意志并不矛盾。克鲁修斯所谓的自由,在康德看来,纯粹是赌徒式的任意自由,是走路先迈左脚还是先迈右脚的随意自由。(Ak1:406)康德对自由的界定是:"错综复杂的理由系统在要采取的行动的每一个环节上都提供了向各方面诱惑的动因，其中之一你自愿地顺从之，因为这比采取另一种行动更使你愉快"；也就是说，"自由行动就是与自己的欲望一致，从而也就是自觉地行动。而规定理由并不排斥这一点"（Ak1：402、403）。此时康德对自由的解释，与第二批判中的"意志自由"还相去甚远，但在自由的"自觉性"或"自愿倾向"这一点上，他已有相当明确的认识。康德的意思是说，我们的行动当然是自由的，只是不论我们如何行动，总是有充足的理由可以被认识到的，康德关注的是自由行动的"因何"而非其"如何"（Ak1：400）。

在后一问题上，康德显然受到莱布尼茨的影响，在《单子论》的简略文本《自然与恩宠之理性原则》（*Principes de la nature et de la grace, fondes en raison*）中，莱布尼茨说："世界上之有恶并非作为现实，而是作为缺失、缺陷而存在于创造物，尤其存在于人的本质上的有限性之中，创造物，尤其人的这种有限性表现在一切行为和思想中。所以，过失和罪也必须被归入个体自由的领域之内。"① 其中，"人的本质上的有限性"思想也为康德终身执守。就此，列举如下。

（1）在《一般自然史与天体理论》中，康德已经在训导人类的理性，不要太自以为是了。这与信仰理性万能的启蒙精神是背道而驰的。在该著中，康德说："无限的造化以同样的必然性包含着它那无穷无尽的财富所创造的一切物种。"（Ak1：354）规律面前，物人平等。人并不高贵于其他存在物，总体说来，上帝给予人的并不多于一棵小草，万物平等，康德已经是在训导当时异常自负的人类理性，"从能思维的存在物中最高贵的品级到最受轻蔑的昆虫，没有一个环节是无关紧要的……"（Ak1：354）

（2）与上帝相比，人类的理性是非常有限的。"上帝并不需要推理"，在《形而上学认识各首要原则的新说明》中康德如是说过，"即便人们渴望进入更深奥的认识，对于更深刻的理解来说，也依然留有人的理智永远无法开启的圣地"（Ak1：391、405）。在1756年的《地震的继续考察》中也说过：面对地震及其原因的探索时，"人应当开始正当地意识到，他永远不能超出是一个人"（Ak1：472）。不论康德在涉及宗教和上帝时所做过的论证是出于本心还是不得已地装点门面，作为康德思考哲学问题之背景和参照的宗教，都对康德哲学的进程起到过非常关键性的作用，正是由于对宗教的顾及，康德不得不在上帝和人之间做出严格的区隔，这是康

---

① 参见朱雁冰"译者前言"，载〔德〕莱布尼茨《神义论》，朱雁冰译，生活·读书·新知三联书店，2007年，第9页。

德最终形成二元论思想的重要促因之一。这也是宗教之于康德哲学的重要价值之所在。

（3）人应当"谦卑恭顺"（Ak1：431），"人必须学会顺从大自然；但人却希望大自然来顺从自己"（Ak1：456）。"人对自己是如此之自信，乃至仅仅把自己视为上帝的安排的唯一目的，仿佛除了人自己之外，上帝的安排就没有任何别的着眼点，以便在对世界的统治中确立各种准则似的。我们知道，大自然的整体是上帝的智慧及其安排的一个相称的对象。我们是大自然的一部分，但却想成为全体……一切都应当仅仅在与我们的正确关系中来进行。人们想象，凡是世界上能带来舒适和享乐的东西，都仅仅是为了我们而存在的。"（Ak1：460）"毫无疑问，没有任何为感官所知的自然对象，人们能够说借助观察或者理性穷尽了它，哪怕是一滴水、一粒沙或者某种更单纯的东西；自然在其最微小的部分中对一个像人类的这样有限的知性提出要求解决的东西，其多样性是如此无法测度。"在自然学说领域如此，在关于灵神性存在者的学说里，就更是如此，对它们，我们没有任何可靠经验可以依凭，因此，"它确定无疑地设定了我们认识的界限"（Ak2：351）。

（4）比如我们对物质及其性质不可入性的认识，"乃是经验教导的，而对经验的抽象也在我们心中产生了物质的普遍概念。但某物在其在场的空间中所作出的这种阻挡，固然以这样的方式被认识，但并没有因此而被理解……因为只有通过经验人们才能认识到，我们所称的物质世界的事物具有这样一种力量，但绝不能理解这种力量的可能性"（Ak2：322）。康德在《视灵者的梦》中对传统形而上学对象"灵魂"（比如灵魂的本质、灵魂与肉体如何统一又如何取消）的讨论——这些问题"远远地超越了我们的认识"（Ak2：328），坚持了它的不知性（不可认识性），也就是它的不可被人类理性所证明的特性，它对于人类理性的拒斥性，这些对象完全处在人类理性的界限之外。这是康德哲学始终坚守的一个观念。有些对象，我们对之有经验，就能为人类理性所认识并理解（通过因果关系），有些对象，我们只知其然而不知其所以然，比如因果关系是如何可能的？人类的理性是如何可能的？还有些对象，我们根本就不能形成任何正面的认识，比如灵魂、上帝。

（5）在"就职论文"里，康德就"无限"的难题也提到"另一种理性"："可能有一种理性，它虽然不是逐步地接近尺度的，但却一眼就清晰地认识到集合；尽管这肯定不是一种人的理性。"（Ak2：389）

（6）在《实践理性批判》中，康德亦集中论述了人的有限性问题。人始终生存于两个世界,自然世界(感官世界)与自由世界(理知世界)。人也因此在内心中有两大准则:一个是源自作为感性世界之一员的对幸福的追求的"自爱准则",另一个是源自纯粹理性的追求德性的"道德准则"。如果它们都想成为普遍的原则,则前者就是"自大",后者就是"道德法则"。这两大准则,有点像弗洛伊德的"本我"和"超我"。合法则性,则相当于"自我"。正是人的有限性导致了他的欲求能力的诸多同属于一个类型并隶属于自爱或幸福的客体(质料),一旦被预设为实践的规则就全都会是经验性的,并进而不可能被作为实践行为的法则来确立,也因此使得"唯有准则的单纯立法形式才是一个意志的充分规定根据"(Ak5:28),这个意志也因此必然是"自由意志",这个法则也必然是定言命令式的。

因为,"获得幸福必然是每一个有理性但却有限的存在者的要求,因而也是他的欲求能力的一个不可避免的规定根据。因为对他自己全部存有的心满意足绝不是某种本源的所有物,也不是以对他的独立自主的意识为前提的永福,而是一个由他的有限本性自身纠缠着他的问题,因为他有需要,而这种需要涉及他的欲求能力的质料,也就是某种与作为主观基础的愉快或者不愉快的情感相关的东西,借此就使他为了对自己的状态感到心满意足所需要的东西应得到了规定。"① 也正是这种有限本性,使得他依据欲求的质料所定的规则,就不可能被一切人在任何场合所普遍认同,"因为每个人要将他的幸福建立在什么之中,这取决于每个人自己特殊的愉快和不愉快的情感,甚至在同一个主体中也取决于依照这种情感的变化的各不相同的需要,所以一个主观上必要的法则(作为自然规律)在客观上就是一个偶然的实践原则,它在不同主体中可以而且必定是很不相同的";即使他们在达到愉快或防止痛苦的手段上都想得完全一样,"自爱的原则却仍然绝对没有可能被他们冒充为实践的法则,因为这种一致性本身仍然只会是偶然的"。② "因为每个人都以自己的主体作为的基础,另一个人却以另一个主体作为爱好的基础,而在每一个主体本身中具有影响的优先性的一会儿是这个爱好,一会儿是另一个爱好。要找出一条法则将这些爱好全部都统辖在这个条件下,即以所有各方面都协调一致来统辖它们,是绝对不可能的。"③

---

① 〔德〕康德:《实践理性批判》,邓晓芒译,人民出版社,2016年,第29页。
② 〔德〕康德:《实践理性批判》,邓晓芒译,人民出版社,2016年,第30~31页。
③ 〔德〕康德:《实践理性批判》,邓晓芒译,人民出版社,2016年,第34页。

实践理性的先天原则即道德法则,"并不仅仅限于人类,而是针对一切具有理性和意志的有限存在者的,甚至也包括作为最高理智的无限存在者在内。但在人类的场合下这条法则具有一个命令的形式,因为我们对于那虽然是有理性的存在者的人类能预设一个纯粹的意志,但对人类作为由需要和感性动因所刺激的存在者却不能预设任何神圣的意志,亦即这样一种意志,它不可能提出任何与道德律相冲突的准则"①。也就是说,对人而言,以责任或义务之名标示出来的道德法则,实际上必然会与也同时作为感性存在者的同一个主体因感性需求而来的主观欲求发生冲突,这时,前者就会呈现出对后者的出于内部的且是智性的抵抗或强制。神圣意志是自由意志不可避免地必须用作"原型"的实践理念,"无限地逼近这个原型是一切有限理性存在者有权去做的唯一的事",并对此不断提醒且确保人类对其颁布的道德法则始终不渝,"这是有限的实践理性所能做到的极限"。②

逻辑地看,康德要论证人的有限性,就必然会在"比较"中见出这一点。即一方面把人这种有理性的感性存在者,与超感性的神性存在者比如上帝或神灵作比,以见出其是感性存在者,要服从自然律的支配;同时,也要与动物性的存在者相比,以见出人的超越性,人性实质上就是这种物性与神性的一体化,每一种都是对另一种的否定,也同时可能是一种提升。这两种比较,如果需要说明人的超越性时,康德会用第二种,比如在第一批判的后半部分;如果是要论证人的有限性,康德会用第一种,比如在第二批判里,可列举如下:

  一旦敬重是对情感的一种作用、因而是对一个有理性的存在者的感性的作用,这就预设了这种感性为前提,因而也预设了这样一些存在者的有限性为前提,是道德律使这些存在者担当起敬重来的,而对一个最高的乃至摆脱了一切感性、因而感性也绝不可能是其实践理性的障碍的存在者,我们是不能赋予他对法则的敬重的。③

人的知性是推论性的,因而其表象是思想而非直观,这些表象在时间中一个跟随一个,而人的意志则总是带有满足于其对象之实存的

---

① 〔德〕康德:《实践理性批判》,邓晓芒译,人民出版社,2016年,第39~40页。
② 〔德〕康德:《实践理性批判》,邓晓芒译,人民出版社,2016年,第40页。
③ 〔德〕康德:《实践理性批判》,邓晓芒译,人民出版社,2016年,第95页。

依赖感，如此等等，而在最高存在者那里，则不可能是这样的。①

所有这三个概念，即动机的概念、兴趣的概念和准则的概念，只能被应用于有限的存在者上。因为它们全都以一个存在者的本性的某种限制性为前提，因为该存在者的任意性的主观性状与一个实践理性的客观法则并不自发地协调一致；这就有一种通过什么而被推动得活动起来的需要，因为某种内部的阻碍是与这种活动相对抗的。所以这些概念在上帝的意志上是不能应用的。②

道德律对于一个最高完善的存在者的意志来说，是一条神圣性的法则，但对于每个有限理性存在者的意志来说，则是一条义务的法则，道德强迫的法则，以及通过对这法则的敬重并出于对自己义务的敬畏而规定其行动的法则。③

我们不能赋予上帝的意志以任何动机，但人的意志（以及任何被创造的有理性的存在者的意志的动机）却永远只能是道德律，因而行动的客观规定根据任何时候、并且唯有它才同时必须又是行动的主观上充分的规定根据，如果这种行动应当实现的不只是法则的不包含其精神的条文的话。④

进一步说，人之有限性，使得人们在认识领域不可能认识物自体或任何神圣性存在者，在道德领域，除了道德律呈现出一种"命令式"外，更在于纯粹的道德律"就把德性的意向体现在它的全部完善性中了，如同这种完善性作为一个神圣理想是没有任何被造物能达到的，但它却是一个范本，是我们应当努力去接近并在一个不断的但却无限的进程中与之相同的。就是说，假如一个有理性的被造物有朝一日能够做到完全乐意地去执行一切道德律，那么这将不过是意味着，在他心里甚至诱惑他偏离这些道德律的某种欲望的可能性都不会存在……但达到道德意向的这种程度是一个被造物永远不能做到的。因为既然它是一个被造物，因而就它为了对自

---

① 〔德〕康德：《实践理性批判》，邓晓芒译，人民出版社，2016年，第170页。
② 〔德〕康德：《实践理性批判》，邓晓芒译，人民出版社，2016年，第99~100页。
③ 〔德〕康德：《实践理性批判》，邓晓芒译，人民出版社，2016年，第102~103页。
④ 〔德〕康德：《实践理性批判》，邓晓芒译，人民出版社，2016年，第102~103页。

己的状况完全心满意足所要求的东西而言，它总是有所依赖的，所以它永远不能完全摆脱欲望和爱好，这些东西由于基于身体的原因，不会自发地与具有完全不同来源的道德律相符合，因而它们任何时候都有必要使被造物的准则的意向在考虑到它们的建立在道德强迫上，即不是建立在心甘情愿的服从上，而是建立在哪怕是不乐意遵守这法则所要求的敬重上，不建立在那决不担心内心意志会对法则产生任何拒绝的爱之上，但仍然使这种爱，也就是单纯对法则的爱成为自己努力的永久的、虽然不可达到的目标"①。因此，康德断言，"在人身上一切善都是有缺陷的"，因此圣贤实际上是不存在的，已有的所谓"圣人"，都是后人自己出于某种不论高尚与否之目的塑造起来的；我们视之为榜样或范本的，只是因为"他在自己身上总还是可能带有的那种不纯粹性对我来说并不像我自己的不纯洁性那样为我所熟悉，因而他在我眼里就显示出更纯粹的光辉"②；"而人一向都能够处于其中的那种道德状态就是德行，也就是在奋斗中的道德意向，而不是自以为具有了意志意向的某种完全的纯洁性时的神圣性。③

为什么我们喜欢或感兴趣于在一个原来被神圣化的对象身上找到某种人格上的瑕疵，原因是，对一个人的道德上的敬重，常常并非一种愉快的情感，因此，"我们试图找出能够使我们减轻敬重这一负担的东西，找到任何一种瑕疵，以便补偿由这样一个榜样使我们产生的谦卑所带来的损失。就连死去的人，尤其是当他的榜样显得无法模仿时，也并不总能幸免于这种批评的"。"这由如下一点也得到证实：当众多平庸的倾慕者相信他们从另外什么地方得知了一个这样的人物（如伏尔泰）的性格上的劣迹，就不再对他有任何敬重了"。④ 这也是仅仅对于人才会出现的情形。

"意志和道德律的完全的适合就是神圣性，是任何在感官世界中的有理性的存在者在其存有中的任何时刻都不能够做到的某种完善性。然而由于它仍然是作为实践上的而被必然要求着，所以它只是在一个朝着那种完全的适合而进向无限的进程中才能找到，而按照纯粹实践理性的原则是有必要假设这样一个实践的进步作为我们意志的实在客体的。"也就是说，"对于一个有理性的但却是有限的存在者来说，只有那从道德完善性的低级阶段到高级阶段的无限进程才是可能的。"⑤

---

① 〔德〕康德：《实践理性批判》，邓晓芒译，人民出版社，2016年，第104~105页。
② 〔德〕康德：《实践理性批判》，邓晓芒译，人民出版社，2016年，第96~97页。
③ 〔德〕康德：《实践理性批判》，邓晓芒译，人民出版社，2016年，第106页。
④ 〔德〕康德：《实践理性批判》，邓晓芒译，人民出版社，2016年，第97、98页。
⑤ 〔德〕康德：《实践理性批判》，邓晓芒译，人民出版社，2016年，第153、154页。

"我们常常可以在那些为已有榜样的意图的纯洁性辩护的人那里看到，凡是在他们对正直不阿有自己的猜测时，他们也喜欢为这些榜样擦去最微小的污点，其动因是为了当一切榜样都被怀疑其真实性、一切人类德行都被否认其纯洁性时，德行不会最终被看成幻影，从而趋向德行的一切努力都被当作虚荣的做作和骗人的自大而遭到蔑视。"① 这在认识领域也是如此，"在那个边界和我们所知道的东西之间，仍然会有一条填不满的无限的鸿沟，而我们所听从的与其说是彻底的求知欲，还不如说是虚荣的疑问癖"（Ak5：55）。

当然，"圆善"的理念也是根源于人的有限性的，也正是后者使得以幸福和德性之多寡而精确配备的"圆善"，绝无可能在此世实现出来，并因此引申出纯粹实践理性的三大悬设。首先，因人之有限性而来的圆善义务："德性（作为配享幸福的资格）是一切只要在我们看来可能值得期望的东西的、因而也是我们一切谋求幸福的努力的至上条件，因而是至上的善……但因此它就还不是作为有限的理性存在者的欲求能力之对象的全部而完满的善；因为要成为这样一种善，还要求有幸福。"② 其次，人的有限性使得"圆善"绝无可能在此世实现出来："因为在现世中作为意志规定的后果，原因和结果的一切实践的联结都不是取决于意志的道德意向，而取决于对自然规律的知识和将这种知识用于自己的意图的身体上的能力，因此不可能指望在现世通过严格遵守道德律而对幸福和德行有任何必然的和足以达到圆善的联结。"③ 最后，"圆善"之不能于现世实现又不能放弃而带来的"纯粹实践理性的三大悬设"："圆善在现世中的实现是一个可以通过道德律来规定的意志的必然客体"，"理性为了弥补我们在圆善的可能性上的无能"，便不得不做出三个悬设，即积极的自由、灵魂不朽和上帝存在。④

五 康德对宗教的姿态、关于上帝的证明

康德在"序言"中一再地重申，他的探讨与宗教教义绝不相冲突，不

---

① 〔德〕康德：《实践理性批判》，邓晓芒译，人民出版社，2016年，第190～191页。
② 〔德〕康德：《实践理性批判》，邓晓芒译，人民出版社，2016年，第138页。
③ 〔德〕康德：《实践理性批判》，邓晓芒译，人民出版社，2016年，第142、156页。
④ 参见〔德〕康德《实践理性批判》，邓晓芒译，人民出版社，2016年，第97～98页。

仅不冲突，而且还是"协调一致"（Ak1：222）的，不仅协调一致，更可以为"上帝存在"增加相当可观的分量。他认为自己此行探讨"目的的纯洁性不容置辩"（Ak1：228）。

在康德的思路中，自然科学止步的地方宗教便会出场："人们有充分的理由可以认定，世界大厦的秩序和安排是从被创造的自然材料的储备出发在时间的序列中逐渐地完成的；其特性和力量为一切变化奠定基础的基本物质自身，却是神性存在的一个直接结果。"（Ak1：310）理智停止的地方便是启示出手的地方，宇宙大厦轮回运行的合规则性、世界的周而复始性，这一切的背后有一个根源，那就是上帝，自然的一切不过是一部关于上帝的"启示录"。"如果在世界的状态中显露出秩序和美，就存在着一个上帝……如果可以从普通的自然规律得出这种秩序，那么整个大自然必定是至高无上的智慧的一种作用。"（Ak1：346）

康德认为，先前强调的奇迹并不能证明上帝的存在，反而会否决。"一种没有奇迹就不能维持的世界状态，并不具有持久性的特征，这种持久性是上帝选择的标志"（Ak1：311）。康德的思路是，由人类理性的无能来证明上帝的无不能。科学走向神学的路径与通常的宗教人士完全不同，如果把后者的思路概括为"自然的神秘不可解是上帝存在的标志"，那么，康德的观念就可以说是"自然的系统性所根自的原初物质的无限性是上帝存在的外化"。康德认为，"倘若不在世界大厦的布局中看出最卓越的安排，不在世界大厦各种关系的完善性中看出上帝之手的可靠征兆，人们就不能认识世界大厦"。康德排除了上帝对自然的直接干预和所谓的神迹，我们不应当把这一切归于偶然和一种幸运的巧合，这一切必定是至高无上的智慧作出的设计……（Ak1：331）

这样，对上帝存在的信仰便成了科学得以展开的理论前提。而"大多数巨人智者对大自然凭借其普遍的规律造就出某种有序的东西的能力抱有一种几乎是普遍的成见，这正好像人们在自然力里面探索原初的形式时所否认上帝对世界的统治一样，认为这些自然力是不依赖于神明的本原，是一种永恒的盲目命运"（Ak1：323）。自然是可知的，有规律且成系统的，这是自然科学的理论前提。通常所谓近代科学常有宗教背景，绝不仅仅是指科学因此得以在宗教环境下展开这种功利性的考量，实在说来，上帝的存在以及把自然看作上帝的作品的观念，却正是近代科学得以展开的理论预设和基本前提。这是近代科学之有宗教背景的深层原因，而如果把一切都归于偶然或神迹，近代科学则断无产生的可能。近代的哲学家和科学家在如下这一点和宗教人士并无不同：世界是上帝创造的，世界的根源在上帝。只是两者对"创造"的理解不同而已，对宗教界而言，世界的一切都是上帝创造的，上帝直接插手世界的运行，一切无法解释的都被归于神迹；而近代的哲学家们，则只承认上帝只创造了构成世界的"原初物质"，也就是康德所谓的"基本物质"，对自然的运行则一概不再染指，而自然的一切都是有规律的，秩序井然，结构严谨，美轮美奂，宣示上帝存在的证据不在于自然的奇迹，而恰恰在这合规律的宇宙大厦上。哲学家所采取的这一新的思路，既为近代科学的繁荣昌盛开出了一条康庄大道，同时，对于宗教界也不啻为一种方便之门，后者可因此不用费心尽力地解释"恶"的难题。

康德在面对物理学的极限（"基本物质"）时的宗教走向，以及让自然自行动作的思想，使得他必然面对如下难题："如今要怎样把关于目的的学说与一种力学学说协调起来？以使至高无上智慧所设计的东西能被委托给原始物质、天意的统治能被委托给自行发展的大自然去实施呢？"（Ak1：363）在康德看来，万物处于普遍联系之中，互相作用并互相适应最终相互协调，这一切均出自事物的本性，"事物都是从起源的共同性中获得这种亲缘关系的，它们都从这一起源获得了自己的本质规定性"（Ak1：364）。这显然与莱布尼茨的"预定和谐论"在道理上是一致的，虽然康德后来明确反对莱氏的这一理论（Ak1：412）。世界的本源决定了它的合目的性，"归根结底精神存在物对它们亲身与之结合的物质有一种必然的依赖"，故而，精神世界同物质世界一样，都"被同样的本源编织在物质大自然的普遍状态之中"，物质有多完善，精神也随之匹配。（Ak1：365）在这里，康德实质上是在调和牛顿和莱布尼茨，机械论与目的论的张力关系，正被有力地触及着。

至1756年三篇关于地震原因的论文，康德对"上帝之善"还是绝不怀疑的，即便是地震带来了无数无辜生命的逝去。康德以自然科学特有的冷静和客观，条理分明地解释地震何以如此发生以及巨大威力的根源，并通过地震效果的双面性，即地震的灾难和益处，"无论地震的原因当时在一方面给人们造成了什么样的灾害，它都在另一方面轻而易举地给人补偿以收益"，比如温泉。（Ak1：456）"一些人的欢乐和另一些人的不幸往往是出自共同的原因。"（Ak1：437）"鉴于益处如此之多这种表现，由于地震的一次又一次爆发带给人类的害处，能够解除我们由于天意的所有安排而对它心怀的感恩之情吗？"康德明知这些列举并不能成为"最大的信念和确定性的理由"，但依然想从情感角度打动我们要对"最高本质怀有感恩之情"（Ak1：458）。

并不起眼的硕士学位论文
《论火》(1755)

此文系康德1755年4月17日提交的硕士学位论文，以拉丁文写成，通过公开考试和答辩于6月12日获得哲学硕士学位。此时的康德是位自然科学家，尤其是天体物理学家，当时称为"自然哲学家"。其遵循的原则是牛顿力学，其方法是几何学，其哲学观是经验主义的。在"设计理由"中康德坦言："我无处不在谨防自己像通常发生的那样，放任地沉迷于假定而武断的证明方式，而尽我所能极为严谨地遵循经验与几何学的导线，没有这根导线，则无由发现走出大自然迷宫的道路。"（Ak1：371）此文的写法，像极了牛顿的《自然哲学的数学原理》(1687)，全篇充斥着命题（定理）、证明和图示。

据库恩的《康德传》，此文指导教授是特斯科（J.G.Teske，1704~1772），并评论道："康德被特斯科的电学研究深深吸引，而以此作为论文的主题。虽然特斯科宣称他从康德的论文里学到东西，但我们可以放心断定，在这篇论文里，不只是参考资料来自特斯科的指点，其内容也以他的假想与计算为依据""这点非常重要；康德不曾放弃他对于电与火的本质的基本看法，就这个意义来说，特斯科对康德的影响持续了一辈子。"① 据贝克（Lewis White Beck）的看法，这篇论文之所以有趣，主要在于它"对一种老牌的但却是不正确的理论的后期发展形式，作了一番简明扼要且相当准确而可靠的说明"；对于展现康德力学思想的微粒说背景，此文也相当重要。②

根据康德的早期传记作家博罗夫斯基（Ludwig Ernst Borowski,

---

① 〔美〕曼弗雷德·库恩：《康德传》，黄添盛译，上海人民出版社，2008年，第110~111页。
② 参见 Kant, *Kant's Latin Writings: Translation, Commentaries, and Notes*, New York: Peter Lang Publishing, 1992, pp. 11~35；〔美〕曼弗雷德·库恩《康德传》，黄添盛译，上海人民出版社，2008年，第512页。

1740~1832）的说法，在典礼上"非比寻常地聚集了当地的要人与学者"，而且"礼堂中静穆的气氛显示了这位硕士多么受到礼遇"。与哥尼斯贝格大学有关联的学者或知识分子对他寄予厚望。这一点在哈曼写给弟弟的信里也可以得到证实：他在信中要求弟弟为他寄一份康德的毕业论文，因为康德有个"聪明的头脑"。康德因此博得了声名，至少到1755年，康德在哥尼斯贝格再非籍籍无名之辈了。[①] 但要想取得执教资格，康德还必须像其他人一样，再提交一部著述，为此，康德撰写了《形而上学认识各首要原则的新说明》。

[①] 参见〔美〕曼弗雷德·库恩《康德传》，黄添盛译，上海人民出版社，2008年，第132页；〔德〕卡尔·福尔伦德《康德传：康德的生平与事业》，曹俊峰译，天津教育出版社，2015年，第73页。

博得大学讲演资格的《形而上学认识各首要原则的新说明》(1755)

此文是康德提交用于1755年9月27日教职资格的答辩论文，也是拉丁文写就，通过这次公开讨论而被接纳入哥尼斯贝格大学哲学系，并有了在哲学系举办讲演的权利。此后康德会写出一系列为了讲演或课程而出现的"预告性"的著述。

论文的主题是"真理的可能性的根本基础是什么"。在论文的"设计理由"中，康德首先为自己将在接下来的行文中就某些著名人士的相关理论提出批评，作出了他一贯善用的辩护词。论文被按照规范的拉丁论文范本分成三部分：首先讨论矛盾律，其次是充足理由律，最后是作者提出的两条新原则，即相继律和共存律。康德认为自己所走的解决道路是独创的，是"一条绝对没有人走过的小道"（Ak1：387）。康德也从自然的必然性这个角度讨论了"自由意志"的问题。

此文的目的是逻辑学的真值理论，与其将《新说明》视为"纯哲学性"的作品，毋宁说是一篇真正的逻辑学著述。它要解决的核心问题是"将真值的链条一直追索到最后一环……而且，以这种方式更深入地考察我们心灵的论证规律"，或者说"真理的可能性的根本基础是什么"（Ak1：391）。康德对莱布尼茨的"充足理由律"进行了批判性研究，从而把事物存在的基础与对事物认识的基础区别开来，把现实基础（是什么）与逻辑基础（为什么）区别开来，在这些论断中包含着后来二元论的萌芽：现实事物和世界和我们认识的世界，二者不一致。具体展开，见本书此前对《一般自然史与天体理论》的讨论，这里不再赘述。

值得一提的是，康德在此文中试图提出一个新的系统，他称其为"实体间普遍关联的系统"（Ak1：416），意在取自然影响体系和预定和谐论之两长，但又不同于两者中任何一方，前者是因果作用，属于实体间的外在关系，代表机械性的"死力"，后者是实体"内在的"变化，代表着康德处女作中论证过的"活力"，两者可以兼容且最终源于上帝。这就是

博得大学讲演资格的《形而上学认识各首要原则的新说明》（1755）

《活力的真正测算》"走中间路"方法论的形而上学根基。这篇论文因此可以被视为"处女作"的续篇，并在结尾处响应了后者在开头的"学术宣告"，打算不顾因宗教而来的陷害而义无反顾地在已经选择的道路上前行：

> 不过，有一些人热衷于在著述中猎获受到歪曲的结论，总是善于从别人的见解中挑出某种毒素。尽管我并不想否认，这些人也许能够甚至在我们这部作品中也恶意地歪曲一些东西，但我让他们随自己的意忙去吧；我把不担忧某人也许乐意错误地予以评论，而是沿着研究和学问的正确道路前进看作自己的任务，并以极大的敬意请求那些善待这门科学的人们，支持这一努力。（Ak1：416。译文据原文有校改）

尽了科学家本分的关于里斯本大地震的三篇论文《地震的原因》《地震中诸多值得注意的事件》《地震的继续考察》(1756)

里斯本大地震（Lisbon earthquake）发生于1755年11月1日万圣节的9时40分，震级8.9，震中位置为葡萄牙首都里斯本西约100千米大西洋底，地震有感半径达200千米，导致的海啸浪高达29米，英、德、法三国海岸带均受其害。这是人类史上破坏性最大和死伤人数最多的地震之一，死亡人数高达六万至十万人，占全市人口的1/4～1/5，是欧洲首次有科学记录和科学研究的地震。①

对此次地震，康德在1756年1月至4月里连续写了三篇论文予以全面关注，这也是当时哥尼斯贝格的民众热切期盼于康德的，人们已经视他为地质学领域的权威人物了。其中，《地震的原因》（发表于1月24和31日）主要是解释地震的发生是一种常见的自然现象，并非任何人事的征兆，可以从地球内部的构造上得到比较合理的解释；并引用平常可见的"雷默试验"来证明这一点：取25磅铁屑和同样多的硫，兑水搅拌均匀成团块，然后将之埋入地下一尺或一尺半深处，夯实上面的土，若干小时过后，就可以看到一股浓烟升起，土受到震动，接着从地下冒出火苗。（Ak1：422～423）

第二篇《地震中诸多值得注意的事件》的主要内容，在前一篇结束时事先给予了概述："地震的重要性及其各种各样的特征推动我，在一篇更为详尽的论文中将这种地震的详尽历史、地震在欧洲各地区的传播、当时出现的值得注意的现象及它们可能引起的考察告知公众。"（Ak1：427）

---

① 参见武玉霞《里斯本地震——欧洲地震科学研究的先河》，《城市与减灾》2007年第4期；凤凰咨询《1755年里斯本大地震及海啸》，https://news.ifeng.com/world/special/zhilidizhen/ziliao/201002/0227_9593_1558135.shtml。

尽了科学家本分的关于里斯本大地震的三篇论文《地震的原因》《地震中诸多值得注意的事件》《地震的继续考察》(1756)　　209

创作于 1755 年的铜雕展示了大地震之后里斯本所发生的火灾
以及被巨大海啸摧毁的船只

　　这是三篇论文中篇幅最长的，1765 年 2 月 21 日送交哲学系审查，发表于 3 月 11 日的《哥尼斯贝格咨询和广告消息周报》上。康德在此论证了自己的如下断言：里斯本地震非同寻常的扩散是由海洋中的震动延续引起的。这是一个至今看来仍然正确的科学论断。康德坚持这样一种理念：大自然绝不徒劳，自然界发生的一切均是出自恒定规律的正常结果。（Ak1：431）大自然亦不偏爱，"人类遭受的意外事件就是这种样子，一些人的欢乐和另一些人的不幸往往出自共同的原因"（Ak1：437）。因此，康德特地谈了"地震的益处"："无论地震的原因当时在一方面给人们造成了什么样的灾害，它都在另一方面轻而易举地给人补偿以收益"，因此"人必须学会顺从大自然，但人却希望大自然来顺从自己"（Ak1：455～458）。

　　在关乎理论的论述时，康德总是保持一贯的克制，此文也不例外："我在此仅仅描述大自然的工作，描述伴随着可怕事件的那些值得注意的自然状态及其原因。"（Ak1：434）此外，由于康德哲学主要在主体性领域开垦，加之他在形而上学领域发动了"哥白尼式的革命"，在某些人看来恰恰是把"人类"放在了中心而成了人类中心主义者。那就请持此论调者读读康德在此文结束语中的话：

> 人对自己是如此之自信，乃至仅仅把自己视为上帝的安排的唯一目的，仿佛除了人自己之外，上帝的安排就没有任何别的着眼点，以便在对世界的统治中确立各种准则似的……我们是大自然的一部分，但却想成为整体……人们想象，凡是世界上能带来舒适和享乐的东西，都仅仅是为了我们而存在的。(Ak1：460)

想想看，这是人类中心主义者能说出来的话吗？在下一篇中，康德明确提出了"理性的法庭"，在这里，"众行星被宣布撤诉，不再说它们对我们在地震中所遭受到的巨大破坏的原因有所影响"（Ak1：469）。

第三篇《地震的继续考察》于是年4月10日发表，驳斥并澄清了当时流行的各种关于地震原因的迷思，重申了由牛顿发现了的自然科学的规则，理性的论证、观察与实验成了最重要的砝码，如今"我们手中有了天平，借助它，我们能够称出给定的原因的作用"（Ak1：466）。

为首次申请成为教授而作的《物理单子论》(1756)

按腓特烈二世此前颁布的敕令，允准一个私人讲师成为编外教授，条件是必须完成三次公开论文答辩。此文是康德1756年3月23日为申请因克努真（Martin Knutzen，1713～1751）教授去世而空缺下来的数学和哲学教授考试而提交的第三篇教职论文答辩（此前的两篇是《论火》《新说明》），4月10日完成答辩。论文的主旨是要把形而上学和几何学结合起来以运用于自然科学之中。在其"前言"中，康德谈到了几个非常重要的背景。首先是当时科学界主要是自然哲学家们，在致力于自然事物的研究时认为，必须反对或提防如下倾向：鲁莽的猜测、脱离经验的支持、不以几何学为中介。也就是说：相信经验、提出证据、以几何学为范本。

更重要的是，康德在这里提出了"形而上学"与"自然科学"的关系问题。当时，形而上学在自然科学的研究中根本不占任何可靠的位置，"大多数人认为它在物理学领域可有可无"（Ak1：475），根本的原因在于，它们对事关物理学根本的"空间理论"有截然不同的看法："形而上学固执地否认空间是可以无限分割的，而几何学则以其惯有的确定性予以肯定。几何学断定对于自由运动来说空无一物的空间是必要的，而形而上学则予以拒绝。几何学明确指出，引力或者普遍的重力用力学的原因几乎无法解释，它只能起源于在静止中和在远处能起作用的物体内在固有的力，而形而上学则把这归于想象力毫无意义的游戏。"（Ak1：475～476）

康德谈到的这一现状，非常鲜明地体现在当时自然科学界对待休谟的态度上。休谟对"因果律"的解构，对当时的自然科学家来说，简直就是充耳不闻。另外，值得一提的是，在这个"前言"里，康德提到他后来给自己的哲学体系特有的命名"先验哲学"（philosophia transscendentalis）（Ak1：475）。

作为系列演讲预告的邀请文（1756～1762）

1755年9月27日，康德向哲学系提交了名为"形而上学认识各首要原则的新说明"的公开答辩论文，通过这次公开答辩而被接纳入哥尼斯贝格大学哲学系，并有了在哲学系举办讲演的权利。此后康德会写出一系列为了讲演或课程而出现的"预告性"的"邀请文"，试依次列举如下。

（1）《风的理论》，1756年4月发表，预告1756年夏季学期学界的讲演的一个提纲，其中提出了关于风的合法则运动与地球的绕轴自转相联系理论；并打算根据D. 埃贝哈德的《自然学说的最基本根据》来阐明自然科学、根据鲍姆嘉通的专业手册来讲授形而上学。（Ak1：502）此文的开头和结尾，都表明康德此时主要是以数学和几何学的方法以及牛顿的原理来研究自然科学的。

（2）《自然地理学》是康德1757年复活节发布的讲授纲要与预告。从中可以看出康德的博学：惊人的记忆力和一网打尽式的广泛阅读。在其中，我们亦可以看到康德对学术和讲授的用心之深。康德一生足不出哥尼斯贝格，但对自然地理学科，却能让来自所涉地区的人惊叹不已，以为老师肯定去过那里，否则这一切都太不可思议了。但是，这也不是不可理解的：为了上"自然地理"——这门课也是康德第一个开始的，康德参考了"所有的原始资料""翻阅了所有的藏书，除了瓦伦、布丰和卢罗夫关于自然地理学的一般理由的著作所包含的东西之外，还通读了一些精明强干的旅行家关于各个国家的最基本的描绘、各种旅行的普遍历史、格廷根的新旅行家文集、汉堡画报和莱比锡画报、巴黎科学院和斯德哥尔摩学院的文集等，以所有与此目的有关的东西构建了一个体系"（Ak2：4）。但是，康德试图从地理角度追溯并说明不同地区人们的"成见和思维方式的多样性"，其目的当然还是"使人更切实地了解自己"。（Ak2：9）

后来的1775年，康德发布了该年自然地理学的讲座预告"论人的不同种族"，此文经康德自己改写后于1777年再次发表在恩格尔（Johann Jacob Engel，1741～1802）的《世界哲学家》（*Philosoph für Welt*）的

第二部之中。（Ak10：227、254）在这篇预告里，他称自己的讲座"与其说是一项艰辛的工作，倒不如说是一种有益的闲聊……与其说是一种深刻的探索，倒不如说是知性的一种游戏"（Ak2：429）。这篇预告中，康德区分了特种划分的两种不同方式，即布丰的自然类和他自己的学术类：后者"着眼于按照相似性"并"为记忆创造了一个学术体系"，旨在"给造物命名"，前者"着眼于按照生育方面的亲缘关系"而"为知性创造了一个自然体系"，旨在"给造物立法"。（Ak2：429）在"三、论这些不同种族的起源的直接原因"中，康德再次关注到了"有机体"在大自然中近乎完美的适应协调性，并再一次论及这是机械因果所不能造成的，"就像偶然事或者自然的、力学的原因不可能创造出一个有机体一样"；而且，自然原因与目的原因必须相结合："我们想按照这些概念来审视辽阔地球上的整个人类，并在不能看出其变异的自然原因的地方引证其目的的原因，相反，在我们没有觉察到目的的地方引证自然的原因。"（Ak2：435）在这篇预告的说明中，康德力主自然界是发展变化的观念即"大自然的历史"，而不能仅仅关注布丰那种"自然的描述"，某种程度上，这时候的康德已经具备了"生物进化"的思想萌芽。

（3）《运动与静止的新学术概念》提交于1758年3月31日，是康德在该年夏季的讲演预告或邀请。科学院版编者导言称："这部作品是一个有趣的标志，即康德的《自然科学的形而上学初始根据》的一些基本思想是多么早就形成了。"① 康德此文提倡一种笛卡尔式的认知心灵状态："使自己忘掉已学会的一切概念，仅仅以自己的健康理性为向导，踏上通向真理的征途。"这显然就是一种启蒙精神，以"健康理性"为指导而不顾及"声望法则"。（Ak2：15）

（4）《试对乐观主义作若干考察》发布于1759年10月，是康德1759～1760年冬季学期讲演的主题。这个话题的选择，一是和1755年柏林科学院有奖征文的主题即蒲柏"一切皆善"相关，一是和"恶"的难题因里斯本大地震造成的巨大灾难而被凸显有关。康德在此文表达了两个比较有意思的意见。一是指出了一个认识上的普遍倾向即人们并不喜欢廉价的真理："人们之所以高度评价某些认识，经常并不是因为它们是正确的，而是因为它们对我们来说要花费点功夫。人们并不喜欢廉价的真理……明显真理变得如此简单，被一种如此平凡的知性所认识，以至于它们的境遇

---

① 〔德〕库尔德·拉斯维茨："科学院版编者导言"，载李秋零主编《康德著作全集（注释本）》（第2卷），中国人民大学出版社，2019年，第22页。

最终就像那些一旦从下等人口中唱出就令人无法忍受的曲调……一个如此简单、如此自然、人们如此经常说出的以致最终变得平庸并且使那些鉴赏力精巧的人们感到厌烦的思想，不可能长久地保持住自己的声誉。"（Ak2：29）一是说他"个人则微不足道"。康德此时还是一个乐观主义者，他拥护莱布尼茨所谓的"最好世界论"："由于上帝在他所认识的所有可能世界中仅仅选择了这一个世界，因此，他必然认为这个世界是最好的。由于他的判断决不会犯错误，这个世界事实也就是最好的世界。"（Ak2：34）康德确信他"也很乐意作为一个公民生活在一个不可能更好的世界中""整体是最好的东西，所有的一切都由于整体而是好的"，而我个人则是微不足道的（Unworthy in myself）。（Ak2：34）

这篇论文和魏曼（Daniel Weymann，1732~1795；克鲁修斯热情的崇拜者）有关，就此，《康德传》评论道：

> 康德对于这个题目的关切可以溯自为参加1753年的柏林科学院的论文比赛而作的初稿，但开这门课最直接的诱因则是魏曼的论文。康德提出了一连串的说明，使我们更了解实际存在的世界是不是上帝所能创造的"最好的世界"的争论本身。他基本上批判了克鲁修斯反莱布尼茨的立场，与门德尔松以及莱辛站在同一个阵营。莱布尼茨认为上帝创造了一切可能世界中最好的世界，这个理论既非他的首创，也与宗教正统没有冲突，但莱布尼茨在这个脉络里面处理"恶"的难题的方式却是前所未闻的。莱布尼茨使用这个观念的方式或者不无疑问，但这个观念本身却颇有意义。"并非一切不着边际的意见都值得我们悉心讨论与驳斥。如果有人竟至于主张，上帝至高无上的智慧可能得出劣者胜过优者的结论……那我便不应再浪费时间与他辩论。哲学倘若被用来歪曲正当的理性原理，则是遭到滥用。而我们如果认为有必要动用哲学的智慧来破解这样的旁门左道，对于哲学而言并没有增加什么光彩。"因此，康德并没有去驳斥它，只是证明有个无出其右的可能世界的存在，也就是说无法设想更好的世界。他不曾公开提过魏曼的名字，但哥尼斯贝格的所有人都知道他的矛头指向何人……①

---

① 〔美〕曼弗雷德·库恩：《康德传》，黄添盛译，上海人民出版社，2008年，第156页。柏林科学院1753年发布的1755年的有奖征文内容："征求对蒲柏体系的考察：'一切皆善'这个命题的内容。"康德确实准备应征撰文，但可能未能按规定期限提交论文。

(5)《四个三段论格的错误繁琐》写作于1762年7月,发表于是年的10月,根据康德在文中的自述(Ak2:57),"我们可以把这部作品视为康德为自己的讲演而写的一封邀请书"①。此文属于纯粹的逻辑学著述,就认识论而言,康德主要表达了两方面的看法。一是对自己时代的特点认识:"在我们的时代,值得知道的事物堆积如山。很快,哪怕是仅仅是从中把握最有用的部分,我们的能力也将过于软弱,我们的寿命也将过于短暂。"(Ak2:57)二是对人类认识能力的认识:"显而易见的是,知性和理性,即清晰地进行认识的能力和进行理性推理的能力,并不是不同的基本能力。二者都存在于作出判断的能力之中。但是,如果要间接地作出判断,就得进行推理。"康德把知性和理性均看作"作出判断的能力",只不过,知性是直接判断的能力,理性是间接判断即推理的能力;"最高的认识能力完全是仅仅建立在判断的能力之上的"。(Ak2:59)"一个概念的清晰性并不在于作为事物的一个特征的那种东西被清晰地表象,而是在于认识到它是事物的一个特征。"因此,"在逻辑上作出区分"与"在物理上作出区分"是完全不同的两种心理活动,前者是判断,后者是表象。感知并不是判断。(Ak2:60)

判断的能力"无非就是内感觉的能力,即把它自己的表象变成它的思想的对象的能力。这种能力不是从另一种能力派生的,它是真正的理智之中的一种基本的能力,并且……仅仅是有理性的存在者所特有的。但是,整个高级的认识能力都建立在这上面……所有直接从属于同一律或者矛盾律的判断,即说,同一性和冲突在它们那里不是通过一个中间特征(因而也不是借助对概念的分解),而直接被认识到的,这样的判断都是不可证明的判断。一旦它们能够被间接地认识到,这样的判断就是可证明的。人的认识充满了这样的不可证明的判断。"(Ak2:61)

康德认为,概念是从判断中形成的,而不是相反。他把形式逻辑视为"泥足巨人"(Ak2:57),认为"一个清晰的概念只有借助于一个判断才是可能的,但一个完全的概念也只有借助一个理性推理才是可能的。也就是说,要想获得一个清晰的概念,就要求我清楚地认识到某种东西是一个事物的特征,而这就是一个判断。""由此可知逻辑学的一个本质性的错误,如同它平常被对待的那样,尽管清晰的概念和完全的概念只有通过判断和理性推理才是可能的,但它却在处理判断和理性推理前就处理清晰的

---

① 〔德〕库尔德·拉斯维茨:"科学院版编者导言",载李秋零主编《康德著作全集(注释本)》(第2卷),中国人民大学出版社,2019年,第64页。

概念和完全的概念。"(Ak2：58～59)众所周知，批判时期的康德有严格区分感性、知性和理性的能力，但此时，康德明确说："知性和理性，即清晰地进行认识的能力和进行理性推理的能力，并不是不同的能力。二者都存在于作出判断的能力之中。但是，如果要间接地作出判断，就得进行推理……由此可知，最高的认识能力完全是仅仅建立在判断的能力之上的。因此，如果一种存在者能够进行判断，那么，它就拥有最高的认识能力。"如果把人类的感性能力理解为最基础的表象能力，那么，康德在感性能力与知性能力之间还是做出了非常明确而严格的区分的："把事物彼此区分开来和认识到事物的区别，这完全不是一回事……在逻辑上做出区分，也就是认识到一个事物 A 不是事物 B……在物理上做出区分，则是在不同的表象的推动下采取不同的行动。"(Ak2：59～60)

亦是为了解惑的
《丰克先生的夭亡》(1760)

此乃康德1760年6月写给一位正经历丧子之痛的母亲的信,并以小册子发表。其中言及理想与现实的矛盾问题:"我们现实地分摊到的命运,难得与我们期望的东西相似。在我们迈出的每一步上,我们都发现自己的期望成了泡影。尽管如此,想象依然追求着自己的事业,不知疲倦地勾勒着新的计划,直到似乎总是那么遥远的死亡突然结束了这整个表演。借助想象力,人就是这个虚构世界的创造者,他十分乐意逗留在这个世界中。"康德描绘了自己心中的"智者"的形象:智者首先非常罕见,他"把注意力首先对准自己在死亡彼岸的伟大使命……"(Ak2:41)

包括此前的三篇关于地震的解释文字,连同这一封著名的信,康德其实在完成一个相同的工作:用某种世人可以接受的方式解释生活中发生的"偶然"(罪恶、苦难、夭亡等)。地震是偶然的,一个天才般孩子的不幸去世,也是偶然的;但康德作为科学家和哲学家,都必须为世人提供一种解释,一种人们可以接受的解释,这种"解释"会在听众那儿通过各自的"理解"而渐渐成为一种"解脱"。这是每一个有限理性存在者在面对"隐藏在无法探明的晦暗之中"(Ak2:42)的命运时所不得不做出的选择。

披着神学外衣的自然哲学之作
《证明上帝存在唯一可能的证据》
（1762）

此文（简称《证据》）发表于1762年12月下旬，被史家认定为"该时期最重要的著作"，以此结束了康德的"自然哲学时期"而过渡到"经验论—怀疑主义的，同时更是人类学—伦理学的阶段"①，并把它的起源追溯到18世纪50年代，"其论证雏形在《新说明》里已经崭露"，康德自己也交代这是他"长期反思的结果"（Ak2：66）。据说，在该著问世之前，康德开了一学期的"上帝存在证明批判"的课。但库恩认为："这部作品显示了康德高度的思辨能力，但从许多角度来看，那也意味着他倒退到50年代。"由于康德在文中着重批评了克鲁修斯（Ch. A. Crusius, 1715~1775），作为后者热烈崇拜者的魏曼（Daniel Weymann, 1732~1795）在一个月之内的1763年1月14日就撰写并发表了《关于康德硕士先生证明上帝存在的唯一可能证据的疑虑》，语气傲慢地指责康德根本没有真正了解克鲁修斯。但在哥尼斯贝格之外，甚至有人宣称"哥尼斯贝格大学将会有奇迹出现，一颗新彗星即将到来，请拭目以待"②。就内容而言，这不是一部神学著作，而是一部自然哲学著作，至少就大部分内容而言是这样的，它虽然有一个"借助自然科学上升到对上帝的认识"（Ak2：68）的目的，但所追寻的却是"自然哲学"的目标。③

---

① 〔德〕卡尔·福尔伦德：《康德传：康德的生平与事业》，曹俊峰译，天津教育出版社，2015年，第111页。
② 〔美〕曼弗雷德·库恩：《康德传》，黄添盛译，上海人民出版社，2008年，第175、176、177~178页。
③ 〔德〕卡尔·福尔伦德：《康德传：康德的生平与事业》，曹俊峰译，天津教育出版社，2015年，第109页。

一 神学探讨背后的科学动机

这是康德的一篇分量不轻的论文,其思想在批判时期仍有比较明确的坚守,尤其是在"存在是不是实在的谓词"[①]这一点上。此文的意图,表面看,是要梳理并判明历代关于"上帝存在"所作出的证明,最终导出唯一可能的证据:事物的内在可能性(本体论证明)。可内在地看,康德的目的是要为自然科学,具体说就是为理论物理学,奠定探究的前提和基础。就这个时期的康德来看,他的神学理论背后有着非常深刻的科学动机。可以说,这是康德的一种调和,但它还是带来了一系列的理论后效。

康德一再声明,他之所以要花大力气探讨宇宙生成的根源、规律和过程,目的就是"要排除一种没有道理的担忧,就好像从普遍的自然规律出发对世界的伟大安排所作的任何一种说明,都会给宗教的恶意的敌人打开一个挺进宗教之堡垒的缺口似的"(Ak2:148)。康德由此邀请识见广博的人们对他的宇宙起源论作一番详细的检视,哪怕人们"只是给予自然哲学一片自由的天地,并且能够被打动,把一种解释方式……看作是可能的,与对一位睿智的上帝的认识是协调一致的,那么,就与本文相关而言,我的目的也已经达到了"(Ak2:148)。康德此举,效果有三:一是表面上尊重了宗教和神学的传统,使科学不致因本性而受到人们的攻击;二是使宗教和神学成为自然科学研究的开路先锋,解除了科学探讨的后顾之忧;三是把"目的论""道德论"从自然科学研究领域驱逐了出来,以使自然科学专心于适于其本性的"因果论"。对自然的解释,越少目的论、意图论和外在干预,也就越接近科学的本意。"诉诸全能的意志,则要求研究的理性恭敬地保持沉默。"(Ak2:127)"求助于道德的理由,也就是说,求助于从目的出发的说明,在还可以猜想自然的理由通过与普遍必然的规律相结合规定结果的地方,将妨碍哲学认识的扩展。"(Ak2:122)比如,我们要探讨"水面总是趋向平静"的原因,按因果论来说,是水的本性使然;若按目的论,那就是为了让人们能够在水中照见自己的面容。正如康德所言:"关于江河成因的所有自然研究都会被一种假定的超自然安排终止。"(Ak2:128)康德把这种以"神性的安排""人为的秩序"为圭臬的判断方式,称为"错误的""荒唐无稽的"(Ak2:131),称他自己

[①] 李伟:《康德"存在不是实在谓词"论题诠证》,《哲学动态》2020年第9期。

所坚守的、诉诸因果论的方式为"更好地受到教育的思维方式",自然界所表现出来的一切益处和美善"根本不是忽视物质普遍的和单纯的作用规律、以便不把这种状态视为它们的附带结果的理由"(Ak2：127)。

康德神学探讨的科学动机使我们能更深切地理解他对"上帝存在"的诸多溢美之言。他没把"上帝存在"称为"信仰"而定位为"知识"或"真理"。他说,在我们所有的知识中,上帝存在是其中最重要的(Ak2：65)。他把"存在着一个上帝"称为一个"伟大的真理"(Ak2：155)。可以这样说,康德对上帝的诸多赞美,大都不是出自宗教的意图,而是为自然科学打算。他把"上帝存在"视为"伟大的真理"完全是为了上帝对于自然科学研究的护卫和奠基的重大意义。因此,当时的学术界和宗教界对康德的信仰始终抱以怀疑的态度,包括他的一贯支持者舒尔茨牧师,后者当时已是神学教授和大学校长,当年在康德对他的"你一直敬畏上帝吗"之问作了肯定回答后,他才授意康德去谋求教授的职位,那一年是1758年。对于自然哲学家康德来说,上帝不是信仰的对象,不是宗教的首领,而只是理性认知的对象,自然科学的护卫。康德在《证据》结尾的一段话含义值得玩味:"人们相信上帝的存在是绝对必要的,但人们证明上帝的存在却并不同样必要。"(Ak2：163)如果按字面意思来解,康德这篇文字就是不必要的;如果按康德神学探讨的科学动机,则此文之真正意图昭然若揭:从理论上探讨上帝存在绝不是本文所欲为,他的目的不在"为上帝做证"而只在"为科学张本"。

在我们所有的知识中,上帝存在是其中最重要的。但是,我们最需要且是最重要的知识,都应当是最简易的——这是天意,"它并不希望我们那些为了幸福而极其需要的认识建立在繁琐的精巧推理之上,而是把它们直接交给一般的自然知性"(Ak2：65)。"上帝存在"是否可以证明姑且不论,就人类的知性而言,人们还是不得不试图做出证明:"即便不提习惯于探究的知性①不能摆脱的正当热望,即在一种如此重要的认识中达到某种完美无缺的和清晰地把握了东西,也还是可以期望,一种诸如此类的认识一旦被人们所掌握,就能够就这一对象而言说明更多得多的东西。"当然,"为了达到这一目的,就必须冒着陷入形而上学无底深渊的风险"。这里,康德提到形而上学的本性:"无底深渊""一片一望无际、没有灯塔

---

① 康德把知性的本性界定为"彻底的探索":"探求的知性一旦踏上研究的轨道,在它周围的一切都真相大白,而且……环绕它的问题的那个圆圈完整之前是不会满意的。"(Ak2：161)这种理解,显然应当就是批判时期的"理性"的内涵。

的漆黑的大洋",这里不断有"海流扰乱了自己的航线"。(Ak2:65~66)这与康德在第一批判中把形而上学视为"战场"(AⅧ)可谓前后呼应。

神学探讨的科学动机使得康德在思考和解决所论问题时,不得不一方面照顾到神学外衣的光鲜,另一方面为自然科学的理性探讨争得应有的地盘。这种两面共进的思路,使得康德的思维常常是二分的。在《证据》中,康德明确作出区分的概念有:绝对必然的存在与偶然的存在、可能与实存、事物与关于事物的思想、设定什么与如何设定、质料与形式、现实根据与逻辑根据、逻辑的必然性与实在的必然性、逻辑的偶然性与实在的偶然性、逻辑的冲突与实在的冲突、形式上超自然与质料上超自然、自然的与艺术的,等等。其中最值得注意的是康德对"世界二重性"的论述:"世界上展示给我们感官的事物不仅表现出它们偶然的清晰征兆,而且也通过人们到处都觉察到的伟大、秩序与合目的的安排,表现出具有伟大的智慧、权柄和美善的一个理性创造者证据。"(Ak2:159)世界在康德看来,既是偶然的又是必然的,既具多样性又具统一性。康德保持了对世界理解和解释之不同方式——这里指目的论和因果论——间应有的张力。这最早体现在他在《一般自然史与天体理论》中所说的两句名言中:"只要给我物质,我就给你们造出一个宇宙来"和"难道人们能够说,给我物质,我将向你们指出,幼虫是怎样产生的吗?"(Ak1:229~230,参阅Ak2:138:"人们不能清楚地说明最不起眼的野草按照完全可理解的力学规律被产生所凭借的自然原因……")

康德的解释策略可以概括为一句话:上帝的归上帝,自然的归自然。这一观念早已非常明确地存在于康德1755年匿名发表的《一般自然史与天体理论》一书中,此处康德的表述如下:大自然"拥有如此众多完美关系的各种事物存在,这应当归因于为了这种和谐起见而创造它们的那一位的睿智选择,但它们中的每一个都凭借简单的根据而与多种多样的一致有一种如此广泛的适宜性,并且由此而能够在整体上获得一种值得惊赞的统一性,这却是事物真正的可能性所固有的;由于在此进行选择时必须作为前提条件的那种偶然性已经消失,这种统一性的根据虽然可以在一种睿智的存在者中寻找,但却并借助于他的智慧"(Ak2:103,译文照原文有校改)。为此,康德列举了很多科学实例,比如大气、光、空间、彩虹等,康德之所以"援引了出自最单纯、最普通的自然规律的如此不被注意的、常见的结果""不仅是为了人们从中得出各种事物的本质相互之间所拥有的重大的、范围无限广泛的契合以及应当归因于它的重大结果,即便是在人们不够熟练地将某些自然秩序一直追溯到这样一些单纯的、普遍的根据的场合也是如此,而且也是为了使人们觉察如果考虑到这样一种契合而把上帝的智慧称之为它的特别根据就会蕴涵的悖谬"。(Ak2:103)

康德晚年曾向他的朋友——诗学教授珀尔施克(Pörschke)"保证""在他取得硕士学位以后,有很长的时间依然不曾怀疑过任何基督教的教义(Satz)。渐渐地,一点一点的,这个信仰变得支离破碎"①。

二 学术批评的基本原则:从整体出发、在思想上设身处地

首先,学术批评应当从整体出发。康德批评了那种只顾及部分而不从整体出发的读者,并提出了一种批判学术著作的基本原则:"大胆地关注着一种尝试的整体,尤其是考察该尝试的主体部分……与一座出色的大厦所能够具有的关系……其余那些没有能力在总体上综观一种联系的读者,苦思冥想地牢牢盯着一个或另一个小部分,却不管该部分理当受到的责难是否也影响到整体的价值……"(Ak2:67)这一原则在第一、二判断和《导论》中都有明确的表述,分别征引如下:

> 因为明晰性的辅助手段虽然在各个部分中有所助益,但却往往在整体上分散精力,因为它们不能足够快地使读者达到对整体的概观,并且凭借其所有鲜亮的色彩粘住了体系的关节或者骨架,使它们面目全非,但为了能够对体系的统一性和优异性做出判断,最关键的就是这骨架。(AXIX)

> 纯粹理性是一个如此与世隔绝的、自身如此浑然一体的领域,以至于人们触动其一个部分,就不可能不触动所有其他部分,不事先为每一个部分规定位置,并规定它对其他部分的影响,就不能有任何建树,因为在它外面没有任何东西能够在内部纠正我们的判断,每一个部分的有效性和应用都取决于它在理性本身里面与其他部分的关系,而且就像在一个有机物体的肢体构造中那样,每一个肢体的目的只能从整体的完备概念中得出。因此,关于这样一种批判,人们可以说,如果它不是被完全完成,直至纯粹理性的最微小要素,它就永远是不

---

① 〔美〕曼弗雷德·库恩:《康德传》,黄添盛译,上海人民出版社,2008年,第174页。

可靠的；而且关于这种能力的领域，人们必须要么规定和澄清一切，要么是什么也不规定和澄清。(Ak4：263)

当涉及到按照其来源、内容和界限对人类灵魂的一种特殊能力作出规定时，人们虽然只能按照人们知识的本性从这些知识的各个部分开始，从对它们精确的和（就按照我们已经获得的知识要素的目前状况所可能的而言）完备的展示开始。但还有第二种值得注意的东西，它更具有哲学和建筑术的性质，即正确地把握整体的理念，并从该理念出发借助于在一种纯粹理性能力中把一切部分从那个整体的概念中推导出来，而在其彼此之间的交互关系中把握那些部分。这种检验和保障惟有通过对体系的最内在的熟知才有可能，而那些就前一种探究而言就已经感到厌烦、因而认为不值得花费力气去获得这种熟知的人，就达不到第二个阶段，即综合地返回事先分析地被给予的东西的那种纵览；而且毫不奇怪，他们到处都发现不一致，尽管使人猜测这种不一致的漏洞并不是在体系本身，而是仅仅在他们自己不连贯的思路中发现的。(Ak5：10)

其次，学术批评应当在思想上设身处地。就此，康德的论述有如下几段：

如果人们能够以一位廉正的监管人的正直无私精神来审查真诚的理性在各个不同的思想者那里所做出的判断，这位监管人对争议双方的理由都予以考虑，在思想上设身处地为提出这些理由的双方着想……那么哲学家们的意见分歧就会少得多。(Ak2：67~68)

为了在理智中有一个衡量的标准，我们可以在思想中站在他人的地位上。(《文集》98)

我总是希望，能够通过从他人的立场出发，无偏见地考察我自己的判断，从而创造出某种比我原来的判断更好的东西。(《百封》30)

三 存在根本不是事物的谓词或规定性

康德之所以提出这一命题，是为了批驳传统关于上帝存在的本体论（存在论）证明的。康德在这儿提出的反驳理路，与他在《纯粹理性批判》

有关"先验神学"的批判基本是一致的,就是主要强调存在(Dasein/existence)不是事物的谓词,只是这儿康德说"存在不是谓词",那儿说"Sein 不是实在谓词"。学界就此一直有较大争议①,近来有一批年轻的学者在舒远招教授的激发下,撰写了好几篇关于此课题的论文。

"存在"的德文原文是 Sein,在德语里,也在康德这儿,它可以有两种用法,一是用在逻辑上,它只是一个判断的系词,比如"上帝是全能的"这个命题,就包含有两个概念,各自拥有自己的对象"上帝"和"全能",系词"'是'并非又是一个另外的谓词,而只是把谓词设定在与主词的关系中的东西"(A588/B626);一是作为实存(注意不是"实在")的谓词,也就是 Dasein(存有)或 Existenz(实存),这是指一个概念具有了"客观实在性"(参阅 A598/B626 康德注),在这个意义上,它们是同义的,因而康德时常交替地使用它们。在《证据》中,康德对"Sein"的这两种截然不同的用法,作了更为明确的区分:

> 肯定或设定的概念是非常简单的,与是的概念完全是一回事。于是,某种东西可以是仅仅在关系中设定的,或者更准确地说,仅仅被设想为某种东西的关系(respectus logicus[逻辑关系]),这种东西是一个事物的标志。这样一来,是,即这种关系的设定,不外乎就是一个判断中的联结概念。倘若不仅仅是这种关系,而是自在自为的事物本身被看作是被设定的,那么,这个是也就无异于存在。

关于上帝存在的传统本体论证明,主要是在后一方面出现了问题,即把一个概念的逻辑可能性(概念的可能性)与其实存的可能性(对象的可能性)混淆起来了,妄想从前者推出后者。

之所以出现争论,原因是涉及上帝存在证明问题时,康德提出了各种关于谓词的术语,比如逻辑谓词(logischen Prädikat)、实在谓词(reales Prädikat)和实存谓词(das Prädikat der Existenz)。与之相对应,能够作为上帝这一主词之谓词的实际上也就两类:万能的和实存的(Dasein 或 Existenz)。勉强加上作为系词的"Sein",也不过三类。当康德说"Sein

---

① 参见杨云飞《康德对上帝存有本体论证明的批判及其体系意义》,《云南大学学报》(社会科学版)2013 年第 4 期;Jonathan Bennett, *Kant's Dialectic*, New York: Cambridge University Press, 1974; Georg Picht, *Kants Religions Philosophie*, Stuttgart: Ernst Klett Verlage, 1985。

不是实在谓词"时，首先第一层意思就是，作为系词的 Sein 不是实在的谓词，而只是一个起连接作用的系词——这一点，学界基本没有什么疑问。需要补充一句的是，按康德"人们可以随心所欲地把任何东西用作逻辑的谓词，甚至主词也可以被自己谓述"，也可以勉强把作为系词的 Sein 看作"逻辑谓词"；而就康德此语之语境及含义言，逻辑谓词这个说法，基本没有什么实质性的意义，因为既然一切都可以称为"逻辑谓词"，那还有什么必要区分哪些是逻辑谓词呢？只要你喜欢，随便你好了。因此，当康德说"Sein 不是实在谓词"时，就不会是在这层意义上言说，否则，他只要说"Sein 什么谓词也不是"就可以了，不必再加上"实在的"一词。

因此，理解康德"Sein 不是实在谓词"的关键就在于确定两种谓词在名称和所指的对应关系上，即万能的、实存的与实在谓词、实存谓词之间的对应上。实际上，只有一种对应可能，即"全能、全善、全知"等谓词，就是"实在谓词"，这类谓词，康德用过复数形式，而"实存谓词"只有单数形式，就是指一概念的客观实在性。当然，这有个前提，就是实在谓词与实存谓词是不同的。据笔者判断，这个前提没有问题，否则，康德为何还要在同一节又如此靠近的文本里那么郑重地分别给予论述呢（参阅 A598/B626）？而一旦接受实在与实存两种谓词的不同，那实存谓词就只可能是指"客观实在性"，亦即"基于可能经验的原则之上"（A598/B626 康德注）的，上帝的实在谓词也因而只能指"万能的"这一类属性。我理解，这就是康德所谓"Sein 不是实在谓词"的真正意谓：作为非系词的 Sein，即 Dasein 或 Existenz，不是上帝的实在谓词，而是上帝的实存谓词。后者，对上帝概念的内涵丝毫没有增加，但它许诺了上帝现实存在这一点，虽然它根本没有任何可能做到这一点，因为实存或现实存在，必须以可能经验的条件和原则为前提，而上帝绝不是任何意义上的经验对象。不要说"现实性"不是上帝概念的任何属性，就是其可能性和必然性，也根本不是，因为"模态的原理并不是客观综合的，因为可能性、现实性和必然性的谓词丝毫也没有扩大它们所讲述的那个概念"（A233/B286）。在《证据》一文里，康德是这样说的："存在作为一个谓词出现在普通用语中的所有场合里，与其说它是事物自身的一个谓词，倒不如说它是人们关于该事物的思想的一个谓词"或"存在自己不能成为谓词"。（Ak2：79、81）

此外，笔者还建议 reales Prädikat 中的 reales 最好不译作"实在的"，而译作"真正的"。这样就可以基本避免在因汉语"实在"一词所引起的不必要的意义联想。就康德的谓词理论来看，真正的谓词，就是关于可能事物的所有规定性，实质上就是事物概念的所有内涵。至于具备这些属性的对象在现实中有没有，那完全是另外一回事，而且，真正说来，比如"并非正六角形实存于大自然中，而是大自然中的某些事物，例如蜂房或水晶，具有在正六角形中所设想的全部词"（Ak2：73）。这自然牵涉康德对"概念与概念的对象即事物的关系"的理论，就先天概念即范畴而言，没有问题，康德明确主张范畴是先天的，是经验概念和一切可能经验对象得以可能的前提，逻辑上，对象的概念肯定是先于概念的对象的，正如六角形的概念，先于具有六角形属性的事物。①

---

① 参见李伟《康德"存在不是实在谓词"论题诠证》，《哲学动态》2020年第9期。

作为"应征作品"之补充的
《将负值概念引入哲学的尝试》(1763)①

1762年底完成的"应征作品"标示着康德思想在主题上的转换，此文——次年6月3日提交此文给大学哲学系——正是此一主题转换后康德集中讨论数学对哲学的助益，之所以讨论此一议题，根源即在"应征作品"的主题。"应征作品"主要关注的是哲学认识于本性上不同于数学认识者（参阅本书第二章），而此文则旨在引入数学的某些概念于哲学领域，讨论数学能给哲学带来什么有益的启发，以"为哲学谋福利"（Ak2：170）。康德认为，哲学和形而上学应当向数学或几何学学习，有两个方向，即方法或真理。比如作为形而上学对象的空间、时间的本性和先天依据，就完全可以借助数学对它们的可靠探讨，但康德反对哲学学习数学的方法。这里透露出康德学术致思的一个基本倾向，即愿意让哲学或形而上学向数学、几何学、自然科学等取经。"伽利略的斜面、惠更斯的钟摆、托里拆利的水银管、奥托·居里克的气泵和牛顿的玻璃棱镜，都给我们提供了开启重大自然秘密的钥匙。"（Ak2：188）这一论证，在第一批判里，有非常直接的体现。

一　哲学与其他科学

比如与数学或几何学相比，"人们出自对几何学的妒忌而用来装饰哲学命题的诸多重要的尊称，也都渐渐地被取消了，因为人们谦虚地认识到，在平庸的状态下强自出头并不是什么美事……"（Ak2：167）"就具有完备见识的形而上学知识界来说，如果有人自以为能够给他们的智慧增

---

① 成稿于1762年12月的"应征作品"，即《关于自然神学与道德之原则的明晰性的研究》，本书第二章已经作了非常详细的诠释，故不再单论。

添点什么或者能够从他们的空想取走点什么,那肯定是非常无知的。"(Ak2:170)

1. 数学对哲学的启示

"人们在哲学中对数学所能够作的利用,要么是模仿数学的方法,要么是把数学的定理真正地运用到哲学的对象上去。"(Ak2:167)而康德是绝对反对把数学的方法运用到哲学上的。"方法的寻求,即对在平坦大道上稳步前进的数学家的仿效,在形而上学遍地泥泞的基础上导致了大量这样的失误。"(Ak2:71)鉴于在数学与形而上学之间"巨大的本质性区别……我们可以用沃伯顿(W. Warburton,1698～1779)主教的话说,再也没有比数学对哲学更有害的了,这说的是在思维方法上模仿数学";但康德也不是一味地反对,如"就把数学的方法运用于哲学的那些出现量的认识的部分而言,这完全是另一回事。这方面的实用性是不可度量的"。(Ak2:283)

形而上学"这门科学不是利用数学的一些概念或者学说,而是经常全副武装地抵制它们,在它也许能够借来可靠的基础以便在那上面建立自己考察的地方,人们却看到它致力于把数学家的概念当作无非是精致的虚构,在它自己的领域之外就少有本真的东西了。这两门科学,一门在确定性和清晰性上用于其他所有科学,另一门则特别致力于达到这一点,人们很容易就能猜出,在它们的争执中哪一方将处于优势"(Ak2:167,译文据原文有校改)。

2. 康德的负值理论

就同一个主体来说(对于不同的主体,还有可能出现一种"可能的对立"),对立有两种,逻辑的或实际的。前者借助矛盾律而成为"不可想象的无",即"什么也不是";后者是同一事物不通过矛盾律而有两个对立的谓词,一个取消了由另一个设定的东西,双方对立的结果却是"可以想象的",可以称其为"零"或"负"。如同当我们说这个物体既在动又不在动时照矛盾律就是不可想象的,而我虽有100元的债权但又有100元的债务,那说我身无分文却是可以想象的。(Ak2:172)构成"实际对立"(Realgründe)或"现实对立"(opposition actualis)的双方并不是像"逻辑对立"那样是要么肯定要么否定,"两个谓词都必须是肯定的""只有当两个作为肯定性理由的事物中的一个取消另一个的结果的时候,实际的对立才成立"。(Ak2:176、175)如果对立的两个肯定项分属于不同主体,则就是一种实际的"可能对立"(opposition potentialis)(Ak2:193)。数学家真正运用的是后两种对立来表达数学的量值,比如通常所谓的"负增长"，因此，"任何一种消逝都是一种负产生"。（Ak2：190）美与丑均是肯定谓词，如同快乐与不快乐亦是肯定的一样，我们可以"把丑称之为负的美"（Ak2：182）。当然，失责并不是缺德，无德也不是缺德（demeritum），后者"不仅仅是一种否定，而且是一种负的德性（meritum negativum）"，即"内在的法则"，比如良知在此被违背了，而这个"内在法则"则是一个善的行为的肯定性理由。（Ak2：182）。

康德的负值理论来源于亚里士多德的"缺如"（steresis）理论，后者属于亚里士多德的"非有"学说，亚里士多德的"非有"学说针对的是巴门尼德对"非有"的拒斥，因为巴门尼德对"非有"的哲学恐惧源于他混淆了逻辑上的矛盾与属性上的反对。（《形而上学》Λ，1069b28、N2，1089a27～28；《范畴篇》Ch.5，4a10～4b19）康德后来在第一批判中揭出的"二论背反"，其解决它们的基本思路也就是这种负的概念。

二 康德的知识论，尤其是因果论

康德把莱布尼茨的如下思想称为"伟大的、非常正确的东西"："灵魂以其表象力囊括了整个宇宙。"而且，"事实上，所有种类的概念都仅仅建立在我们精神的内在活动上，把它当作它们的基础……灵魂的思维能力必定包含着所有据说以自然的方式在它里面产生的概念的实际理由，生生灭灭的知识的各种表现根据一切迹象来看只应当归因于所有这些活动的一致或者对立"（Ak2：200）。在《尝试》的"总的说明"里，康德第一次非常正面地讨论了他对自然科学大厦之根基的"因果律"，并作了相应的分析。

在康德看来，同存在着逻辑对立和实际对立两种对立一样，"理由"（der Gründ，或译成"根据""原因"）也相应地区分为"逻辑理由"和"实际理由"。前者的依据是同一律，即准此规则"通过一个理由来设定一个结果"，它之所以是逻辑的，"乃是因为它是通过对概念的分解而被发现包含在理由之中的"，正如人会犯错的"理由就在于他的本性的有限性"。（Ak2：202）这显然就是康德在第一批判开始时就划分出来的"分析判断"。因此，这种"理由"之所以是逻辑的，根据就在于它是"分析的"。而因果律表达的则是："因为一物存在，所以另一物存在，这个关系如何理解？"亦即"某物如何从别的某物中不依同一律而流溢出来？"这显然是一个"综合判断"。（Ak2：202，译文据原文有校改。）按康德的理解，

"实际理由从来也不是一个逻辑理由,并不是根据同一性的规则凭借风而设定雨"(Ak2:203)。康德明言,"实际根据"所"发生关系的方式却是无论如何也无法判断的"。(Ak2:201)而解释这种关系则是康德所急需的,康德曾反复思考过这个认识论的难题,而且有了结果,康德承诺"将在某个时候详细地阐述这些考察的结果"。正如我们已知的那样,康德的承诺要到18年后的《纯粹理性批判》才能给予兑现。但这时,他对因果律显然已有了非常确定的认识,他紧接着上述引文说:"从这一结果可以得出,一个实际理由与由此被设定或者被取消的某种东西的关系根本不是通过一个判断,而是仅仅通过一个概念就可以予以表达,人们通过分析达到实际理由的更简单概念就可以得出这个概念,这样,最终我们关于这种关系的所有认识,都终结于与结果的关系根本不能讲清楚明白的实际理由的简单的、不可分解的概念。"(Ak2:204)再明显不过了,康德在因果律的根源上,是不可知论。正如苏联著名康德专家阿斯穆斯(В. Ф. Ас-мус,1894~1975)所判断的:把逻辑理由与实际理由作出区分的思想"是可贵的",但目的"是为了强调我们的理性没有能力获得事物的实在关系,换句话说,是为了论证不可知论"[①]。

其中值得注意的有四点。其一是康德开始思考因果律的可能性和效应问题。其二,如上面提到的,康德在这里已经注意到逻辑理由与实际理由的根本差异,前者是分析的,后者则是综合的,这是康德在第一批判中所划分的分析判断与综合判断的前身。其三,逻辑理由与实际理由与其结果虽都涉及判断问题,但康德明确地把后者即实际理由与其结果的关系并不判定为"判断","而是仅仅通过一个概念就可予以表达"。康德似乎已然把因果关系作为一种知性的纯粹概念("范畴")来处理了,虽然他还未用上"范畴"一词。其四,就是康德一直坚持的人的有限性以及由此必然带来的不可知论,范畴的来源问题对此时的康德来说只能被"终结"。鉴于此四点,笔者赞同古留加的如下断言:"康德在《将负值概念引入哲学的尝试》这篇作品中所表述的那些思想,也宣称了即将到来的哲学革命。"[②]正如康德在1765年12月31日给著名的兰贝特的信中所展望的:"在一个仍然不乏优秀人物的时代,学问的危机使我产生了最好的希望;长期以来为人们所希冀的科学大革命已经为期不远了。"(《百封》19)康德此时认为,一个现实行为道德价值的大小取决于

[①] 〔苏〕瓦·费·阿斯穆斯:《康德》,孙鼎国译,北京大学出版社,1987年,第17页。
[②] 〔苏联〕阿尔森·古留加:《康德传》,贾泽林等译,商务印书馆,1981年,第53页。

它所克服的阻力大小。(Ak2：199)这思想可能启示了席勒,后者曾认为:"美的最大特性就是征服其对象的逻辑本性,如果没有障碍来给它征服,那它如何做到一点呢?"①

---

① 〔德〕席勒:《席勒经典美学文论:注释本》,范大灿等译,生活·读书·新知三联书店,2015年,第22页。

"新体裁之尝试"
《关于美感与崇高感的考察》(1763)

此作是康德于1763年10月8日呈给哲学院院长以供书报审查的。它从"观察者"而非"哲学家"的角度展开(Ak2:207),从实际看,康德的兴趣也主要在人类学而非后来所谓的美学问题,真正讨论优美感与崇高感之处甚少,多是与之相关的人类学发挥(人性、两性、民族性),更不可能是"第三批判的一幕前奏或提要"①。席勒1795年2月19日写给歌德的信就持此看法:书中的论述纯粹是人类学的,关于美的终极根源人们什么也学不到。② 国内外关于康德此著的研究,关注的主要是其内容,突出其经验主义特征,几乎没有涉及康德撰写此著的动机。笔者多方考察亦不得其要,只是推测,此著应当是康德讲授人类学时积累的材料所成,之所以此时单独成稿,可能与康德此时的生活状态比较散漫有关。③

康德此处讨论的对象,优美感与崇高感,都是某种只能部分可解的概念。在"应征作品"中,康德说:对于哲学的所有分支,尤其是形而上学,"任何一种能够进行的解析也都是必要的,因为无论是认识的明晰性还是有效推论(sicher Folgerungen)的可能性都取决于此"。然而,分析终会遇到一些客观上无法再分或者主观上无能再分的概念,面对如此繁多的一般认识,这样不能再分的基本概念在哲学领域必然"异乎寻常地多"。"许多概念几乎根本不能被分解,例如表象的概念……而另一些概念只能部分地被分解,例如……关于人的灵魂的各种各样的情感,崇高、美、厌恶等等的情感概念;没有对这些情感的概念的精确认识和分解,就不能充

---

① 何兆武:"译序",载〔德〕康德《论优美感和崇高感》,何兆武译,商务印书馆,2001年,第21页;参见章辉《康德美学的经验主义视野——读〈对美感和崇高感的观察〉》,《燕山大学学报》(哲学社会科学版)2000年第3期。
② 参见〔德〕卡尔·福尔伦德《康德传:康德的生平与事业》,曹俊峰译,天津教育出版社,2015年,第152页。
③ 参见〔美〕曼弗雷德·库恩《康德传》,黄添盛译,上海人民出版社,2008年,第170页。

分地认识我们的本性的动机……"（Ak2：280）康德于1762年年底写就并于1764年出版的上面这段话，看作他此文的理论前提，或许不为武断。

这篇著作以优美感与崇高感为框架来讨论人类的情感世界和性格特征，但笔调是前所未有的，幽默中夹带着讽刺，文体华丽兼具格言味道；其中没有任何的严格推理和理论解析，一切都是机敏的、近似的、形象的和引人入胜的。这绝不是用来谈什么美学的，优美感与崇高感及其讨论，与其说是美学范畴，毋宁说是人性的两种外现形式。这篇著述是人类学的和社会心理学的，在当时轰动一时，作者在世时就曾再版过八次，这是康德的一个转变，"在他哲学兴趣的范围中出现了人"。作品之所以如此受到青睐，也不是没有原因的：对感性的重新重视和强调、对个人特殊体验所表现出来的极大兴趣，都预示着"狂飙突进"的迫近。① 正是这部风格一新的通俗著作，被爱尔兰根大学的高级学监读到而对作者产生了仰慕之心，使得康德在1769年获得了在该校当"逻辑学与形而上学"正教授的机会，不过康德后来回绝了。②

虽然这部使作者赢得"时髦作家"称誉的著作，不属于严格的美学范畴，但也已然证明了康德高度的鉴赏力和对古今文学作品的熟悉程度。希腊神话、阿那克里翁、西蒙庇德斯、欧里庇得斯、维吉尔和奥维德等古典作家就不说了，像弥尔顿、莫里哀、波吕尔、封德耐尔、杨格、理查森、哈勒、克洛施托克等的作品，也都是康德用心阅读过的。

康德以观察者而非哲学家的身份，来描述他对美感与崇高感的观察。文章的主旨是："与其说快乐或烦恼的不同感觉（Empfindung）取决于激起这些情感的外在事物的性质，还不如说取决于每个人所固有的、由这种激发才带有愉快或不愉快的情感（Gefühl）。"（《文集》11）康德把崇高感与优美感看作人类"较为精细的情感"，其特点是：可以长时间地享受而不至于因餍足而生厌；以心灵的敏感为前提，并使之趋向于"道德冲动"。（《文集》12）虽然这"两种情感都是愉快的，但愉快的方式和性质却完全不同""崇高令人激动，美令人陶醉"。（《文集》13）

康德在一个注释中所引用的材料颇引起笔者的注意。材料来源于1744~1759年出版的、小品文式的德文杂志《不来梅杂志》（*Bremer Bei-*

---

① 参见〔苏联〕阿尔森·古留加《康德传》，贾泽林等译，商务印书馆，1981年，第67页。
② 〔德〕卡尔·福尔伦德：《康德传：康德的生平与事业》，曹俊峰译，天津教育出版社，2015年，第179页。

trage）的第四卷，文章题为"卡拉赞（Carazan）之梦"，康德引用它的目的是形象化"高贵的恐惧"这种情感。原文如下：

> 这个吝啬的财主随着财富的增长，越来越封闭自己的心灵，失去了对人的同情和友爱。同时，他对人的爱愈淡漠，祈祷却愈勤勉，对宗教仪式也愈虔诚。有一次，在忏悔之后，他说："有一天晚上，我正在灯下算账，估量我的商业利润，这时梦魔征服了我。我看见死神的信使旋风般飘然而降，我还来不及求饶，就遭到可怕的一击。当我知道自己的命运已最终决定，所积功德不能再增加，所为罪恶也不能再减少时，我浑身麻木，呆若木鸡。我被引致高踞第三层天上的上帝的灵霄宝殿前。从我面前闪耀的光辉中发出了声音：'卡拉赞，你的祈祷被拒绝了。你已经失去了人类的良心，你以铁的手腕攫取了财富。你只为自己活着，因此今后你将永远生活在孤独之中，你已经被从一切造物的大家庭中驱逐出去。'这时我被一股无形的力量拖拉着，穿过广阔无垠的宇宙。无数的世界很快就被抛在后面。当我接近大自然的尽头时，我发现无边的虚无的阴影在我面前向无底的深渊沉落下去。多么可怕的黑暗王国啊，永恒，寂寞，单调。这一瞬间，我陷入了无法形容的恐惧之中。最后的星辰渐渐地从我的视野中消失了，那极度黑暗中的最后的闪光终于熄灭了。随着我离开人寰越来越远，绝望的恐惧也与时俱增。如果我被推到一切造物的彼岸，且一直向前，千秋万代永不停歇，那我就只能望见那深不可测的黑暗的深渊，永无得救之日，也无任何重返故土的希望。昏迷中，我猛地把手伸向现实世界的事物。于是便立刻惊醒过来。从那以后，我受到了启示，学会了尊重人。在那可怕的虚无之中，甚至那些在我得意之时被我从门口赶走的最卑微的人，我也无疑会认为比哥尔孔达（Golkonda，印度古城，盛产金刚石，加工钻石，巨富——引者按）的全部财宝更可珍贵。"（《文集》14）

读到这段不算短的引文的最后几句时，不禁让人联想到康德在《反思录》中论及自己读过卢梭后的感受和转变：

> 我自以为爱好探求真理，我感到一种对知识的贪婪渴求，一种对推动知识进展的不倦热情，以及对每个进步的心满意足。我一度认为，这一切足以给人类带来荣光，由此我鄙夷那班一无所知的芸芸众

生。是卢梭纠正了我。盲目的偏见消失了,我学会了尊重人性,而且假如我不是相信这种见解能够有助于所有其他人去确立人权的话,我便应把自己看得比普通劳工还不如。(Ak20:44)①

康德读过卢梭的著作后,学会了尊重最普通的人,康德嘲笑了那些"相信一切都是为他们而存在的"学者,他说:"当我走进手工业工人的作坊时……我认识到如果没有他的劳动我连一天都不能生活。"(《文集》100、143)"人们对于道德喋喋不休地说了许多话,但人们在能够成为有道德的人之前首先要弃绝非正义行为。人们必须放弃舒适惬意、奢华淫乐和一切提高我自己却贬低他人的东西,这样我就不是压迫同类的人之一了,没有这样的决心一切道德都是不可能的。"(《文集》171~172)

---

① 参见〔德〕卡西尔《卢梭·康德·歌德》,刘东译,生活·读书·新知三联书店,2015年,第10页;另参见《文集》105。

显然受到卢梭影响的《试论大脑的疾病》(1764)和《莫斯卡蒂〈论动物与人之间身体上的本质区别〉》(1771)

这两篇短文显然是受卢梭著作的影响而写就。先看前者，它可以更简洁地译成《论脑残》。据说康德写作此文的起因在于一位名叫科马尼奇(Jan Pawlikowiez Zdomozyrskich Komarnicki)的半疯幻想者的出现，此人由一个8岁男孩和一个畜群（据说有14头奶牛、20只绵羊和46只山羊）陪伴，时称"山羊先知"，当时正在哥尼斯贝格逗留，其古怪的行为方式引起了社会的轰动，康德因此被要求对这种奇怪现象进行鉴定。①

文章的基本观念是卢梭《爱弥儿》中的：人类的一切疾病均是所谓的文明造成的，而在自然状态中，这一切均不会发生。康德认为，"在市民社会中，原本就存在着所有这些残疾的发酵剂，即便它们不产生这些残疾，也仍然有助于维持和扩充这些残疾"，当"健康的知性"转变为"精细的知性"（这让人想起今日人们所说的"精致的利己主义者"之论），人便开始迷乱、妄想或狂想。(Ak2：269)或者用现代术语表达："心理疾病是对变态社会的一种变态的抗议"。② 康德在文章中考察的，主要是"认识能力的残疾"(Ak2：270)。康德最后的结论是，脑病的根源在于消化器官的故障。

1762年之前的康德，学术思考的核心对象是"自然""天体"或"宇宙"，方法是物理学的、几何学的，目的是普及并推广牛顿力学的原理，并试图用它解释生活中的疑难和困惑，意在解释，追根求源，此时的康德是杰出的解释者；1762年之后的康德，则把思考的重心由天上转移到人世间，所用的方法则多是描述的和经验的，目的转身对人类心灵的观照，

---

① 参见〔德〕马克斯·弗利沙伊森-克勒："科学院版编者导言"，载李秋零主编《康德著作全集（注释本）》（第2卷），中国人民大学出版社，2019年，第286页。
② 〔苏联〕阿尔森·古留加：《康德传》，贾泽林等译，商务印书馆，1981年，第71页。

其关键词是：人性、幸福、德性、情感、心灵，等等，康德于此是伟大的观察家和卓绝的描绘者。在后一方面，康德表现出一个杰出观察家所能具有的细致的观察、精微的体认、准确的界定等天赋才能。

康德对文明社会的批判："大自然的淳朴和知足在人身上只要求和形成平凡的概念和一种粗犷的耿直，人为的强制和市民状态的奢靡却策划出俏皮鬼和小聪明，有时也策划出愚人和骗子，并且创造出智慧的或端庄的外表……艺术发展得越高明，理性和德性最终也就在同等的程度上成为普遍的口令，但却达到如此的程度，以至常把这二者挂在嘴边，就可以免除经过传授并守规矩的人们拥有它们所带来的负担。"（Ak2：259）"处在自然状态之中的人很少会患痴迷，很难会患愚蠢。"（Ak2：269）

《莫斯卡蒂〈论动物与人之间身体上的本质区别〉》一文匿名发表于1771年8月23日的《哥尼斯贝格学术和政治报》上。所评之书的作者是意大利的解剖学家，书的内容很有意思，也很雷人：人的直立行走是被迫的而且是反自然的，其结果是一方面失去了原有的长处，比如天生游泳的本领，一方面"造成了畸形和一大堆疾病"，像要命的心脏疾病、各种肿瘤、心悸、胸膜积水、痔疮，"尤其是……对二足行走的母亲的伤害是子宫的凸出、早产等等，这些都与上千种其他疾病一起产生自她的直立姿势，而四足行走的造物却得以免除"（Ak2：423～424）。在书评的开头，康德特意提到了卢梭的大名，称其"有洞察力"，而文末的这段话，意味却十分值得玩味：

> 无论我们的意大利博士的这一定理看起来多么地悖谬，它在一位敏锐的哲理解剖学家手中却几乎获得了一种完全的确定性。人们由此看到：大自然最初的绸缪就是，人作为一种动物为自己并为自己的类被保存下来；为此，最符合他的内部结构、胎儿的位置和危险中的保护的那种姿势就是四足行走的姿势；但在他里面还被植入了一种理性的胚芽，由此，如果这胚芽得到发展，他就注定要形成社会，而由于社会他又不断地采取了最适合于此的姿势，即二足行走的姿势；由此，他一方面无限多地胜过各种动物，另一方面又不得不忍受由于他如此高傲地抬起自己的头颅俯视他旧日的同伴而为他产生的诸多麻烦。（Ak2：424～425）

"敏锐的哲理解剖学家"是不是自指或指卢梭，这不重要，重要的是，康德在人身上发现了两种特性，即四足的动物性与二足的社会性的结合，这让人想起他在《关于一种世界公民观点的普遍历史的理念》一文"命题四"中提出的"非社会性社会性"（Ak8：20~21）。然而，细推之，又有区别：其中的社会性自然是相通的，但后者的"非社会性"主要是指一种"使自己个别化（孤立化）的强烈倾向"或者"仅仅按照自己的心意处置一切"，但这并非一种前者所说的"动物性"。当然，这两种在人身上的矛盾的共存，造成了共同的结果，即人类的文化成果。如果就康德后来批判哲学的基底而言，接近"有限理性存在者"的还是前者即动物性与社会性的统一而非后者即"非社会性的社会性"。此外，康德之所以对这部有些"悖谬"的著作发生兴趣，除了卢梭的因素，可能还是其人类旨趣使然，也就是康德始终关注与"人是什么"有关的一切研究成果并随时准备纳入自己的思想和理论体系中。

作为"康德教学法"的《1765—1766 年冬季学期课程安排的通告》(1765)

这篇报告——也是康德这一年唯一出版的文字——发表于 1765 年秋，博罗夫斯基对此有过很高的评价："在这个非常谦逊的标题下，康德用非常值得一读的方式表达了他关于学校和大学教育的诸多理念。"①

一 康德时代知识观的特点

康德对他的时代有着相当的敏感。他说，那个蒙昧不清的时代——当然是指黑暗的中世纪——"从此已经结束了，人的知性已经幸运地摆脱了昔日……所加给它的桎梏"。康德颇为严肃地宣告说："从现在起，倘若牛顿和莱布尼茨的声望与真理的发现相悖，人们也能够敢于大胆地认为它一文不值，并且除了知性的牵引之外，不服从任何其他的劝说。"（Ak1：7）在这里，康德对他那个时代的特点的概括是："中庸、冷淡。"（Ak1：212）康德认为他身处"一个备受粉饰的市民状态的时代"（Ak2：305）。

人类知识的自然进步的道路是："知性首先站起来，知性通过经验达到直观的判断，并通过直观的判断达到概念，然后这些概念在与它们的根据和结果的关系中被理性所认识，最终在一个井然有序的整体中借助于科学被认识。"② 那么，传授知识也应当遵循这同一条道路，即"把自己的听众首先培养成一个知性的人，然后再培养成一个理性的人，最后培养成

---

① 参见 Kant, *Theoretical Philosophy 1755～1770*, Cambridge: Cambridge University Press, 1992, p. lxxix.
② 康德这里所揭示的秩序即"知性→经验→直观的判断→概念→因果→理性→作为有序整体的科学"，与第一批判所揭示的"一切人类知识都从直观开始，由此进至概念，而结束于理念"（B730）大体相当。此时的康德，对知性和理性之间功能差异已经有了非常明确的判断（Ak2：305、306）。

学者"(Ak2：305)；"他不应当学习思想，而应当学习思维；如果人们希望他将来应当会自己走路，那就不应当背负他，而应当带领他"(Ak2：306)。对哲学而言，思维是根，思想是果："为了获得丰富的结果他就必须只能在自身中植下它能结果实的根。"(Ak2：307)原因是，在哲学的学习中，不像在数学性和历史性科学中的学习——其中有"一个已经完成的学科呈现给我们"，"或者印入记忆，或者交给知性"，而在这里，我们并没有一门实际上应用的哲学，使人们"能够出示一本书并且说：你们看，这里就是智慧和可靠的认识；你们学着理解和领会它，今后也信赖它，这样你们就是哲学家了"。(Ak2：307)也就是说，在前者"那些科学中有一个共同的尺度，而在这门科学中却每一个人都有自己的尺度"(Ak2：308)。因此，康德提出哲学的方法是"怀疑的"，因而是"探究的"(zetetisch)，而非"教条的"(dogmatisch)或"决定了的"(entschieden)。(Ak2：307)

二 康德对"哲学方法"的根本性关注

康德此文概述了他在《关于自然神学与道德原则之明晰性的研究》一文中的观点，认为形而上学较之数学和自然科学等其他学科"虽然有学者们的伟大努力却还是如此地不完善和不可靠，乃是因为人们认错了他们的特有方法，这种方法不是像数学的方法那样是综合的，而是分析的。因此，简单的东西和普遍的东西在量的学说中也是最容易的东西，而在基础科学中却是最困难的东西，在前者中它按照本性必然最先出现，在后者它却必然最后出现"(Ak2：308)。

1765年12月31日康德在致兰贝特(J. H. Lanbert，1723～1777)的信中说："多年来，我的哲学思考曾转向一切可能的方面。我经历了各种各样的变化，在这期间，我随时都以这种方法寻找失误或者认识的根源。最后，我终于确信了那种为了避免认识的幻象就必须遵循的方法。认识的幻象使人们随时相信已经做出了抉择，却又时时望而却步，由此还产生了所谓的哲学家们毁灭性的分歧，因为根本不存在使他们的努力统一起来的标准。从此以后，无论从被给予的材料中得出的知识具有多大程度的确定性，我总是从我面临的每一个研究任务的本性中，发现为了解决一个特殊的问题所必须知道的东西。这样，尽管做出的判断常常比以往更加受到限制，但却更加确定，更加可靠。所有这些努力，主要都是为了寻求形而上学乃至整个哲学的独特方法。"由于哥尼斯贝格的出版商康特尔（J. J. Kanter，1738～1786）提前宣布了康德将出版有关形而上学方法著作的消息，康德在这封信中不得不做出解释，"我和我的初衷依然相距甚远，我把这个作品看作是所有这些计划的主要目标"（《百封》18）。康德在这里第一次谈及他将来的"主要目标"，看来此时的康德已然有了要写"第一批判"的念想了。在1766年4月8日致门德尔松的信中，康德说："一段时间以来，我相信已经认识到形而上学的本性及其在人类认识中的独特地位。在这之后，我深信，甚至人类真正的、持久的幸福也取决于形而上学……如果可以谈一谈我自己在这方面的努力，我相信，在我还没有写出这方面的任何作品之前，我就已经在这一学科中获得了许多重要的见解。这些见解确立了这一学科的方法，不仅具有广阔的前景，而且在实用中也可以用作真正的标准。"（《百封》21～22）

在谈及康德美学理论的形成时，一般的研究都会引述第一批判中的那个著名的注释，以此证明康德本来是没打算把"美学"（Aesthetik）纳入先验哲学的体系中的。康德把这一想法判定是那位"优秀分析家鲍姆嘉通所抱有的一种不恰当的愿望，即把美的批评性评判纳入理性原则之下来，并把这种评判的规则上升为科学。然而这种努力是白费力气。因为所想到的规则或标准按其最高贵的来源都只是经验性的，因此它们永远也不能用作我们的鉴赏判断所必须遵循的确定的先天法则……"（A21/B36）可是，康德在1765年秋发表的这篇《1765—1766年冬季学期课程安排的通告》中就已经宣告过：在逻辑学的两个类别中，既有关心行动和生活、旨在"隔离"的对"健康知性的一种批判和规定"，也有关心"理性文化"旨在"观察生活"的对"真正的学问的一种批判和规定"。在这后一种逻辑中，既要研究"认识的起源"，又要"草拟出持久而且合规则地修建这样一座理性建筑物所应当遵循的详细蓝图"，"在这里，同时材料上非常接近的渊源关系也提供了在理性批判的时候也关注一些鉴赏力批判即美学的机会，其中一方的规则在任何时候都有助于阐明另一方的规则，而它们的区分也是更好地理解二者的手段"。（Ak2；310～311）如果倒回来看，我们可以这样说，逻辑学的第一个类别，也就是亚里士多德的形式逻辑，第二个类别则是具体科学门类的逻辑，由康德后来的批判哲学看，就是所谓的"先验逻辑"，也就是康德的认识论或哲学方法论。看来康德早就有在自己的哲学体系内同时思考"鉴赏力批判"即"美学"的打算了，"理性批判"也开始出现在康德的术语中。这些都无疑说明，康德已经开始构思自己的主要思想和著作了。

三 康德的学科体系及伦理学的处境

从康德课程安排看,"形而上学"主要讲授的内容当然也就是康德认同的形而上学的知识体系,包括如下四个方面(Ak2:308~309):

1. 经验心理学(empirical psychology):关于人的形而上学的经验科学,延及对一切生命的考察。

2. 探讨有形自然本身:从宇宙论探讨物质的核心部分借来的,包括一切无生命的东西。

3. 本体论(ontology)或理性心理学(rational psychology):关于一切事物普遍属性的科学,包括精神存在物与物质存在物的区别以及二者的结合和分离。

4. 关于上帝与世界的科学:对一切事物的原因的考察。

这与康德在第一批判中所交代的形而上学系统的四个主要部分是基本一致的:"1. 本体论。2. 理性的自然之学。3. 理性的宇宙论。4. 理性的神学。"(A847/B875)

1765 年,康德的时代,伦理学虽然"比形而上学还要早就得到了科学的外观和缜密的声誉",但是,科学与缜密"这二者在它那里连一个也遇不到"。康德明确区分了"应当发生的事"和"所发生的事",由此阐明了研究"人"必须遵循的方法:既关注人的现实性(被偶然状态所扭曲)又必须关注人的本真性(常驻不变的本性);"配享"一词在这里也已经出现了。(Ak2:311)较之于形而上学或认识论(或者后来批判哲学)而言,道德哲学由于"行动中的善与恶的区分和关于道德上合法性的判断,直接地、无须绕道借助人们称为感情的东西证明人的心灵,就能够轻而易举地并且正确地认识到"而不显得那么迫切的看法,也保持到第二批判写作的时期(Ak4:403)。

康德第一次宣布了据说他此后至少讲述了 48 遍的全新课程"自然地理学",此课由此被引入哥尼斯贝格的学术圈。由于康德一开始因为要讲课而不愿意出版此课的讲稿,这导致此课讲稿的出版颇为曲折。有趣的是,康德在这个"通告"中提到,引课有一部分是专门考察"人"的,"按照人的自然属性的多种多样性和人身上属于道德的东西在整个地球上的差异",旨在"对人作出普遍的判断",并为人们"展现一幅人类的大地图"。(Ak2:352)

作为思想契机的《视灵者的梦》
(1765)①

一 施魏登贝格只是个契机

本文全名为《以形而上学的梦来阐释一位视灵者的梦》,简称《视灵者的梦》或《梦》,成稿于1765年②,1766年匿名出版。据哈曼与门德尔松所言,康德此文的部分初稿在1764年11月6日前已经写好③。这部著作的风格可能是康德所有作品中最为怪异的一部,门德尔松收到此文阅读后的评价是:"用以撰写这本小书的玩笑式的隐微涵义有时使读者怀疑:康德先生是否要使形而上学显得可笑或使通灵显得可信?"④ 它的探讨对象,按当时的,也是康德认同的学科体系看,属于"理性心理学"。据康德《1765—1766年冬季学期课程安排的通告》,"理性心理学"是传统形而上学的一个特殊部分,康德此时又称其为"本体论",即"关于一切事物更普遍的属性的科学","包括精神存在者和物质存在者的区别,此外还有二者的结合或者分离"(Ak2:309)。此文的探讨目的,虽按门德尔松看,十分隐微,然细察之,可见康德对传统形而上学,尤其是理性心理学釜底抽薪式的批判,施魏登贝格(Emanuel Swedenborg,1688~1772)一事,不过是一个极佳的契机而已,因为他的影响太大太广了——在18、

---

① 《视灵者的梦》在本书第三章已经得到了比较充分的讨论,考虑到有些材料在那儿并没有得到利用,所以此处仍然给出笔者的研读笔记,只是删除了重复较多的部分。
② 由康德1766年2月7日写给门德尔松的回信中可知,他当时寄给门氏若干份《视灵者的梦》,请他将其分送给其他人。在同年4月8日给门氏的信中,康德为此诚挚感谢了门德尔松。Kant, *Correspondence*, tr. and ed. by Arnulf Zweig, Cambridge: Cambridge University Press, 1999, pp.88~89;《百封》20。
③ 参见〔美〕曼弗雷德·库恩《康德传》,黄添盛译,上海人民出版社,2008年,第208页。
④ 〔德〕康德:《通灵者之梦》,李明辉译,台北,联经出版事业公司,1989年,第89页。

19世纪,他的信徒遍及瑞典、英国、德国、波兰和北美诸地。

但是,康德在这部著述中,曾反复抱怨说,他不应该在"通灵"的问题上浪费那么多时间,他正"怀着某种屈辱来承认,他曾如此真诚地探究一些上述那类故事的真实性",结果他发现他无所发现。他很后悔花大价钱买了那个"首席幻想家"的著作,"更糟糕的是已经读过了",要不是"这份气力不应白费",他大概就不会写这篇论文了。(Ak2:318)康德借他人之口自问道:"究竟是什么能够打动我去从事一项像传播一个有理性的人对耐心倾听尚有顾虑的无稽之谈这样受轻视的工作,甚至使它们成为哲学研究的题材呢?"他的自解是:"愚蠢和知性之间划定的界限如此难以辨认,以至于人们很难在一个领域长期前进,而不偶然稍稍涉足另一个领域。"康德自认一贯是有理性的,且在这个问题上也是"真诚"的,"某些荒谬的事物甚至被有理性的人所接受,只不过是因为众口铄金罢了"。(Ak2:356~357)他说:"这是一个吃力不讨好的题材,它是好奇而又闲散的朋友们的询问和敦促强加给我的。由于我使自己的努力屈从于这种轻率,我同时也就辜负了他们的期望,既没有用消息来满足好奇者,也没有用理性根据来满足研究者……我失去了读者的信任,引导他们的探寻和求知欲经过一段无聊的弯路,回到了他由以出发的无知之点。"(Ak2:367)

然而,正如我们看到的,康德又表示,他在这个题材上也获得了非常丰厚的回报,那就是他因此"迷恋上了形而上学",并探得它的基本功能是划定"人类理性的界限"。我们也看到,在康德和"首席视灵者"之间,在观点、概念和思路上——比如通灵者具有的独特禀赋、通灵者与灵神性世界的关联方式、通灵的基本途径、灵界与物界间的"象征性"关系——均有着诸多的相似之处,这该如何理解呢?是康德受到了"首席通灵者"的影响吗?

康德已然非常强烈地意识到了这个问题的严重性,他不无委屈地说:"尤其我的不幸是,我所发现并与我的哲学空想极其相似的见证,看起来极为怪诞和荒唐,以至于我必须猜想,读者将由于与这样一些赞同的相似把我的理性理由视为荒谬,而不是由于后者而把前者看作合理的。"康德坦率地承认,他在"独断论"部分经过理性思辨而建立的理性心理学体系与"首席视灵者"那八册巨帙《天上的奥秘》中的观点之间的确有"一些影射的比较",但绝不意味着它们有任何必然的关联。康德郑重地说:"他与我的体系一致只是出于偶然,就像诗人有时在狂乱时有所预言……偶尔也会与结果切合的。"(Ak2:359)

康德之所以特别关注施魏登贝格原因有二:一是施氏原本也算个知名

的自然科学家和数学家,曾发展出一套自然哲学并因此被选为彼得堡科学院院士,晚年因一场个人宗教危机而遁入神秘主义,成为风行一时的通灵者,连康德十分信任的朋友都亲自拜访过,称其"有理性"且"坦诚",如此人物岂能等闲视之;二是,施氏所为其实关涉形而上学中"理性心理学"的前景,如果施氏所言不虚,那在传统理性心理学中争论不休的一些问题,尤其是灵魂不朽、精神或心灵的本质及特性,岂非可以彻底澄清?而这个难题是自古未能妥当处理的,莱布尼茨—沃尔夫一派的理性主义和英国经验主义于此虽言之凿凿,究其实不过自说自话。为此康德曾专门托一个英国商人带信,追问于施氏,回答是一切都将在即出的著作中予以逐条答复。①

看来,康德与施魏登贝格之间的关系大约可以这样来概括:康德的理性心理学体系已经相当成熟,虽未形诸文字。康德之特别关注通灵之事,正因他对传统形而上学体系的熟稔和深入思考。② 施魏登贝格之事,正好给康德提供了一个整理并出版自己关于形而上学思考的绝好机会,正可借人们对事件本身的热情关注来让人们了解自己的理论学说。当然,康德的某些提法或术语或许也受到过施魏登贝格的启发。但是,康德思想体系的独立性是不容置喙的,不能因为施魏登贝格在康德的思想诞生时做过助产婆,就说他是孩子的父亲。

二 康德的基本立场:经验主义

一般都认为,康德的经验论倾向是受到了英国经验主义哲学家如洛克、莎夫兹伯里,尤其是休谟等人的影响。这当然没有问题,但也不应当忽视牛顿的影响。要知道,康德是以自然科学家(或者说自然哲学家,接近于理论物理学研究)的身份开始其学术研究的。莱布尼茨—沃尔夫一派

---

① 参见李明辉《康德的〈通灵者之梦〉在其早期哲学发展中的意义与地位》一文,载其所译《通灵者之梦》,台北,联经出版事业公司,1989年,第3~5页。
② 据载,康德作为讲师第一次讲课应当在1755年10月13日的星期一,所讲课程中就包括"形而上学",教材选用的是鲍姆嘉通的或者迈耶尔的。1755年9月,康德提交了名为《形而上学认识各首要原则的新说明》的教职答辩论文。从此时算起到现在(1766年),康德研究并教授形而上学已有10余年的历史。这足以证明1766年的康德对传统形而上学有着深刻的理解并做过深入的思考。参见Kant, *Lectures on metaphysics*, tr. and ed. by Karl Ameriks and Steve Naragon, Cambridge: Cambridge University Press, 1997, pp. xix~xx。

的理性主义和牛顿力学建基于其上的经验主义，可以说是同时在康德的思想中着床的。这既使他渐觉哲学领域中理性主义的短处和不足，又有助于他接受英国经验主义的观念，更促使他在综合的道路上踏出了自己的大脚印。康德是在理性主义的氛围中走进学校的，经过沃尔夫通俗化的莱布尼茨哲学是他一直以来都非常熟悉的，这不成问题，亦无须再说。康德对自然科学，尤其是宇宙论的热爱和研究，则在大学期间就开始了，博罗夫斯基和克劳斯都认为，康德是1744年就找到了自己的立场，他的处女作透露了太多的完全可以看作成熟时期的康德所表现出来的独特方面的萌芽：独立思考的韧性、走中间道路的策略、义无反顾的理论勇气、前提批判的方法和广阔的学术视野，等等。康德大学时代转移了中学时期对语言学的爱好，进而对物理学和自然哲学有了极大的兴趣，这个转变应当归功于那个英年早逝的教授马丁·克努真（Martin Knutzen，1713～1751）——他21岁即得到教授职称，他虽然是一个虔敬派信徒和沃尔夫主义者，但对英国自然科学的成就有浓烈的兴趣——康德从他那里第一次听到了牛顿的大名并借阅了牛顿的著作。在他的影响和帮助下，康德从大学四年级就开始独立地撰写物理学著作了。[①] 而我们只要翻开"康德全集"的第1卷的目录，浏览一番就能感受到，为学术而生的康德的头脑在开始时都思考了哪些问题。当然，自然科学的学术写作和思考，只是在"方法操作"层次让康德感受到经验主义的坚实性和确然性，即便如此，这也为康德接受作为"认识论"层面的英国经验主义铺平了道路。

就一个材料需要在与他进行感觉的世界不同的另一个世界去寻找的问题而言，他可以免去（对此问题）所有徒劳的探究。如果我们把"经验和通常知性的低地……视为我们被指定的场所，我们离开这一场所绝不会不受到惩罚，而只要我们遵循有用的东西，这场所也就包含着一切能够满足我们的东西，那该是怎样的幸事啊！"（Ak2：368）

在原因与结果、实体与活动的关系中，哲学最初用来解开错综复杂的现象，并使它们成为更加简单的表象的。但是，如果人们最终达到了这些基本关系，哲学的工作便结束了；至于某物如何能够是一个原因或者有一

[①] 〔苏联〕阿尔森·古留加：《康德传》，贾泽林等译，商务印书馆，1981年，第15页。库恩在2001年出版的《康德传》中，从众多的证据和迹象中分析了康德和自己"最喜欢的老师"克努真之间若即若离的师生关系。但是，不论是如博罗夫斯基所说的康德受到了克努真的重视因而大受其提携，还是如库恩所说老师并不看重他这个过早叛逆的学生，结果都是一样：康德受到了老师的根本影响，不论是受到启发还是进行批判性响应。参见〔美〕曼弗雷德·库恩《康德传》，黄添盛译，上海人民出版社，2008年，第118～126页。

种力量，绝不可能靠理性认识，相反，这些关系只能从经验中得出。因为我们的理性规则仅仅涉及按照同一性和矛盾进行的比较。但是，如果某物是一个原因，那么，另一物就由于某物而被设定，因此，不能借助一致来发现联系；这就像在我不愿把同一物视为一个原因的时候，绝不产生一种矛盾，因为当某物被设定时，扬弃另一物并不自相矛盾。因此，作为原因的事物的基本概念、原因和活动的基本概念，如果它们不是从经验得出的，便是完全任意的，既不能得到证明，也不能得到反驳。（Ak2：370）

对于那些我们注定不会对之有任何经验可言的对象所做的任何的假设，不论是多么具有创造性和艺术性，都"必然纯粹是虚构"。"如今，既然理性的根据在诸如此类的场合里无论对于发现还是对于证实可能性或者不可能性都不具有丝毫重要性，所以人们只能承认经验具有决定权"。

三 康德对理性主义和旧形而上学的不满

此不满最迟可追溯到他的授课资格论文，即1755年9月发表的《形而上学认识各首要原则的新说明》。在这篇著作中，康德对莱布尼茨的"充足理由律"进行了批判性研究，从而把事物的"存在基础"与对事物的"认识基础"区别开来，把现实基础（是什么）与逻辑基础（为什么）区别开来，"在这些论断中包含着后来二元论的萌芽：现实事物和世界和我们认识的世界，二者不一致"①。

在《四个三阶段论格的错误繁琐》（1762）中，康德论析了逻辑在哲学探讨中的效用的有限性，借以批评传统形而上学过分倚重逻辑的错误。在《证据》（1762）中，康德对传统形而上学证明上帝存在的三种论证，即存有论的、宇宙论的和自然神学的，逐一进行批判。在《明晰性的研究》（1762）中，康德严格区分了数学知识与哲学知识，尤其是形而上学知识的本质性差异，并认识到形而上学知识不能只建基于概念分析之上。在《尝试》（1763）中，康德区别了逻辑对立与事实对立的不同，并指出，我们无法依据逻辑去说明事实的对立，因为事实的对立涉及因果关系。这四篇论文中，隐含着一个经验主义的基本原则：单凭逻辑规则和仅靠概念分析，我们无法对实在界形成任何确实的知识，因为这类知识只能建立在经验的基地上。这项基本原则预设了如下区分：思想界与实在界有严格且

---

① 〔苏联〕阿尔森·古留加：《康德传》，贾泽林等译，商务印书馆，1981年，第31页。

根本的不同。传统形而上学的一切纷争，最终根源即在这里，想单凭思想界的工作达到对实在界的知识，混淆了思想界与实在界、误把逻辑关系当作因果关系，把逻辑根据当作真实根据。①

康德对理性主义的批判，很大程度上是对旧形而上学的批判。旧形而上学，又叫传统形而上学、思辨形而上学或者独断的形而上学，在第一批判中称为"作为禀赋的形而上学"，这些概念一方面昭示着康德对它的不满和定性，同时也预示了康德对它的改造之心由来既坚且久。故而康德才说："尽管我罕能自诩从形而上学那里得到了几分青睐，但我注定已经迷恋上了它。"（Ak2：367）原因是它提供了两项非常要紧的益处：一是积极的方面，"完成了探究的心灵在凭借理性探索事物的隐秘性质时提出的课题。但在这里，结果欺骗期望是太经常的事情了"——这说的正是传统（独断论）形而上学所做的工作，想用理性思辨和逻辑分析完成对灵魂、上帝等课题的研究；二是消极的方面，"更合乎人类知性的本性"，也就是按人类知性的本来要求，看看"探究的心灵在凭借理性探索事物的隐秘性质时提出的课题"是否能从"人们能够知道的东西"出发加以规定？这又和"我们的判断在任何时候都必须依据的经验概念有什么关系"？康德由此得到一个对今后形成先验哲学至关重要的结论："形而上学是一门关于人类理性的界限的科学。"（Ak2：368）② 因此，它是一门批判性的学问。这后一种好处的确是"最不为人知的""也是最重要的"，它告诉人们："如果一个问题的材料得求之于其感觉世界以外的另一个世界，则对这个问题，他可以免除一切徒劳的研究。"（Ak2：368）

康德此时心中所拟想的形而上学，虽然还没有获得后来在道德形而上学中的那种积极的意义，但它的消极作用即并不告诉人们该做什么而只是告诉他们什么的事情不必去做也是非常重要的；尽管没有给人们提供新的认识，可却能使人们免除徒劳无功的探究，"清除了妄想和无用的知识"，避免了祸害匪浅的"知性膨胀"，已是功莫大焉。康德对真正的形而上学的清醒认识，反照出传统形而上学的神秘、独断和僭越：它的神秘在于，它所依据的全都是"只此一家"式的秘密体验，非得诉诸某种非同一般的

---

① 参见李明辉《康德的〈通灵者之梦〉在其早期哲学发展中的意义与地位》一文，载李氏所译《通灵者之梦》，台北，联经出版事业公司，1989年，第6~7页。

② 在同一时期（1764~1765）的《〈对美感和崇高感的观察〉反思录》中，康德有相同的表述："我们可以说形而上学是限制人类理性的一种科学。对形而上学的怀疑并没有消除有益的确定性（Gewissheit），而是消除了无用的确定性，形而上学之所以有用，在于它消除了可能有害的假象。"（《文集》185）

敏感性或者某种特异功能，因而必然缺乏知识所必备的普遍性；它的独断在于，它借以论证灵界存在和灵魂不朽的方法和程序都是无效的，常常要利用歧义来偷换概念，犯有证据虚假、预设理由（把未经证实的命题作为论证的前提）等逻辑谬误，缺乏知识应当具有的真实性和必然性；它的僭越在于，它所要处理的对象比如灵魂、上帝等，已然超出了人类知识的限度，人类的理性在这些领域虽然可以尽情驰骋其思辨的羽翼，但终究无法做出决定性的解答——"人们尽可以假定非物质性存在者的可能性，不用担心受到反驳，尽管也没有希望能够凭借理性根据证明这种可能性"（Ak2：323），因此也不曾具有知识所要求的确定性。就传统形而上学的这种神秘、独断和僭越来看，它确与视灵者颇有相通之处：形而上学家可以凭理性思辨认识他人无法认识的对象，视灵者可以借特异功能感觉别人无法感觉的事物。前者能识人不能识，后者能觉人不能觉，一个是"理性的梦幻者"，一个是"感觉的梦幻者"，既自欺亦欺人。（Ak2：343）

四 对世界现象的解释，康德坚持两条路并进

在1755年发表的《一般自然史与天体理论》中，康德就已确定了解释世界现象的两种均不可偏废原则。他不提名地引用了伽利略那句"只要给我物质，我就给你们造出一个宇宙来"名言，并解释道："这就是说，给我物质，我将给你们指出，宇宙是怎样由此形成的。因为如果有了在本质上具有引力的物质，那么大体上就不难找出形成宇宙体系的原因。"但康德又接着说："难道人们能够说，给我物质，我将向你们指出，幼虫是怎样产生的吗？"（Ak1：229～230）看来，宇宙的起源与生命的起源是完全不同的，在康德看来，要揭示生命的根源还为时尚早，他现在只能解决天体物理学问题，也就是宇宙体系的起源和天体的产生以及它们运动的原因。所以，康德说"牛顿已经提出了宇宙学的数学部分"（Ak1：230）。

在1775年的《论人的不同种族》里，康德重申了这一点："大自然凭借对各种各样未来状态的潜藏的内在预防措施来装备自己的造物，使其保存自己并适应气候和土地的差异的绸缪，这是值得惊赞的"，究其缘故，"偶然事件或者普遍的力学规律并不能造成这样的协调"——这种协调可称之为"合规律性"——而这里完全是另一种适当的情况，起决定作用的是"创造因"，即一种"胚芽"或"自然禀赋"，它们最终会带来一种"合目的性"。康德在这里区分了两种原因：自然因和目的因；两者各有自己

的适用范围。(Ak2：434、435)

康德把对宇宙万物的解释原则分为两种：力学的和生命的，或者说物质的和非物质的。对物质现象，康德主张用前者，对非物质的生命世界则必须两者兼用，而就生命之所是则必须归之于后者。科学领域必须坚守"奥卡姆的剃刀"，让各原则尽其所能："诉诸非物质原则，是懒汉哲学的一个避难所，从而也必须尽一切可能避免这种调调的说明方式，以便使世界现象的那些建立在物质的运动规律之上、也是唯一能够被理解的理由能够得到全面的认识。"(Ak2：331)这一原则又被康德表述为"宇宙中的一切都是按照自然的秩序发生的"。康德在"就职论文"中重申了这一点并解释了其中的缘由：通过与理性自由而广泛的应用的一致性所得出的能让理性看起来很容易、很方便地运用其洞察力的这些"一致性原则"，其理据仅仅在于："如果我们离开了它们，我们的理性就不可以对一个给定对象做出任何判断。"(Ak2：418)包括"如无必要，勿增原则"，"就质料而言根本没有任何东西产生和毁灭"诸原则，我们之所以坚持它们，并非我们已然拥有如此广泛的知识并对超自然或非质料的对象知之甚清，或者我们通过知性或经验了解了世界中原因的统一性，以至于它们好像是确实可靠的或者已被先天地证明了；原因只在于，理性自身具有探索世界统一性和规律普遍性的本能，"离开了自然秩序，理性就完全不能运用，而贸然地诉诸超自然事物则是理性犯懒的枕头"，"只有借助经验，理性才有能力建立其判断的规律"。(Ak2：418)

对自然解释的双重原则，是康德一生坚守的，比如在第三批判的下半部，康德依然会说："绝对没有任何人类理性（也没有任何与我们的理性在质上相似、但在程度上却远远超过的有限理性）能够希望哪怕是从纯然机械原因来理解一棵小草的产生。"(Ak5：409～410)综之，世界的二元论（物质与精神、现象与本体）以及随之带来的解释原则的二元论（力学的与有机的、因果论与目的论），是康德一生所坚持的基本原则。

五 康德如何论证"灵神世界"的系统状态

"灵神世界""非物质世界""理智世界"是同义的。康德对"灵神世界"系统状态的论证提供了两种截然有异的方式：一个从概念出发，经由思辨到达；另一个从现实普遍的观察推导而来。前者是形而上学的，后者是道德哲学的。

（一）形而上学的思辨方式

首先，灵神世界是存在的。康德说，他十分愿意肯定有所谓的"非物质性存有者"，人类的心灵就是其中的一类。康德在一个注释中，把一切"包含一生命原则者"认定为"非物质性存有者"，因为它们"均以意念（Willkür）自我决定的内在能力为根据"，这与物质性存有者那种外在的依赖性和被动性完全不同。这类"非物质性存有者"最起码有两类："包含着动物生命之根据的非物质性存有者"和"在其自行活动中包含着理性且被称之为精神的存在"。（Ak2：330～331）

其次，组成这个灵神世界的成员，包括一切被造的灵智，分布于两个世界即灵神世界和物质世界。在灵神世界的也叫"非物质性存有者"，其中一些与物质（躯体）相结合便成了人，这个被结合在躯体里的"非物质性存有者"就叫"灵魂"（Geist）。（Ak2：335）

再次，诸灵神世界的成员构成一种普遍关联的系统整体。"这个非物质性的世界可以被看作是一个独自存在的整体，它的各个部分彼此相互连接和联系，即便没有有形体事物的中介"，这个灵神世界同有形之物的连接反而是偶然的，它们之间的自我连接才是普遍的、自然而然和难解难分的。（Ak2：333～334）

最后，诸"非物质性存有者"和诸"灵魂"均"处于一种与其本性相符合的联系之中"。其中"人的灵魂"在当下的生命中就成了灵神世界与物质世界相连接的中介：它一方面与它的同类"非物质性存有者"相连通，它们交相作用，只是作为人的灵魂意识不到这些而已，原因是灵魂被束缚在肉体中。同样，灵神性存有者也无法形成对物质世界的任何直接感受，这是与肉体结合着的灵魂的特权。两者虽不能互通它们所各自形成的直观表象，但在本性是一体相连的。

（二）道德哲学的推导方式（康德新创的形而上学构想）

首先，康德凭自己对人性的深刻把握和精细观察发现，人类内心深处搏动着一种本能式的力量，即普遍化冲动，也就是后来康德哲学中非常重要的"共通感"概念。康德在《视灵者的梦》中只谈到两种，即"普遍的人类知性"（逻辑共通感）和"普遍意志"（道德共通感）①。

---

① 这时的康德还没有想到后来在《判断力批判》中提出的作为根基的概念"情感的共通感"。（Ak5：295）。

那么，这种促使人们本能地追求道德的统一、求同于普遍意志的根据在哪儿呢？人类的道德动机的根源是什么呢？可以肯定的是，这根源绝不在我们的肉体里，而只能在我们的灵魂里找到。灵魂的存在是可以断定的，因为我们都有"以意念（Willkür）自我决定的内在能力"，都有力学规律不能解释或无法解释殆尽的部分。那我们就可以设想，人类的道德情感和道德动机根源于人类灵魂的相通性，人类的道德动机被设想为"灵神性存有者彼此所凭借的一种真实活动力量的结果""道德情感就是私人意志对于普遍意志的被感觉到的依赖性，是非物质世界通过依照其特有的这种联系规律形成一个具有灵神完善性的整体而达到自己的道德统一性所凭借的自然而又普遍的相互作用的一个结果"。（Ak2：339）看来，在决定着道德的最初原则到底是认识能力（Erkenntnisvermögen）还是"情感"（Gefühl）[①]——康德认为这是实践哲学首要的任务——这一游移中，康德暂时有了一定的偏向：道德的根本原则在"普遍意志"，道德情感只是它的一种结果或现象。

"普遍意志"（公意）的思想显然是受到了卢梭《社会契约论》的启发。"社会契约"（the social compact）的本质在于："我们每个人都以其自身及其全部的力量共同置于公意（the general will）的最高指导下，并且我们在共同体中接纳每一个成员作为全体之不可分割的一部分。"以此本质成就的就是一个"道德与集体的共同体"，即"共和国"（Republic）。在"共和国"中，每个人都有双重身份：既是普遍意志的一员又是个人意志的主体。[②] 这种模式也被康德用来构想人的双重身份：人既以"我的"灵魂与"他的"灵魂以及所有"非物质性存有者"共同构成一个以"普遍意志"为法则的"灵神世界"，人因此就是"灵神世界"的一员且拥有"普遍意志"；同时，人又属于"物质世界"，必须服从自然的秩序，追求个人的幸福，就是一个独立的"个人意志"。"人"是二元的：构成上灵神与躯体二元，分属上灵界与世间二元，法则上道德与自然二元，位格上灵之我与人之我二元，如此等等。

（三）人类表象的二元论

首先，二者性质根本不同。由于人是分属于灵界和物界，"因此，同

[①] 这时康德还未把实践理性作为一种与知性和情感不同的能力来对待，这在他解释"情感"一词的内涵中可以看出。在《明晰性研究》的一个夹注中把"情感"解释为"欲求能力的最初的、内在的根据"，而这一点正是实践理性的内涵（Ak2：300）。

[②] 〔法〕卢梭：《社会契约论》，何兆武译，商务印书馆，1980年，第24～25页。

时作为一个成员既属于可见世界也属于不可见世界的虽然是同一个主体,但却不是同一个人格,因为一个世界的表象由于其不同的性质而不是另一个世界的表象的伴随观念,且因此之故,作为灵神的我所思维的东西,并不被作为人的我所忆起,而反过来,作为一个人的我的状态也根本不进入作为一个灵神的我的表象中"(Ak2：337)。灵界之"我"无法得到物界的任何直观表象,反之亦然,物界之也无法得到灵界的我任何表象;灵神性表象与肉体生命表象是性质截然不同的两种类型。它们对彼此既无直观表象也无感性经验。这种思想在《纯粹理性批判》中以同构的方式被表述为:感性不能思维,概念不能直观。(A51/B75)

其次,二者可能交通的方式。虽然二者性质有根本性差异,但也不是毫无影响的可能。"因为它们虽然不能直接地进入人的个人意识之中,但却可以这样进入,即它们按照概念结合的规律激起与它们相近且唤起我们感觉的类似表象的图像,这些表象不是灵神性概念自身,但却是它们的象征。"(Ak2：338~339)原因也是显然的,"因为作为一个成员既属于这个世界又属于另一个世界的,始终是同一个实体,而这两表象则属于同一个主体且相互连接"。在《纯粹理性批判》中,虽然感性不能思维,概念不能直观,但是,双方并非绝无沟通的可能,一条渠道就是通过"象征":人的直观表象成了灵神性观念的象征。就如同,"人之我"的较高级理性——相当接近于灵神性概念,通常是仿佛披上一件形体性的外衣,以便成为清楚明白的。康德的这一思想和思路或模式,成为康德此后解决"范畴何以具有经验的普遍适用性"(通常所谓的"闭门造车何能出门合辙"的难题,包括康德的"图式说")以及如何在自由界与自然界架起沟通天人的桥梁等,都起着方向性的奠基作用。"象征"一途也成为后来康德美学论析崇高、审美理想、美作为道德的象征和艺术创作的重要支撑概念之一。

通过象征和同构性的类比,神明的道德属性依据愤怒、妒忌、仁慈、报复等诸如此类的表象被设想,诗人通过把德性、罪恶或者其他自然的属性人格化而使真正的知性理念显露出来了,几何学家用一条线表示出时间;人的形体与灵神被感受到的在场、非物质性世界的秩序与通常在感官中愉悦我们感官的想象,均能是象征的关系。因此,"灵神性的感觉如果激起与它们相近的想象,就能够进入意识,这不是不可能的"(Ak2：339)。尽管如此,也并非什么人都能拥有这种"进入"的可能性,这人必须拥有某种敏感性异常之大的灵魂感觉中枢。某一刻,此人会被他之外某些被他们认为是灵神性存有者被感在场的对象所纠缠;虽然此时他并未真正直接感觉到灵神性存有者，只是通过幻想把在灵神性的感应下生出的具有与感觉外貌相近的幻觉图像启示给他的意识罢了。但是，拥有这一强大的感觉中枢，也是要付出代价的，正如忒瑞西阿斯是以瞎了眼为代价才有了预言才能的，第谷·布拉赫在马夫眼中，是天空的知情者，但这是以他在地上实为笨伯为代价的。

对于熟悉柏拉图知识论，尤其是灵魂回忆说的人来说，康德对"视灵"之可能的新解释，完全可以被认为是前者的康氏修订版。人的灵魂是来自灵神性世界的，灵神成为灵魂的标志就是它与物质性的躯体结合了——康德没有说这种结合的动因和方法，柏拉图用一个神话隐喻了这一点：诸神和灵魂等随宙斯赴宴途中，灵魂乘坐的马车在经过陡峭天路时，因马之顽劣和马夫技乏而坠落尘地。灵魂因此折断了羽翼，无法再飞升至理念的天宇，只得附着于肉体以作暂居之所。尘世的欲望钝化了灵魂"回忆"曾观照过的"真正存在"的本领，即便看到它们的摹本，也不可能迅速地回忆起真理本身。柏拉图也承认，"从尘世事物来引起对上界事物的回忆，这却不是凡是灵魂都可容易做到的""只有少数人还能保持回忆的本领，这些少数人每逢见到上界事物在下界的摹本，就惊喜不能自制"，从而走入了一种"迷狂状态"，而被众人视为"疯子"，殊不知他"其实是由神灵凭附着的"。① 柏拉图的"回忆"和"摹本"与康德的"象征"确有一体两面之实。康德的这种以"普遍意志"为根据的道德世界与物质世界的二元论，虽然也可能受到了莱布尼茨"自然王国"和"恩宠王国"（Ak8：254）二分的影响，但显然更直接的来源是卢梭的著述。②

在"就职论文"答辩结束后（1770 年 9 月 2 日）写给兰贝特的信中，康德说："我打算到今年冬天，再把我关于纯粹道德的世界智慧（引者按：世界智慧即古时德国对哲学的一种称呼）的研究列入日程，并且加以完成。在这里，找不到任何经验的原则，似乎可以说它是道德形而上学。鉴于形而上学的形式已经改变，这项研究将在许多问题上为那些极重要的意图开辟道路。"（《百封》27~28）康德保证，他将会采用"具有完美的清晰性的命题……达到使这门科学排除一切怀疑，建立在毫无争议的规则之上目的"（《百封》28）。

---

① 参见朱光潜编译《柏拉图文艺对话集》，人民文学出版社，1963 年，第 120~126 页。
② 本段受到李明辉先生《康德的〈通灵者之梦〉在其早期哲学发展中的意义与地位》一文的启发，参见李明辉所译《通灵者之梦》，台北，联经出版事业公司，1989 年，第 34~36 页。

这种把灵神界视为一种完善性的道德统一体（在《实践理性批判》中被称为"至善"）的可能性的解释，有着很大的解释效力。在这个私人意志与普遍意志相联结的道德统一体中，就不会遇到在物质世界常见的"道德关系和自然关系的矛盾"（德福矛盾）这种情况。"行为的一切道德性按照自然的秩序决不能在人的肉体生活中产生完全的效果，但在灵神世界却可以按照灵神性规律有其完全的效果……既然行为的道德因素涉及灵神的内在状态，那么它也就自然而然地只能在灵神的直接联系中造成与全部道德性相称的作用。由此会产生以下的情况：人的灵魂在此生就必然根据道德状态取得其在宇宙的灵神性实体中的位置，就像按照运动的规律宇宙空间的各种物质彼此处于这样一种符合它们的物体力量的秩序中一样。"（Ak2：336）

这种解释还满足了死后的道德问题。某一灵魂在此世所具德性的全部结果，将会按照灵神性规则重生于它与肉体分离后进入它原本自其而来的世界中，对灵魂来说，这两个世界是自然延续的。这就避免了为了消除现实世界中的德福矛盾而必须求助于一个超出常规的神圣意志的困难，也因此避免了对人类有限知性的误用及对上帝的误判。因此，灵魂不朽之说在信仰上而非认识上得到了确信，所以"从来没有一个正直的灵魂能够忍受随着死亡一切终结这种思想，且其高贵的意念不为未来的希望而奋起。因此，将对未来世界的期待建立在另一个世界的希望之上，看来要更为合乎人性和道德的纯粹性"（Ak2：373）。"对于灵魂的灵神性本性的理性洞识对于相信死后的存在来说是必需的，而这种相信又是一种有德生活的动机所必需的。"（Ak2：372）灵魂不朽、来世存在，诸如此类的概念，在"思辨的秤盘"中当然如同空气那样没有分量，但在"希望的秤盘"中则有显著的重量。这就是把来世和宗教建基于道德之上的"道德神学"而非相反地把道德建基于来世或宗教之上的"神学道德"。康德反问道："人心岂不是包含着直接的道德规范？"故而，"将对未来世界的期待建立在一个高贵灵魂的感觉之上，比反过来将它的良好品行建立在另一个世界的希望之上，看来要更合乎人性和道德的纯粹性"（Ak2：372、373）。康德在同时期的另一个地方明确地说："如果人类的道德隶属于宗教（这只有在被压迫的下层居民中才是可能的和必然的），那么这种道德就是可憎的、伪善的、该诅咒的，但如果使宗教隶属于道德，那么道德就是善良的、友好的、正义的。"（《文集》172）康德最后建议道："既然我们未来世界的命运在很大程度上取决于我们在当前世界里如何掌管我们的职责，我就用伏尔泰在经过如此之多的无用的学院争论之后最终让他诚实的甘第德说的话来做结束：让我们关照自己的幸福，走进花园工作吧！"（Ak2：376）这些思想都在后来著名的三大批判中得到了坚持和深化。

（四）康德的知识论

康德认为，"所有的知识都有人们能够把握的两个端点，一个是先天（a priori），另一个是后天（a posteriori）"（Ak2：358）。前者是通过分析、演绎和推论得来的，后者是通过综合、归纳和观察得到的。而且，"哲学家清楚地看到，他的理性根据为一边，实际的经验或者故事为一边，二者就像一对平行线那样无限地并行前进，永远不会相交"（Ak2：358）。知识结构的二元性如何与知识本性的确然性和必然性相符，此时的康德已然有了自觉：知识的理性根据与经验根据并不是一拍即合，而是根性抵牾，如"平行线"一般。那知识如何成就呢？康德不得不思考这个根本性的问题。思考首先是从反面进行的，即理性与经验不合的情况有哪些。由于知识结构的先天与后天或理性与经验的二元，错误知识的类型也就因此而分成两种：感性狂（Wahnsinn）与理智狂（Wahnwitz）。前者是源于观察的"假经验"，后者是起于推论的"假理由"。（Ak2：361）在同期作品《试论大脑疾病》（1764）里，康德把这两种类型定性为"认识能力的残疾"，即他所谓的"大脑的疾病"，以与"心灵的疾病"对应。"感性狂"在康德的大脑病理学中，属于"迷乱"或"空想"，"理智狂"属于"妄想"或"狂想"。按康德在文中引特拉松院长的话说：他们都是心灵错乱者，只不过一个是从错误的表象出发正确地进行推理的人，一个是从正确的表象出发以颠倒的方式进行推理的人。（Ak2：270）

康德的二元论思想，有一个发展过程，首先是逻辑界与事实界，其次是思想界与存在界，最后是现象界与本体界。

作为"就职论文"之"先导"的《论空间中方位区分的最初根据》(1768)

多产的1762～1765年之后，康德几乎停止了发表论文和著作，直到1770年的"就职论文"，此文是这期间康德发表的唯一的一篇仅有几页的文字，可以视为"就职论文"的"先导"。①

康德此文的目的是要区分"方位"（direction/Gegend）与"位置"（position/Lage）的本质差异，并以此批评莱布尼茨的空间观。康德认为，方位只同"作为一个统一体的普遍空间"有关，而与具体事物的外在关系无关，后者是事物的具体位置。（Ak2：377）康德的观点可作如下概括："绝对空间不依赖于所有物质的存在，而且甚至作为物质组合的可能性的最初根据，（而）具有自己的实在性。"（Ak2：378）康德在这篇论文中就空间的绝对性所举的例子，尤其是关于左右手、球面三角形（Ak2：384），后来都被用到《未来形而上学导论》中（Ak4：286）。

论文涉及的"空间观"有三种。观念论的，为几何学家所主张，认为空间仅仅是观念中的，是"单纯的思想物"。实在论的，又可分两种，相对实在论的和绝对实在论的；相对实在论主张空间是事物间的相互关系，为莱布尼茨所主张；绝对实在论主张，空间是绝对的、统一的、原初的、普遍的，"绝对空间并不是一种外部感觉的对象，而是首先使所有外部感觉得以可能的基本概念"（Ak2：383），为1768年的康德和牛顿所持。众所周知，在空间（包括时间）的问题上，批判时期的康德所主张的是空间的"经验的实在性"和"先验的观念性"（A27～28/B43～44）。"空间观念性"的这个理论突破，应该就在康德自谓的在1769年的"恍然大悟"（Ak18：69）。

---

① 参见〔德〕卡尔·福尔伦德《康德传：康德的生平与事业》，曹俊峰译，天津教育出版社，2015年，第176页。

承前启后的"就职论文"《论可感世界与理知世界的形式及其原则》
(1770)

此文又称就职论文（*Inaugural Dissertation*），凡五章三十节。考虑到由其手稿所表明的1760年左右的康德思想极具变动性，此文只可能是1770年4～8月才开始动手的，答辩在是年8月20日举行。通常都以此文作为康德思想的分水岭，此前为前批判时期，此后为批判时期。当然，据"遗著"，还应该把1796年之后的康德思想称作"后批判时期"。从"前批判"到"批判"再到"后批判"，康德的思想经历了一个返回的过程，即从前批判时期的自然哲学研究到批判时期主旨之一在为前者奠基的先验哲学，到1796年康德重又回到了"自然哲学"的主题上来，意在打通自然形而上学过渡到理论物理学即自然哲学的鸿沟。

此文五章分别是：论一般世界的概念（§1～2）、论可感之物与理知之物的区别（§3～12）、论可感世界的形式之原则（§13～15）、论理知世界的形式之原则（§16～22）和就数学中感性之物与理知之物而言论方法（§23～30）。在1770年9月2日给兰贝特的信中，康德对此文各部分重要性的评价是："第一部分和第四部分可以看作是微不足道的而忽略不计，但在第二、第三和第五部分中，尽管由于小疾，写得连我自己也不满意，但是，我认为它们还是包含了一个值得仔细地、详尽地阐述的题材。"（《百封》28）此文的主旨就是："不要让感性认识私有的原则越过自己的界限，影响到理性认识。"（Ak2：411）具体内涵康德自己解释如下："就经验认识以及感官的全部对象来说，空间、时间和公理在考察所有处于这种关系之中的事物时，都是很现实的，确实包含了一切现象和经验判断的条件。但是，如果某物根本不是被看作感官的对象，而是由于一个普遍的、纯粹的理性概念而被看作一个物或者一个一般的实体等等，那么，倘若人们把它们归属在所谓的感性基本概念之下，就会产生非常错误的见解。"（《百封》28）

一 感性与理性的区别（主体与对象）

此时的康德严格区分了感性认识与理性认识（Ak2：411），但尚未区分知性与理性，因此常常以"理知"（intellgibilis）合称之，但康德严格区分了感性与理性（知性）。首先，二者同源于人类的精神自身。在康德自称的转折性的 1769 年的一份手稿中，他写道："我们的全部观念不是来源于感性，就是来源于知性和理性。前者为我们提供认识（对象和认识主体的特殊性之间关系的反映）的起因……后者属于对象本身。"[①] 在"就职论文"中，康德一再宣称"感性能力和理性能力之间的这种差别""以感性的方式思考的东西存在于事物的表现中，如其所显；而理性的东西则如其所是"（Ak2：389、392）。在谈及作为纯粹直观的时间和空间时，康德预料到了人们会自动产生的一个问题，即"这两个概念是天赋的还是习得的"，康德否定了后者，但认为"实际上，两个概念都毫无疑问是习得的，尽管不是从对象的感官感知……得来的，但却是从精神的活动自身得出的"（Ak2：406）。

其次，二者不能通约。不同性质的概念之间没有所谓的"过渡"或"飞跃"，就这一点来说，康德明确主张概念性质和起源的决定论，这是对沃尔夫哲学的批判。"如果感性认识被给予，那么，通过理性的逻辑运用，一些感性认识被从属于另一些感性认识，就像从属于共同的概念，而一些现象也被从属于另一些现象较为普遍的规律。但是，这里最重要的则是注意到：人们必须始终把认识看作是感性的，而不管对它们来说理性逻辑运用达到什么样的程度。因为它们之所以被称为感性的，乃是因为它们的起源……所以，最普遍的经验规律仍然是感性的规律。"（Ak2：393）"经验的概念通过返回到更大的普遍性并不成为实际意义上的理性概念，也没有超出感性认识的种类，而是无论它通过抽象上升到什么地步，都还作为感性的而停留在未限定的领域。"（Ak2：394）

经验概念与理性概念各保持着自己的"种族特性"（the sign of its ancestry），二者的差异，不是逻辑上、程度上的，而是本质性、根源性的，这取决于它们的来源。并非像莱布尼茨—沃尔夫哲学所说的那样，感性与理性之间的区分与清晰性和明确性不同程度之间的区分等同，两

---

① 参见〔苏联〕阿尔森·古留加《康德传》，贾泽林等译，商务印书馆，1981 年，第 81 页。

者具有同样的内容，不同点只在于，后者被认为是清晰而明确的，前者则被表象为晦暗而浑浊的东西，感性认识是模糊的理性认识，理性认识是清晰的感性认识，这是一种和稀泥的观念。莱布尼茨这种观念的哲学根源在于它所坚持的"连续律"原则。在与洛克《人类理解论》针锋相对的《人类理智新论》的"序言"里，莱布尼茨把"连续律"称为"自然决不作飞跃"，并称这是"一条最最得到证实了的准则"①。据罗素的分析，在莱布尼茨所有论及"连续律"的著述中，提到三种性质截然不同的连续律：时空的、实例的和实物的或形式的；莱布尼茨主要关注的是最后一种，但他认为它们中没有一个具有形而上学的必然性②，这一看法也为康德所承继（Ak2：418）。康德的"就职论文"深受莱布尼茨此作的影响③，其中对"连续律"的深入分析和批判就是最明确的证据（Ak2：399～400）。康德把莱布尼茨的"连续律"同"无限性"结合起来，对时空的和实例的连续性作了批判性分析，进而强调"界限"的重要性："由于在从整体到可给定部分的返回的连续量中，在从部分到给定整体的进程的无限性中，没有任何界限，从而一方面完备的分析，另一方面完备的综合都是不可能的"；"精神无论是以分解的方式还是以复合的方式留心复合物的概念，都要求期待有界限，使它无论是在前行还是在后退中都得以歇息"。（Ak2：388、389）但康德坚持了莱布尼茨"形式的或实物的连续性"："因为世界的本性是属于它的状态的所有可变规定的第一内在原则，由于它还能与自身相对立，所以自然而然地、也就是说从自己本身出发就是不变的；这样，在任何一个世界里面，就都存在着某种被归属于其本性的形式，它是恒久的、不变的，仿佛就是每一种偶然的、暂时的、属于世界的状态的形式的永恒原则。"（Ak2：390～391）

因此，康德提请研究者，不要因为莱布尼茨—沃尔夫"借助感性认识与理性认识之间的这种对他来说仅仅是逻辑上的区别"，就完全弃绝

---

① 〔德〕莱布尼茨：《人类理智新论》（上册），陈修斋译，商务印书馆，1982年，第12～13页；〔英〕罗素：《对莱布尼茨哲学的批评性解释》，段德智等译，商务印书馆，2010年，第76页。
② 〔英〕罗素：《对莱布尼茨哲学的批评性解释》，段德智等译，商务印书馆，2010年，第76页。
③ 康德"就职论文"之受到莱布尼茨《人类理智新论》的深刻影响，已有文德尔班予以充分证明。参见〔德〕文德尔班《哲学史教程》（下册），罗达仁译，商务印书馆，1993年，第644页。

"讨论现象和本体的天性那个古代最著名的愿望",并因而"对哲学造成极大的损害,把各种心灵从它们的研究引导到经常是鸡毛蒜皮的逻辑问题上来"。(Ak2：395)康德的"形而上学情绪"是他探讨"通灵"现象扎根以来,破土而出的第一棵重要的苗芽。康德深知,形而上学这将枯之树要想"枝叶峻茂",就必须"根柢槃深"。形而上学是哲学之根,它包含着应用纯粹理性的首要原则,作为形而上学之"预科"("清晰的草图")的科学,主旨即在说明"感性认识与理性认识之区别",其概念和原则并非与生俱来的,应当在"精神固有的规律"即"纯粹理性的本性自身"中去寻找,这门科学应当叫什么名字,此时康德还未想出,但这里的"就职论文"为其"提供了一个样品"。(Ak2：395)一年后,也就是1771年6月7日,康德在他给赫茨的信中把它命名为"感性和理性的界限"(《百封》31)。1772年2月21日的信中,康德详细地开列了新哲学的理论框架："一个理论部分和一个实践部分。理论部分又可分为作两章：1.即现象学一般；2.形而上学,而且仅仅依据它自己的本性和方法。实践部分也可分作两章：1.感受性、鉴赏和感性欲望的普遍原则；2.德性的最初动机。"① 并正式称这种新哲学为"纯粹理性批判"。(《百封》33、35)但是,直到1776年的夏天,康德才确信他"已经确实占有了这个对象",并"越过了最后的障碍",明确提出"一种纯粹理性的批判、一个纯粹理性的学科、一种纯粹理性的经典和一种纯粹理性的建筑术"(《百封》51、52)。康德在"就职论文"答辩后写给兰贝特的信中为自己定下的任务就是,为形而上学这门科学的形象提供"一个清晰的草图"和"关于这门科学的独特方法",并自信地跟对方说："大约一年以来,我可以自夸地说,已经达到了那个概念,今后,我不用再费心改变这个概念,而只需要对它进行扩展。通过这个概念,任何种类的形而上学问题都可以按照完全可靠的、简单的标准加以检验,并且可以有把握地确定,它们在多大程度上是可以解决或者不可以解决的。"(《百封》27)

---

① 理论部分的两章,就是康德先前规定的理性的两种作用,"一般现象学"相当于其否定的方面,也就是康德所谓的形而上学的"预科"；"形而上学"则是其肯定的方面,也就是本体论或理性心理学。(《百封》33)

二　康德论世界的整体性和普遍联系性

　　康德对"世界"的观点是，普遍联系的众多实体"共属"于一个唯一的整体性世界。但诸实体间的普遍联系，绝不是通过因果关系来达成的。因与果之间，并非普遍联系，而是单纯的依赖性，即作为必然性事物的实体与世界状态的普遍关联之间是根本不相干的。"因此，实体的整体是偶然事物的整体，而世界就其本质而言是由纯粹偶然的东西构成的……世界的原因是一个外在于世界的存在者，从而也就不是世界灵魂，其在世界中的临在也不是位置性的（local），而是力量性的（virtual）""宇宙各种实体的结合中的统一性是所有实体依赖于一的结果"（Ak2：408）。这个"一"就既是世界的创造者又是世界的建筑师，它并非在某物的位置上，而是"内在地在场"（Ak2：410）。由于"万物只有一个唯一的必然原因""所有实体由一个共同的原则维持"，因此，诸实体间就由此产生一种外在的、实在的、自然的、必然的"普遍确立的和谐"，而非一种观念的、感应性的"个别确立的和谐"（Ak2：408、409）。

　　康德的这种世界普遍联系且构成整体性的思想，就为外物与人之间的感受关系增添了一层解释："人的精神只有在自身与其他所有东西一起为唯一者的同一种无限力量所维持的情况下，才能被外物所刺激，世界才能无限地显现给它的视野。"（Ak2：409）这就解释了外物何以能够刺激人的感官。

　　康德在世界原因的理解方面，承继了他在《一般自然史与天体理论》中的观点：世界的创造者并不参与世界的运作，世界有自己的方式和规律，virtual 意指具有产生某种效果的内在能力。

三　方法为何在形而上学中必须先行

　　理性或较高的心灵能力的应用是双重的：实在的应用（real use）和逻辑的应用（logical use）。后者按照矛盾律就经验领域诸概念之间的从属关系（低级概念从属于高级概念）进行比较，这对于一切科学门类都是共同的，其所用之工具或方法就是我们通常所谓的逻辑学，其目的在于求得普遍性的知识系统——这就是"科学"一词的本义。但理性的这种逻辑应用并不涉及理性本身,"经验的概念通过返回到更大的普遍性并不成为实际意义上的理性概念"。就理性概念自身而言,它还有一种原则上是实在的应用,这就是理性在"一种像形而上学这样的纯哲学中"的应用。在这里,"事物和关系的原初概念以及公理自身最初是通过纯粹理性自身被给予的,而且由于它们不是直观,所以避不开错误"。也就是说,在理性的实在运用中——更直接地说就是在形而上学中,没有在"无论是其原初概念还是其公理都由感性直观给予的"自然科学和数学中理性的逻辑运用所具有的那种明晰性和确定性。因此,"在纯哲学中方法就先行于一切科学",先于这种经过充分检验并牢固确立的"方法"所进行的一切都是贸然的和独断的。康德对比理性的双重应用以及它们立于其上的逻辑学方法和形而上学方法,不免感慨:与前者"广为流传"相比,后者却"完全不为人知"。(Ak2:394、411)

那么,这种"适合形而上学独特性质的方法"到底是什么呢?康德在"就职论文"中谈到"构成这一方法的一个不可忽视的部分",即"感性认识对理性认识的作用"。① 康德随后指出,形而上学有关感性与理性的所有方法都首先涉及如下规定:"不要让感性认识私有的原则越过自己的界限,影响到理性认识。"(Ak2:411)违背此一原则而伪造出来的"欺诈公理"及其推论,已经"在整个形而上学中泛滥成灾"。这就是康德对形而上学研究者何以"永无止境地失去着他们的西绪福斯之石"以及形而上学何以"迄今也差不多没有什么进展"的论断结论和处方。(Ak2:412)症结找到了,拯救形而上学于颓败之际的方向和方法也已明朗起来,而与"扩展地盘"相比,当务之急还是"防止错误"。故而康德最初引以重视的是形而上学的消极作用。康德此前对"通灵者"的形而上学解释,留给他一个巨大的益处,那就是康德"注定已经迷恋上了"形而上学(Ak2:367)。他由此得到的"两项非常要紧的益处"也正是康德心中真正形而上学应当完成的两重任务:积极的和消极的。这积极的一面就是"探究的心灵在凭借理性探索事物的隐秘性质时提出的课题";它之得以有效展开的前提就是这消极的方面,即按人类知性的本来要求,看看"探究的心灵在

---

① 此句康德原文是拉丁文:"nempe sensitivae congnitionis cum intellectuali contagium",剑桥版译作"the infection of sensitive cognition by cognition deriving from the understanding",并注释说:"Kant must mean: nempe intellectualis congnitionis cum sensitiva contagium。"无论如何,康德此处所讨论的问题就是感性认识与理性认识的界限问题。参见 Kant, *Theoretical Philosophy* 1755～1770, Cambridge: Cambridge University Press, 1992, p. 407。

凭借理性探索事物的隐秘性质时提出的课题"是否能从"人们能够知道的东西"出发来加以规定。两相比较，"认识并且维护自己的领地，绝对要比盲目地出征开疆拓土更为重要"，而这后一方面是"最不为人知的""也是最重要的"，康德据此得出："形而上学是一门关于人类理性的界限的科学。"①（Ak2：368）在"就职论文"中，康德重申了这一点。作为形而上学之"预科"②、旨在说明"感性认识与理性认识之区别"的这门科学，有双重目的：反驳的、消极的、否定的、警诫的和独断的、范导的、原型的、理想的。就前者，理性认识可以是否定的，以使感性方式把握的东西避开本体，"尽管它们一点也没有把科学向前推进，但它们保证科学不受错误的影响"；就后者，它将为理性形而上学或本体论、道德形而上学和宗教形而上学提供普遍原则。（Ak2：395～396）此时康德明确认为，人类的理性能认识本体、能认识对象本身，即"以理性方式被认识的，就是属于对象的"（Ak2：413）。

四　康德的真理观

康德在真理观上，依然坚持传统的"符合论"，即谓词同被规定主词的一致。康德转换之处在于，"主词"之内涵大异于前人。康德之前的思想家大多以为主词即为现实之物，若以古人之常语言，即本体。康德1770年前后，还是认为本体是可知的，理性针对的就是事物本身的认识，只有感性认识的才是对象的现象。第一批判之后的康德认为，主词只能是与本体相对的表象。对本体，我们只能用理性概念去思考，经验领域的任何概念、命题均无权用于本体界。看来，康德哲学哥白尼式的革命之实质，就在于主词的颠倒，即由前人以为可以认识的本体转变为前人以为虚

---

① 在同一时期（1764～1765）的《〈关于美感和崇高感的考察〉反思录》中，康德有相同的表述："我们可以说形而上学是限制人类理性的一种科学。对形而上学的怀疑并没有消除有益的确然性（Gewissheit），而是消除了无用的确定性，形而上学之所以有用，在于它消除了可能有害的假象。"（《文集》185）。

② 在1770年9月2日给兰贝特的信中，康德鉴于"感性的普遍法则在形而上学中不适宜地扮演了一个重要的角色"以及"形而上学的关键，却仅仅在于纯粹理性的概念和基本原理"而把这"一门完全独特的、尽管是纯粹否定性的科学"称为"一般现象学"，让它走在形而上学的前面，把感性原则的效力和范围规定清楚，使它不再像至今一直发生的那样"搅混了关于纯粹理性的对象的判断"，以"使真正的形而上学避免感性存在物的混入"。（《百封》28）

妄不实的现象。

这样一来，康德的真理观就会呈现出两个层次：内在符合与外在符合。不论是对"就职论文"期间的康德还是批判哲学时期的康德，内在符合都不是无法解决的理论难题。"对象依照我们知识"有一个理论前提，那就是知识的自我符合，也就是这里所谓的"内在符合"。在"就职论文"中，康德也关注到这个问题。他的分析如下：虽然感性与理性之间不可通约，虽然在哲学思考中"不要让感性认识私有的原则越过自己的界限，影响到理性认识"（Ak2：411），否则便会有"欺诈公理"出来误导和混淆哲学思考。但是，理性概念还是可以用于感性对象的，"纯直观"即无限的时间与空间"所有原初的属性都在知性的范围之外，因而都不能以任何方式予以理性的解释"，但它们为什么"仍然服从理性"（Ak2：405）呢？这虽然只是理性的一种逻辑运用。康德提供的理由如下。

其一，万物本为一体。感性的材料与理性范畴、原理，虽在根源、性质上有无法通约过渡的天然差异，但"人的精神只有在自身与其他所有东西一起为唯一者的同一种无限力量所维持的情况下，才能被外物所刺激，世界才能无限地显现给它的视野"（Ak2：409）；"事物只有以心灵的力量为中介，才能以某种形象显现给感官，心灵的力量按照固定的、其本性天赋的规律安排一切感觉"（Ak2：404）。世界只有以现象的面目才能进入我们的感官，形成感觉材料，知性范畴和原理才得以出面予以整合和排列，形成一般的知识。第一批判的"先验演绎"主要解决的就是这个问题。

其二，理想的原型功能。"本体论或者理性心理学提供的纯粹理性普遍原则，得出某种只有借助纯粹理性才能把握、就实在性而言是所有其他事物的共同尺度的原型：这就是作为本体的完善。"要么是理论上的完善，那就是最高存在者即上帝；要么是实践意义上的完善，那就是道德上的完善。康德由此推出一个一般原则："在任何一类其大小可变的事物中，极大者是其共同的尺度和认识原则。"比如柏拉图的"理念"或"理型"，就是所有被包含在其下的一切东西的原则和原型。（Ak2：395～396）如同刘勰《文心雕龙·知音》所谓"阅乔岳以形培嵝，酌沧波以喻畎浍"及马克思所谓"人体解剖对于猴体解剖是一把钥匙"（《〈政治经济学批判〉导言》[M—18]）。这样，处于高位的理性认识自然可以运用于低位的认识能力即感性上。拿康德自己的例子来说，"凡存在者，皆存在于某个地方"这一命题就是错误的，因为包含感性认识条件的谓词用来规定以理性方式设定的主词了，而"凡在某个地方者，皆存在"就是完全正确的命题。

即便是 1770 年前后的康德也认为，现象也是真实的："尽管现象本来就是事物的映像，而不是其理念，不表现对象内在的、无条件的性质，但对它们的认识依然是极真实的。因为首先，就它们是感性的概念或者把握而言，它们与观念论（Idealism）所说相反，作为被引起的东西证实着对象的在场……既然判断时的真理就在于谓词与给定主词的一致，而主词的概念如果是现象的话，就只有通过与感性认识能力的关系被给予，并根据这种关系，可以感性感知的谓词也被给予，那么，很清楚，主词和谓词的表象是按照共同的规律发生的，从而为极为真实的认识提供了理由。"（Ak2：397）

康德在 1772 年 2 月 21 日给赫茨的信中，就已表达过这个难题。此时康德对题为"感性和理性的界限"的新哲学体系已有完整的提纲，其中有理论与实践两大部分，每一部分又各有两章。然后康德说："当我对理论部分的整个篇幅以及各部分的相互关系加以详细思索时，我发现自己还欠缺某种本质性的东西。在长期以来的形而上学研究中，我和其他人一样忽视了这种东西，但实际上这种东西构成了揭示整个秘密的钥匙，这个秘密就是至今仍把自身藏匿起来的形而上学。于是我反躬自问，我们的所谓表象（Vorstellung）与对象的关系是建立在什么基础之上的？"（《百封》33）"表象与对象的关系"正是阻碍康德顺利思考的拦路虎。

真正无法解决的是"外在符合"，肯定会有研究者否认对康德可以提出这一问题。因为这已经给康德否定了，因为他不再按照传统的方式，"我们的认识依照对象"。这是批判哲学时期康德，1770 年的康德并不如此认为——他言说，借助理性"主体就能表象根据其性质还能进入感官的东西"即本体、"以感性的方式思考的东西存在于事物的表现中，如其所显现；而理性的东西则如其所是"，"以理性方式被认识的，就是属于对象的"（Ak2：392、413）——且对之还有过明确的解释："既然只有符合空间的原初公理及其结论（按照几何学的规定）的东西才是可以给予感官的，那么，即便它们的原则只是主观的，这些东西也必然与它们一致，因为这样也是与它们自己一致，而就自然能够进入感官而言，感性的规律就成为自然的规律。"（Ak2：404）感性的规律如何就成了自然的规律？笔者依然无法在康德的论述中找到端倪。在"就职论文"的另一处，康德说："凡是作为对象与我们的感官相关的，都是现象。"问题又绕回来了，上述的解释若在这个前提下，就仍然尚未触及对象世界，而还是在现象世界——这个当然不成问题，说到底这只是主体内部的事。确实如此，我们知识的真理标准不在对象身上，否则，真理就根本不会有任何可以依赖的共通标准，因为对象自身如何现在实未可知。但康德必须面对这样一个诘问：自我符合的知识体系还要不要切中世界万物？不可能不要，否则就会一无是处。那么，自洽的知识体系何以能切中万物呢？比如依据天体物理学我们制造的宇宙飞船真能在太空飞行。虽然康德所谓的哲学知识与自然科学的知识尚有层次上的差异，但深究起来，还是免不了遇到这个难题。

康德对范畴的演绎，应有两个层次：一是范畴何以能运用于直观材料？二是范畴与感性材料共同构成的知识何以能切中对象本身？这样，康德在思想世界里就陷入了一个两难处境：如果承认理性能认识世界的本体，那就不会有真理的普遍标准——这是传统真理观走进的死胡同；如果把知识限定在主体内部，那就无法解释思想何以能切中世界本身——否则就是唯我主义。这两者都是康德所根本不愿的，那他就必须自谋出路，确实没有什么人能帮助他。康德之所以如此拖拉地撰写自己的著作，很久之前预告出版的作品一拖再拖，竟拖了11年之久。如果从他1765年12月31日写给著名哲学家兰贝特的信中所说，自己曾向出版商康特尔表示过他要写的那本书——名字或许是"形而上学的独特方法"（Ak10：51）①——算起，康德对它的思考竟长达16年。

在同时期，康德还提到过他对美学理论的思考。1772年2月21日康德在给赫茨的信中说："对于把道德以及由此产生的道德基本原则中的感性与理智区分开来这个问题，以前我已经进行过相当多的研究。至于感受性、鉴赏和判断力的原则，以及它们的结果即称心、美和善，很久以来，我已经构思得相当满意了。"在他描述的哲学体系中，与"理论部分"对应的"实践部分"的第一章就是"感受性、鉴赏和感性欲望的普遍法则"。（《百封》33）

简要列举一下时贤对康德"就职论文"的反应，对我们理解批判哲学的发生是有着重要意义的②：

---

① Kant, *Correspondence*, tr. and ed. by Arnulf Zweig, Cambridge：Cambridge University Press，1999. 在兰贝特1765年11月13日给康德的信中可知这个书名 "*Eigentliche Methode der Metaphysic*"。在上引"书信集"中，英译为 "*The Proper Method of Metaphysics*"。

② 文献依据为〔美〕曼弗雷德·库恩《康德传》，黄添盛译，上海人民出版社，2008年，第230页以下。

时贤对康德"就职论文"的反应

时间	评论者	赞同	批评	康德的反应
1770.10.13	兰贝特	康德的思考源于自己的作品,比如区分感性之物与知性之物、空间之物不同于永恒之物	只谈及存在之物,而康德扩展至一切事物	康德深受影响,集中思考其中的问题
1770.11.22	舒尔茨	主题重要,可以把感性事物从形而上学中剔除	反对康德认为不可能有知性直观的说法	诚实的、该地区最好的哲学头脑
1770.12.8	祖尔策	完整且重要,赞同感性与知性的区分	深信莱布尼茨的时空观念是正确的	
1770.12.25	门德尔松	长期深思的成果	挥不去的晦涩感,不能把莎夫兹伯里的道德感与伊壁鸠鲁的"快感"混为一谈,不能认同时间只是主观的范本	
1771.6.7	赫茨	出版了"就职论文"的批注《思辨哲学思考》	我们无法认识自在之物,因果观念预设了时间因素,并不纯粹	开始寄予厚望,后来评价不高
1771.7.5	哈曼翻译休谟《人性论》第一卷结论		把哲学理解成为一切问题的全能理性机制是严重错误的;纯粹理性的新独断主义是一条死胡同	视而不见

参考文献

一 基础文献

Kant, I.
Kants gesammelte Schriften, Akademie-Ausgabe, Berlin, 1900ff.
The Cambridge Edition of the Works of Immanuel Kant:
  Correspondence（1999）
  Lectures on metaphysics（1997）
  Notes and Fragments（2005）
  Opus postumum（1993）
  Theoretical Philosophy, 1755～1770（1992）
Kant's Latin Writings: Translation, Commentaries, and Notes, 2 nd revised edition by L. W. Beck, M. J. Gregor, R. Meerbote, and J. A. Reuscher, New York: Peter Lang Publishing, 1992.

〔德〕康德：《纯粹理性批判（注释本）》，李秋零译注，中国人民大学出版社，2011年。
〔德〕康德：《道德底形上学》，李明辉译注，台北，联经出版事业公司，2015年。
〔德〕康德：《道德底形上学之基础》，李明辉译，台北，联经出版事业公司，1990年。
〔德〕康德：《道德形而上学奠基》，杨云飞译，人民出版社，2013年。
〔德〕康德：《道德形而上学的奠基（注释本）》，李秋零译注，中国人民大学出版社，2013年。
〔德〕康德：《道德形而上学原理》，苗力田译，上海人民出版社，2002年。
〔德〕康德：《康德美学文集》，曹俊峰译，北京师范大学出版社，2003年。

〔德〕康德:《康德三大批判合集》,邓晓芒译,人民出版社,2009年。
〔德〕康德:《康德著作全集(注释本)》第1、2、5、6卷,李秋零主编,中国人民大学出版社,2019年。
〔德〕康德:《历史理性批判文集》,何兆武译,商务印书馆,1990年。
〔德〕康德:《逻辑学讲义》,许景行译,商务印书馆,2010年。
〔德〕康德:《判断力批判(注释本)》,李秋零译注,中国人民大学出版社,2011年。
〔德〕康德:《判断力批判》,邓晓芒译,人民出版社,2002年。
〔德〕康德:《实践理性批判(注释本)》,李秋零译注,中国人民大学出版社,2011年。
〔德〕康德:《实用人类学》,邓晓芒译,上海人民出版社,2002年。
〔德〕康德:《通灵者之梦》,李明辉译,台北,联经出版事业公司,1989年。
〔德〕康德:《任何一种能够作为科学出现的未来形而上学导论》,庞景仁译,商务印书馆,1978年。
〔德〕康德:《任何一种能够作为科学出现的未来形而上学导论(注释本)》,李秋零译注,中国人民大学出版社,2013年。
〔德〕康德:《一切能作为学问而出现的未来形上学之序论》,李明辉译注,台北,联经出版事业公司,2008年。
〔德〕康德:《宇宙发展史概论》,全增嘏译,上海译文出版社,2001年。
〔德〕伊曼努尔·康德:《自然科学的形而上学基础》,邓晓芒译,上海人民出版社,2003年。

二 研究文献

(一) 外文类著述

Allison, H. E.

Kants Theory of Taste: A Reading of the Critique of Aesthetic Judgment, Cambridge: Cambridge University of Press, 2001.

Kants Transcendental Idealism: An Interpretation and Defense, 2nd, New Haven and London: Yale University Press, 2004.

"Transcendental Idealism: The Aspect View", in *New Essays on Kant*, Bernard den Ouden and Marcia Mone (eds.), New York and Bern: Peter Lang, 1987, pp. 155~178.

Ameriks, K.
"Recent Work on Kant's Theoretical Philosophy", *American Philosophical Quarterly*, 1 (1982), pp. 1~11.

Beck, L. W.
Early German Philosophy: Kant and His Predecessors, Cambridge, Mass.: The Belknap Press of Harvard University Press, 1969.

Beiser, F. C.
German Idealism: The Struggle Against Subjectivism 1781~1801, Cambridge: Harvard University Press, 2002.

Bennett, J.
Kants Dialectic, New York: Cambridge University Press, 1974.

Bosanquet, B.
The Meeting of Extremes in Contemporary Philosophy, London: Macmillan and co., limited, 1921.

Brandt, R.
"The Table of Judgments", trans. Eric Watkins, *North American Kant Society studies in philosophy*, vol. 4, Calif. Ridgeview Publishing Co., 1995.

Cassirer, E.
The Logic of the Humanities, New Haven: Yale University Press, 1961.
The Philosophy of Symbolic Forms, Volume II: Mythical Thought, trans. Ralph Manheim, New Haven: Yale University Press, 1955.
Kant's Life and Thought, Trans., James Haden, New Haven and London: Yale University Press, 1981.

Caygill, H.
A Kant Dictionary, Oxford: Blackwell, 1995.

Chung-Hwan Chen（陈康）
Sophia: The Science Aristotle Sought, Hildesheim and New York: Georg Olms Verlag, 1976.

Crawford, D. W.
Kant's Aesthetic Theory, Madison: University of Wisconsin Press, 1974.

Critchley, S.
Continental Philosophy: A Very Short Introduction, Oxford: Oxford University Press, 2001.

D'Alembert
Preliminary Discourse to the Encyclopedia of Diderot, Trans. R. N. Schwab, Chicago: The University of Chicago Press, 1995.
Descartes
The Correspondence, *The Philosophical Writings of Descartes*, vol. III, trans. John Anthony Cambridge: Cambridge University Press, 1991.
Eisler, R.
Kant-Lexikon, Darmstandt: Wissenscharftliche Buchgesellscharft, 2008.
Förster, E. (Hrsg)
Kant's Trascendental Deductions. The Three 'Critiques' and the 'Opus Postumum'. Stanford CA: Stanford University Press, 1989.
Gilson, E.
The Unity of Philosophy Experience, New York: C. Scribner's Sons, 1937.
Green, J. E.
Kants Copernican revolution: The Transcendental Horizon, Lanham: University Press of America, Inc., 1997.
Guyer, P.
"Editor's Introduction", *Critique of the Power of Judgment*, by Immanuel Kant, ed. Paul Guyer; trans. Paul Guyer and Eric Matthews, Cambridge: Cambridge University Press, 2001.
Kant, 2nd Edition, London and New York: Routledge, 2014.
Herivel J. W.
"Aspects of French theoretical physics in the nineteenth century", *The British Journal for the History of Science*, Volume3, Issue2, 1966, pp. 109~132.
Kerstein Samuel J.
Kant's Search for the Supreme Principle of Morality, Cambridge: Cambridge University Press, 2002.
Knoner, R.
Von Kant bis Hegel, Volume II, Tubingen: Mohr Siebeck, 1961.
Kants Weltanschauung, trans. John Smith, Chicago: Chicago University Press, 1956.

Kuehn, M.

Kant: A Biography, Cambridge: Cambridge University Press, 2001.

Langton, Rae

Kantian Humility: Our Ignorance of Things in Themselves, Oxford: Oxford University Press, 1998.

Malpas, Jeff（ed.）

From Kant to Davidson: Philosophy and the ideal of the transcendental, London: Routledge, 2003.

Mendelssohn, M.

Philosophical Writings, trans. and ed. Daniel O. Dahlstrom, New York: Cambridge University Press, 1997.

Mill, J. S.

Auguste Comte and Positivism, 5th ed., London: Kegan Paul, Trench, Trübner, & CO. LTD, 1907.

Ming-huei Lee（李明辉）

Das Problem des moralischen Gefühls in der Entwicklung der Kantschen Ethik, Taiwan: Insititute of Chinese Literature and Philosophy, 1994.

Munzel, G. F.

" 'The Beautiful Is the Symbol of the Morally-Good': Kants Philosophical Basic of Proof for the Idea of the Morally-Good", *Journal of the History of Philosophy*, 33 (1995): 301~329.

Pepper, S. C.

World hypotheses: a study in evidence, Berkeley/Los Angeles: University of California Press, 1961.

Picht G.

Kants Religions Philosophie, Stuttgart: Ernst Klett Verlage, 1985.

Pope, A.

The Complete Poetical Works of Alexander Pope, Ed. by Henry W. Boynton, Cambridge: The Cambridge Press, 1903.

Popper, K.

The Logic of Scientific Discovery, London and New York: Taylor & Francis e-Library, 2005.

Rescher, N.

The Coherence Theory of Truth, Oxford: Clarendon Press, 1973.

Schiller and Körner
Correspondence of Schiller with Körner, Vol. II, trans. L. F. Simpson, London: R. Bentley, 1849.
Schönfeld, M.
The Philosophy of the Young Kant: the Precritical Project, New York: Oxford University Press, 2000.
Tonelli, G.
"Kants Early Theory of Genius (1770~1779)", *Journal of the History of Philosophy* 4, 1966.
Toulmin, S.
Cosmopolis: The Hidden Agenda of Modernity, Chicago: University of Chicago Press, 1992.
Vleeschauwer Herman-J. de.
The Development of Kantian Thought: The History of a Doctrine, trans. Duncan, London: Thomas Nelson and Sons, 1962.
Walker, H. M.
Studies in the History of Statistical Method, Baltimore: The Williams & Wilkins Company, 1929.
Ward, Keith
The Development of Kant's View of Ethics, Oxford: Basil Blackwell, 1972.
Werkmeister William H.
"Introduction", in *Kant: The Architectonic and Development of His Philosophy*, Open Court Publishing Company, 1980.
Whitehead, A. N.
The Organisation of Thought: Educational and Scientific, Westport: Greenwood Press, 1974.
Wilson, Edward O.
Consilience: The Unity of Knowledge, New York: Little, Brown, 1998.
Wolff Chr.
Preliminary Discourse on Philosophy in General, Trans. Richard J. Blackwell, Indianapolis: Bobbs-Merrill, 1963.
Wood, A.
Kant's Ethical Thought, Cambridge: Cambridge University Press, 1999.

"Preface and Introduction", in *Kritik der Praktischen Vernunft*, O. Höffe ed., Akademie Verlag GmbH, 2011.

Zammito, J. H.

The Genesis of Kant's Critique of Judgment, Chicago and London: The University of Chicago Press, 1992.

（二）中译著作

〔澳〕贝弗里奇：《科学研究的艺术》，陈捷译，北岳文艺出版社，2015年。

〔德〕奥特弗里德·赫费：《康德：生平、著作与影响》，郑伊倩译，人民出版社，2007年。

〔德〕迪特·亨利希：《在康德与黑格尔之间——德国观念论讲座》，乐小军译，商务印书馆，2013年。

〔德〕恩斯特·海克尔：《宇宙之谜》，郑开琪等译，上海译文出版社，2002年。

〔德〕费希特：《激情自我：费希特书信选》，洪汉鼎、倪良康译，经济日报出版社，2001年。

〔德〕海德格尔：《康德与形而上学疑难》，王庆节译，商务印书馆，2018年。

〔德〕黑格尔：《逻辑学Ⅰ》，先刚译，人民出版社，2019年。

〔德〕黑格尔：《小逻辑》，贺麟译，商务印书馆，1980年。

〔德〕黑格尔：《哲学史讲演录》，贺麟、王太庆译，商务印书馆，1978年。

〔德〕卡西尔：《符号 神话 文化》，李小兵译，东方出版社，1988年。

〔德〕卡尔·福尔伦德：《康德传：康德的生平与事业》，曹俊峰译，天津教育出版社，2015年。

〔德〕卡尔·福尔伦德：《康德生平》，商章孙、罗章龙译，商务印书馆，1986年。

〔德〕卡西尔：《卢梭·康德·歌德》，刘东译，生活·读书·新知三联书店，2015年。

〔德〕卡西尔：《启蒙哲学》，顾伟铭等译，山东人民出版社，2007年。

〔德〕H. F. 克勒梅：《康德的实践哲学：作为理性存在者的自我保存》，钱康等译，东方出版中心，2022年。

〔德〕莱布尼茨：《人类理智新论》，陈修斋译，商务印书馆，1982年。

〔德〕莱布尼茨：《神义论》，朱雁冰译，生活·读书·新知三联书店，2007年。

〔德〕莱因哈特·布兰特：《康德——还剩下什么?》，张柯译，商务印书

〔德〕里夏德·克朗纳：《论康德与黑格尔》，关子尹编译，同济大学出版社，2004年。

〔德〕曼弗雷德·盖尔：《康德的世界》，黄文前、张红山译，中央编译出版社，2012年。

〔德〕汉斯-格奥尔格·伽达默尔：《诠释学Ⅰ、Ⅱ 真理与方法（修订译本）》，洪汉鼎译，商务印书馆，2010年。

〔德〕维尔纳·耶格尔：《亚里士多德：发展史纲要》，朱清华译，人民出版社，2013年。

〔德〕文德尔班：《哲学史教程》（下册），罗达仁译，商务印书馆，1993年。

〔德〕文哲：《康德美学》，李淳玲译，台北，联经出版事业公司，2011年。

〔俄〕A. B. 古雷加：《德国古典哲学新论》，沈真、侯鸿勋译，中国社会科学出版社，1993年。

〔法〕爱弥尔·涂尔干：《社会学与哲学》，梁栋译，上海人民出版社，2002年。

〔法〕德比亚齐：《文本发生学》，汪秀华译，天津人民出版社，2005年。

〔法〕笛卡尔：《谈谈方法》，王太庆译，商务印书馆，2000年。

〔法〕笛卡尔：《探求真理的指导原则》，管震湖译，商务印书馆，1991年。

〔法〕笛卡尔：《哲学原理》，关文运译，商务印书馆，1958年。

〔法〕吉尔·德勒兹：《康德的批判哲学》，夏莹、牛子牛译，西北大学出版社，2018年。

〔法〕卢梭：《忏悔录》（第二部），范希衡译，人民文学出版社，1982年。

〔法〕卢梭：《社会契约论》，何兆武译，商务印书馆，1980年。

〔法〕卢梭：《一个孤独的散步者的梦》，李平沤译，商务印书馆，2008年。

〔法〕雅克·德里达：《胡塞尔哲学中的发生问题》，于奇智译，商务印书馆，2019年。

〔古希腊〕拉尔修：《名哲言行录》，徐开来、溥林译，广西师范大学出版社，2010年。

〔美〕科恩：《科学中的革命》，鲁旭东等译，商务印书馆，1998年。

〔美〕加勒特·汤姆森：《康德》，赵成文等译，中华书局，2002年。

〔美〕列奥·施特劳斯：《门德尔松与莱辛》，卢白羽译，华夏出版社，2012年。

〔美〕鲁一士：《近代哲学的精神》，樊星南译，台北，台湾商务印书馆，1966年。

〔美〕罗伯特·所罗门、凯思林·希金斯：《大问题：简明哲学导论》，张卜天译，清华大学出版社，2018年。
〔美〕罗尔斯：《正义论：修订版》，何怀宏等译，中国社会科学出版社，2009年。
〔美〕曼弗雷德·库恩：《康德传》，黄添盛译，上海人民出版社，2008年。
〔美〕莫里斯·克莱因：《古今数学思想》（第一册），张理京等译，上海科学技术出版社，2002年。
〔美〕汉娜·阿伦特：《过去与未来之间》，王寅丽、张立立译，译林出版社，2011年。
〔美〕汉娜·阿伦特：《康德政治哲学讲稿》，曹明、苏婉儿译，上海人民出版社，2013年。
〔美〕施密特编：《启蒙运动与现代性：18世纪与20世纪的对话》，徐向东、卢华萍译，上海人民出版社，2005年。
〔美〕汤姆·罗克莫尔：《康德与观念论》，徐向东译，上海译文出版社，2011年。
〔美〕汤姆·洛克摩尔：《在康德的唤醒下——20世纪西方哲学》，徐向东译，北京大学出版社，2010年。
〔美〕托马斯·库恩：《必要的张力——科学的传统与变革论文选》，范岱年等译，北京大学出版社，2004年。
〔美〕托马斯·库恩：《哥白尼革命——西方思想发展中的行星天文学》，吴国盛等译，北京大学出版社，2003年。
〔美〕维塞尔：《启蒙运动的内在问题——莱辛思想再释》，贺志刚译，华夏出版社，2007年。
〔日〕桑木严翼：《康德与现代哲学》，余又荪译，台北，台湾商务印书馆，1991年。
〔日〕岩城见一：《感性论——为了被开放的经验理论》，王琢译，商务印书馆，2008年。
〔苏〕瓦·费·阿斯穆斯：《康德》，孙鼎国译，北京大学出版社，1987年。
〔苏联〕阿尔森·古留加：《康德传》，贾泽林等译，商务印书馆，1981年。
〔意〕维柯：《新科学》（全两册），朱光潜译，商务印书馆，1989年。
〔英〕鲍桑葵：《美学史》，张今译，商务印书馆，1985年。
〔英〕哈奇森：《论美与德性观念的根源》，高乐田等译，浙江大学出版社，2009年。
〔英〕怀特海：《过程与实在》，李步楼译，商务印书馆，2011年。

〔英〕怀特海:《思维方式》,刘放桐译,商务印书馆,2010年。

〔英〕卡尔·波普尔:《猜想与反驳:科学知识的增长》,傅季重等译,中国美术学院出版社,2003年。

〔英〕罗杰·斯克拉顿:《康德》,周文彰译,中国社会科学出版社,1989年。

〔英〕罗素:《对莱布尼茨哲学的批评性解释》,段德智等译,商务印书馆,2010年。

〔英〕塞巴斯蒂安·加德纳:《康德与〈纯粹理性批判〉》,蒋明磊译,中国人民大学出版社,2018年。

〔英〕以赛亚·伯林:《现实感:观念及其历史研究》,潘荣荣、林茂译,译林出版社,2011年。

〔英〕以赛亚·伯林:《自由及其背叛》,赵国新译,译林出版社,2011年。

(三) 中文著作(含编译)

北京大学哲学系外国哲学史教研室编译:《古希腊罗马哲学》,商务印书馆,1961年。

北京大学哲学系外国哲学史教研室编译:《十六——十八世纪西欧各国哲学》,商务印书馆,1975年。

曹俊峰:《康德美学引论》,天津教育出版社,2012年。

陈方正:《继承与叛逆:现代科学为何出现于西方》,生活·读书·新知三联书店,2009年。

陈嘉明:《建构与范导——康德哲学的方法论》,社会科学文献出版社,1992年。

陈平原:《假如没有"文学史"……》,生活·读书·新知三联书店,2011年。

陈平原:《作为学科的文学史》,北京大学出版社,2011年。

程志民:《康德》,湖南教育出版社,1999年。

程志敏:《西方哲学批判——哲学本质的反思》,中国人民大学出版社,2016年。

崔唯航编:《王玖兴文集》,河北大学出版社,2005年。

邓晓芒:《〈判断力批判〉释义》,生活·读书·新知三联书店,2008年。

邓晓芒:《康德哲学讲演录》,广西师范大学出版社,2006年。

邓晓芒:《冥河的摆渡者——康德的〈判断力批判〉》,云南人民出版社,1997年。

邓晓芒：《思辨的张力——黑格尔辩证法新探》，湖南教育出版社，1992 年。
范建荣：《康德文化哲学》（第 2 版），社会科学文献出版社，2021 年。
哈佛燕京学社主编：《启蒙的反思》，江苏教育出版社，2005 年。
韩水法：《康德传》，河北人民出版社，1997 年。
何新：《李泽厚与当代中国思潮》，《李泽厚集——思想·哲学·美学·人》，黑龙江教育出版社，1988 年。
贺照田编：《思想与方法——殷海光选集》，上海三联书店，2004 年。
黄振华：《论康德哲学》，台北，时英出版社，2005 年。
纪树立编译：《科学知识进化论：波普尔科学哲学选集》，生活·读书·新知三联书店，1987 年。
劳思光：《康德知识论要义新编》，新界，香港中文大学出版社，2001 年。
李明辉：《儒学与现代意识》，台北，文津出版社，1991 年。
李明辉编：《康德哲学在东亚》，台北，台湾大学出版中心，2016 年。
李秋零编译：《康德书信百封》，上海人民出版社，2006 年。
李蜀人：《道德王国的重建》，中国社会科学出版社，2005 年。
李伟：《确然性的寻求及其效应——近代西欧知识界思想气候与康德哲学及美学之研究》，中国社会科学出版社，2017 年。
李云飞：《胡塞尔发生现象学引论》，北京师范大学出版社，2019 年。
李泽厚：《李泽厚哲学美学文选》，湖南人民出版社，1985 年。
李泽厚：《批判哲学的批判：康德述评》，生活·读书·新知三联书店，2007 年。
李泽厚：《哲学纲要》，中华书局，2015 年。
刘萌：《从逻辑到形而上学：康德判断表研究》，江苏人民出版社，2020 年。
刘骁纯：《从动物的快感到人的美感》，山东文艺出版社，1986 年。
刘再复：《李泽厚美学概论》，生活·读书·新知三联书店，2009 年。
卢春红：《情感与时间——康德共通感问题研究》，上海三联书店，2007 年。
牟宗三：《现象与物自体》，台北，台湾学生书局，1975 年。
倪梁康：《现象学及其效应：胡塞尔与当代德国哲学》，生活·读书·新知三联书店，1994 年。
齐良骥：《康德的知识学》，商务印书馆，2000 年。
钱捷：《超绝发生学原理》（第一卷），中国社会科学出版社，2012 年。
钱穆：《中国文化丛谈》，台北，素书楼文教基金会，2001 年。
汪裕雄：《汪裕雄美学论集》，安徽师范大学出版社，2016 年。
汪子嵩、王太庆编：《陈康：论希腊哲学》，商务印书馆，2011 年。

王兵：《康德前批判期哲学研究》，人民出版社，2006年。
王汎森：《执拗的低音：一些历史思考方式的反思》，生活·读书·新知三联书店，2014年。
王树人、李凤鸣编：《西方著名哲学家评传》（第六卷），山东人民出版社，1984年。
王寅丽：《汉娜·阿伦特：在哲学与政治之间》，上海人民出版社，2008年。
温纯如：《认知、逻辑与价值：康德〈纯粹理性批判〉新探》，中国社会科学出版社，2002年。
杨祖陶、邓晓芒：《康德〈纯粹理性批判〉指要》，人民出版社，2001年。
余英时：《论戴震与章学诚：清代中期学术思想史研究》，生活·读书·新知三联书店，2012年。
余英时：《文史传统与文化重建》，生活·读书·新知三联书店，2012年。
袁建新：《康德的〈遗著〉研究》，人民出版社，2015年。
张汝伦：《张汝伦集——更新·借鉴》，黑龙江教育出版社，1989年。
张世英：《黑格尔〈小逻辑〉绎注》，吉林人民出版社，1982年。
张世英等：《康德的〈纯粹理性批判〉》，北京大学出版社，1987年。
张五常：《科学与文化——论融会中西的大学制度》，中信出版社，2015年。
张雪珠：《道德原理的探讨：康德伦理学至1785年的发展》，台北，哲学与文化月刊杂志社，2005年。
张志伟：《康德的道德世界观》，中国人民大学出版社，1995年。
张志伟：《西方哲学十五讲》，北京大学出版社，2004年。
赵登荣、周祖生主编：《杜登德汉大词典》，北京大学出版社，2013年。
郑昕：《康德学述》，商务印书馆，1984年。
中国科学院哲学研究所资料室编：《资产阶级学术思想批判参考资料》（第八集），商务印书馆，1960年。
钟宇人、余丽嫦主编：《西方著名哲学家评传》（第四卷），山东人民出版社，1984年。
周黄正蜜：《康德共通感理论研究》，商务印书馆，2018年。

　　（四）中文类论文（含中译）

蔡艳山：《康德先验美学中的纯粹美与依存美》，《浙江学刊》2000年第3期。
曹俊峰：《康德未完成的第四个批判》，《中山大学学报》（社会科学版）2019年第3期。
代利刚、安维复：《康德〈遗著〉研究：文献和动态》，《自然辩证法研究》

2013 年第 3 期。

邓晓芒：《读后无感还是读前有感——关于王路〈研究还是读后感〉的几点回应》，《河北学刊》2018 年第 1 期。

杜维明等：《李泽厚与 80 年代中国思想界》，《开放时代》2011 年第 11 期。

刚祥云：《人之有限论：康德批判哲学的始基》，硕士学位论文，安徽师范大学，2018 年。

何兆武：《批判的哲学和哲学的批判》，《读书》2001 年第 8 期。

贾晋华：《二十世纪哲学指南中的李泽厚》，《东吴学术》2013 年第 6 期。

蒋峦：《康德的徘徊——康德纯粹美与依存美关系探微》，《华中师范大学学报》（人文社会科学版）1998 年第 3 期。

杰奎琳（Jacqueline Karl）：《康德遗著——遗世手稿、康德的工作方式和遗稿新编》，方博译，《现代哲学》2010 年第 3 期。

乐小军：《"未写出的政治哲学"——汉娜·阿伦特与〈判断力批判〉重构》，《哲学动态》2019 年第 10 期。

李明辉：《略论牟宗三先生的康德学》，《中国文哲研究通讯》（台湾）1995 年第 5 卷第 2 期。

李秋零：《康德的"目的论"情结——〈判断力批判〉的前史》，《宗教与哲学》第 8 辑，社会科学文献出版社，2019 年。

李秋零：《康德往来书信中的〈纯粹理性批判〉诞生记》，《德国哲学》2016 年上半年卷，社会科学文献出版社，2017 年。

李伟：《二十世纪以来中国美学基本原理研究平议》，《西部学刊》2014 年第 12 期。

李伟：《经验与超验——以孔子、康德和张世英、王元化为例》，《河北学刊》2005 年第 4 期。

李伟：《康德德行诠释学思想抉微》，《哲学与文化》（台湾）2023 年第 1 期。

李伟：《康德哲学的转捩点——作为"思想事件"的"应征作品"》，《中山大学学报》（社会科学版）2022 年第 2 期。

李伟：《试论康德美学的"判断在先"原则》，《安徽师范大学学报》（人文社会科学版）2003 年第 4 期。

李伟：《思想领域"过程化"研究的必要性——以汉语康德哲学及美学研究为观测点》，《美学与艺术评论（第 19 辑）》（复旦大学文艺学美学研究中心编），山西教育出版社，2019 年。

李伟:《西欧启蒙时代形而上学的普遍危机》,《外国哲学》第 30 辑,商务印书馆,2015 年。

李伟:《由通向批判哲学的"绊脚石"新解康德批判哲学形成的"12 年"》,武大哲学学院编《哲学评论》第 14 辑,中国社会科学出版社,2014 年。

李岩:《政治判断与审美判断的相融共通——阿伦特〈康德政治哲学讲稿〉的当代阐析》,《北京第二外国语学院学报》2020 年第 3 期。

李泽厚:《六十年代残稿》,《中国文化》第 34 期(2011 年秋季号)。

林季杉、袁鸿杰:《康德论"普遍性"——以〈判断力批判〉为文本》,《世界哲学》2017 年第 1 期。

刘锋杰:《从阿尔都塞到夏中义——〈朱光潜美学十辨〉的"症候阅读"法》,《清华大学学报》(哲学社会科学版)2016 年第 4 期。

刘珂:《断裂、过渡和以太演绎——康德〈遗著〉探要》,博士学位论文,复旦大学,2012 年。

刘旭光:《〈判断力批判成书考〉读后——兼论其对康德美学研究的启示》,《汉语言文学研究》2022 年第 3 期。

刘艳:《先验、经验与超验:康德关于审美普遍性的三种论证及其旨归》,《长春师范大学学报》(人文社会科学版)2015 年第 5 期。

刘作:《康德为什么要重写〈判断力批判〉的导言?》,《世界哲学》2018 年第 3 期。

卢春红:《目的论何以与判断力相关联》,《杭州师范大学学报》(社会科学版)2014 年第 4 期。

马彪:《康德为何没有写出"纯粹实践理性批判"?》,《世界哲学》2021 年第 5 期。

马新宇:《强制、自然与完善——前期康德走出"游叙弗伦困境"的三个原则》,《求是学刊》2019 年第 4 期。

〔美〕保罗·盖耶:《〈判断力批判〉成书考》,刘旭光译,《汉语言文学研究》2022 年第 3 期。

倪胜:《论 Aesthetik 在康德第三批判里的译法》,《世界哲学》2004 年第 6 期。

倪新兵、马彪:《解析康德批判哲学的起点》,《广东社会科学》2012 年第 1 期。

唐有伯:《评"康德哥白尼式革命的神话"》,《湛江师范学院学报》2004 年第 1 期。

王路:《为什么要区别真与真理——回应邓晓芒教授的批评》,《河北学刊》2018年第2期。

王路:《研究还是读后感》,《河北学刊》2017年第6期。

文秉模:《康德的认识论》,《安徽师大学报》(哲学社会科学版)1982年第2期。

习传进、蒋峦:《康德依存美价值新探》,《外国文学研究》1998年第3期。

夏中义:《"百年学案":学风、方法与气度》,《文艺研究》2006年第8期。

夏中义、周兴华:《"文献—发生学"源流回眸》,《学习与探索》2016年第1期。

严实整理:《若干哲学、思想史问题系列讨论会第二次会议纪要》,《文艺报》1991年9月14日或《高校理论战线》1991年第5期。

杨云飞:《康德对上帝存有本体论证明的批判及其体系意义》,《云南大学学报》(社会科学版),2013年第4期。

叶秀山:《康德的"批判哲学"与"形而上学"》,《南京大学学报》(哲学·人文科学·社会科学)2010年第5期。

俞吾金:《发生认识论初探》,《复旦学报》(社会科学版)1982年第5期。

俞吾金:《发生认识论的启示》,《书林》1982年第4期。

俞吾金:《〈发生认识论〉简评》,《社会科学》1982年第6期。

俞吾金:《开创哲学发生学研究》,《学术月刊》1985年第4期。

俞吾金:《康德批判哲学的研究起点和形成过程》,《东南学术》2002年第2期。

俞吾金:《论哲学发生学》,《复旦学报》(社会科学版)1986年第1期。

俞吾金:《皮亚杰的主客体观及其认识论意义》,《江海学刊》1984年第5期。

俞吾金等:《要重视对"发生认识论"的研究》,《复旦学报》(社会科学版)1983年第1期。

俞吾金:《重视对哲学发生学的研究》,《光明日报》1986年5月12日。

张汝伦:《批判哲学的形而上学动机》,《文史哲》2010年第6期。

张雪珠:《当代学者根据〈反省手札〉与〈康德课程〉对康德沉默期伦理学思想发展的研究》,《哲学论集》第38期,台北,辅仁大学哲学系,2005年。

赵林:《刺向神秘主义和形而上学独断论的双刃剑》,《云南大学学报》(社会科学版）2009年第4期。

朱立元：《康德美学研究的新突破——曹俊峰先生〈康德美学引论〉新版读后》，《文汇读书周报》2012年9月28日第9版。

朱毅、梁乐睿：《重审早期康德最初引入"道德情感"的内在理由——以1762年"获奖论文"为核心》，《上海交通大学学报》（哲学社会科学版）2018年第5期。

后　　记

　　这是我就德国古典哲学和美学呈给汉语学界的第二部学术著作,如果说前一部即《确然性的寻求及其效应——近代西欧知识界思想气候与康德哲学及美学之研究》(中国社会科学出版社,2017年)主要关注的是德国古典哲学和美学的内在理路,试图把德国古典美学也理解为像学界关于德国古典哲学的既有成果所指明的那样,亦是"合乎逻辑的历史进程",那么,眼下这部,则主要凸显了在第一部著作的准备中逐渐明确的方法论即"发生学"方法或"过程化"策略,意在以此方法论集中系统地探究汉语学界较少关注的康德哲学的发生问题,包括康德哲学的思想发生和文本发生。这一研究策略在康德的思想及著述上获得执行,自然要以康德的思想及著述实际上也确实如此为前提——根源正如康德自己所说"几乎没有一个终有一死的人可以迈着坚定的步伐,沿着真理的笔直大道前进,而不会在这里或者那里误入歧途"(Ak1:475)。一方面,康德的思想肯定是统一的,不存在所谓的"断裂式"的逆转[①],另一方面,这个统一性又是动态的和在很长时间内才逐渐形成的。正如研究者所一再宣称的:"康德的思想有统一性,但这是一个由问题驱动的动态发展的统一性,而非预定的或静态的体系。"[②]

　　之所以采用"发生学"的策略,还有一个理论上的宏愿,那就是告诉人文学的研究者,要有信心,伟大如康德者,其思想的凝成和著述的结撰,都经过了异常曲折和艰难的探索过程,这期间,有纠结,有失败,有主观意图与客观效果的巨大偏差,何况是我们呢!

　　可能是因为研究策略和方法论比较明确了,且此前有了一定的操练,

[①] 参见 Herman-J. de. Vleeschauwer, *The Development of Kantian Thought: The History of a Doctrine*, trans. A. R. C. Duncan, London: Thomas Nelson and Sons, 1962, p. 1。

[②] William H. Werkmeister, "Introduction", in *Kant: The Architectonic and Development of His Philosophy*, Chicago: Open Court Publishing Company, 1980.

加上对康德现有材料还算比较熟悉，这部书的写作，没有第一部那么艰难。然而，这当中，还有一个非常重要的因素，必须特别提出，以表达我的敬意和感激——那就是国内德国哲学研究界，尤其是康德学界，对我研究成果所给予的极大支持、回应、包容和帮助。

时任清华大学哲学系掌门人的黄裕生教授及其团队，在2017年筹备成立"全国德国哲学专业委员会"时，或许是因为我在康德美学上有了一点点成果而受邀参加了成立大会，并被选定为"理事"，这对一个从文艺学突入康德哲学界的年轻人而言，实在是大大的"知遇之恩"。后来在巢湖半汤的一次德国哲学研讨会上，得与湖南大学岳麓书院舒远招教授相识，并被拉入他发起的"康德哲学爱好者共同体"微信群。在这个近几年对国内康德哲学研究有着重要推动作用的微信群里，就相关议题的讨论中，我结识了很多康德研究者，除了李秋零老师、尤西林老师和傅永军老师等前辈学者外，还要特别感谢李科政、乐小军、胡好、刘作、王维嘉、刘凤娟、王咏诗、罗正东等好几位和我年纪相仿的青年学者。因为在此后的研究中，我得到了他们无私的指点和帮助，更经常与诸友交流新作互评长短；连同此前一直对我多有教导的陈嘉明老师、李明辉老师，还有我曾听过一个学期的康德哲学课、后来也曾指点我如何进行康德研究的张汝伦老师，都是我永远感激且铭记于心的。尤其要感谢现任上海交大讲席教授、知名康德研究专家、中国知识论研究的权威陈嘉明教授，六年前就曾欣然为拙作《确然性的寻求及其效应》赐序，这次，陈老师又爽快地赐允，令我铭感五内。此外，内子傻文婷在家庭生活中的辛苦付出成就了这本书的早日问世。

眼下这部书稿，是国家社科基金后期资助项目的结项成果。申请课题时，诸位匿名专家学者给予了极大的肯定和支持，评审意见中提出的诸多修改意见和研究建议，大都切中要害，启我深思，我亦在后期的修改中，作了充分吸收；结项鉴定专家也给出了极大的支持和赞许，而所提建议也在这次修改中尽量予以消化吸收。书稿草成后，延请了同事戴兆国、胡万年、王子廓、黄江、刚祥云诸师友进行了现场评议。在此，对诸位专家的厚爱与襄助，献上我最诚挚的感激之情。

初稿撰写是以单篇论文的方式先行展开的，内编中，除第五章和第八章是在准备第一部著作时就已经成稿并在期刊上揭载之外，其余诸章，均是在项目立项后或是旧材料的整理完善或是新话题的构思结撰，比如其中关于第二、三两大批判发生学考察的两章，就是在盲审专家建议的驱动下新撰而成。除这两章及先前已经发表的两章外，其余各章也大都以论文形式发表于国内学术杂志。在此，对揭载它们的《世界哲学》《德国哲学》《哲学评论》《美学与艺术评论》《艺术史与艺术哲学》《中山大学学报》《陕西师范大学学报》等知名杂志也献上我真挚的谢意。

当然，对本书念兹在兹的"发生学"方法，我是抱有很大理论信心和学术期望的，且认为它大有可为，也已开始有计划地指导我所带硕博士研究生撰写以此法为指引的学位论文，希望她能早日开花结果，为汉语学界的康德研究，做点"有识别度"的研究来。还是那句话——

学术体大，学人难为；量化之世，唯心是从！

2023 年 4 月 2 日于芜湖安徽师范大学